Hannelore Cyrus
„Fürstin“ Mathilde Plate

Hannelore Cyrus

„Fürstin“ Mathilde Plate

Ein (un)gewöhnliches Frauenleben
vom deutschen Kaiserreich
bis zur Bundesrepublik Deutschland

Verlag H. M. Hauschild GmbH, Bremen

Abb. auf dem Umschlag: Mathilde Plate, um 1935
Abb. auf dem Frontispiz:
Mathilde Plate in Göttingen, um 1906, Foto von Peter Matzon

Umschlaggestaltung: Gernot Braatz, Bremen
Gesamtherstellung: H. M. Hauschild GmbH, Bremen

ISBN 3-89757-034-3

Inhalt

Vorwort

„Zum Lohn für Gerechtigkeit,
Tatkraft und Milde
heißest Du fortan: ‚Fürstin Mathilde'."

reimte die Studienrätin und spätere Nachfolgerin im Amt als Direktorin Elisabeth Forck (1900–1988) in dem kleinen Theaterstück „Fürstin Mathilde", das die Lehrerinnen aus dem Kollegium der Kleinen Helle ihrer langjährigen Schulleiterin Mathilde Plate zu ihrem 70sten Geburtstag in einer von Musik umrahmten Aufführung darboten.
Ex tempore und in gleichem Versmaß antwortete die so Gelobte gutgelaunt: „Aber eines kränkt mich, ich sag' es frei, daß diese Würde nicht erblich sei."
Die Aufführung war eine große Überraschung für die Jubilarin. Gerührt, ein wenig verlegen und recht nachdenklich verfolgte Mathilde Plate, was ihr zu Ehren erdacht und in Verse gebracht worden war. In den gereimten Strophen war nicht ohne Spott, und doch von Respekt und kritischer Bewunderung getragen, ein Portrait ihrer Persönlichkeit enthalten, in dem Stärken gerühmt und Schwächen nicht verschwiegen wurden, in dem das Denken und Handeln einer Frau sichtbar wurden, die, „L'ÉCOLE C'EST MOI", einer Sonnenkönigin gleich, 30 Jahre lang „ihren Schulstaat" regiert hatte.
Die alte, weißhaarige, noch immer aparte, schlanke und in vornehmes Grau gekleidete Dame erkannte sich selbst wohl gut wieder in dem Bild, das von ihr gezeichnet, und in den Eigenschaften und Attitüden, die ihr gespiegelt wurden. Da war von „fürstlichem Geist und Bestreben" die Rede und von Eigenheiten, die wie eine Marotte erschienen und doch so gut zu ihr paßten, ja ihr Wesen ausmachten, so daß ihr als Person Nachsicht zuteil wurde, auch wenn einige ihrer Charakterzüge leise belächelt wurden.
Mathilde Plate gestand sich ein, als sie den Worten aufmerksam lauschte, daß sie in der Tat das Territorium der Schule als ihr ureigenes Reich betrachtete. Aber, rätselte sie ein wenig irritiert und ein klein wenig erschrocken, war sie wirklich so unumschränkt in ihrer Herrschaft, wie ihr vorgehalten wurde? Denn „sie herrscht absolut und versteht das gut", hatte Kleopatra gesagt und war von Maria Theresia nur milde korrigiert worden: „Doch bleibt immerhin bemerkenswert: ihr Absolutismus ist aufgeklärt."
Die ägyptische Königin (69–30 v. Chr.) und die Habsburgerin (1717–1780) waren zwei der großen Herrscherinnen der Geschichte, die in diesem kleinen Stück zu Wort kamen. Zu ihnen gesellten sich die sächsische Kaiserin Adelheid (um 931–999), Elisabeth I. von England (1533–1603) und Queen Victoria (1819–1901). Es waren Frauen, von denen die Historikerin Mathilde Plate in ihrem Geschichtsunterricht immer wieder ebenso begeistert wie lebendig erzählt hatte. Das illustre Konzilium war zusammengekommen, um über die Erhebung der mit so vielen aristokratischen Eigenschaften begabten Mathilde Plate in den Fürstenstand zu beraten.
Die Ernennung zur Fürstin war freilich nur noch eine Formalität. Denn Mathilde Plate hatte sich, auch wenn sie von „bourgeoiser Abkunft" war, in „ihrem Reich" nicht nur in Haltung und Wesen einer geborenen Hoheit gleich bewegt, sondern sie zeichneten auch die Qualitäten aus, die großen Herrscherinnen nachgesagt wurden. Ihr wurde bescheinigt: „1. Fähigkeit zur Politik, 2. In der Diplomatie ihr Geschick, 3. Im Merkantilismus erprobt und 4. Im Lebenswandel gelobt."
Als die am 5. Juli 1878 geborene „Fürstin Mathilde", Pädagogin und Politikerin, am 24. Januar 1963 starb, vollendete sich ein langes Leben, das durch unterschiedliche politische Systeme, durch zwei Weltkriege und durch einen raschen gesellschaftlichen Wandel geprägt wor-

den war. Mathilde Plates Leben bewegte sich in einer Zeitspanne, die eine nachbetrachtende Geschichtsschreibung in einzelne Zeitabschnitte unterteilte und als Wendepunkte der Geschichte charakterisierte. Doch die gesetzten Daten, die Einteilung in abgegrenzte und überschaubare Zeitabschnitte und die besonderen Ereignissen zugeschriebene weltverändernde Bedeutung brüskieren die Tatsache, daß die Geschichte längerfristigen Gestaltungen unterliegt, daß gesellschaftliche Veränderungen und historische Ereignisse nicht eruptiv und gleichsam schicksalhaft über die Menschen hereinbrechen, sondern daß sie von den Menschen selber ideell und tätig vorbereitet werden, daß es für Ereignisse und Zäsuren ein Vorher und ein Nachher, ein Früher und ein Später gibt.
Menschen machen die Geschichte. Sie halten sie durch ihre Biographien über alle gesetzten historischen Epochen, politischen Systeme und gesellschaftlichen Veränderungen hinweg zusammen. Sie durchschreiten nahtlos im unaufhörlich fließenden Strom der Zeit die von der Geschichtsschreibung gesetzten Zäsuren und geben der Geschichte durch ihren Lebens- und Zeitrhythmus ihr ureigenes Gesicht. Die Menschen machen sich ihre Markierungen selber, sie definieren ihre persönlichen Höhepunkte im privaten und beruflichen Leben und orientieren sich dabei weniger an kollektiven als an individuellen Ereignissen und Erfahrungen, auch wenn das Leben durch äußere Geschehnisse geformt und geprägt ist. So mag den Menschen der Übergang von der Kindheit in die Jugend oder in das Erwachsenenalter, vom Sommer des Lebens in den Herbst oder gar in den Winter, der Schritt in das Berufsleben oder sein Austritt, die Hochzeit oder die Scheidung als größere Lebenskerbung erscheinen als der Beginn einer neuen politischen Ära oder der Ausbruch eines Krieges.
Auch Mathilde Plates Leben als Pädagogin und Politikerin wurde durch äußere Geschehnisse, auf die sie heftig und engagiert reagierte oder absichtsvoll schwieg, wesentlich mitbestimmt. Aber sie sind nicht immer identisch mit jenen individuellen Lebensstationen, die als gravierende Wendepunkte in ihrer Biographie zu erkennen sind: die Kindheit und Jugend mit der ersten Bildung und Ausbildung, die Jahre des Lernens und Studierens mit der Praxis als Lehrerin, die Zeit auf dem Gipfel als Politikerin und Schulleiterin und der Lebensabend. Sie bündeln das Leben von Mathilde Plate zu einem Kontinuum und sichern die biographische Einheit über alle äußeren Ereignisse und über alle politischen Systeme hinweg.
Mathilde Plate wurde in das deutsche Kaiserreich, um das so lebhaft gerungen und das 1871 geschaffen worden war, hineingeboren. Sie erlebte 1918, nach dem verlorenen Ersten Weltkrieg, entsetzt und tief enttäuscht den politischen und wirtschaftlichen Zusammenbruch und den Sturz der von ihr heiß bewunderten und geliebten Monarchie. Sie beteiligte sich als Kommunalpolitikerin im Rahmen einer erzkonservativen Partei in Bremen am Wiederaufbau und an der Probung einer demokratischen Staatsform, die 1933 mit der Hitlerdiktatur zu Grabe getragen wurde.
Mathilde Plate, die bereits 1928 wieder aus der aktiven Politik ausschied, erlebte die innen- und außenpolitischen Erfolge des Diktators, die Verfolgung und Vernichtung mißliebiger Menschen, den Zweiten Weltkrieg, der Deutschland nach anfänglichem „Kriegsglück" in eine vernichtende militärische Niederlage führte, das Chaos der Nachkriegszeit, die Aufteilung eines geschrumpften Deutschlands in vier Besatzungszonen und den Neubeginn eines Landes mit einer demokratischen Verfassung, das sich Bundesrepublik Deutschland nannte.
Wer war nun diese Frau, die, als „Fürstin" tituliert, hoheitsvoll durch die Räume ihrer Schule schritt, die in ihrem langen tätigen Leben Reiche entstehen und versinken, politische Sterne aufgehen und verglühen sah?
Ich hätte Mathilde Plate noch persönlich kennenlernen, ich hätte ihr begegnet sein können. Doch unsere Wege haben sich nicht gekreuzt. Wie schade! Wie gern hätte ich sie einmal aufgesucht und mit ihr über ihr Leben und über ihr Wirken gesprochen: über ihre Arbeit als

Pädagogin, Politikerin, Vertreterin der Evangelischen Kirche, als frauenbewegte Frau und als überzeugte Abstinente, über ihren Alltag, über ihre Wünsche und Hoffnungen, über ihre Einstellungen und über ihr Verhalten in den Zeiten großer politischer Wandlungen, die sie erlebte, durchlebte und überlebte.

1991 hörte ich erstmalig von Mathilde Plate, als ich gefragt wurde, ob ich für das Buch „Frauen ins Parlament!", in dem Bremer Parlamentarierinnen der ersten Stunde gewürdigt werden sollten, eine biographische Skizze über die Oberstudiendirektorin und Leiterin des Lyzeums an der Kleinen Helle sowie Abgeordnete der Deutschnationalen Volkspartei (DNVP) beisteuern könnte. Eine Abgeordnete der Deutschnationalen Volkspartei? Ich konnte mir zunächst nicht recht vorstellen, über eine Deutschnationale, über eine Konservative, über eine Frau zu schreiben, die einer Partei angehörte, deren Mitglieder nicht nur einem betonten Nationalismus aufsaßen oder frönten, sondern auch in Teilen einem heftigen Antisemitismus anhingen.

Wenn ich auch hoffen und bestenfalls annehmen durfte, daß Mathilde Plate nicht alle Ansichten ihrer Partei teilte, so stand doch zu vermuten, daß ihre politischen Überzeugungen und ihre gesellschaftlichen sowie sozialen Vorstellungen meinen eigenen recht fremd und fern sein würden. Ist es möglich, fragte ich mich, einer Frau gerecht zu werden, bei der es mir nicht leicht fallen dürfte, ihre Forderungen, ihre Argumentationen, ihre Werteorientierungen, ihr Weltbild, ihre Zielsetzungen, ihr Handeln und ihre Haltung zu verstehen?

Die persönliche Distanz muß freilich nicht nur eine Crux sein. Sie kann – auch wenn die Gefahr groß ist, Lebensäußerungen, Verhalten, Einstellungen und Meinungen, die den eigenen recht unvertraut sind, zu beargwöhnen, zu mißdeuten, prekärer oder unangemessener Gewichtung zu unterziehen – die Chance für eine nachdenkliche und behutsame Annäherung bieten. Sie mag dazu einladen, die eigenen, so unumstößlich erscheinenden Gewißheiten noch einmal zu überdenken.

Eines verhindert die Distanz gewiß: in der Person, der geschichtliches Leben verliehen werden soll, aufzugehen oder gar durch Überidentifikation unterzugehen. Durch die Entfernung wird vermieden, was so leicht geschieht, wenn ein Mensch, eine Frau den eigenen Idealvorstellungen so nahekommt: sich eine Ikone der Bewunderung und der Anbetung zu schaffen, eine Biographie zu gestalten, in der Brüche, Widersprüche, Unebenheiten und Unausgewogenheiten, aber auch Plattheiten und Ungerechtigkeiten in Worten und Taten retuschiert oder gar ausradiert werden.

Doch trotz aller Distanz und der damit verbundenen Vorbehalte, das Eindringen in ein anderes Leben, und mag es noch so fremd erscheinen, schafft eine Beziehung, deren Intensität zunimmt. So möchte ich nicht verhehlen, daß mir Mathilde Plate im Laufe der Recherche näherrückte. Ich bewunderte ihre Souveränität, ihre Intelligenz, ihr Durchsetzungsvermögen, ihre Menschenführung und ihre Stärke, so daß es mir nicht immer ganz leicht fiel, meine eigenen Vorstellungen von ihren Gedanken und von ihrem Verhalten zurückzudrängen und zu akzeptieren, daß Mathilde Plate anders dachte als ich und auch anders dachte und handelte, als ich mir gewünscht oder wie ich es aus heutiger Sicht für gut und für richtig befunden hätte.

Mathilde Plate hat, wenn auch nicht immer mühelos und gewiß nicht bedenkenlos, die unterschiedlichsten politischen Systeme, auch jene, die sie nicht mochte, wie die Weimarer Republik und den Faschismus, mitgetragen, ertragen oder an ihnen getragen und sie tätig mitgestaltet. Sie war nicht nur eine politisch denkende Frau, sondern auch eine Politikerin und eine Karrierefrau. Doch sie vergaß, verstand es auch nicht oder mochte es nie recht einsehen, daß sie nicht nur als Politikerin, sondern auch als Leiterin und spätere Oberstudiendirektorin des ersten staatlichen Mädchenlyzeums Staatsbeamtin war und damit eine Machtposition innehatte, die Teilhabe an Herrschaft bedeutete. In ihren Augen war sie, trotz aller eidlichen Verpflichtungen auf den Staat, ihren eigenen Weg unbeirrt gegangen. Sie hatte zwar keinen Befehlen offen getrotzt, doch Anordnungen unterlaufen, öffentlich geschwiegen, aber im vertrauten Kreis kritisiert und ihre Meinung zu den jeweiligen politischen Systemen erkennbar kundgetan.

Mich hat die Frage des Lebens im Faschismus, in den ich 1935 hineingeboren wurde, zwischen Anpassung, stiller Emigration und lautlosem oder offenem Widerstand, zwischen unkritischer bedingungsloser oder auch bedingter Zustimmung und Mißbilligung, immer wieder beschäftigt. Meine eigenen Kindheitserinnerungen lösen noch heute nicht geglättete Irritationen aus. Herrschend drängt sich in mein Gedächtnis die Faszination, die vom Deutschland des Adolf Hitler ausging und von einem Krieg, der für mich nichts unmittelbar Bedrohliches hatte und dessen mörderische Seite mir verborgen blieb.

In mein kindliches Abendgebet hatte ich einst neben dem Wunsch für den Sieg auch die Bitte, den Führer zu schützen, eingeschlossen. Für Führer, Volk und Vaterland sammelte ich Brombeer- und Himbeerblätter, Kamille und Taubnessel und befreite die Kartoffelpflanzen auf den Äckern von dem unersättlichen Kartoffelkäfer. Ich tat das gern und mit Begeisterung im fröhlichen Wettkampf mit den anderen Mädchen für den Führer. Traurig betrachtete ich nach der deutschen Niederlage die Jungmädeltracht, die meine Mutter auf meinen sehnsüchtigen Wunsch hin von einer jungen Frau kaufte, die aus dieser Kleidung herausgewachsen war. Vor allen Dingen das schwarze Tuch und der braune Lederknoten hatten es mir angetan. Ich bedauerte aufrichtig, daß ich die Sachen wohl nie würde tragen können.

In die Gedanken an den Faschismus, das lehren die eigenen Kindheitserinnerungen, sind nicht Zorn und Schrecken, Abwehr und Widerstand gespeichert, sondern die heute als unzulässig empfundenen Gefühle von Geborgenheit, von Akzeptanz, von Übereinstimmung, von Freude und Spaß. Das läßt mich ein wenig demütiger an das Verhalten jener denken, durch die der Faschismus länger und anhaltender hindurchgegangen ist als durch mich, die der Diktatur willkommen und von ihr umworben waren wie ich und eingebunden in das System, wie ich noch nicht.

Mathilde Plate ist in ihrer Zeit zu sehen und aus der Zeit heraus zu verstehen, in der sie lebte. Ihre Einstellungen und ihr Verhalten sind Produkte der Zeit. Das bedeutet nicht, Mathilde Plate unkritisch zu begegnen. Doch der Maßstab für die Kritik können nicht, wie der Historiker Golo Mann formulierte, „billige Überlegenheit über die Toten", die Erkenntnisse und die schlaue Kenntnis der Menschen von heute sein, mit dem Wissen, wie die Dinge ausgegangen sind, wie Geschichte sich vollendet hat, sondern die Erkenntnisse und das Wissen der damaligen Zeit.

Doch das Wissen und die Erkenntnisse von damals waren, auch wenn sie seit 1933 mit aller Macht unterdrückt wurden, reich und vielfältig. Denn auch in der Vergangenheit gab es konfligierende Diskurse, unterschiedliche Meinungen und unterschiedliches Verhalten. Es gab Diskussionen über Ideale und Ideologien, über Werte und Normen, die erlaubten, Denken und Tun zu korrigieren oder zu ändern und anders zu handeln, als Mathilde Plate gedacht und gehandelt hat.

Dennoch, so bohrend auch meine Fragen nach dem Leben und dem Wirken von Mathilde Plate im Faschismus sind, als Schuldzuweisungen sind sie insbesondere aufgrund der eigenen Kindheitserinnerungen nicht gedacht. Es geht mir vielmehr um Erklärungen für menschliches Verhalten und für die Kunst, im Rahmen politischer Systeme, deren Unrechtcharakter nicht nur evident ist, sondern auch erkannt wird, Arrangements des Lebens und des Überlebens zu treffen. Arrangements, die es ermöglichen, einem Regime zu dienen, dem man ablehnend gegenübersteht oder zu dem man mehr und mehr Distanz gewinnt, und dennoch einen

Weg zu finden, der die eigene Identität nicht in Frage stellt und die Selbstachtung gewährleistet.

In der Biographie von Mathilde Plate läßt sich nicht nur abbilden, wie das Gedankengut des Faschismus, längst aufgehoben in ideologischen Diskursen des deutschen Kaiserreichs und der Weimarer Zeit, immer stärker an praktischer Bedeutung gewinnen konnte, sondern auch wie Menschen im Deutschland Hitlers lebten und als funktionierende Glieder eines totalitären Systems die Hitlerherrschaft ermöglichten und, ob gewollt oder nicht, absicherten und verlängerten.

Auf den Spuren von Mathilde Plate sprach ich mit Menschen, die sie gekannt haben, schaute ich mir Orte an, die sie einst bereiste, wanderte in Straßen, die sie mit ihren raschen Schritten durchmessen hatte, und besuchte die Stätten in Bremen, die ihr an das Herz gewachsen waren. Das alte Schulhaus in Walle und die Waller Kirche zum Beispiel, das Haus in der Chemnitzer Straße, in dem sie von 1913 bis zu ihrem Tode lebte, und „ihre" über alles geliebte Wirkungsstätte, das Lyzeum für Mädchen an der Kleinen Helle.

Doch wie sehr hat sich inzwischen alles verändert. Die Wunden des Zweiten Weltkrieges, der einst riesige Schneisen der Zerstörung in den Städten schlug, wurden durch oft seelenlosen Aufbau beseitigt. Dörfliche Ansiedlungen verloren durch den Zuzug von städtischen Menschen und durch unaufhaltsame Modernisierung ihr altes vertrautes Gesicht. Einst verschlafene Wege verwandelten sich in lärmende Straßen von pulsierender Hektik.

Mathilde Plates Weg in die Schule hat viel von seinem alten Charme eingebüßt. An der einen Seite der Schlachthofstraße langweilige Häuserfronten, Beton- und Glaswände, gepflasterte Flächen und der alte Schlachthof, der seine Funktion verloren hat und in ein Kulturzentrum verwandelt wurde; auf der anderen Seite der unwirtliche Tunnel und die riesige Monotonie der Bebauung der Falkenstraße. Da mag nicht jenes Gefühl heimatlicher Verbundenheit aufkommen, von dem Mathilde Plate so sehr beseelt war. Nur die Chemnitzer Straße hat noch einiges von ihrem alten Charakter bewahrt, auch wenn die einst mit ewig grünem Buchsbaum umsäumten Rabatten in den Vorgärten, in denen heimische Blumen kunterbunt blühten und Mathilde Plates Herz erfreuten, manch abweisendem immergrünem Buschwerk und exotischen Pflanzen Platz gemacht haben.

In der Chemnitzer Straße lebt seit 1991 kein Mitglied der Familie Plate mehr. Die einstige Mädchenschule an der Kleinen Helle wurde nicht nur zu einer der Koedukation verpflichteten Oberschule, sondern das traditionsreiche Institut hat nunmehr auch seinen alten Namen eingebüßt. Die Schule heißt heute nicht mehr Oberschule an der Kleinen Helle, wie uns der über dem Portal angebrachte Schriftzug und das Wappen belehren, sondern Altes Gymnasium. Diese Umwidmung zeigt einmal mehr das mangelnde historische Empfinden und das geringe Interesse am Erhalt von Baudenkmälern, in die sich die Geschichte der Frauen eingeschrieben hat. Eines ist gewiß, Mathilde Plate hätte um den Erhalt des Namens „ihrer lieben Schule", wie sie diese oft nannte, leidenschaftlich gekämpft.

Grundlage für meine Geschichte über das Leben und Wirken von Mathilde Plate bilden viele Fotos und schriftliche sowie mündliche Zeugnisse aus den unterschiedlichsten Zeiten. Es sind unter anderen Bürgerschaftsprotokolle, Briefe, Rezensionen, die Staatsexamensarbeit, die Personalakte von Mathilde Plate, Zeitungen der Abschlußklassen der Lyzeen Kippenberg und der Kleinen Helle, Jubiläumshefte der Kleinen Helle, das bereits erwähnte Manuskript des Theaterspiels zum Abschied aus dem Schuldienst, Lebensläufe der Schülerinnen, Vereinsakten der bremischen Sektion des Deutschen Frauenbundes für alkoholfreie Kultur, Protokolle der Evangelischen Kirche, die Trauerrede und Fotos, die Mathilde Plate auf ihren Reisen aufnahm, das Haus, in dem sie einst wohnte, ein Portrait in Öl, das ihre Kollegin Bertha Wiegandt (1889–1977) malte.

Dazu gibt es viele, viele mündliche Erzählungen und Aussagen über Mathilde Plate von Nichten und Neffen, von Schülerinnen, Kolleginnen und von Menschen, die sie noch gekannt haben. Sie ergeben, von oft emotional gefärbter Erinnerung getragen, mehr noch als die schriftlichen Zeugnisse, ein lebendiges und farbiges Bild von Mathilde Plate.

Wenn ich von einer Vielzahl von Zeugnissen und deren Vielfalt spreche, so ist die Einschränkung nötig, daß es wiederum so viele nicht sind, wenn die Zeugnisse auf ein langes Leben, das von 1878 bis 1963 währte, verrechnet werden und daß es Lebensabschnitte gibt, aus denen kein einziges Zeugnis mehr vorhanden ist. Und von Vielfalt kann auch nicht recht die Rede sein, wenn man bedenkt, daß es die Dinge des alltäglichen Lebens, mit denen Mathilde Plate sich umgab, nicht mehr gibt, daß die Bücher, die sie liebte, zerstreut, die Kleidung vermodert, die Tassen zerbrochen sind und daß die Erinnerungen derer, die sie einst kannten, oft mehr als 40 bis 50 Jahre her, außerordentlich selektiv, getrübt und durch Gedanken überlagert wurden, die dem Heute näher als dem Gestern sind.

Das Leben und das Wirken von Mathilde Plate sind so nur in Ausschnitten, lückenhaft und unvollständig zu rekonstruieren, es sei denn, es werden Fiktionen und Gestaltschließungstechniken gewählt, die – wie es die Biographie erlaubt – zu einer geschlossenen Erzählung verdichtet werden.

Es verlockt durchaus, sich der Illusionstechniken der erzählenden Geschichtsschreibung zu bedienen, um mit ihrer Hilfe ein Bild von Mathilde Plate zu entwerfen. Freilich ist die Gefahr groß, daß hinter den Bemühungen, den genetischen Verlauf als Werden und Wachsen festzuhalten oder einem Leitgedanken zu folgen und diesem die Auswahl der Zeugnisse unterzuordnen, das Original verblaßt und ein Bild entsteht, in dem sich nur noch die Idee, die die Autorin von ihrer Protagonistin besitzt, eigenwillig und selbstgefällig widerspiegelt.

Ist auch in jeder Rekonstruktion von Leben Konstruktion enthalten und mischt sich unentzerrbar einstige Realität mit heutiger Interpretation, so möchte ich doch nicht die Zeugnisse brüskieren, gar dem Pegasus der Phantasie die Sporen geben. Ich möchte vielmehr dort, wo Zeugnisse mehrdeutig sind oder wo Lebenszeiten nicht durch Zeugnisse zu belegen sind, Interpretationen in der Schwebe halten, in ein Vielleicht kleiden oder in Fragen auflösen oder Überlegungen anstellen, wie es gewesen sein könnte, wie es vielleicht einmal gewesen ist und wie es doch auch ganz anders hätte gewesen sein können.

Abschließend möchte ich allen danken – die Namen habe ich unter „Quellen“ aufgeführt –, die mir geholfen haben, daß ich diese Biographie über Mathilde Plate schreiben konnte. Den Nichten und Neffen, vor allen Dingen Helmut Plate, der sich der Pflege der Familientradition angenommen hat und unendlich bemüht war, das Gedenken an seine Tante zu unterstützen. Ihm verdanke ich nicht nur wichtige Informationen, sondern auch eine große Zahl wunderschöner Fotos. Volker Plate, der mir Mathilde Plates „Mein Kampf“ vermachte, und seiner Frau, die mir die Brosche schenkte, die Mathilde Plate als alte Frau trug und die auf vielen Fotos zu sehen ist. Waltraud Reich und Vitus B. Dröscher, mit denen ich interessante Gespräche führte, sowie Hildburg Reuter, die mir schrieb.

Danken möchte ich auch den ehemaligen Schülerinnen und Kolleginnen, die wunderbare Briefe voller Erinnerungen verfaßten oder mich anriefen, die mir bereitwillig Auskunft über die „Fürstin Mathilde“, über „Tilla“ oder über „Fräulein Plate“ gaben sowie mit interessanten Details aus dem Leben und Wirken ihrer einstigen Direktorin aufwarteten. Dank auch an Dorothea Breitenfeldt, die mir den Nachlaß im Staatsarchiv aufbereitete und bei „Übersetzungsarbeiten“ der eigenwilligen Schrift von Mathilde Plate half, und Erika Thies vom Weser-Kurier, deren einfühlsamem Beitrag ich die vielen Briefe und Anrufe der „Ehemaligen“ zu danken habe.

I. Im deutschen Kaiserreich von 1871–1918

Walle, zur Geschichte eines Stadtteils

In Walle – einem einst verträumten, vor den Toren der Stadt Bremen gelegenen Dorf, das zum bremischen Landgebiet gehörte und 1892 zu einem bremischen Stadtteil wurde – begann das Leben einer Frau, in dem sich geistige Aufgeschlossenheit und wissenschaftliche Neugierde mit Nationalbewußsein, Kaisertreue, wehrhafter Heimatverbundenheit, Bescheidenheit und Familiensinn paarten. Von dieser Bescheidenheit und von diesem Familiensinn erzählt uns der schlichte Stein auf dem Waller Friedhof, auf dem ihr Name als letzter steht. Vor ihr wurden, wie die eingemeißelten Namen verraten, ihre Eltern, Sophie und Friedrich Plate, das nur wenige Tage alt gewordene Schwesterchen Gretchen, Schwester Frida, ihr Mann Gustav Dröscher und ihre Nichte Dietlind Plate in das Familiengrab zur letzten Ruhe gebettet. Von ihrem Lebenswerk und ihrem Vermächtnis an die Frauen erzählt uns der Grabstein nichts.

Grab auf dem Waller Friedhof

Der Friedhof, auf dem Mathilde Plate begraben liegt, wurde nur wenige Jahre vor ihrer Geburt in den Jahren 1872–1875 als städtischer Friedhof genau neben dem Dorffriedhof angelegt, der bisher dem kleinen Ort für seine Toten diente. Die Gründung deutete auf eine Entwicklung hin, in der das stille Dorf mit seinen strohgedeckten Bauernhäusern und den Kätnerhäuschen im Ortskern seine Abgeschiedenheit und seinen dörflichen Charakter verlor.

Die Verstädterung des zum bremischen Landgebiet gehörenden Walle bahnte sich durch die Erweiterung des Verkehrsnetzes, durch Korrekturen der Weser und durch den Ausbau des Hafens an. 1879 eröffnete die „Große Bremer Pferdebahn", eine Strecke von 11,3 Kilometern, die von Hastedt über den Markt und das Doventor zum Waller Friedhof führte. 1885 wurde der Teil der Waller Feldmark, der zum Freibezirk des Hafens gehören sollte, der Stadt Bremen angegliedert. Nachdem 1888 der Zollanschluß erreicht war, der Freihafen eröffnet wurde und sich die Jute-Spinnerei etabliert hatte, vergrößerte sich der Ort rasch und wurde 1892 der Stadt Bremen einverleibt.
Mathilde Plate liebte dieses später doch recht geräuschvolle Walle, das durch den Hafen sein charakteristisches neues Gepräge erhielt, und seine Menschen, denen sie sich zeit ihres Lebens verpflichtet fühlte. Noch heute haben die Plätze in Walle, sie gehören zu den schönsten und ruhigsten im Stadtteil, an denen Mathilde Plate 34 Jahre lang lebte, einiges von ihrem Charme und ihrem Zauber bewahrt. Das alte Schulhaus – aus dem gleichen roten Backstein wie die kleine Kirche – an der Ritter-Raschen-Straße mit seinen durch sechs oder zwölf Sprossen unterteilten Fenstern mit der Stifterplakette steht noch und hat seine Funktion behalten.

Das Waller Schulhaus an der Ritter-Raschen-Straße

Noch immer wandern Schülerinnen und Schüler in die heute als altmodisch und kühl empfundenen hohen Räume und lärmen auf einem Schulhof, auf dem anstelle der alten Obstbäume Laubbäume ihre Schatten werfen. Von der Ritter-Raschen-Straße aus verbirgt ein modernes Gemeindehaus den Blick auf die alte Dorfkirche, an der Straße Lange Reihe gelegen, der man sich freilich durch eine als Tor gestaltete Glockenanlage auf einem rechts und links üppig bewachsenen Weg nähern kann. Der hübschen kleinen Kirche gegenüber liegt der Waller Park, an den sich der Waller Friedhof anschließt.

Es dürfte um 1910 gewesen sein, als Mathilde Plate die lateinischen Inschriften am Turm und an der nördlichen Wand abschrieb, sie übersetzte und die lange Geschichte des kleinen Ortes, vor den Toren der einst hochbefestigten Stadt Bremen gelegen, sorgfältig recherchierte, in einem Büchlein handschriftlich niederlegte und, uneitel wie sie in dieser Hinsicht war, gar nicht daran dachte, sie vielleicht zu einer Publikation zu verdichten (StAB 7,201-20).

Mathilde Plate hatte herausgefunden, daß der Ort Walle erstmalig 1139 in einer Auflistung der Güter des Paulsklosters erwähnt wurde. Die Herren auf dem Gut Walle, vielfach verschwägert mit dem Geschlecht derer von Gröpelingen und mit bremischen Bürgern, waren, wie Mathilde Plate niederschrieb, einst nicht nur Dienstmannen des Erzbischofs von Bremen, sondern auch Ratsleute und Vögte des bremischen Rats, die ihren treuen Beitrag zur Freiheit und Unabhängigkeit der Stadt leisteten.

1407 war Friedrich von Walle, Mathilde Plate vermerkt es mit gewissem Stolz, Bürgermeister in Bremen. Am Beginn des 16. Jahrhunderts setzte sich die Reformation in der gesamten Region durch. 1534 wurden mit dem Erlaß der neuen Bremischen Kirchenordnung nicht nur die Stadt Bremen, sondern auch das vor den Festungsmauern der Stadt gelegene kleine Walle protestantisch.

Da die Zeugnisbasis nun breiter wurde, konnte Mathilde Plate auch einiges über die wechselnden Besitzverhältnisse des Gutes Walle und über die Gründe für den Besitzwechsel sagen. So wissen wir heute, daß einst Eler Havemann, der Sohn eines bremischen Bürgermeisters, mit dem Privatgut seiner Frau Adelheid Hüneken, er hatte wohl schon damals schlecht gewirtschaftet und sein eigenes Vermögen durchgebracht, den Besitz von den Kenkel-Erben 1626 kaufte. Er konnte auch diesen Besitz nicht halten und verkaufte im Jahre 1635 das hochverschuldete Gut mit seinem vom Wasser umgebenen Herrenhaus an den in schwedischen Diensten stehenden geheimen Hof- und Kriegsrat Christoph Ludwig Raschen, Herr von Sagnitz. Es war jener Ritter Raschen, der der Straße, an der das Geburtshaus von Mathilde Plate, das Waller Schulhaus, lag, seinen Namen gab.

Der Verkauf fiel in die unglückselige Zeit des Dreißigjährigen Krieges, von dem zwar die befestigte Stadt Bremen, nicht aber ihre Landgemeinden verschont blieben. Bereits 1627 war Walle vom Herzog von Anhalt, der hohe Kontribution forderte, besetzt worden.

Dem Ritter Raschen war also, wie Mathilde Plate mitleidsvoll recherchierte, keine Ruhe auf dem neuen Besitz vergönnt. 1641 überfiel eine kaiserliche Kavallerieschwadron das Gut und entführte den protestantischen Feind, nahm ihn in strenge Haft und ließ ihn endlich gegen Lösegeld frei. „Abgemattet und von Fieber ausgezehrt" kehrte der Ritter Raschen zurück, wie Mathilde Plate mitfühlend schrieb. Sie notierte mit Bewunderung, daß er trotz täglicher Lebensgefahr an der reformierten Religion festgehalten hatte. Ritter Raschen starb am 12. November 1645 mit 61 Jahren an den Folgen der Krankheit, die er sich in der Kerkerhaft zugezogen hatte. Er verfügte testamentarisch, einen Turm über seinem Grab zu bauen.

Dieses Vermächtnis lösten seine Erben jedoch erst im Jahre 1658 ein. An den neuen Turm ließen sie eine lateinische Inschrift für den Verstorbenen anbringen. Es waren Worte des Lobes, die Mathilde Plate ebenfalls gewissenhaft übersetzte. Gewürdigt wurden die „gediege-

Turm und Kirche an der Straße Lange Reihe in Walle

ne Bildung" des Ritters, seine Kenntnis vieler Sprachen und seine „männliche Tüchtigkeit", die er in der Heimat und in der Fremde bewiesen hatte.
Auch nach dem Westfälischen Frieden von 1648 blieb es unruhig in der Region. Nun waren es die einst verbündeten Schweden, die als Feinde auftraten. Sie plünderten 1654 Walle, und 1666 stand Wrangel vor Bremen.
An den Ritter-Raschen-Turm wurde 1726 die Waller Kirche aus rotem Backstein gebaut, 74 Fuß lang und 36 Fuß breit. Die erste Predigt fand, wie Mathilde Plate recherchierte, am 3. November 1726 statt. 1789 erhielt die kleine Kirche die erste Orgel, 1802 eine neue und 1878 jene Orgel, auf der ihr Vater die Gesänge der Gemeinde begleitete. In dieser schlichten kleinen Kirche wurde Mathilde Plate getauft und konfirmiert.
Mathilde Plate hielt noch fest, daß der Pulverberg der frühere Galgenberg war, auf dem spätestens seit dem 16. Jahrhundert die bremischen Hinrichtungen stattfanden. Sie wurden 1811 eingestellt. Für erwähnenswert hielt sie auch, daß 1666 die Pest in Walle wütete und viele Opfer forderte, daß sie auch in den Jahren 1711 und 1712 das Dorf bedrohte. Auch wenn die Seuche auf zwei Häuser beschränkt blieb, starben von 16 erkrankten Menschen 14. Ab 1877 gab es auch, wie Mathilde Plate anmerkte, eine Kinderbewahranstalt in Walle.

Und natürlich interessierte sich Mathilde Plate für die Geschichte des Waller Schulwesens. Den Quellen entnahm sie, daß erstmalig 1605 von einer Schule die Rede war und daß 1619 der Lehrer Hinrich Rulfs um eine Zulage zu seinem schmalen Verdienst bat. Über die existentiellen Nöte eines Lehrers im „niederen Schuldienst" gab ihr ein Schriftstück aus dem Jahre 1667 Auskunft. Es dokumentierte das Einverständnis der Waller Gemeinde, dem Lehrer eine Kuhweide und für drei Kühe Heu zu geben, wenn er sich bereitfinden würde, die „Krugwirtschaft", also seine Gastwirtschaft, im Winter aufzugeben. Im Sommer durfte er sie unterhalten, weil die Kinder zum Schulbesuch keine Zeit hatten. Sie mußten auf dem Hof und bei der Ernte helfen.
1858 schenkte der Waller Bürger Burchard Meyer den Kindern seines Geburtsortes das erste Schulgebäude. Es brannte allerdings 1868 ab. 1877 wurde ein zweites Schulhaus gebaut, jenes, in dem Mathilde Plates Vater seine Anstellung fand und das noch heute die Stifterplakette trägt.
Dieses historisch alte und damals noch dörfliche Walle bot Mathilde Plates Eltern, Sophie Steinberg und Friedrich Plate, Heimat. Sie kamen aus dem niedersächsischen Umland. Wir wissen ein wenig mehr von Friedrich und Sophie Plate, weil sie später von ihrer geschichtsbewußten Tochter Mathilde überredet wurden, ihre Erinnerungen niederzuschreiben.

Die Eltern Sophie und Friedrich Plate

Friedrich Plate wurde am 19. Februar 1854 als das sechste von acht Kindern des Bauern Jürgen Plate (3.5.1814–8.8.1894) und seiner Frau Katharine geborene Freudenthal (14.10.1815–29.5.1891), so ist seinem Rückblick zu entnehmen, auf dem eigenen Gehöft in Laumühlen bei Hechthausen geboren. Der Hof war eines dieser typischen niedersächsischen Bauernhäuser mit einem Fachwerk aus Eichenholz, in das die roten Ziegel hineingemauert waren. Unter dem mit Stroh gedeckten, an den Längsseiten weit heruntergezogenen Dach wohnten Mensch und Tier gemeinsam.
Friedrich Plates Eltern hatten beide von Jugend auf hart arbeiten müssen: Jürgen Plate schuftete meistens auf dem väterlichen Hof; die ein Jahr ältere Katharine als Kleinmädchen in fremden Haushalten, später als Köchin auf großen Marschenhöfen. Die Erfahrungen, die die zwei fleißigen und strebsamen Menschen dabei gewannen, kamen ihnen später bei der Bewirtschaftung des eigenen bäuerlichen Besitzes zustatten. Auf ihrem Hof betrieben die beiden, wie es seinerzeit üblich war, eine vielseitige Wirtschaft: Landwirtschaft, sie widmeten sich insbesondere dem Flachs- und Hanfanbau und seiner Verarbeitung, Viehwirtschaft, außerdem noch Torfwirtschaft.
Die Arbeit ging auf dem Hof nie aus. Im Sommer nicht und im Winter nicht. Auch für die Kinder, die von beiden Eltern erzogen wurden, gab es immer etwas zu tun. Friedrich Plate half bei der Ernte, brachte dem Vater und seinen Helfern Frühstück und Mittagessen, wenn Torf gestochen, zum Trocknen aufgestellt und zum Abtransport bereitgestellt wurde. Er schälte Kartoffeln, hütete die Kühe, fütterte Hühner und Schweine, schnitt Gras mit der Sense, spulte die Spulen zum Weben auf und besorgte das Flachsschwingen, indem er kleine Bündel des zerlegten Flachses über den Schwingeblock legte und mit dem Schwingeholz an dem Flachs in senkrechter Richtung hinunterschlug, bis der letzte Rest unbrauchbarer Stengelteile am Boden lag.
An dem bäuerlichen Bedarf der kleinen Kinderhände, die oft kraftvoll zupacken mußten, litt naturgemäß der Schulbesuch. So gab es im Sommer – zur Erntezeit – für die älteren Mädchen und Jungen nur wöchentlich acht Stunden Unterricht, für die jüngeren hingegen 16 Stunden in der kleinen, nur aus einer Klasse bestehenden Dorfschule. Dort lernten ältere und jüngere Schülerinnen und Schüler gemeinsam. Die Kinder mußten auch die Beheizung des Schul-

hauses vornehmen und sich um die Reinigung der Schule kümmern. Immer der Reihe nach, wenn alle ihre Pflicht getan hatten, dann ging es wieder von vorne los. Waren die Kinder noch zu klein, so fanden sich Angehörige, die diese Arbeit für sie übernahmen.
Jürgen und Katharine Plate hielten dieses heute recht sparsam erscheinende Bildungsangebot, in dem Rechnen, Lesen und Schreiben, Biblische Geschichte und Lutherischer Katechismus auf dem Lehrplan standen, zwar nicht gerade für großartig, aber sie befanden immer wieder, daß man doch recht dankbar zu sein habe, weil zu ihrer eigenen Schulzeit die Zustände noch viel mangelhafter gewesen wären. Doch bereits Jürgen Plate hatte großes Interesse an seiner Bildung gezeigt und in seiner Schulzeit nicht nur den Katechismus auswendig gelernt, sondern es im Wetteifer mit seinem Bruder Heinrich (1813–1880), die langen Winterabende nutzend, zu einer beachtlichen Fertigkeit im Lesen, Schreiben und Rechnen gebracht.
Heinrich wurde später sogar Realschullehrer. Er heiratete die Engländerin Phoebe Hind (1826–1911) und tat sich als Verfasser zahlreicher Lehrbücher für die englische Sprache hervor, die ihm den Spitznamen der „englische Plate“ eintrugen. Er erarbeitete mit seinen beiden Töchtern Therese und Marian ein großes englisch/deutsches und deutsch/englisches Lexikon.
Die beiden Brüder Jürgen und Heinrich Plate waren oft zu ihrem Onkel gepilgert, der, drei Wegstunden entfernt, Lehrer in Hammah war, wenn sie mit den eigenen Rechenkünsten ins Stocken gerieten. Angeregt diskutierten sie auf dem langen Heimweg ihr neues Wissen und erwarben sich so recht gründliche Kenntnisse in den bürgerlichen und kaufmännischen Rechnungsarten. Jürgen Plate erzählte seinen Kindern gern von diesen Wanderungen, hielt sie zu fleißigem Rechnen an und erreichte so, daß seine Kinder gegenüber den Mitschülerinnen und Mitschülern einen Wissensvorsprung gewannen. Die Bildung wurde später durch die Unterweisung der Prediger an Sonntagen nach dem Gottesdienst abgerundet. Dazu gab es am Mittwoch „Kinderlehre“ und am Dienstag sowie am Freitag Konfirmandenunterricht.
Es hatte wohl mit der Lernfreude und mit der Begabung von Friedrich Plate zu tun, daß man an den Lehrerberuf für ihn dachte, aber auch damit, daß der Lehrerberuf eine gewisse Tradition in der bäuerlichen Familie hatte. Doch es gab auch handfeste materielle Gründe. Vier seiner Brüder waren bereits in der elterlichen Landwirtschaft tätig. Sie bot keine sichere Existenzgrundlage mehr für einen weiteren Sohn, und zu einem schweren Handwerk wie dem eines Schmieds, eines Zimmermanns oder eines Maurers wurde sein Körperbau als zu schwächlich befunden, zu anderen Berufen fehlte ihm jegliche Neigung. So wurde Friedrich Plate bereits im letzten Schuljahr auf den Lehrerberuf vorbereitet. Er erhielt Unterricht im Geigenspiel, Nachhilfe in deutscher Sprache und durfte seinem Lehrer nicht nur bei dem ersten Unterricht der Schulrekruten helfen, sondern hatte auch – wie er bedauernd festhielt – bei Straf- und Nachsitzstunden die Aufsicht zu führen.
Nach dieser ersten „Lehre“ begab sich Friedrich Plate zur weiteren Ausbildung nach Stade. Ab 1870 studierte er am Königlich Evangelisch Lutherischen Lehrerseminar. Neben seinen pädagogischen Fähigkeiten wurden insbesondere seine Kenntnisse in Geschichte und Geographie hervorgehoben, sein Violinspiel wurde für gut befunden, sein Orgelspiel hingegen nur mit genügend bewertet. 1872 beendete er zunächst seine Studien, um als „Gehülfslehrer“ in Bramel und in Belum praktische Erfahrungen zu sammeln. Nach weiteren zwei Jahren erfolgreicher Ausbildung am Königlichen Seminar von 1874–1876 erhielt er sein Abschlußzeugnis, mit dem er zum „ordentlichen Lehrer“ avancierte.
Friedrich Plate, der inzwischen Sophie Steinberg kennen und lieben gelernt hatte, konnte nun ans Heiraten denken. Er bewarb sich auf eine Lehrerstelle nach Bremen. 1876 wurde er zunächst als Hilfslehrer und ab 1. Oktober 1877 als ordentlicher Lehrer mit einem Salär von

1500 Mark im Jahr in der Waller Schule an der Ritter-Raschen-Straße angestellt. Am 4. Oktober 1877 heiratete das junge Paar in Stotel und bezog die Dienstwohnung im roten Backsteinbau des Waller Schulhauses. Am 2. November 1877 leistete Friedrich Plate den Bremer Staatsbürgereid. Er gelobte, dem bremischen Freistaate „treu und hold und der Obrigkeit und den Gesetzen gehorsam" zu sein.
Sophie Steinberg war, wie Friedrich Plate, bäuerlicher Herkunft. Sie wurde am 28. Dezember 1853 als die älteste von mehreren Töchtern, insgesamt hatte sie sieben Geschwister, des Cord Lüder Steinberg (15.3.1819–5.8.1902) und der Meta Gesine geborene Tiencken (18.7.1831–20.11.1919) geboren.

Die Großeltern Cord Lüder Steinberg und Meta Gesine geb. Tiencken

Auch sie hatte, wie wir den Erinnerungen entnehmen können, die sie als 81jährige Frau auf Wunsch ihrer Tochter Mathilde schrieb, an der vielen Arbeit auf dem Bauernhof teilgenommen und doch immer wieder Spaß gehabt. Sie hatte beim Melken geholfen und die Mutter in ihrem handarbeitlichen Wirken unterstützt. Dabei war sie, wie ihr späterer Mann, gern in die Schule gegangen, hatte eifrig und ernsthaft gelernt und sich um Bildung bemüht. So war sich das Paar einig in seinem Bildungsstreben und in seinem Bemühen, den Kindern eine Bildung und Ausbildung zu ermöglichen, die sie für sich selber so sehr gewünscht hätten.

Eine bürgerliche Modellfamilie

Anna Mathilde Plate wurde akkurat neun Monate nach der Eheschließung am 5. Juli 1878 geboren und am 7. August 1878 in der Waller Kirche getauft. Es war das siebte „Kaiserjahr" und das Jahr, in dem Bismarck durch das Sozialistengesetz die Kraft der Linken schwächen und ihren weiteren Stimmenanstieg bei den Reichstagswahlen unterbinden wollte. Wenn auch die Zuneigung der Plates für das heimische Welfenhaus groß war, so fühlte man sich doch dem Hause Hohenzollern, seinen Herrschern und dem „Architekten", dem Reichskanzler Bismarck, der die territoriale Einheit durchgesetzt und einen starken deutschen Nationalstaat gezimmert hatte, tief verbunden.

Im Hause des Staatsbeamten Plate herrschte jenes typische Klima des Wilhelminischen Kaiserreichs, dessen Ingredienzen aus Geborgenheit und Disziplin, aus Leistungsehrgeiz und Schlichtheit bestanden. Man fühlte monarchistisch, militaristisch, preußisch und deutschnational. Mathilde Plate haben dieses Denken, der Glanz und die Kraft, die vom preußischen Kaiserreich ausgingen und ihre Kinder- und Jugendjahre begleiteten, zutiefst geprägt und bis zu ihrem Lebensende begleitet.

Die Hansestadt Bremen hatte nach der Gründung des Deutschen Reiches 1871 ihre Selbständigkeit, die nach dem Dreißigjährigen Krieg im Westfälischen Frieden im Jahre 1648 so teuer erkauft worden war, verloren, doch den Status eines Stadtstaates behalten. 1878 wurden in Bremen Änderungen auf der politischen, rechtlichen und sozialen Ebene vorgenommen, der zahlreiche eigenstaatliche Besonderheiten durch die Angleichung an preußische und nationale Gesetze zum Opfer fielen. Die neuen Gesetze der Reichsregierung griffen stark in das Leben der Menschen ein. Sie machten aus den einst streng republikanisch denkenden bremischen Bürgerinnen und Bürgern Menschen, die sich nun vor allen Dingen als Deutsche fühlten und viel Sympathie für die ihnen neue konstitutionell angelegte Monarchie empfanden.

Im Rahmen der Neuordnung wurden auch Gesetze zur Selbstverwaltung der Landgebiete, zu denen ja auch Walle noch gehörte, verabschiedet. Die Bekämpfung von Seuchen, die Sorge für Wege, Brücken, Brunnen, Feuer- und Deichschutz wurden in die Verantwortlichkeit der Gemeinden gegeben. Auch die Armenpflege wurde, einer säkularisierten Gesellschaft angepaßt, zur Gemeindeangelegenheit. Die kirchlichen Diakone wurden durch städtische, aus dem Steuersäckel finanzierte Armenpfleger ersetzt. Die Selbstverwaltung und die Eigenständigkeit fanden freilich ihre Grenzen an der Oberaufsicht des bremischen Senats.

Ab 1878 wurden ständig Weserkorrektionen vorgenommen, die die Plates mit großer Aufmerksamkeit und Interesse verfolgten. Durch die Vertiefung der Weser wurde es immer größeren Schiffen möglich, Bremen zu erreichen, so daß der Ausbau der Häfen kontinuierlich vorangetrieben werden konnte. Die Zahl der Beschäftigten im bremischen Hafengebiet wuchs, mit ihr die Zahl von Hafenarbeiterfamilien und die Zahl der Menschen, die durch Alkoholismus in Armut gerieten. Walle verlor mehr und mehr seinen dörflichen Charakter und wurde zu einem Stadtteil, dessen besondere Prägung durch den Hafen und seinen wachsenden Güterumschlag bestimmt wurde.

Wir wissen heute nicht mehr, an wen Sophie und Friedrich Plate dachten, als sie nach Anna den stolzen Namen Mathilde für ihre älteste Tochter wählten. Im Stammbaum der Familie, den später Mathilde Plates Bruder Ludwig zeichnete, kommt er überhaupt nicht vor. Da Friedrich Plate sich jedoch sehr für Geschichte interessierte, könnte die Namenswahl nicht nur sehr bedacht, sondern auch in Erinnerung an große Frauen der Geschichte erfolgt sein. So möchte ich der zwar nicht ungewöhnlichen, aber doch ein wenig überraschenden Namensgebung ein wenig nachsinnen.

Vielleicht wollten die Plates an Mathilde, die Tochter Heinrich II. von England, erinnern, die gebildete Gemahlin des streitlustigen Herzogs von Braunschweig, besser bekannt unter dem

Namen Heinrich der Löwe, und damit zugleich an deren Großmutter Mathilde (1102–1167), Tochter Heinrich I. von England und Gemahlin von Kaiser Heinrich V. und nach dessen Tode von Geoffrey von Anjou.
Vielleicht war es aber auch ein Gedenken an Mathilde (seit 909), die Heilige aus dem Geschlecht Widukinds, die kluge Gemahlin Heinrich des I., Mutter Otto des Großen und Wohltäterin von Kirchen, Klöstern und Hilfsbedürftigen, die am 14. März 968 in Quedlinburg begraben wurde. Otto I. hatte einst im 10. Jahrhundert den Partikularismus überwunden und die Idee der Reichseinheit im Heiligen Römischen Reich Deutscher Nation verwirklicht. Idee und Tat, die den Reichsgründern im 19. Jahrhundert als Vorbild dienten, so daß sie ihnen, mit neuem Leben versehen, die Gestalt des deutschen Kaiserreiches gaben.
Vielleicht hatten die Plates bei der Namensgebung aber auch an die mächtige Äbtissin Mathilde gedacht, an die berühmte Vorsteherin des „Freyweltlich gefürsteten Damenstifts", Enkelin des ersten deutschen Kaisers, Heinrich der Vogler, Tochter von Otto I. und seiner gesetzlichen Mitregentin Adelheid und Schwester von Otto II. Ihr wurde das Amt der Reichsverweserin des Heiligen Römischen Reiches Deutscher Nation anvertraut. In dieses höchste aller Ämter der damaligen Zeit war sie im Jahre 997 eingesetzt worden, als ihr Neffe, der Kaiser Otto III., nach Italien aufbrach. Es war ein Amt, das weder vor ihr noch nach ihr je von einer Frau ausgeübt, und ein Titel, der weder vor ihr noch nach ihr je einer Frau verliehen wurden. Dieser Äbtissin und Reichsverweserin zu Ehren wird jetzt wieder in Quedlinburg das „Mathildenfest" am 14. November gefeiert.
Welche der Frauen auch Patin für den Namen gestanden haben mag, er war bestens gewählt und so stimmig, daß Anna Mathilde Plate sich für ihn allein entschied und Anna aus ihrem Namen strich. Außer in einigen offiziellen Urkunden taucht er nirgendwo mehr auf. Damit handelte sie anders als ihre jüngste Schwester Frida Sophie, die zeit ihres Lebens auf Nennung

Mathilde Plate, etwa zwei Jahre alt

beider Namen bestand. Retrospektiv ist es leicht, von einer gelungenen Namensgebung zu sprechen, denn Mathilde machte ihren Namensschwestern alle Ehre, kannte sich später prächtig aus in den Biographien der Mathilden, der deutschen wie der englischen, und wußte viel über die Frauen und über ihre Bedeutung zu berichten.
Am 3. März 1880 wurde den Plates ein zweites Kind geboren: Catharina Margaretha, Gretchen genannt. Das schwächliche Schwesterchen überlebte die Geburt jedoch nur wenige Tage und starb am 9. März 1880. Ein Schock für die Eltern, deren Kummer die kleine Mathilde noch nicht verstand.
Am 1. Februar 1882 erblickte Marian das Licht der Welt. Ein Name, der englisch ausgesprochen wird und den, wie wir bereits gelesen haben, auch eine Tochter des Großonkels Heinrich trug und der in der Familie seiner englischen Frau wohl Tradition hatte. Ein gutes Jahr später, am 5. September 1883, gab es weiteren Nachwuchs im Hause Plate. Es war der Sohn Ludwig: Er blieb der einzige.
Mathilde hatte nun zwei Geschwisterchen, die für sie Freude aber auch Verantwortung bedeuteten. Das älteste Kind wurde für die jüngeren in die Pflicht genommen und half, wenn der Mutter die Arbeit zu viel wurde. So wuchs Mathilde, auch wenn sie mit den jüngeren Geschwistern spielen und tollen konnte, in eine Rolle hinein, in der sie wie selbstverständlich den jüngeren Geschwistern Helferin, Hüterin und „Lehrerin“ war.

Ludwig, Mathilde und Marian Plate, 1885

Ein Kindheitsfoto aus dem Jahre 1885 zeigt eine Siebenjährige, die sich ihrer Verantwortung bewußt scheint. Ruhig steht sie da mit einer verständigen Miene, deren Ernst durch die strenge Scheitelung der Haare und durch die feierliche schwarze Kleidung noch unterstrichen wird. Es sieht aus, als hätte sie die ganze Prozedur beim Fotografieren mit viel Geduld und Gelassenheit hingenommen, während die kleineren Geschwister, vielleicht auch von ihr zum Stillsitzen ermahnt, in recht ängstlicher Betrübnis oder leicht verdrossener Abwehr in das Auge der Kamera schauen.

Am 21. April 1892 wurde Frida Sophie, das Nesthäkchen, geboren. Die Familie Plate war nun komplett.

Das Leben im Hause Plate war bürgerlich schlicht. Das Lehrersalär bedeutete bei vier Kindern zwar Auskommen, aber es erlaubte keinen besonderen Luxus. Nach einem solchen stand freilich den Plates auch nicht der Sinn. Persönliche Bescheidenheit zeichnete sie aus. Die Räume im Waller Schulhaus waren eher klein. Sophie Plate hatte sie ebenso zweckmäßig wie gemütlich eingerichtet. Die Tapeten, zuweilen mit Pflanzen oder Blumen bedruckt, kontrastierten mit den einfachen Holzdielen, die so mühsam zu pflegen waren und auf denen nur wenige Teppiche den Schritt abfederten und das Knarren dämpften. Petroleum- oder Gaslampen, weiße duftige Gardinen, viele Pflanzen und Blumen schufen eine Atmosphäre anheimelnder Behaglichkeit.

An den kalten Wintertagen rückte die Familie im Wohnzimmer zusammen. Eltern und Kinder genossen die mollige Wärme des gußeisernen Ofens, auf dem die Äpfel zum braten gelegt waren und ihren köstlichen Duft verbreiteten. Oft hörten die Kinder dem Vater beim Violinspiel zu, sangen mit den Eltern, handarbeiteten oder bastelten und werkelten. An vielen Tagen war Mathilde Plate aber auch in ein eigenes Spiel oder in ein Buch vertieft, wenn die Mutter nähte, strickte, stopfte oder am ererbten bäuerlichen Spinnrad saß und der Vater mit der Korrektur von Schulaufsätzen beschäftigt war.

Zuweilen gab es Besuch von der Verwandtschaft. Von der Großmutter Meta Gesine Steinberg aus Stotel zum Beispiel, die mit ihrem Strickzeug in den Händen den Neuigkeiten aus der Waller Gemeinde und aus der großen Stadt Bremen lauschte. Vielleicht war es einer dieser gemütlichen Abende, an dem Mathilde Plate ihrer Großmutter die alte Truhe abschwatzte, eine Meisterarbeit bäuerlicher Schnitzkunst, mit der Zueignung Hindrich Ricken Anno 1722. Jedenfalls wurde sie im Dezember 1909 im Wohnzimmer in der Nähe des schönen gußeisernen Ofens aufgestellt. Sie erhielt einen Aufsatz, der als Bücherschrank diente. Mathilde Plate betrachtete das Möbelstück als einen besonderen Schatz und hing ihr ganzes Leben lang sehr an ihm.

Die Arbeitsteilung im Haushalt der Plates war, bürgerlichen Idealen entsprechend, klar festgelegt. Der Schulmeister Friedrich Plate, als der alleinige Verdiener, war das Oberhaupt der Familie und der Repräsentant nach außen. Sophie Plate war die Seele des Hauses, für den Haushalt, für das Wohlbefinden aller und für die Erziehung der Kinder zuständig. Die geistig lebhaft interessierte Sophie Plate, die – wie seinerzeit für Frauen üblich – nicht mit Wissen und Bildung prunkte, sich bescheiden zurückhielt und auf jeglichen Eigenruhm verzichtete, gestaltete jene Atmosphäre anheimelnder Behaglichkeit und wohltuender Häuslichkeit, aus der die Familienmitglieder, die ins feindliche Leben zogen, wie der Ehemann und später die Tochter Mathilde, ihre Kraft schöpften. In diesem Heim, das Geborgenheit und Sicherheit bot, gewann Mathilde Plate die innere Stärke und damit eine Souveränität, die sie bis zu ihrem Tode auszeichnete und die es ihr erlaubte, auch die schwierigsten Situationen zu meistern und ihre Frau zu stehen.

Friedrich und Sophie Plate waren praktizierende Christen. Sie standen auf dem soliden Fundament eines undogmatischen Christentums, dessen Leitlinien Martin Luther vorgegeben

Großmutter Meta Steinberg

hatte. Die Familie nahm innigen Anteil am religiösen Leben in der Gemeinde und besuchte regelmäßig die sonntäglichen Gottesdienste. Friedrich Plate, als Lehrer und Schulvorsteher einer der Honoratioren im dörflichen Walle, interessierte sich aber nicht nur für die religiöse Gemeinschaft, sondern auch für die Menschen und ihre Nöte.

Für die Plates war es eine Selbstverständlichkeit, ein Christentum der Tat, nicht der Worte, gar der leeren Worte, zu üben. So betete man im Hause Plate auch nicht nur für Arme und Bedürftige, sondern nahm an ihren Schicksalen lebhaften Anteil und fühlte sich insbesondere jenen verpflichtet, die am Rande des Existenzminimums lebten. Die Plates unterstützten sie materiell und besuchten sie in ihren zuweilen nur notdürftig gegen Wind und Wetter geschützten Hütten und ärmlichen, mit viel zu viel Personen belegten kleinen Häuschen, in denen Scheiben geklebt oder Fensteröffnungen mit Pappe abgedichtet waren.

Die besondere Sorge der Plates galt den Familien der Hafenarbeiter, die sich in immer größerer Zahl in der Nähe des expandierenden Freihafens niederließen. Man versuchte vor allen Dingen jenen Familien zu helfen, in denen die Trunksucht des Vaters Frau und Kinder in Not und Elend stürzten. Denn in Bremen gab es eine, wie es hieß, weitverbreitete Schwäche: Völlerei, Saufen und Raufen. Die Trunksucht war zu einem Problem geworden. Es gab viele

Schnapsbrennereien, und gerade in dem sich entfaltenden Walle zählten die Schnapskneipen nach Hunderten.

Zu den Besuchen in die Familien der Hafenarbeiter nahm Friedrich Plate oft eines seiner Kinder mit. Mathilde Plate spazierte gerne mit ihrem Vater hinaus zu den Häusern in der Nähe der Häfen. Für sie waren die Besuche eine Selbstverständlichkeit, und so mag sie mit Stolz in einem eigenen Körbchen ein paar nützliche Dinge oder nahrhafte Kost für die Familien getragen haben. Durch diese Besuche mit ihrem Vater lernte Mathilde Plate früh Armut, Entbehrung und die verheerenden Folgen des Alkoholismus kennen, das physische Elend, die Zerstörung der Persönlichkeit des Trinkers und die daraus begründete Zerstörung der Familie und der Zukunft der Kinder.

Die aus dem Christentum abgeleitete Nächstenliebe und die Hilfen für jene, die der Hilfen bedurften, waren die Lebensmaximen von Friedrich und Sophie Plate. Es waren Einstellungen und ein Verhalten, die auch die Tochter Mathilde übernahm. Die frühe Konfrontation mit menschlichem Leid, mit Armut und Alkoholismus war eine Lehre für das Leben und bestimmte ihr späteres nie erlahmendes Engagement im Rahmen karitativer Fürsorge und ihr leidenschaftliches Engagement in der Abstinenzbewegung.

Zum 1. Oktober 1893 übernahm Friedrich Plate für die Waller Kirchengemeinde die Geschäfte des Küsters und Organisten. Ein extra besoldeter Küster war der Gemeinde zu teuer geworden, und die bisher übliche Zahlung des Küsters aus verschiedenen Fonds und in Naturalien war wohl dem dörflichen, aber nicht mehr dem städtischer werdenden Walle angemessen. Das Salär von jährlich 250 Mark für Friedrich Plate war ein „Zubrot“ für den schmalen Geldbeutel einer aufstrebenden Lehrerfamilie, deren Kinder eine erstklassige Schulbildung erhielten, und war doch nicht mehr als ein „Gotteslohn“.

Mochte auch der einzige Sohn neben den Töchtern zuweilen besondere Aufmerksamkeit erfahren haben, vielleicht auch von den Hilfsarbeiten im Haushalt befreit worden sein, so wurde doch den Mädchen die gleiche intellektuelle Erziehung zuteil. Alle Töchter erhielten eine Schulausbildung als Mitgift, auch wenn sie sie später sehr unterschiedlich nutzten, die sich auf dem höchsten Niveau der damaligen Mädchenbildung bewegte.

Ab Sommer 1885 durfte Mathilde Plate endlich, sie hatte ihrem ersten Schultag schon lange entgegengefiebert, in „ihre“ und ihres Vaters Schule gehen, in die Landschule zu Walle, wie sie offiziell hieß. Ihr waren die spartanisch eingerichteten hohen und kühlen Räume mit den harten Bänken und dem hohen Katheder längst vertraut. Die kleine allseitig interessierte Mathilde war oft mit ihrem Vater durch die Räume und Flure gegangen und hatte mit ihm im Winter die verbliebenen Holzscheite für die Öfen gezählt. Auch die anderen Lehrer hatte sie kennengelernt. Nun nahm Mathilde Plate selbst stolz auf einer der Bänke Platz.

Des Schulleiters älteste Tochter war, wie den Zeugnissen zu entnehmen ist, eine fleißige und aufmerksame Schülerin und tadellos in ihrem Betragen. Ihre Noten wurden von Jahr zu Jahr besser, so daß sie in der Klassenhierarchie aufstieg. War sie im Sommer 1885 noch die fünftbeste unter 66 Schülerinnen und Schülern, so war sie schon im nächsten Halbjahr die vierte von 66, 1887/88 die dritte von 61, um dann in den nächsten drei Halbjahren jeweils die erste von 63 oder 62 Schülerinnen und Schülern zu sein.

Angesichts dieser Leistungen war der Übergang in eine höhere Mädchenschule selbstverständlich. Auch wenn die Zehnjährige nun früher aufstehen mußte, denn der Schulweg war doch recht weit, Mathilde Plate machte es nichts aus. Sie freute sich auf die neue Schule. Kerzengerade und mit erhobenem Kopf ging sie nach vierjährigem Besuch der Waller Volksschule in das renommierte Lyzeum von August (1830–1889) und Johanne Kippenberg (1842–1925) in Bremen, Am Wall 102. Es bereitete ihr Lust zu lernen, und sie nahm sich vor, eine gute Schülerin zu bleiben.

Im Lyzeum von August und Johanne Kippenberg

Die alleinige Leitung des Lyzeums hatte soeben 1889, nach dem Tode ihres Mannes, Johanne Kippenberg übernommen. Sie arbeitete hart, um mit dem Bildungsinstitut ihre Existenz, die ihrer acht eigenen Kinder und die der zwei Kinder von August Kippenberg aus erster Ehe zu sichern. Johanne Kippenberg bewies trotz aller Zweifler und der Selbstzweifel rasch, daß sie nicht nur eine ausgezeichnete Lehrerin war, sondern auch die Fähigkeit besaß, die Wirtschaftlichkeit des Unternehmens zu gewährleisten und das renommierte Institut so zu führen, daß das Anspruchsniveau in der Mädchenbildung und in der Ausbildung zur Lehrerin erhalten blieb.

Johanne Kippenberg war eine moderne Pädagogin. Ihre pädagogische Auffassung vom Unterricht legte sie in der Abhandlung „Lernt für das Leben und nicht bloß für die Schule" nieder. 1893 präzisierte sie noch einmal ihre Gedanken und schrieb in ihrem Vorwort zur Neuauflage des von August Kippenberg entwickelten Lehrplans für die höhere Mädchenschule: „Nicht alles Wissenswerte kann in der Schule gelehrt werden, aber was gelehrt wird, muß wissenswert sein; es muß geeignet sein, dem Gesamtzweck des erziehenden Unterrichts zu dienen: den Mädchen eine solche sittlich-religiöse Charakter- und Gemütsbildung zu geben, daß sie mit Klarheit ihren Platz im Leben zu erkennen und mit freudiger Hingabe und Pflichttreue ihn auszufüllen bestrebt sind" (1893, III.). Gemeint war, vielleicht auch formuliert, um besorgte Eltern zu beruhigen, vorrangig der Platz im Rahmen der Familie als treusorgende Gattin, erzieherisch befähigte Mutter und als eine Hausfrau, die zu wirtschaften versteht. Gemeint war aber auch, und dafür spricht die bereits 1859 von August Kippenberg ins Leben gerufene „Lehranstalt für erwachsene Töchter und Lehrerinnenseminar", das Gelernte für einen eigenen Beruf zu nutzen.

Der differenzierte Lehrplan enthielt insgesamt XIII Artikel. Von der Religion, Geschichte und dem Deutschunterricht über Fremdsprachen, Englisch und Französisch, Erdkunde und Naturkunde zum Anschauungsunterricht, Rechnen, Schreiben, Zeichnen, Handarbeit, Singen und Gymnastik. Der Unterrichtsauffassung lagen zwei pädagogische Prämissen zugrunde, die Lehrmeinung, den Schülerinnen den Stoff nicht in „trockener Systematik", sondern durch eigene Anschauung über Abhängigkeiten, Bedingtheiten und Zusammenhänge nahezubringen, und „nicht Buchwissen", wie Johanne Kippenberg schrieb, „sondern Denkwissen" zu vermitteln.

Mathilde Plate begeisterte sich für die geisteswissenschaftlichen Fächer, für den Deutschunterricht, der insbesondere der deutschen Klassik gewidmet war, für einen Geschichtsunterricht, in dem vom Glanz vergangener Reiche und von Ruhmestaten großer Helden die Rede war, für einen Religionsunterricht, in dem es nicht mehr nur um das Auswendiglernen von Bibelsprüchen, sondern um die Geschichte des Christentums und der Kirchen und um gegenwärtige tätige Nächstenliebe ging, und übte gewissenhaft die beiden Fremdsprachen: Englisch und Französisch in Wort und Schrift.

Dem für den Geschichtsunterricht formulierten Anspruch gemäß, „sittlich hochstehende, kraftvolle Charaktere, Männer wie Frauen", „klar hervorzuheben und dem Gemüte der Schülerinnen nahezubringen" (Lehrplan, 8), wurden die Schülerinnen auch im Religionsunterricht mit den Großen der Geschichte konfrontiert. Mathilde Plate war eine sehr aufmerksame Zuhörerin, wenn die aufregenden Geschichten von christlichen Märtyrerinnnen und Märtyrern erzählt wurden, wenn von den Vätern der Kirche, von Päpsten und Reformatoren, vom Kampf zwischen den christlichen Religionen und vom Kampf der Verschmelzung von weltlicher und kirchlicher Macht die Rede war. Mit besonderer Freude hörte sie vom mittelalterlichen Klosterleben und von der hohen Bedeutung, die Frauenklöster einst besaßen, von den großen Äbtissinnen und den Mystikerinnen des Mittelalters.

Mathilde Plate war tief beeindruckt von Roswitha von Gandersheim, die bis zum Jahre 1000 lateinische Komödien dichtete und mit Werken wie „Fall und Buße Marias, der Nichte des Einsiedlers Abraham“, oder die „Bekehrung der Buhlerin Thais“ und „Die Leiden der drei Jungfrauen und künftigen Märtyrerinnen“ kenntlich machte, daß menschlich-sündiges Leben noch nicht das Himmelreich zu kosten brauchte. Und auch das Leben und das Werk der Hildegard von Bingen (1098–1172), die als Äbtissin und Mystikerin zu hoher moralischer Autorität und als Ärztin zu großem Ansehen gelangte, erregten ihre Bewunderung. Mathilde Plate stellte mit Genugtuung und mit Stolz fest, daß es auch große Frauen gab, Frauen, an denen sie sich orientieren und die sie als Vorbild erwählen konnte.

Aber auch die Geschichte ihrer Heimatstadt Bremen, die fächerübergreifend dargestellt wurde, interessierte Mathilde Plate sehr. Sie verfolgte mit Spannung, wie im Religionsunterricht, im Geschichtsunterricht oder im Erdkundeunterricht jeweils unterschiedliche Aspekte bremischer Historie veranschaulicht wurden. Im Geschichtsunterricht zum Beispiel der Kampf des bremischen Bürgertums um Frieden nach innen und außen. Im Erdkundeunterricht gab es Informationen über geographische Ausdehnungen, über Topographie oder wirtschaftliche Grundlagen, und im Religionsunterricht wurde über die Anfänge Bremens als Bistum und als Erzbistum, über die Reformation, über Luther und den späteren strengen Calvinismus gesprochen.

Freilich bewegte sich der Geschichtsunterricht im Kippenberg-Lyzeum, trotz aller Mühen, auch weibliches Leben sichtbar zu machen, wie könnte es anders gewesen sein, in den Traditionen einer Geschichtsschreibung als weithin unkritische Erlebnisgeschichte und als schönende und beschönigende Heldengeschichte. Es war eine von Männern dominierte und getragene Geschichte, in der sich weltumspannendes Denken im Zugriff auf Raum und Menschen verwirklichte. Frauen kamen in dieser Geschichte, auch wenn von Nonnenklöstern, Hexenprozessen, von Mädchenbildung oder von der Erziehung der Mädchen im alten Rom die Rede war, als Heldinnen oder als herausragende Individuen so gut wie gar nicht vor.

Mit besonderer Begeisterung lauschte Mathilde Plate jenen Erzählungen, in denen von Männern die Rede war, die den Beinamen „Große“ erhielten, weil sie „große“ Schlachten gewonnen oder aber auch verloren, weil sie fremde Reiche erobert oder Völker vereint hatten. Sie bewunderte Alexander von Makedonien, der gegen die Perser zu Felde zog und sie in der sogenannten Issos-Keilerei von 333 vor Christus schlug; Karl oder Charlemagne, der 785 die Sachsen unter Widukind besiegte, sie zur Annahme des christlichen Glaubens zwang und durch glückliche Eroberungen das Fränkische Reich zur Vorherrschaft im Abendland führte; Otto I., der die Ungarn 955 auf dem Lechfeld besiegte, den Stammespartikularismus überwandt und 962 in Rom zum Kaiser gekrönt wurde; den Hohenzollern Friedrich II., der, obgleich er auch schwere Niederlagen wie jene bei Kolin, Hochkirch und Kunersdorf hinnehmen mußte, als größter Feldherr seiner Zeit galt, seine „Feldherrnkunst“ nicht nur in den Schlesischen Kriegen zwischen 1740 und 1745 bewies, sondern auch durch seine Siege unter anderen von Roßbach, Leuthen oder Zorndorf unterstrich und damit Preußen eine europäische Großmachtstellung sicherte.

Mathilde Plate war hingerissen. Männer hatten, um ihre Ideen von geeinigten Reichen oder von der Durchsetzung ihres Glaubens zu verwirklichen oder um ein kulturelles Erbe zu verteidigen, ihr Leben eingesetzt. Sie hatten Territorien verteidigt oder neue Gebiete erobert. Sie hatten, für Mathilde Plate mit vielen guten und überzeugenden Gründen, um Zugewinn an Macht und Land gekämpft. Der vielen Menschen, die mit den verwegenen Streitern ziehen mußten und ihr Leben gaben, wurde im damaligen Geschichtsunterricht nicht gedacht. Und so dachte auch Mathilde Plate nicht an sie. Es war für sie selbstverständlich, daß Menschen,

Männer, mit den „Großen" und den „Kühnen" kämpfen mußten, auch um den Preis des eigenen Lebens, im Dienste einer „höheren Idee" oder einer „idealischen Vision".
Es hatte wohl mit dieser Art des Unterrichts zu tun, daß Mathilde Plate später so großes Interesse und so viel Gefallen an mutigen Soldaten, an „Waffenträgern", an Helden mit Herz und Geist, an Heldengedenkstätten und an Denkmalen fand. Diese Stätten der Erinnerung an blutige Schlachten, an Siege und an Niederlagen, suchte sie später immer wieder auf, um sich der Helden von damals zu erinnern, sich die Geschichte zu vergegenwärtigen und sich in sie materiell und ideell hineinzuversetzen.
In „Deutsches Lesebuch" von August Kippenberg verloren sich unter den vielen berühmten tapferen Männern der Geschichte nur zwei Frauen: Königin Luise von Preußen (1776–1810) und Elisabeth I., Königin von England. Es waren zwei in ihrer Art, in den Herrschaftsbefugnissen und in ihrer historischen Bedeutung sehr unterschiedliche Königinnen.
Wir können uns heute leicht vorstellen, daß Mathilde Plate von der Persönlichkeit und den Taten der englischen Königin beeindruckt war. Hier lernte sie eine kraftvolle und überlegene Frau kennen, die, wie die „großen" Männer, von denen sie gehört hatte, Schlachten zu gewinnen verstand und mit dem Sieg ihrer „Armada", mit der sie 1588 die Spanier entscheidend schlug, weltgeschichtliche Bedeutung erlangte. Wenn Mathilde Plate auch die Gefangennahme und Enthauptung der Rivalin Maria Stuart nicht recht gefiel, so freute es sie doch, daß das Elisabethanische Zeitalter als das „Merry old England" in die Geschichte einging, daß Shakespeare in ihrer Regierungszeit seine bedeutenden Werke schrieb und England einen großen Aufschwung in Handel und Schiffahrt erlebte.
Solche weltbewegenden und weltverändernden Leistungen hatte freilich die anmutige Prinzessin Luise von Mecklenburg-Strelitz, die 1793 den späteren König Friedrich Wilhelm III. von Preußen heiratete, nicht aufzuweisen. Doch Mathilde Plate verehrte die preußische Königin, die als einzige unter den preußischen Königinnen eine große Volkstümlichkeit erlangt hatte, und erfreute sich an dem 1797 fertiggestellten bezaubernden Standbild von Johann Gottfried Schadow, das Luise als Kronprinzessin mit ihrer jüngeren Schwester Friederike zeigt, die mit dem zweitältesten Sohn des vormaligen Preußenkönigs und nun ihres Schwagers verheiratet war.
Die junge Königin Luise hatte ihre Kraft und Stärke in den schweren Zeiten der preußischen Niederlage durch Napoleon bewiesen, der nach der siegreichen Schlacht vom 14. Oktober 1806 mit seinen Truppen in Berlin eingezogen war. Das Königspaar floh von Küstrin aus vor den französischen Verfolgern bis in den letzten nordöstlichen Winkel des Landes nach Memel. Kälte und Entbehrungen, Enttäuschungen und die Angst um den Verlust des Throns machten dem Paar zu schaffen. Gespräche zwischen König Friedrich Wilhelm III., Alexander I. von Rußland und Napoleon verliefen ergebnislos. Die allgemeine Meinung war, daß nur noch ein Gespräch der Königin mit dem französischen Kaiser die Haltung des unnachgiebigen Siegers beeinflussen könnte.
Königin Luise stellte sich der Aufgabe. Sie war 31 Jahre alt und mit ihrem neunten Kind schwanger, als sie in zehnstündiger Fahrt nach Tilsit reiste, um dem verhaßten Kaiser, dem „monstre", wie sie ihn nannte, persönlich gegenüberzutreten und 1807 jene Unterredung mit Napoleon zu führen, die zwar ergebnislos für Preußen verlief, ihr aber einen besonderen Eintrag in das Buch der preußischen Geschichte sicherte. Welche Demütigung der Bittbesuch bei Napoleon ihr war und welche Selbstverleugnung er sie kostete, vertraute sie ihrem Tagebuch auf dem Weg nach Tilsit an: „Seine Talente bewundere ich; aber seinen Charakter, der offenbar hinterlistig und falsch ist, kann ich nicht lieben. Höflich und artig gegen ihn zu sein, wird mir schwer werden; doch das Schwere wird einmal von mir gefordert; Opfer zu bringen bin ich gewohnt" (Kippenberg, 146).

In „Deutsches Lesebuch" hatte August Kippenberg einen kleinen Aufsatz „Königin Luise in Tilsit" und den Brief der Königin, den sie am 17. Juni 1807 aus Memel an ihren Vater schrieb, aufgenommen. Mit Hochachtung las Mathilde Plate die stolzen Worte: „Wir gehen mit Ehren unter. Der König hat bewiesen, – der Welt hat er es bewiesen, daß er nicht Schande, sondern Ehre will. Preußen wollte nicht freiwillig Sklavenketten tragen. Auch nicht einen Schritt hat der König anders handeln können, ohne seinem Charakter untreu und an seinem Volke Verräter zu werden" (Kippenberg, 145).
Königin Luise war nur ein kurzes Leben beschieden. Mit Anteilnahme und Rührung vernahm Mathilde Plate, daß Königin Luise „geschwächt durch zehn Geburten und die Entbehrungen der Exiljahre" an Lungenentzündung erkrankte und mit 34 Jahren starb (Gersdorff, 39).
Mathilde Plate gewann nicht zuletzt durch diesen Unterricht Grundlagen, die ihr Geschichtsverständnis, aber auch ihr Politikverständnis entscheidend beeinflußten. Bei ihr wurde das gesteckte Ziel, die Begeisterung der Schülerinnen „für edle und große Vorbilder" zu wecken und „die idealen Güter der Menschheit" schätzen zu lernen, mögen wir auch heute eine andere Idee von einem edlen Vorbild oder von idealen Gütern besitzen, aufs beste erreicht.
Wie den Geschichtsunterricht liebte Mathilde Plate zutiefst den Deutschunterricht. Der differenzierte Unterricht sollte nicht nur befähigen, „die Muttersprache mündlich und schriftlich richtig zu gebrauchen und die niedergelegten Gedanken anderer richtig zu verstehen", sondern auch die „Schärfung und Klarheit des Denkens" fördern, die „Sprachfertigkeit" entfalten und das „rechte Sprachverständnis" entwickeln. Grammatik, Stilkunde, Orthographie und die Reproduktion von Texten, von der Nacherzählung zu immer freieren Formen der Rede, standen ebenso auf dem wöchentlichen Stundenplan wie die „Durchdringung" der Werke der großen Dichter. Mathilde Plate begeisterte sich für die Dramen von Goethe und von Schiller, weil sich in ihnen Geschichte und Literatur aufs innigste verbanden. So lernte sie Wallenstein, die Jungfrau von Orléans oder Don Carlos auch auf diesem Wege kennen und konnte aus ihnen später seitenlang zitieren.
Doch auch im Deutschunterricht wurde viel auswendig gelernt: die großen Dramen, die Gedichte der Klassiker, der Romantiker und der Dichter der Befreiungskriege gegen Napoleon. Mathilde Plate lernte mit Leichtigkeit, rasch, übte sich in guter Betonung und freute sich, wenn sie das Gelernte fehlerfrei und wohl akzentuiert vortragen konnte. Sie behielt die Texte lange in ihrem Kopf, speicherte sie in ihrem Gedächtnis, so daß sie sie bei Bedarf und nach Belieben abrufen konnte.
Der Steigerung der Gedächtnisleistungen, des Ausdrucks und der Entfaltung einer selbstsicheren Persönlichkeit dienten auch die Schulaufführungen, die insbesondere den deutschen Klassikern gewidmet waren. Mathilde Plate wirkte voller Begeisterung mit. Das Schauspiel, mit dem untrennbar die Verkleidung verknüpft war, gehörte zu ihren Leidenschaften. So trainierte sie in der Schule vielfältig, was später immer wieder Bewunderung erregte, Gebärden, Mimik und vor allen Dingen ihr phänomenales Gedächtnis.
Dem differenzierten Deutschunterricht entsprechend gab es einen fremdsprachlichen Unterricht, unterrichtet wurden jeweils vier Stunden Englisch und Französisch, der zu „solchem Verständnis und hinlänglicher Beherrschung der fremden Sprache" führen sollte, daß es den Schülerinnen gelingen möchte, „leichtere Werke der fremden Literatur ohne große Mühe und mit Freude" zu lesen. Mathilde Plate brachte es durch die vielen Schrift- und Sprechübungen in Englisch rasch zu einer Fertigkeit, die es ihr erlaubte, sich Shakespeares Dramen im Original zuzuwenden.
Auch in den naturwissenschaftlichen Fächern, in denen der Unterricht in Geographie oder Biologie im Freien durch Spaziergänge, Erkundungsausflüge und durch Betrachtung verle-

bendigt wurde, lernte Mathilde Plate viel. Sie lernte die Landschaften, ihre Beschaffenheit und ihre Besonderheiten, die Sterne des Himmels, die Tiere und Pflanzen der näheren, aber auch der ferneren Heimat kennen. Sie hörte im anschaulich gestalteten Unterricht vom städtischen und vom ländlichen Leben, von Klima und Bergbau, von Inseln und Gebirgen, seinen Bewohnern und Bewohnerinnen, vom Leben auf der Alm und von einem Tag auf dem Marschenhofe, von Pflanzen im Garten und in der freien Natur, von Tieren im Wald und auf der Flur.

Der Unterricht traf bei Mathilde Plate auf einen wohl vorbereiteten Boden. Er verstärkte ihre Liebe zur deutschen Heimat, zur Natur, ihren Blumen, ihren Pflanzen und ihren Lebewesen in der Vielfalt der Arten. Die Inhalte, die behandelt wurden, die Art des Unterrichts und die Unterrichtsziele prägten die aufmerksame, leistungsbereite Mathilde Plate nachhaltig. Sie unterstützten die geistigen und sozialen Anregungen und die pädagogischen Vorstellungen, die ihr bereits im Elternhaus zuteil geworden waren.

Mathilde Plate lernte im Institut Kippenberg nicht nur Johanne Kippenberg, sondern auch andere engagierte und fähige Lehrerinnen kennen, an denen sie sich orientierte und denen sie nachzueifern strebte. Zu ihrem großen Vorbild aber erkor sie sich die Pionierin der Mädchenbildung, die Pädagogin Betty Gleim (1781–1826). Mathilde Plate empfand es als zutiefst ungerecht, daß das Kochbuch von Betty Gleim viele Auflagen erlebte und damit „überlebte", „ihre Verdienste in der Mädchenbildung" hingegen „vergessen wurden".

Im Kippenberg-Lyzeum gehörte die Biographie, die August Kippenberg zum 100. Geburtstag von Betty Gleim verfaßt hatte, zur Lektüre im Deutschunterricht. Wenn Mathilde Plate diese Biographie auch als reichlich langatmig empfand und in dieser Form für einen spannenden Unterricht wenig geeignet hielt, denn sie appellierte später an die jungen Bremer Historikerinnen, die „prachtvolle Pädagogin" in einem handlichen, leichter zugänglichen Bändchen zu würdigen, so war sie doch von Leben und Werk der Betty Gleim zutiefst beeindruckt.

Mathilde Plate bewunderte Betty Gleim, die sich so sorgfältig und gründlich auf den Beruf einer Lehrerin vorbereitet hatte und am Beginn des 19. Jahrhunderts die erste Frau in Bremen war, die für weibliche Bildung und Berufsausbildung theoretisch durch Publikationen und praktisch durch die Einrichtung von zwei Instituten der höheren Mädchenbildung sowie der Einrichtung einer Lithographieranstalt für junge Frauen eintrat.

Mathilde Plate studierte wohl nach und nach das gesamte Werk von Betty Gleim, das pädagogische, aber auch das literarische und das politisch motivierte. Sie las mit außerordentlichem Interesse die beiden großen Erziehungsbücher für das weibliche Geschlecht aus den Jahren 1810 und 1814 „Erziehung und Unterricht des weiblichen Geschlechts" und „Ueber die Bildung der Frauen und die Behauptung ihrer Würde in den wichtigsten Verhältnissen ihres Lebens". Mit ihnen hatte sich Betty Gleim kenntnisreich und wissenschaftlich äußerst fundiert in den pädagogischen Diskurs der damaligen Zeit eingefädelt.

Mathilde Plate schaute aber auch in Betty Gleims Lehrbücher für den Deutschunterricht: In die Grammatiken, in die Übungen für die Deklamation, in die Anleitungen zur Kunst des Versbaus oder in die Gedanken über Stilübungen, die in den Jahren von 1809 bis 1815 erschienen waren, um daraus Anregungen für die eigene Arbeit zu schöpfen.

Mathilde Plate war nicht nur von Betty Gleims pädagogischem Konzept der Gleichrangigkeit von intellektueller, ästhetischer und moralisch-religiöser Bildung angetan, sondern sie stimmte auch mit ihrer „Vorläuferin" in vielen Fragen von politischer, gesellschaftlicher und sozialer Bedeutung überein. Mathilde Plate teilte Betty Gleims humanistische Weltanschauung, ihre christliche Ethik, auch wenn die Lutheranerin nicht den religiösen Einstellungen der Calvinistin Betty Gleim folgen mochte. Sie bewunderte das politische Engagement Betty Gleims, die einst für die territoriale Vereinigung aller deutschen Länder und aller

Deutschen zu einer Nation – für ein einiges deutsches Reich – eingetreten war: das Reich, das 1871 geschaffen und in das Mathilde Plate hineingeboren wurde und das sie rückhaltlos akzeptierte.
Wir wissen es zwar nicht genau, aber es läßt sich gut denken, daß die junge Mathilde Plate auch Betty Gleims „Randzeichnungen zu dem Werke der Frau von Staël über Deutschland" aus dem Jahre 1814, Napoleon war gerade aus deutschen Territorien vertrieben worden, mit großer Aufmerksamkeit las. Betty Gleim hatte in diesem Buch das Deutsche, die deutsche Sprache, die deutsche Kunst und die deutsche Literatur, die auch Mathilde Plate zeit ihres Lebens am Herzen lagen, vehement verteidigt. Und vermutlich hat Mathilde Plate auch die kleine Broschüre „Was hat das wiedergeborne Deutschland von seinen Frauen zu fordern", die ebenfalls im Jahre 1814, dem Jahr der Befreiung von dem fremden Usurpator, erschienen war, eifrig studiert und in ihrem patriotischen Eifer zutiefst verstanden.
Betty Gleim hatte in zeitüblichem Pathos die deutschen Frauen in die vaterländische Pflicht genommen und die deutschen Jungfrauen und Frauen aufgefordert, zu den Tugenden der Germaninnen zurückzukehren, zur Einfachheit des Lebens, zu moralischer Kraft und geistiger Stärke, zur Strenge und Keuschheit der Sitte sowie zur Frömmigkeit zurückzufinden und damit einen eigenen, den Frauen gemäßen Beitrag zur Heilung der Wunden zu leisten, die der Krieg geschlagen hatte. Betty Gleim hatte damit ein Geschichtsverständnis offenbart, dem sich auch Mathilde Plate verpflichtet fühlte, und Werte und Ideale angesprochen, die Mathilde Plate in der eigenen Erziehung vermittelt worden waren. Auch das Wirken der Betty Gleim als selbständige Frau, jenseits von Ehe und Familie, und die schlichte Lebensweise dürften nicht ohne Einfluß auf die Gestaltung des eigenen Lebensweges gewesen sein.
Die eifrige und interessierte Schülerin des Kippenberg-Lyzeums lernte hingebungsvoll und rasch. Sie gehörte bald wieder zu den besten Schülerinnen. Viele ihrer Leistungen wurden mit eins bis zwei bedacht. Ab 1891 überwogen die Einser in ihrem Zeugnis. Die schlechteste Zensur erhielt die Schülerin in Gesang. Es war eine zwei.

Mathilde Plate als Konfirmandin?

Angesichts der eigenen ausgezeichneten Leistungen, der liebevollen Unterstützung der Eltern und der Vorbilder in ihrer Familie, nimmt es nicht wunder, daß Mathilde Plate weiter lernen wollte. Die begabte Schülerin wurde gern im angegliederten Lehrerinnenseminar aufgenommen, das zur Lehrerin an Volksschulen und an höheren Mädchenschulen ausbildete. Mathilde Plate begann ihr Studium im Jahre 1895. Auch hier erhielt sie wieder die besten Noten. Gab es im ersten Jahr in der Erziehungs- und Unterrichtslehre und in der Lehrgeschicklichkeit eine zwei, in den Fächern Geschichte, Erdkunde und Sprache eine eins bis zwei, so entwickelte sie sich auch hier mit Fleiß und Intelligenz zu einer Lernenden, bei der es nur noch die Noten eins und eins bis zwei mit Ausnahme von Naturgeschichte und Physik/Chemie mit einer zwei gab.
Mit Mathilde Plate lernten und studierten Else Lange und Meta E. Schmidt (1878–1941). Meta E. Schmidt wurde später Lehrerin an einer Knabenschule. Sie gehörte zu jenen, die die Reformpädagogik vertraten, war Vertreterin des „Verein bremischer Lehrerinnen“ in der bremischen Lehrerkammer und last not least Initiatorin, Texterin, „Schauspieler“ und „Direktor“ der Spielschar des Bremer Lehrerinnenvereins, der in der Zeit der Weimarer Republik und in den ersten Jahren des Hitlerreiches sein kabarettistisches Programm einer breiten weiblichen Öffentlichkeit präsentierte. Doch davon soll später die Rede sein.
Mit großer Spielfreude und Begeisterung nahmen Mathilde Plate und Meta E. Schmidt an den Schulaufführungen teil. Sie traten in vielen Stücken gemeinsam auf und entfalteten beide beachtliches Talent.

Mathilde Plate (links) und Meta E. Schmidt

Mathilde Plate als Max Piccolomini

Goethes Egmont stand ebenso auf dem Spielplan wie die Räuber von Schiller, Don Carlos oder Wallenstein, zuweilen wurden sogar modernere Stücke aufgeführt. Während Meta E. Schmidt immer die männlichen Hauptrollen spielte, wollte sich Mathilde Plate nicht so gern auf ein Geschlecht festlegen lassen. So verkörperte sie ebenso die Elisabeth in Don Carlos wie den Max Piccolomini in Wallenstein. Es waren Rollen und Dramen, die Mathilde Plate nie vergaß und die sie immer wieder auch ihren Schülerinnen nahebrachte. So staunten auch die Schülerinnen der Klasse 8 in ihrer Abschiedszeitung vom 27. März 1943, wie die Verse nur so aus ihr heraussprudelten.

Meta E. Schmidt (links) und Mathilde Plate (Mitte) als Elisabeth in Don Carlos

Meta E. Schmidt und Mathilde Plate beendeten ihre Studien am 27. Oktober 1897. Mathilde Plate schloß ihre Ausbildung mit Prüfungen ab, die für den Unterricht an staatlichen Volks- und Elementarschulen, für den Unterricht in den mittleren und unteren Klassen von höheren Mädchenschulen und für Englisch auf allen Stufen der höheren Mädchenschulen berechtigte. Nach einem weiteren Semester legte Mathilde Plate das Examen I auch für Deutsch und Geschichte sowie das Examen II für Französisch ab. Während das Bestehen des Examens I die Voraussetzung für die Erteilung des Unterrichts in allen Klassen der höheren Mädchenschulen bildete, erlaubte das bestandene Examen II nur den Unterricht in den unteren Klassen der höheren Mädchenschulen.
Mathilde Plates Prüfungsergebnisse wurden überwiegend mit der Note gut bedacht, ein genügend gab es nur – und das scheint doch einigermaßen überraschend – in Religion und weniger überraschend in Gesang. Mathilde Plate konnte vielleicht nicht so gut singen. Aber sie sang gern. Sie ließ ihre Stimme froh und lebhaft in der Schule und auf Wanderungen erschallen.

Beruf und Studium

Mathilde Plates langer Weg als Pädagogin und als Frau auf eigenen Füßen begann am 1. April 1898 in der achtstufigen Töchterschule Häfen 72 von A. H. Dreyer. Mit Begeisterung und großem Engagement erfüllte sie die ihr übertragenen Aufgaben als Lehrerin. Sorgfältig bereitete sie sich auf den Unterricht vor und beobachtete aufmerksam Charakter, Temperament und Fähigkeit ihrer Schülerinnen, um ihnen gerecht zu werden und sie optimal zu fördern.
Mathilde Plate führte im Institut von Dreyer eine vierte, eine dritte sowie eine zweite Klasse und übernahm, ihrer großen Neigung entsprechend, den gesamten Unterricht in Geschichte

Ludwig, Mathilde, Frida und Marian Plate

und in englischer Sprache in der ersten Klasse. Mathilde Plate wurde das allerbeste Zeugnis ausgestellt. Ihr wurden ein hervorragendes „Lehrtalent", „natürliches Taktgefühl", „gründliche Kenntnisse" und die Fähigkeit bescheinigt, die Schülerinnen „geistig anzuregen und in Zucht zu halten".

Mathilde Plate verdiente nun ihren eigenen Lebensunterhalt. Sie genoß es frei, selbständig und finanziell unabhängig zu sein. Doch sie behielt ihr Zimmer im vertrauten Waller Schulhaus. Das war billiger als eine Mietwohnung in der Nähe der Schule, so daß sie einige Ersparnisse für ihre Fortbildung zurücklegen konnte. Vor allen Dingen aber war ihr die Nähe zu ihren Eltern und zu den Geschwistern wichtig. Den Weg vom Waller Schulhaus zu ihrer Arbeitsstätte legte sie zu Fuß zurück, wie sie es gewohnt war. Mathilde Plate liebte diese Fußmärsche. Sie bescherten ihr wohl jene Gesundheit, von der sie in ihrem Lebenslauf dankbar sprach und die ihr erlaubte, nahezu ohne jegliche Fehlstunden zu lehren und zu arbeiten.

1902 verließ Mathilde Plate das Elternhaus und das Institut von A. H. Dreyer, um für einige Zeit in Paris zu leben und die französische Sprache gründlich zu erlernen. Es wurden ein Jahr und drei Monate daraus. Neun Monate war sie, um im teuren Paris ihren Aufenthalt zu finanzieren, als Erzieherin in einer französischen Familie tätig. Die übrige Zeit verwandte sie ausschließlich auf ihre Weiterbildung. Sie besuchte Vorlesungen an der Sorbonne und die Kurse des Deutschen Lehrerinnenvereins.

Wir wissen nicht, wie es ihr in der geräuschvollen französischen Metropole gefiel, welche Kontakte sie knüpfte, welche kulturellen Veranstaltungen sie besuchte. Zu vermuten steht jedoch, daß sie die Zeit in Paris auch für ihre allgemeine Bildung nutzte. Gewiß hat sie sich die Bilder im Louvre angeschaut, vielleicht auch die Werke von jenen Malerinnen und Malern auf dem Montmartre, denen die allgemeine Anerkennung noch versagt war.

Doch Mathilde Plate zog es aus dem lebhaften und hektischen Paris wieder zurück in das vergleichsweise ruhige und bedächtige Bremen. Nach ihrer Rückkehr in das Elternhaus schaute sich Mathilde Plate nach einer Anstellung um. Sie gab zunächst zwei Monate lang vertretungsweise Französischunterricht in der Volksschule an der Sternstraße und erwarb am 30. April 1904 auch das Examen I für die französische Sprache.

Mit dieser zusätzlichen Qualifikation bewarb sie sich um eine Stelle im Kippenberg-Lyzeum. Man nahm die so umfänglich ausgebildete Pädagogin gern, und Mathilde Plate freute sich, ab Ostern 1904, die Leitung der Schule hatte gerade Dr. August Kippenberg von seiner Mutter Johanne übernommen, wieder an ihrer alten Ausbildungsstätte, dem Ort, dem sie ihre Schulbildung verdankte und der für sie so wichtig für den eigenen Bildungsweg geworden war, Unterricht erteilen zu dürfen. Ihr wurde nicht nur die Leitung eigener Klassen anvertraut, sondern sie gab auch Fachstunden in Englisch und Geschichte. Mathilde Plate blieb am Kippenberg-Institut bis zum Herbst 1905.
Doch Mathilde Plates Wissens- und Bildungsdurst waren noch lange nicht gestillt. Sie wollte eine Ausbildung auf höchstem Niveau, sich und anderen beweisen, daß Frauen gescheit und ebenso fähig zu einem wissenschaftlichen Studium wie Männer sind. Nach der Arbeit setzte sie sich an ihren Schreibtisch, um sich Kenntnisse in Latein und in Mittelhochdeutsch anzueignen. Doch die eigenen autodidaktischen Bemühungen empfand sie als unzureichend. Sie genügten ihr einfach nicht. Sie nahm privaten Unterricht und bildete sich mit unermüdlichem Eifer und mit großem Fleiß weiter, um sich ihren Wunschtraum zu erfüllen, ein Universitätsstudium in Deutsch und Geschichte, für das Kenntnisse in den beiden alten Sprachen Voraussetzung waren.
Doch noch waren in Deutschland keine Frauen zum Studium zugelassen. Mathilde Plate fand einen Weg, wie ihn auch zahlreiche andere Frauen gingen. Sie wurde Gasthörerin und schrieb sich im Oktober 1905 in die Liste der altehrwürdigen Alma Mater Georgia Augusta in Göttingen ein. An ihrem ersten Studienort verblieb sie vier Semester, um dann drei weitere Semester an der Universität in Freiburg (Breisgau) zu studieren.

Mathilde Plate in Göttingen

Mathilde Plate, um 1905

Die Teilnahme an den Seminaren war damals keine einfache Sache für die jungen Frauen, denn die Professorenschaft zeigte sich irritiert und war mehr als zurückhaltend gegenüber den Studentinnen. Genauer noch, die ehrwürdigen Wissenschaftler hielten gar nichts von ihnen und betrachteten sie eher als einen Störfaktor im ernsthafter Wissenschaft verpflichteten akademischen Betrieb und als Fehllaunen der Natur.
In einer Vorlesung, in der Mathilde Plate, wie so oft, die einzige Studentin war, gab der Professor, wie Irmgard Rudert zu berichten wußte, auf der Höhe der Wissenschaft, die gesicherte Erkenntnis preis, „daß das Gehirn des Mannes schwerer (größer) sei als das einer Frau" und folgerte daraus messerscharf, daß es dadurch den Frauen an der gleichen Intelligenz, wie sie dem Manne eigen wäre, mangele. Mathilde Plate konnte sich nicht enthalten zu sagen: „Herr Professor, es kommt doch nicht auf die Quantität, sondern auf die Qualität an." Was der gelehrte Herr geantwortet hatte, ist nicht überliefert. Vielleicht hatte er mit Erstaunen auf die schöne Gasthörerin geblickt und sich entschieden, diese ihm ebenso vorwitzige wie recht unqualifiziert erscheinende Äußerung zu überhören.
Bei aller Skepsis, die den jungen Frauen an den Universitäten entgegengebracht wurde, die zielstrebige Intensität, mit der sie ihre Studien betrieben, war nicht zu übersehen und wurde von einigen Professoren durchaus gewürdigt. Mathilde Plate überzeugte ihre Lehrer, den Historiker Karl Brandi und den Germanisten Edward Schröder, schnell von der Ernsthaftigkeit ihrer Bemühungen und von der Güte ihrer wissenschaftlichen Arbeit. Wohl mit einiger Überraschung stellten die Herren Professoren fest, daß Mathilde Plate nicht nur eine schöne, sie wurde in Göttingen „die schöne Mathilde" genannt, wie ihre Nichte Hildburg Reuter verriet, sondern auch eine hochintelligente und geistreiche Frau war.

Von Göttingen aus unternahm die angehende Historikerin und Mediävistin nicht nur zahlreiche Wanderungen in die nahe wunderschöne hügelige Umgebung, sondern auch viele Exkursionen an die Stätten der Geschichte, von denen aus einst das Heilige Römische Reich Deutscher Nation durch ihre sächsischen Kaiser regiert worden war. Dabei begegneten ihr zuweilen zu ihrer großen Freude und Genugtuung ihre Namensschwestern, die Mathilden der Vergangenheit. Aus den oft gut erhaltenen weltlichen und religiösen Bauwerken und aus den plastischen Arbeiten hauchte sie der Atem einer glorreichen Vergangenheit an, der es ihr gestattete, sich in die Vergangenheit zurückzuversetzen und sich in das Leben und das Denken der Menschen von damals einzufühlen.
Ihre tiefen Empfindungen teilte sie später in einem Brief aus ihrem geliebten Ferienort Vordergraseck bei Partenkirchen dem von ihr „hochverehrten" Professor Brandi mit. Sie schrieb: „... dann spricht das Vergangene ganz unmittelbar zu mir, in einer Sprache, die keine Worte braucht, weil sie mit allen Sinnen und zu allen Sinnen redet. Es steht vor mir und nimmt mich bei der Hand, und ich gehe durch verflossene Tage wie durch meine eignen, und sie rauschen und fluten, und jeder hat seinen Rhythmus und seine Seele. Und ich fühle ihrer Willens Gewalt und ihre lodernde Leidenschaft, ihr Hassen und ihr Lieben, und das macht mich glücklich und reich. Ich fühle mich selbst eingeschaltet in den großen Pulsschlag der Geschichte, mit erfaßt von Ihrer tiefen Ehrfurcht vor dem heiligen Sinn des Geschehens" (um 1918).
Diese Art Geschichte zu fühlen und innerlich zu erleben hatte Mathilde Plate von Brandi gelernt, wie sie ihm mit einiger Emphase versicherte. Seine Art der Geschichtsschreibung und der Geschichtsauffassung beeindruckte sie zutiefst. So schrieb sie ihm dankbar und ergeben: „Ihre Hand berührt die Dinge so kraftvoll und so zart zugleich, daß sie die gewaltigsten überlegen bändigt und doch dem Feinsten und Weichsten keinen Zwang antut. Und jeder Gedanke webt sich sein eigenes Kleid, keiner braucht in Flicken einherzugehen, die hundert andere schon getragen haben. Nie ein geborgter oder leerer Ton, überall die köstliche, herbe, sonnendurchleuchtete Klarheit der Hochgebirgsfrühe. Er wächst und gestaltet sich aber aus dem inneren Schauen heraus, Leben aus Leben. Und weil er Leben ist, deshalb geht er auch mit Ihren Schülern – mit vielen, vielen! – als liebes Eigen durchs ganze Leben" – (ebenda).
Von Göttingen aus besuchte Mathilde Plate gewiß die nahen historischen Stätten: die Kaiserpfalzen in Goslar und Memleben. Sie bestaunte nicht nur den 1000jährigen Rosenstock, sondern auch die wunderschöne Bernwardstür aus Bronze mit den meisterlich filigranen biblischen Szenen am Dom zu Hildesheim (den Namen Bernward, Vitus B., erhielt später ihr Neffe, der Sohn ihrer Schwester Frida Dröscher). Sie fuhr vielleicht mit der Hand über die Löwenköpfe mit den Ringen, mit denen die Flügel geöffnet werden. Beeindruckt war sie auch von der burgartigen Stiftskirche in Gernrode, die als der gelungene architektonische Ausdruck kriegerisch-unsicherer Zeiten gilt.
In Braunschweig betrachtete Mathilde Plate bestimmt das hohe Löwenstandbild, das der „Schlagetot" Heinrich der Löwe, wie ihn ein heutiger Historiker nannte, sich selbst zum Ruhm im Jahre 1166 vor seiner Pfalz Dankwarderode, der Palast wurde von 1886 bis 1889 wieder aufgebaut, errichten ließ. Mathilde Plate dachte freilich, dem damaligen Zeitgeschmack und dem derzeitigen historischen Verständnis entsprechend, ganz anders über Heinrich den Löwen. Für sie war der Geächtete und nach England Verbannte ein ruhmreicher und tapferer Held, der die Ausbreitung des Deutschtums und des Christentums im slawischen Bereich zwischen Unterelbe und Ostsee vorangetrieben hatte. Für seine zweite Gemahlin Mathilde, ihre Namensschwester, hegte sie große Bewunderung.
Mathilde Plate blickte mit Ergriffenheit auf das wunderbare Doppelgrabmal aus Schaum-Muschelkalk, das zwischen 1230 und 1240 errichtet wurde, und schaute in die Gesichter des

herzoglichen Paares. Dem künstlerischen Gebot der Zeit unterworfen, unterlagen die Figuren freilich Stilisierungen, die mit der historischen Überlieferung nicht übereinstimmten. Beide wurden ebenmäßig schön und jung, also ohne Altersunterschied, dargestellt, obgleich Mathilde mit 32 Jahren, Heinrich aber erst im Alter von 66 Jahren starben. Auch stimmt der Größenunterschied nicht, denn Heinrich war nur von mittlerer Statur. Seine Frau überragte ihn körperlich. Eine Tatsache, die das Doppelgrabmal verschleiert, der aber das berühmte Krönungsbild im Evangeliar Heinrichs des Löwen Rechnung trägt. Das Evangeliar konnte Mathilde Plate freilich zu der damaligen Zeit nicht bestaunen, weil es weder in deutschem Besitz noch der Öffentlichkeit zugänglich war.

Von ihrer lebhaften historischen Phantasie beflügelt, konnte sich Mathilde Plate leicht vorstellen, wie die junge Herzogin in einem Gewand, das unter ihren raschen Schritten schwungvoll den Boden fegte, die Flure der Burg durchmaß, mit ihren Damen spielte, sich unterhielt und unterhalten ließ oder sich in ihre Gemächer zurückzog, um zu musizieren oder zu lesen. Vor ihrem geistigen Auge entstanden aber auch Szenen, in denen die Herzogin und der Herzog sich in den Kaminraum begaben, um über den Bau von Kirchen und Burgen zu beraten.

Mathilde Plate in Göttingen

Und dann lernte Mathilde Plate Quedlinburg kennen, dieses wunderschöne Kleinod im Harz, dessen von reichlichem Verfall bedrohter großer mittelalterlicher Stadtkern, in kleinen Teilen renoviert, noch heute zu bewundern ist. Vom Marktplatz mit dem Rathaus und seinem steinernen Roland, der, wie der Roland in Bremen, den Freiheitswillen der Bürgerinnen und Bürger dokumentiert, schritt sie auf dem holprigen Pflaster den Weg zum Schloßberg hinauf und bestaunte Kirche, Kloster und Schloß. Wie wir Mathilde Plate kennen, erarbeitete sie sich die Geschichte Quedlinburgs, das seine erste schriftliche Erwähnung in einer Urkunde Heinrich des I. aus dem Jahre 922 fand und eng mit Frauen verknüpft ist, die den Namen Mathilde trugen.

Mit Interesse nahm Mathilde Plate zur Kenntnis, daß 929 Heinrich I. die ausgedehnten Quedlinburger Besitzungen, Hausgut der Ottonen mit Burgen, Höfen und Einkünften, seiner frommen und mildtätigen Gemahlin Mathilde als Wittum, also als Witwengut auf Lebenszeit, überschrieben hatte. Diese gründete ein sogenanntes freiweltliches Stift zur Erziehung und Ausbildung von Töchtern des Hochadels und stattete diese Einrichtung mit dem neunten Teil ihrer Einkünfte aus.

Im Jahre 936, nach dem Tode Heinrichs und seiner Beisetzung in der Basilika auf dem Burgberg, in der auch Mathilde 968 ihre letzte Ruhe neben dem Gemahl fand, beide Grabmäler sind noch heute zu bewundern, übernahm die Königinwitwe die Pflichten einer Äbtissin. Im selben Jahr bestätigte beider Sohn, König Otto I., die Stiftung seiner Eltern und stattete das Stift mit dem Privileg der Reichsunmittelbarkeit aus. 966 wurde Mathilde, Tochter von Otto I. und seiner Gemahlin Adelheid und Enkelin Heinrich I. und seiner Frau Mathilde, die erste Äbtissin des Stifts.

Mathilde Plate war beeindruckt von der Geschichte dieser Institution, von der Bedeutung und der mächtigen Stellung ihrer Frauen fasziniert. Als kaiserlich freiweltlich reichsunmittelbares Damenstift besaß Quedlinburg den Primat unter allen Reichsstiften. Es war kaiserlich, weil die Stiftung von Kaisern und Königen bestätigt wurde, es war frei, weil es keiner kirchlichen und weltlichen Jurisdiktion unterstand, es war weltlich, weil es weltliche Gesetze und weltliche Regeln hatte, und es war reichsunmittelbar, weil es nur dem Kaiser und dem Papst unterstand. Seine jeweilige Äbtissin war eine freie unmittelbare Reichsfürstin mit Sitz im deutschen Reichstag.

Mathilde Plate hatte nachgelesen, daß sämtliche Äbtissinnen bis 1160, aus königlichem Haus oder mit ihm verwandt, Landesherrinnen über ein Gebiet waren, das durch Stiftungen von Königen und Kaisern, die im 10., 11. und 12. Jahrhundert oft in Quedlinburg weilten, vergrößert wurde. Der reiche Grundbesitz erstreckte sich von der Provinz Gera bis in die Lüneburger Heide. Durch die politischen Aktivitäten des Stifts und durch seine machtvolle Position, das Stift hatte seine politische und wirtschaftliche Blüte um 1200, wurde auch die Entwicklung des Ortes Quedlinburg zur Stadt vorangetrieben.

994 erhielt die erste Äbtissin Mathilde als Landesherrin, wie Mathilde Plate den Annalen entnahm, das Markt-, Münz- und Zollrecht aus der Hand Otto III. Damit war die Erlaubnis verbunden, Münzen zu prägen, Märkte abzuhalten und Zölle zu erheben. Die Macht der Äbtissin wuchs und fand ihren einmaligen Ausdruck in der Ernennung zur Reichsverweserin mit einer Machtbefugnis, die weder vor ihr noch nach ihr je eine Frau im Heiligen Römischen Reich Deutscher Nation besessen hatte. Der Äbtissin Mathilde wurde in Abwesenheit des Kaisers die Regierungsverantwortung für dieses große Reich übertragen.

Mathilde Plate ließ sich in Quedlinburg vom Atem der deutschen Geschichte gefangennehmen. Die eifrige Mediävistin wandelte nicht nur auf den Spuren der Äbtissin Mathilde, sondern auch auf denen der kaiserlichen Herrscherpaare Adelheid und Otto I. sowie Theophanu und Otto II. Bei ihrem Weg zurück in den Raum und in die Zeit einer verflossenen Epo-

che fühlte Mathilde Plate auf ihrer Haut unmittelbar eine Vergangenheit, die sie als erhaben empfand und die den Hauch lebendiger Menschen von einst verströmte. Es waren Männer, Herrscher, aber auch Frauen wie die Königin Mathilde, ihre Enkelin, die Äbtissin Mathilde, oder die Kaiserinnen Adelheid und Theophanu, die sie bewunderte. Diese geistige und gesellschaftliche Elite von Frauen hatte nicht nur Macht in den Händen gehalten, sondern sie hatte auch geliebt und gelitten, und sie war sterblich, wie andere Menschen auch.
Vielleicht hat Mathilde Plate in Quedlinburg jenes Geschichtsverständnis und jene für die damalige Zeit nicht selbstverständliche Geschichtsauffassung gewonnen, in denen nicht nur das Tun der Männer, sondern auch das Wirken der Frauen betrachtet wurden und ihre Würdigung fanden. Mathilde Plates Schülerinnen wurden später mit dieser zuweilen als „feministisch" abgewerteten Sichtweise auf die Geschichte konfrontiert. Die fanden nicht alle gut. Dr. Klara Stoevesandt kritisierte später: „In ihrem Geschichtsunterricht gab es lediglich zwei Schwerpunkte: Erstens: Wo sind die deutschen Herrscher begraben? Zweitens: Die Charakterbilder der Frauen der Herrscher. Davon weiß ich sogar noch einiges. Aber zu fragen ist doch, ob die Frauen die Geschichte gelenkt haben. Ich hätte gern anderes gelernt" (21.2. 1991). Mathilde Plate hatte offensichtlich den Frauen wie den Mathilden, wie Adelheid oder Theophanu eine Bedeutung zugeschrieben, die ihnen noch heute so gerne abgesprochen wird.

Mathilde Plate im Skikostüm aus Frey-Loden

Ja, und dann gab es in Quedlinburg noch Dorothea Christiane Erxleben, die 1754 als erste deutsche Frau zur Doktorin der Medizin promovierte. Mathilde Plate hat es zutiefst beeindruckt. Sie fühlte sich in ihrem Eifer, die eigene Ausbildung zu vervollkommnen, nachhaltig angespornt.
Von Göttingen aus lernte Mathilde Plate aber nicht nur das deutsche kulturelle Erbe, sondern auch die Berge des Harzes kennen. Sie war eine leidenschaftliche Wanderin, durchmaß Täler und Höhen und wanderte an der Oker, an der Bode oder an der Ilse entlang. Sie mag dem Weg, den einst Heinrich Heine vom Brocken nahm, dem Quell der Ilse folgend, mit Wanderstab und Provianttasche versehen und Heines „Harzreise" im Kopf, gefolgt sein. Vielleicht machte sie hier auch ihre ersten Übungen auf Skiern, um später ihre Fertigkeiten in den von ihr über alles geliebten Bergen der Alpen zu erproben.
Auch in Freiburg mit der altehrwürdigen Albert-Ludwig-Universität, deren Gründung auf das Jahr 1457 zurückgeht, hatte sich Mathilde Plate überaus wohl gefühlt. Sie liebte diese geschichtsträchtige Stadt mit ihrem Münster, einem Bau, der bereits im Mittelalter vollendet wurde, die Altstadt mit den wunderschönen Häusern und den schmalen verwinkelten Gassen. Doch wir wissen nicht, welche Kontakte sie dort knüpfte, welche Reisen und Ausflüge sie von ihrer Studentinnenwohnung aus unternahm, welche landschaftlichen und welche kunsthistorischen Plätze sie besuchte.
Viele Jahre später, es war das Jahr 1922, weilte sie erneut in Freiburg. Doch es hatte sich so vieles nach dem Krieg gewandelt. Mathilde Plate zeigte sich ein wenig bitter und enttäuscht. Die Menschen, die ihr nahegestanden hatten, waren fortgezogen oder tot, Straßen hatten ihre alten Namen verloren, in die Kasernen war das Finanzamt eingezogen. Wehmütig schaute sie auf die neue Grenze zu Frankreich, an der für alle sichtbar und für sie demütigend und provozierend die Trikolore aufgezogen worden war. Durch diese Grenze war aus einst deutschem Gebiet französisches geworden, war Frankreich viel näher gerückt.
1908 kehrte Mathilde Plate nach Göttingen zurück, um mit Karl Brandi das Thema für ihre Examensarbeit festzulegen. Es waren wohl gemeinsame Überlegungen, die zu der Idee führten, daß Mathilde Plate über das mittelalterliche Handwerk in Bremen forschen und es mit dem zünftigen Handwerk in Hamburg vergleichen sollte. Mathilde Plate arbeitete gründlich und fleißig. Sie legte mit ihrer Studie „Die Entwicklung des Gewerbewesens in Bremen" eine Arbeit vor, die auf einem sorgfältigen Quellenstudium basiert. 1908, zu Weihnachten, schenkte sie ihrem Vater eine Kopie, denn Friedrich Plate hatte es nie an der Unterstützung der ehrgeizigen Pläne seiner ältesten Tochter fehlen lassen. Er hatte sie angespornt und immer wieder ermutigt, wenn sie unzufrieden mit sich selber und unsicher im Hinblick auf ihre historischen Recherchen war. Nun blickte er mit Stolz auf die Leistung seiner ältesten Tochter.
Von dieser Arbeit, die anderen Bremer Wissenschaftlerinnen und Wissenschaftlern einiges an Vorarbeit erspart hätte und mit denen sich andere geschmückt hätten, machte die bescheidene Mathilde Plate freilich kein Aufhebens. Bis 1990 lagerte die Forschungsstudie unbeachtet und schon reichlich verstaubt auf dem Boden des Hauses in der Chemnitzer Straße, so daß in Bremen keine Notiz von ihr genommen, daß sie weder rezipiert noch zitiert werden konnte, weil einfach niemand von ihrer Existenz etwas wußte. Mathilde Plate unternahm nicht den geringsten Versuch, sie der Öffentlichkeit bekanntzumachen oder sie dem Staatsarchiv in Bremen, in dem sie so intensiv recherchiert hatte, zur Verfügung zu stellen.
Das Staatsarchiv, das heute sogar ihre handschriftlichen Vorarbeiten sorgfältig archiviert hat, hätte damals die Forschungsarbeit gewiß gern in seinen Bestand aufgenommen. Doch Mathilde Plate, und das erklärt wohl ihre Zurückhaltung, verstand sich einfach nicht als Wissenschaftlerin. Später bekannte sie Karl Brandi: „Meine ganze sog. ‚Begabung', das hab ich

längst gewußt, auch in Göttingen schon, ist nichts als meine große Aufnahmefreudigkeit, ohne die leiseste kritische oder gar schöpferische Ader“ (Vordergraseck, um 1918).
Da war Mathilde Plate freilich mehr als streng und auch ungerecht mit sich selber. Sie stellte ihr eigenes Licht unter den Scheffel und legte einen Maßstab an, der sich wohl an ihrem großen Vorbild Brandi und dessen sprachlich anspruchsvollen Arbeiten orientierte. Wenn ihre Studie auch recht nüchtern im Stil, unpathetisch und nicht von jener literarischen Qualität ist, die sie an historischen Arbeiten so sehr schätzte und in denen sich Wissenschaft und Literatur verbinden, so ist sie doch ein bemerkenswertes Ergebnis redlicher wissenschaftlicher Forschung und umfänglicher historischer Kenntnisse.
Die Examensarbeit weist Mathilde Plate nicht nur als eine kenntnisreiche Mediävistin aus, die offensichtlich ihre Lektionen in Latein und Mittelhochdeutsch gelernt hatte, sondern belegt auch ihren Mut, historische Thesen in Frage zu stellen, als gesichert geltende Interpretationen mit den Zeugnissen zu konfrontieren, sie als wenig überzeugend abzulehnen und zu eigenständigen und modifizierten Aussagen zu kommen.
Die Arbeit unterstreicht das historische Verständnis von Mathilde Plate. Ihre starke Bindung an ihre Heimatstadt Bremen, ihre Bodenständigkeit, ihre christliche Ethik, ihre an Traditionen orientierte Lebensweise und ihr aus ausgeprägtem Geschichtsbewußtsein gewachsenes Handeln fanden in dieser Arbeit vielleicht nicht ihren ersten, aber ihren ersten heute noch erhaltenen schriftlichen Ausdruck.
Die mit sehr gut benotete Arbeit war Bestandteil der wissenschaftlichen Oberlehrerinnenprüfung, zu der noch die mündlichen Prüfungen im Jahre 1909 gehörten: in Geschichte, die Mathilde mit sehr gut bestand, und in Deutsch, für das sie ebenso ein gut erhielt, wie für die allgemeine Prüfung in Philosophie. Die so erfolgreich absolvierten Examina berechtigten zur Anstellung als Oberlehrerin in öffentlichen Schulen, privaten höheren Mädchenschulen und weiterführenden Bildungsanstalten für die weibliche Jugend mit der Lehrbefähigung in Geschichte und Deutsch.

Mathilde Plate bei der Arbeit

Mathilde Plate und Karl Brandi hielten auch nach der Studienzeit Kontakt: brieflichen und persönlichen. Der Professor wohnte, wenn er in Bremen weilte, in der Vasmerstraße 24 bei Mathilde Plates Bruder Ludwig, dem Ingenieur und Strombaudirektor (1883–1967). Ludwig Plate soll es später für geraten gehalten haben, die Briefe von Brandi zu vernichten. Warum? Helmut Plate vermutete eine Liebesgeschichte, herrschte doch im Hause seines Vaters Ludwig immer, wie er fand, eine ebenso emsige wie äußerst geheimnisvolle Geschäftigkeit, wenn der Gast aus Göttingen sich angesagt hatte und er sein Kinderzimmer räumen mußte.
Die drei heute noch existierenden Briefe, die Mathilde Plate an Brandi schrieb und die im Brandi-Archiv in Göttingen aufbewahrt werden, geben solcher Spekulation keine Nahrung. Zwei sind recht knapp, eher achtungsvoll distanziert als herzlich privat, und berichten von literarischen Interessen sowie von Reiseeindrücken. Nur in dem Brief aus ihrem geliebten Vordergraseck bei Partenkirchen gestattete Mathilde Plate einen kleinen Einblick in ihr Fühlen und Denken. Sie gab dem hochverehrten Lehrer preis, was sie ihm an historischem Verständnis und damit an Lebensfreude zu danken hatte.
Für Mathilde Plate blieb Brandi wohl eine wichtige Figur in ihrem Leben. Auf ihren Schreibtisch stellte sie ein Bild von ihm, das mit einem schönen ovalen Mahagonirahmen versehen war. Es zeigte, wie sich Helmut Plate erinnerte, einen stolzen, mit der dekorativen Rektorenkette geschmückten deutschen Professor.
1909 kehrte Mathilde Plate nach Bremen zurück und verließ ihre geliebte Heimatstadt, außer zu Zeiten von Urlaubsreisen, Schulausflügen oder kriegsbedingten Evakuierungen, nicht wieder. In den Kippenbergschen Lehranstalten freute man sich über die Rückkehr der qualifizierten Kollegin und beliebten Lehrerin. Gern wurde ihr, der neuen Ausbildung entsprechend, die verantwortliche Leitung in den oberen Klassen übergeben.
Auch im Elternhaus nahm sie, wie selbstverständlich, den alten Platz wieder ein, der ihr immer reserviert worden war. Mathilde Plate bezog ihr altes Zimmer im Waller Schulhaus mit seinem großen Garten und erfüllte es mit ihrer eigenen lebendigen Gegenwart. Dieses Elternhaus, ob in Walle oder ab 1913 in Findorff, in der Chemnitzer Straße 15, blieb ihr stets Refugium und Hort der Geborgenheit und Sicherheit. Es bildete den Ort, aus dem sie ihre Lebenskraft schöpfte und immer wieder neue Energien für ihr umfängliches Wirken gewann.

Mathilde Plate (links) und Else Lange

Die Plates im Spiegel einer Kamera

Im Jahre 1910 schaffte sich Mathilde Plates Bruder Ludwig eine Kamera an. Sie wurde eifrig genutzt und mit großem Sinn für Ästhetik gehandhabt. Der neuen Leidenschaft haben wir eine Vielzahl von Fotos zu danken, die uns ein wenig aus dem Leben der Plates erzählen. Sie machen mit den Gesichtern der einzelnen Familienmitglieder vertraut, zuweilen mit denen von Freundinnen oder Schulkameradinnen und zeigen uns das häusliche Ambiente, in dem sich die Plates so wohl fühlten.

Die Kulissen für die Aufnahmen bildeten oft das Schulhaus in Walle aus rotem Backstein mit den hohen, kleinteiligen Fenstern, einzelne Wohnräume, die Gartenterrasse und der Garten in winterlicher Strenge, der herben Schönheit des Vorfrühlings oder in der Pracht seiner blühenden Bäume. Andere Fotos zeigen das mit Reet gedeckte Bauernhaus in Stotel, das Mathilde so sehr liebte und in dem sie gern bei ihrer Großmutter und ihren Cousinen verweilte und Spaziergänge in die nahen Forsten unternahm.

Mathilde Plate neben der Bauerntruhe mit Bücheraufsatz und Sophie Plate am Spinnrad

Sophie und Friedrich Plate mit Ludwig und Marian

Auf den Fotos lernen wir auch die geliebte Bauerntruhe aus dem frühen 18. Jahrhundert mit dem Aufsatz kennen und Mathilde Plates Eltern als Mittfünfziger in feierlichen dunklen Sonntagsstaat gehüllt. Einen hageren Friedrich Plate und eine noch immer schlanke Sophie Plate. Beide kleideten sich, bürgerlicher Mode gemäß, zurückhaltend und fein. Neben dem dunklen Anzug mit der ebenso dunklen Weste und den helleren Knöpfen, an denen die Uhr mit einer längeren Kette malerisch befestigt war, trug Friedrich Plate aber auch gern ein graues Jackett mit einer passenden grauen Weste zu einer schwarzen Hose. Freilich fehlten an diesem Aufzug ebenso wenig das blütenweiße Hemd mit der schwarzen, unterschiedlich gebundenen Krawatte wie die an der Knopfleiste befestigte Uhr.

Da zu der damaligen Zeit für Frauen ab einem gewissen Alter die schwarze Tracht als die einzig übliche und schickliche galt, zeigte sich Sophie Plate nur dunkel gewandet. Die Sinfonie in Schwarz wurde höchstens ein wenig durch einen weißen Kragen, einen weißen Spitzeneinsatz oder eine zarte weiße Spitze am oberen Kragenrand und eine Brosche aufgehellt. Selbst in diesem dunklen Staat, dem eine schlichte Eleganz nicht abzusprechen ist, wirkte Sophie Plate nicht wie eine Matrone. Sie hatte sich auch als ältere Frau eine gewisse Mädchenhaftigkeit bewahrt. Doch dieses schwarz in schwarz oder schwarz und grau in fließenden Schattierungen, die meist nur durch die unterschiedliche Wahl der Stoffe, ob aus Wolle, Seide oder Spitzen, begründet waren, ließ Mathildes Mutter doch ein wenig älter erscheinen, als sie in Wirklichkeit war.

Die vielen gelungenen Fotos sagen uns freilich nichts über den Alltag der Plates. Sie erzählen uns „Sonntagsgeschichten". Sie berichten von Festlichkeiten, von Hobbys, von Besuchen und sprechen von Dingen, die den Plates wichtig waren. Sie blenden Kummer und Leiden, den all-

Sophie und Friedrich Plate mit Mathilde, Frida und einer Freundin vor dem Waller Schulhaus

täglichen Ärger, Krankheiten, die Mißhelligkeiten und die Schwernisse des Alltags aus. Sie zeigen uns nicht die Plagen der Hausfrau Sophie Plate mit einem schmalen Budget: die mühseligen Wasch- und Bügeltage, den seinerzeit üblichen Frühjahrsputz, die Beheizung der einzelnen Räume, die Arbeit am Herd um die Zubereitung der täglichen Mahlzeit oder für die Bevorratung im Winter, die kräfteraubende Reinigung von Fußböden und Fenstern. Und sie zeigen uns auch nicht den Lehrer Plate bei der Arbeit in der Schule oder im Garten.
Auch die Geschwister sehen wir nicht bei Alltagsbeschäftigungen oder bei der Ausübung ihrer alltäglichen häuslichen Pflichten. So wissen wir nicht, welche Aufgaben die Töchter, welche Arbeit der einzige Sohn im Hause zu übernehmen hatten. Wenn ein Fototermin angesagt war, kleidete und frisierte man sich sorgfältig und posierte nicht ungern, zuweilen mit Beschäftigungen, von denen wir heute nicht mehr wissen, ob sie nur der Dekoration wegen in die Hände genommen wurden. Gewiß arbeitete Mathilde am Schreibtisch. Sie las viel und ausgiebig, auch verstand sie einiges von der Handarbeit. Sie konnte häkeln, stricken und sticken. Aber wie war es mit ihren Fertigkeiten auf einem Musikinstrument? Schlug sie die Laute geübt, gar gekonnt? Ich habe nie etwas davon gehört. Konnte sie den Faden am Spinnrad drehen? Auch davon war in keinem Gespräch die Rede. Gewiß hatte sie sich in die Geheimnisse des Spinnens einweisen lassen, aber es ist kaum zu glauben, daß sie die ganze aufgesetzte Wolle auf dem Rocken wirklich verspann.
Während Bruder Ludwig Plate, der spätere Strombaudirektor, meistens, wenn auch ein wenig modischer als sein Vater, mit einem klassischen männlichen Anzug bekleidet für die Fotos posierte, sehen wir die jungen Frauen oft mit hellen und duftigen Kleidern angetan und zuweilen mit aufregenden Hüten geschmückt.

Mathilde Plate am Schreibtisch im Waller Schulhaus

Die Geschwister liebten es, sich phantasievoll zu kleiden. Mathilde Plate trug gern lange fließende weiße Gewänder und große auffallende Hüte. Beides stand ihr ausnehmend gut. Auch für den Schulalltag wählte sie ihre Kleidung mit viel feinem Geschmack sorgsam aus. Mathilde Plate verstand es, mit ihrer Kleidung die Eigenart ihrer Persönlichkeit zu unterstreichen, mehr noch, ihre Kleidung geriet zum Teil ihrer Persönlichkeit. Sie löste bei ihren Schülerinnen immer wieder die spannende Frage aus, in welcher Kleidung ihre schöne Lehrerin wohl zu bewundern wäre.

Die Geschwister Plate liebten aber nicht nur eine geschmackvolle Kleidung, sondern auch die Verkleidung. Sie nahmen mit Begeisterung an Schulaufführungen teil und besuchten gern gemeinsam die damals so beliebten Kostümbälle. Sie überlegten für sich passende Rollen, probten sie zu Hause, und die Schwestern schneiderten sich dann begeistert, unter Assistenz ihrer Mutter, die Kleider auf ihren Leib. Insbesondere Mathilde Plate bereitete es immer wieder großen Spaß, sich zu kostümieren.

Auch der Margaretentag bot eine schöne Gelegenheit, sich in die geliebten weißen duftigen Gewänder zu hüllen. So hübsch ausstaffiert und mit Sammelbüchsen bewaffnet, boten die jungen Frauen, zu denen sich auch zuweilen Bruder Ludwig gesellte, aus ihren Körben Margaretenblüten zum Verkauf an. Der Erlös sollte in Not geratenen Witwen und Waisen verstorbener Lehrer zugute kommen.

Frida, Ludwig und Mathilde Plate auf dem Weg zum Kostümfest

Mathilde Plate am Margaretentag

Die Margaretenblumen-Verkäuferinnen im Garten des Waller Schulhauses

Die drei Schwestern waren von einiger Ähnlichkeit, so daß es zuweilen Mühe bereitet, sie auseinanderzuhalten. Nur auf wenigen Bildern ist Marian zu sehen. Die meisten Fotos zeigen uns Mathilde mit ihrer jüngsten Schwester Frida. Es sind Bilder, auf denen eine mädchenhaft wirkende Mathilde Plate posiert, so daß es manchmal kaum zu glauben ist, daß die beiden Schwestern 14 Jahre Altersunterschied trennen. Mathilde Plate liebte ihre jüngste Schwester sehr, fühlte sich aber auch ein wenig gegenüber der Jüngeren verantwortlich und bevormundete sie, so daß dieser die wohlwollend gemeinten Ratschläge zuweilen recht lästig wurden. Doch Frida profitierte von einer älteren Schwester, die unbeirrt einen Weg der Selbständigkeit ging und sich mit für Frauen recht ungewöhnlichen Dingen befaßte. So durfte auch Frida tun, was Mathilde Plate getan hatte, zum Beispiel Sport treiben und schwimmen.
Frida war eine ebenso begabte und fleißige Schülerin wie Mathilde. Sie schaffte mit Leichtigkeit den Sprung in die „Selecta". „Selecta" wurde die Klasse am Kippenberg-Institut genannt, in der die begabtesten Mädchen auf den Besuch in einem Gymnasium, das zum Abitur führte, vorbereitet wurden. Denn noch immer gab es in Bremen keine Mädchenschule, die bis zum Abitur leitete, obgleich ja inzwischen, wie wir gelesen haben, auch Mädchen an den deutschen Universitäten studieren durften.
Mathilde Plate war stolz auf ihre kleine Schwester, die nach dem Schulwechsel das Realgymnasium absolvierte und dort ihr Abitur bestand. Frida Plate interessierte sich besonders für die Naturwissenschaften, doch sie vernachläßigte dadurch keineswegs die anderen Fächer. So gewann sie während ihrer Gymnasialzeit für den besten Aufsatz in Französisch einen

Ölbild und Lithographie von Gustav Dröscher, Vordergraseck mit der Alpspitze

Parisaufenthalt. Nach ihrem Abitur begann Frida Plate ein Studium in Leipzig. Mathilde Plate adressierte ihre Briefe mit Stolz an die „stud. phil. Frida Plate“, die in Leipzig ihren Ehemann kennenlernte: Dr. Gustav Dröscher, der später Direktor der Deutschen Bibliothek in Leipzig wurde.

Wenn Mathilde Plate vielleicht auch mit leiser Wehmut sah, wie Frida ihre eigenen vielfältigen geistigen Interessen zurückstellte und ihre Fähigkeiten in den Dienst des Ehemannes stellte, dessen mathematischen Publikationen sie lektorierte, enthielt sie sich doch jeglicher Kritik. Sie akzeptierte, wie sie es immer tat, die Entscheidungen anderer.

Mathilde Plate und Dr. Gustav Dröscher konnten einander gut leiden, oder war es vielleicht ein wenig mehr, gar Zuneigung? Gemeinsame Reisen und Bergwanderungen, Gespräche über die verschiedensten Wissensgebiete, über Malerei und Literatur hatten die beiden einander nähergebracht. Dröscher malte gern in seiner Freizeit und hielt Reiseeindrücke auf Papier und Leinwand fest. Seiner Schwägerin widmete er ein kleines Ölbild aus Vordergraseck mit dem Blick auf den kahlen Berg. Es war der Ort, den nicht nur Mathilde Plate, sondern auch die Dröschers liebten. Die begeisterten Bergwanderer erschlossen sich von dort aus die herrliche Bergwelt der Alpen. Das Ölbild erhielt einen Ehrenplatz über Mathilde Plates Schreibtisch. Von dem gleichen Motiv fertigte Gustav Dröscher auch eine Lithographie als ex libris an. Mathilde Plate hat es zeit ihres Lebens benutzt.

Ihre besondere Zuneigung und Sympathie für Schwester und Schwager brachte sie später zum Ausdruck, als sie sich nach dem Zweiten Weltkrieg in herzlicher Weise Frida und Gustav Dröschers einzigem Sohn, Vitus B. (Bernward), zuwandte, an ihm „Mutterstelle“ vertrat und ihm materiell und ideell zur Seite stand.

Der „Familienmensch“, die Lehrerin und die Frauenbewegung

Die Tage im Waller Schulhaus waren nun gezählt. Die Plates hatten sich schon lange ein eigenes Haus gewünscht, immer wieder beraten, geplant und gerechnet. Endlich reichten die Ersparnisse der Eltern und Mathilde Plates aus ihrem Lehrerinnengehalt, wie sie in ihrem Testament vom 20. Oktober 1956 festhielt, für den Kauf des Hauses an der Chemnitzer Straße 15 in Findorff. Auch Bruder Ludwig soll zur Finanzierung beigetragen haben, indem er als junger Ingenieur sein erstes am Kaiser-Wilhelm-Kanal verdientes Geld in Goldmark dazugab.

Der letzte Frühling im Waller Schulhaus

Endlich war es so weit. Ostern 1913 zogen Sophie und Friedrich Plate, Mathilde, Ludwig und Frida, Marian hatte inzwischen den Lehrer Rudolph Osterloh geheiratet, aus der preiswerten Dienstwohnung im Waller Schulhaus aus und richteten sich im eigenen Haus gemütlich ein. Die alte Truhe, das Spinnrad, die liebgewordenen Möbel, in die sich die Spuren der Zeit eingekerbt hatten, die Bilder, der Vogelkäfig und die vielen Pflanzen und Blumen fanden nun ihren passenden Platz im neuen Domizil.
Trotz großer Vorfreude auf das neue Haus fiel Mathilde Plate der Abschied aus Walle und dem geliebten Schulhaus, in dem sie 35 Jahre lang gelebt hatte, ein wenig schwer. Doch sie gewöhnte sich rasch. Alles war so neu, so hell, so schön. Der Garten und der Vorgarten, die Nähe zum Bürgerpark, in dem sie so gern spazieren ging, versöhnten sie bald. Mathilde Plate wurde ihr neues Zuhause an der Chemnitzer Straße zur Heimat. Sie war glücklich und zufrieden und verließ es bis zu ihrem Lebensende nicht mehr.
Gern gesehene Gäste im neuen Haus waren Else Lange und Ida Krümpel, Mathilde Plates engste Kolleginnen und Freundinnen, Thea Schnelle, Fridas Klassenkameradin und Mathildes spätere Kollegin, aber auch Meta E. Schmidt und Schülerinnen aus den Ober- und Seminarklassen.

Auf der Terrasse, von links Frida, Meta E. Schmidt, Sophie und Friedrich Plate, 1913

Mathildes Weg zum Kippenberg-Lyzeum war nun ein kürzerer geworden. Sie ging ihn raschen Schrittes, auch wenn sie nicht vergaß, einen Blick auf die blühenden Bäume oder Büsche zu werfen oder sich an herbstlichem Laub zu erfreuen.

Die junge Lehrerin war außerordentlich beliebt, sie wurde als Fachkraft geschätzt und wegen ihrer Schönheit bewundert. Manche Schülerin schwärmte offen für sie, für andere war sie Gegenstand neugierigen Interesses. Man schwatzte über sie und führte Überlegungen an, ob es wohl einen Mann gäbe, dem sie zugeneigt war. Es wurde vielerlei gemunkelt, auch im engeren Familienkreis. Welche Rolle spielte Professor Brandi in ihrem Leben oder ihr Schwager Dr. Gustav Dröscher? Sie soll verlobt gewesen sein, meinte ihre Nichte Waltraud Reich. Und einmal soll, es war zu Zeiten des Zweiten Weltkrieges, der Sohn einer alten Liebe zu Mathilde Plate gekommen sein, wie sich die langjährige Sekretärin Ingeborg Borchers erinnerte, um mit ihr lange und ausführlich zu reden Doch es sind nur Mutmaßungen. Sie verdichten sich zu keinem realen männlichen Wesen, dem Lebendigkeit und Kontur zu verleihen wäre.

Ehe und Familie waren für Mathilde Plate längst kein Thema mehr, auch wenn sich das die Menschen, die ihr nahestanden, immer noch nicht so recht vorstellen konnten oder wollten. Sie hatte sich gegen eine eigene eheliche Verbindung und die damit verknüpften Verpflichtungen entschieden. Sie wollte Kopf und Herz frei haben für ihre Arbeit als Mädchenbildnerin, die sie als Lebensaufgabe begriff, und für ihre vielfältigen kulturellen und sozialen Interessen.

Doch ihrer Familie fühlte sich Mathilde Plate zutiefst verbunden und verpflichtet. Sie war ein „Familienmensch“, zeigte sich ihr Neffe Vitus B. Dröscher überzeugt, der, wie offenbar kein anderer, in besonderer Weise die als distanziert geschilderte Frau mütterlich, offen, zugewandt und nah erlebt hat. Mit den Eltern, den Schwestern, später mit deren Ehemännern, dem Bruder und seiner Frau und all den Kindern, die aus den Ehen ihrer Geschwister hervorgegangen sind und auch mit den Verwandten auf dem Lande, die sie oft besuchte, verband sie ein Gefühl unbedingter Zugehörigkeit.

Mathilde Plate mit ihrer Großmutter Meta Steinberg in Stotel

Mathilde Plate im Garten

Mathilde Plate als liebevolle Tante mit Rudolf (Rolf) Osterloh

Wie einst der jüngeren Geschwister, nahm sie sich später ihrer Nichten und ihrer Neffen in herzlicher Absicht an, auch wenn nicht alle begeistert davon waren. Sie belehrte sie oder lernte mit ihnen, sie sorgte sich um sie und sie sorgte für sie. Irgendwie waren die Töchter und Söhne ihrer Geschwister auch ihre Kinder. Wie sehr sie so gedacht haben mag, belegen nicht nur ihre testamentarischen Verfügungen, sondern auch ein Brief an ihren Neffen Helmut Plate vom 19. März 1947, in dem sie ein wenig sentimental davon sprach, daß alle Kinder ihres Bruders und der Schwestern „unter meinen Augen und Händen aufgewachsen" sind.
Doch der „Familienmensch" Mathilde Plate machte so manchem Mitglied der Familie, ob bewußt oder unbewußt, das Leben schwer. Von ihrem steilen Aufstieg ab 1919, dem beruflichen Erfolg, ihrem umfangreichen Wissen sowie dem hohen Anspruch auf Intelligenz und Leistungswillen blieben insbesondere die Frauen nicht unberührt: die Frauen, die in die Familie Plate hineinheirateten, wie die Frau ihres Bruders und die Frauen ihrer Neffen, und die Nichten. Das Bild, das Mathilde Plate für sie bot, war das einer „übermächtigen" Frau. Die Stärke der Persönlichkeit, ihre Souveränität, das Wissen und die Intelligenz beeindruckten und imponierten zwar, aber sie machten auch Angst, sie schreckten und erdrückten. Die weiblichen Verwandten fühlten sich in ihrer Gegenwart manches Mal klein, unterlegen, unbedeutend und auch nicht so recht von ihr akzeptiert.
Für die Nichte und das Patenkind Hildburg Reuter war Tante Tilli (Hildburg Reuter schrieb „Tilly", Helmut Plate und Vitus B. Dröscher „Tilli") „ein sehr wichtiger und vertrauter Mensch" ihrer „Kindheit und Jugend" und „ein großes nachstrebenswertes Vorbild". Aber „manchmal wirkte sie erdrückend", schrieb Hildburg Reuter, „weil ich mit meiner praktischen Intelligenz nicht ihren Erwartungen entsprechen konnte" (30.9.1998).
Doch selbst wenn Tante Tilli die Intelligenz und Leistungsbereitschaft gar nicht so kritisch betrachtet haben mochte, wie ihre Nichten es empfanden, so maßen sie sich doch an ihr. Tante Tilli war für die Mädchen trotz aller Ängste das insgeheime Vorbild, das alle anderen

ihnen bekannte Frauen überstrahlte, an dem sie sich zuweilen orientierten, vielleicht auch unbewußt, dem sie nachzueifern suchten und dem sie doch nicht, so jedenfalls ihre eigene bescheidene Einschätzung, zu genügen wußten.
Auch in den Schulen, die sie besuchten, hatten es Mathilde Plates Nichten nicht immer leicht. Ihre Tante war im bremischen Schulbereich ein Begriff und spazierte so, ohne es zu wissen und ohne es zu wollen, in das Leben ihrer Nichten hinein und bestimmte es mit. Der verwandtschaftliche Stolz, eine so ungewöhnliche und kluge Tante zu besitzen, wurde gemindert, wenn sich die Mädchen im Unterricht, wie es zuweilen geschah, mit dem Anspruch konfrontiert sahen, dem Namen ihrer gescheiten Tante Ehre machen zu müssen. Es war eine Erwartung, die sie als eine recht unbequeme Last empfanden.
Hildburg Reuter, eine der Töchter Ludwig Plates, war lange Schülerin der Kleinen Helle. Sie hatte die Schule ihrer Tante gerne besucht, verließ sie jedoch mit 16 Jahren auf Anraten ihres Vaters wieder und besuchte die Staatliche Fachschule für Frauenberufe: Der Grund: das „aufkeimende Selbständigkeitsstreben", die Sorge, daß die Persönlichkeitsentwicklung Schaden nehmen könnte, und der Wunsch, den von Mathilde Plate geringer geschätzten hauswirtschaftlichen Zweig zu besuchen, um ein „Werkabitur" zu machen. „Ob Tante Tilly über meinen Entschluß glücklich war, weiß ich nicht", schrieb Hildburg Reuter: „Aber sie hat ihn akzeptiert und wohlwollend meinen Weg begleitet" (30.9.1998). So wohlwollend, daß Mathilde Plate ihre Nichte in ihren Testamenten immer ein wenig mit anderen und gegen andere bevorzugte.
Auch die Frau ihres Bruders, der sich als Strombaudirektor einen Namen machte, litt so manches Mal an und unter der bedeutenden Schwägerin. Zuweilen zitterte sie einem Besuch ent-

Wohnzimmer im Haus an der Chemnitzer Straße, Mathilde, Ludwig, Frida und Sophie Plate sowie Käthe Rauner als Ludwig Plates Verlobte

gegen. Denn Mathilde Plate soll manches mal recht ungeniert Schränke und Truhen inspiziert und mehr als einmal die „hochnäsige“ Bemerkung fallen gelassen haben, wenn die „Wasserstraßendirektorin“, wie Mathilde Plate sie in einem späteren Brief nannte, etwas nicht wußte: „Das muß man doch wissen.“

Die männlichen Verwandten in der Familie hatten es da viel einfacher. Bruder und Schwäger waren selbst akademisch gebildet, machten eigene Karrieren und waren wohl in allem ebenbürtige Gesprächspartner. Für ihre Neffen war Tante Tilli zwar auch eine bemerkenswerte und außergewöhnliche Frau, aber als Frau natürlich nicht unmittelbares Vorbild und nicht die Meßlatte, an der Intelligenz, Wissen und Bildung geprüft, gemessen und möglicherweise als zu leicht befunden wurden. Sie hatten ihre eigenen Väter, an denen sie sich orientieren konnten.

So scheint es, als sei das Verhältnis von Mathilde Plate zu ihren Neffen einfacher und unkomplizierter gewesen als das zu ihren Nichten.

Wenn Mathilde Plate in ihrer Familie auch offen oder insgeheim bewundert und in ihren Ansichten immer sehr ernst genommen wurde, so gab es doch etwas, Bruder Ludwig Plate nannte es einen „Tick“, über das man ein wenig kopfschüttelnd lächeln oder aber sich köstlich amüsieren konnte. Es war das in der Familie beobachtete „Bauern-Wappen-Engagement“ von Mathilde Plate. Sie hatte sich als Historikerin nicht nur für die Geschichte Bremens und Walles, sondern auch für die Geschichte der eigenen Familie interessiert und genealogische Forschung betrieben.

Mathilde Plate war stolz auf ihre bäuerlichen Vorfahren. Sie besaß viel Sinn für die alte bäuerliche Kultur. Deshalb hatte sie auch so großen Wert darauf gelegt, das Spinnrad ihrer Großmutter und die alte Bauerntruhe zu bekommen. Auch der Siegelring des Großvaters Cord Lüder Steinberg gelangte in ihren Besitz. Er ging freilich, wie Schwester Frida Dröscher betrübt schrieb, vermutlich bei der Auslagerung von Wertsachen nach Fulda, nach dem Zweiten Weltkrieg verloren.

Das Siegel auf dem Ring hatte es Mathilde Plate besonders angetan. Es enthielt ein bäuerliches Wappen, das einen weißen Querbalken auf rotem Feld zeigte. Mathilde Plate war ent-

Das Wappen auf dem Briefpapier von Mathilde Plate

zückt. Sie ließ, wie sich ihre Schwester Frida Dröscher erinnerte, eine Reihe von Abgüssen des Siegelrings in Siegellack machen und legte sich Briefpapier zu, das mit einem Nachdruck des Wappens geschmückt war. Bruder Ludwig Plate betrachtete das nicht nur als einen übertriebenen „Tick" seiner Schwester, sondern auch als die nicht korrekte Usurpation eines Wappens, das er als nicht zur Familie gehörig betrachtete.

Das sah nun freilich sein Sohn Helmut Plate ein wenig anders. Er hielt angesichts der historischen Kenntnisse seiner Tante und ihrer Genauigkeit bei Recherchen die Übernahme des Wappens für nicht völlig unbegründet und sah sich in dieser Annahme bestätigt, als er selber versuchte, die Geschichte des Wappens herauszufinden.

Helmut Plate recherchierte, daß dieses Wappen bei der Ausgrabung eines untergegangenen festen Hofes auf einer Lune-Insel oder Lune-Schleife gefunden wurde. Es ist eine Fundstelle, die zur Flur des Hofes der Steenbargs, also der Steinbergs, gehört haben könnte, der als Ersatz für den an der Lune untergegangenen Hof gebaut wurde. Möglich ist aber auch, daß dieses Wappen nicht von den Steenbargs mitgebracht wurde, als sie den Hof der Rickens übernahmen, sondern zum Hof gehörte, also das Wappen des Hofes war. Beides ausreichende Gründe, wie Helmut Plate befand, „das Wappen zu adoptieren".

Helmut Plate führte aber noch einen weiteren Grund an, der die Übernahme des Wappens in seinen Augen rechtfertigte. Seine Tante hatte ihn auf ein großes Fresko an der Stirnseite des Saales im alten Gasthof in Stotel aufmerksam gemacht, auf dem in beherrschender Haltung und Position ein Deichgraf mit unverkennbaren Gesichtszügen des Großvaters oder Urgroßvaters der Plates abgebildet war.

Mathilde Plate erfüllte die Vorstellung, daß es einen Vorfahren als Deichgrafen gab, mit großer Befriedigung. Es war für sie ein besonderes und ein schicksalträchtiges Amt, mit dem man kaum einen Unfähigen betraut haben dürfte. Ihre Phantasie erhielt Flügel. Für sie war vielleicht ein Deichgraf auch irgendwie ein Graf.

Wie auch immer die Geschichte um das Wappen zu betrachten ist, ob die Führung berechtigt war oder nicht, zu Mathilde Plate paßte ein Wappen, und sie benutzte dieses Wappen für ihr Briefpapier. Abgüsse des Siegelrings verschenkte sie an Familienmitglieder. Auch ihre Schwester Frida, die sich ebenfalls das Wappen aneignete und ihr Briefpapier damit verzierte, erhielt einen solchen Ring.

Zu dem „Wappentick" gesellte sich ein „Fotografiertick". Mathilde Plate fotografierte nicht nur selber gern, sie war auch nicht ohne Eitelkeit. Sie ließ sich gern abbilden und benutzte diese Abbildungen zuweilen als Postkarten an ihre Verwandten. Von ihrem Faible für das eigene Konterfei zeugen nicht nur die schönen privaten Fotos in auffallender Kleidung oder Verkleidung mit den großen Hüten, sondern auch Porträtaufnahmen aus Ateliers, die sich der künstlerischen Fotografie verpflichtet fühlten. So gibt es Aufnahmen bis in die zwanziger Jahre aus Göttingen, aus Berlin, aber auch zahlreiche aus Bremen, wie aus dem Atelier der Künstlerin Felicitas von Baczko (* 1877). Danach verlor sich bei Mathilde Plate die Lust an Aufnahmen im Atelier. Jedenfalls lassen sich solche nicht mehr nachweisen.

Mathilde Plate führte im Kippenberg-Lyzeum fast immer eine Schulklasse und eine Seminarklasse. Das heißt, sie war nicht nur als Lehrerin in der höheren Mädchenbildung tätig, sondern auch als Lehrerin in der Lehrerinnenausbildung, die zum Unterricht an Volksschulen und an höheren Mädchenschulen berechtigte. Die umfänglich, alter humanistischer Tradition entsprechend gebildete Mathilde Plate, die den ganzen „Faust" auswendig kannte und aus Dantes „Göttliche Komödie" seitenlang zitieren konnte, erteilte im Lehrerinnenseminar außer in den Fächern Deutsch und Geschichte, die sie ja studiert hatte, auch den gesamten Geographieunterricht, der ihr so viel Spaß machte und der sie besonders interessierte, und leistete dazu noch einen Teil des Rechenunterrichtes.

Wie beliebt Mathilde Plate war, macht die Würdigung in der Abschiedszeitung vom 20. März 1916 deutlich. Ihr wurde nicht nur der „wärmste Dank“ gespendet, sondern auch ihr Fleiß hervorgehoben. Die Schülerinnen hatten wohl zuweilen gesehen, daß ihre Lampe noch weit nach Mitternacht brannte. Unvergeßlich war ihnen ihr beschwörendes „Erfaßt das Höchste nur“ als Vermächtnis einer hochgebildeten Frau im Gedächtnis geblieben.
Wenn es auch heute keine schriftlichen Belege mehr für ein frühes politisches Engagement von Mathilde Plate gibt, so ist doch anzunehmen, daß sie mit wachem Blick die gesellschaftlichen Ereignisse verfolgte und sich insbesondere für die sozialen Verhältnisse in Deutschland und in ihrer Heimatstadt interessierte. Denn Armut und Elend hatte sie, wie wir bereits gelesen haben, im Arbeiterviertel Walle ebenso kennengelernt wie die verheerenden Folgen des Alkoholismus. Sie hatte aber auch unmittelbar erlebt, wie schnell Familien in Armut absinken konnten, wenn ihnen, wie in Lehrerhaushalten, der Alleinverdiener durch den Tod genommen wurde.
Mathilde Plate nahm teil und Anteil. Sie stellte sich den Fragen der Zeit und bemühte sich um eigene Antworten. Es steht zu vermuten, daß sie nach dem Abschluß ihrer Ausbildung erste Kontakte zu den Frauen der Frauenbewegung aufnahm oder Kontakte intensivierte. Zu Gertrud Bäumer (1873–1954) zum Beispiel, der Vorsitzenden des Bundes Deutscher Frauenvereine, die Mathilde Plate als Verfasserin von Werken über bedeutende Frauen der Geschichte des Mittelalters wie „Adelheid“ oder „Die Frauengestalt der Frühe“ bewunderte und schätzte. Und gewiß kannte sie schon lange die Bremerin Ottilie Hoffmann (1835–1925), die sich als Kämpferin für Frauenrechte und als Führende in der Abstinenzbewegung einen Namen gemacht hatte und 1900 den Deutschen Bund abstinenter Frauen gründete, der 1924 in Deutscher Frauenbund für alkoholfreie Kultur umbenannt wurde. Der Verein existiert noch heute und kann im Jahre 2000 sein 100jähriges Jubiläum feiern.
Auch in Bremen waren die Frauen in ihren Forderungen kecker geworden. Sie arbeiteten in politischen Parteien und gesellschaftlichen sowie sozialen Institutionen und gründeten eine Vielzahl von Frauenvereinen, um den eigenen Interessen kraftvollen Nachdruck zu verleihen. Es entstanden Vereine, in denen Frauen das politische Mandat forderten, Bildungs- und Ausbildungsvereine, vaterländische Vereine, Vereine, die sich humanitären und sozialen Zielen verschrieben, und Vereine, die berufsständische Interessen wahrnahmen, wie der 1889 gegründete Verein bremischer Volksschullehrerinnen, der sich angesichts der zunehmenden Attraktivität des Lehrerinnenberufes großen Zulaufs erfreute und rasch in Verein bremischer Lehrerinnen umbenannt wurde.
Die Frauen forderten neben verbesserter Bildung, Ausbildung und kirchlichen sowie politischen Mitbestimmungsrechten vor allen Dingen die Angleichung des eigenen Status’ an den der Lehrerschaft im Hinblick auf die Anstellung im öffentlichen Dienst, auf Gehalt und Alterssicherung und auf die Abschaffung des Beamtinnenzölibats, der die Suspendierung von Frauen aus dem Amt nach ihrer Verheiratung vorsah. Es waren Forderungen, die auch Mathilde Plate mit großer Überzeugung vertrat.
Mathilde Plate war Mitglied im konservativen, eher betulichen und elitären Philologinnenverein. Durch diese Mitgliedschaft war sie aber auch, wie sie, am 23. September 1935 nach der Zugehörigkeit zu Vereinen befragt, recht distanziert befand, Mitglied im Verein bremischer Lehrerinnen. Es war ein sehr progressiver Verein, von dem einzelne Mitglieder wie die Vorsitzende Magda Böttner (1858–1937) zu radikal liberalen Positionen fanden. Magda Böttner hatte im Jahre 1909, anläßlich des Frauenstimmrechtskongresses in London, gegen den Willen der Leitung die deutschen Delegierten zur Albert Hall geführt, in der die Suffragetten ihre Kundgebung abhielten. Mathilde Plate dürfte die Unternehmung für recht gewagt gehalten haben.

Die Plates vor dem Ersten Weltkrieg in der Chemnitzer Straße

Der Erste Weltkrieg

Der im Jahre 1914 beginnende Erste Weltkrieg schob die Frauenfrage, Ironie der Geschichte, kräftig voran. Freilich spaltete er die Frauen gehörig: in radikale Pazifistinnen und in jene Frauen, die an der Seite der Männer das Vaterland verteidigen wollten; in Karitative, die Wunden verbinden, und in „Radikale", die nicht Pflästerchen auf die Wunden kleben, sondern die gesellschaftlichen Ursachen der Wunden bekämpfen wollten, denen es um eine neue Gesellschaft und um eine neue Sexualmoral ging; in Frauen, die für ein Klassenwahlrecht oder für ein Wahlrecht dem Stand entsprechend stritten, und in jene, die für ein allgemeines, gleiches, geheimes aktives und passives Wahlrecht eintraten.

1915 empörten sich mehr als zweihundert Bremerinnen über die „vaterlandslosen" Pazifistinnen, zu denen Auguste Kirchhoff (1867–1940) und Adèle Schmitz (1868–1951) zählten, die zum Frauenfriedenskongreß nach Den Haag gereist waren, um den Müttern und Gattinnen der Feinde die Hand zum Frieden zu reichen. Die Unterschriftenliste, eine Art bremischen who is who, wurde in den Bremer Nachrichten am 28. Mai 1915 publiziert. Der Name von Mathilde Plate fehlt ebenso wie der von Ottilie Hoffmann, obgleich die von ihr bewunderte Historikerin und Führerin des „Bund Deutscher Frauenvereine", Gertrud Bäumer, zum Boykott aufgerufen hatte. Wurde Mathilde Plate nicht gefragt? Oder hatte sie sich jene differenzierte Haltung von Ottilie Hoffmann zu eigen gemacht, die die Beweggründe für das Treffen für ehrenhaft, christlich und dem Gedanken des Friedens und der Nächstenliebe zutiefst verpflichtet hielt?

Der Erste Weltkrieg wirkte auch in das bremische Schulwesen und in das Leben von Mathilde Plate unmittelbar hinein. Der Unterricht in den Schulen litt unter dem Mangel an Lehrern, die Kriegsdienste leisten mußten. Um den Schuldienst aufrechtzuerhalten, wurden Leh-

Mathilde Plate (links) und Ida Krümpel

rerinnen im Ruhestand ebenso berufen wie Frauen mit geeigneter Vorbildung. Einige Schulgebäude wurden als Lazarette verwandt, andere dienten der Ausgabe von Lebensmittelkarten. In Schulen mit einem hohen Prozentsatz bedürftiger Kinder wurden die Schulspeisung organisiert, die Sammlung und Verteilung von Schuhzeug vorgenommen und eine Betreuung für die Kinder ins Leben gerufen, denen es an Aufsicht und Fürsorge im Elternhaus mangelte.
1916 bewarb sich Mathilde Plate an das neu gegründete städtische Lyzeum mit Studienanstalt an der Kleinen Helle, dessen Leitung der Landesschulrat Bohm übernommen hatte. Es war die erste staatliche höhere Mädchenschule in Bremen überhaupt. August Kippenberg betrachtete die Bewerbung mit gemischten Gefühlen. Er befürchtete, wie er in seinem Empfehlungsschreiben vom 1. November 1915 festhielt, „seine beste Lehrkraft" zu verlieren. Mathilde Plate erhielt ebenso eine Berufung als Oberlehrerin wie ihre Freundin und Studiengefährtin Ida Krümpel. Beide gehörten damit zu den ersten Staatsbeamtinnen in der höheren Mädchenbildung in Bremen.
„Wir alle waren glücklich und dankbar über unsere Berufung an die prachtvolle neue Schule", schrieb Mathilde Plate, „und im Handumdrehen waren zwölf Menschen, die sich vorher kaum gesehen hatten, zu einer festen Gemeinschaft im Dienst einer großen Aufgabe zusammengewachsen" (40 Jahre Kleine Helle, 6). Den Berufenen war der Beruf Berufung. Agnes M. Georgii urteilte viele Jahre später über die engagierten Pädagoginnen: „Sie waren aus der Generation der ersten und zweiten Frauenbewegung. Sie hatten um ihre Bildung und Ausbildung ringen müssen, sie haben sie sich schwer erkämpft und waren deshalb alle ‚von besonderem Kaliber'."

Im dritten Kriegsjahr bestand der Lehrkörper in der Kleinen Helle nur noch aus Frauen. Mathilde Plate fühlte sich trotz aller Einschränkungen durch den Krieg und der Zuspitzung der Kampfhandlungen großartig. Sie ging in ihrem Beruf auf. Sie sang, und die ihr anvertrauten jungen Mädchen schmetterten voller Freude mit: „Wir sind jung, die Welt steht offen. Wir sind jung, und das ist schön.“

Die Begeisterung, die Mathilde Plate in ihrer Unterrichtsarbeit ausstrahlte, teilte sich auch ihren Schülerinnen mit. „Jedenfalls wurde Frl. Plate sehr von allen Schülerinnen verehrt“, schrieb Lisa Spieker, die 1916 als Zehnjährige in die neue Schule kam und einst „trällernd“, die breiten Schultreppen hinunterhüpfend, von „der Angebeteten“ erwischt wurde. Sie hatte wegen dieses „ungebührlichen Benehmens“ für „kurze Zeit die beglückende Nähe dieser unserer geliebten“ Lehrerin erfahren. „Nein“, korrigierte sich die Schreiberin dieser Zeilen, „geliebt ist nicht das richtige Gefühl, es war echte kindliche Anbetung.“

In der Schule herrschte seinerzeit freilich ein strengeres Regiment als heute. „Die Erziehung zum guten Benehmen“, befand Ursula Kunze, verfolgte uns „Schülerinnen auf Schritt und Tritt.“ Sie erinnerte sich, daß sich immer eine Schülerin an der Klassentür zu postieren hatte, um nach dem Eintritt der Lehrerin die Tür zuzumachen. Alle Schülerinnen „erhoben sich wie die Soldaten, und nach dem Gruß saß die ganze Klasse im Sekundenschlag.“ Auch der heute längst verpönte „Knicks“ mußte vorschriftsmäßig ausfallen. Standen die Mädchen mit den Füßen auf unterschiedlichen Stufen, kam unweigerlich die Mahnung, beide Füße auf eine Stufe zu stellen.

Der Erste Weltkrieg zeigte nicht nur sein blutiges Gesicht an den Fronten, sondern griff auch tief in das Leben der Zivilbevölkerung ein. Für Mathilde Plate war es selbstverständlich, sich an der Beseitigung des durch den Krieg und durch die Kriegswirren entstandenen Elends zu beteiligen und den Menschen in ihren Nöten beizustehen.

Das Kollegium der Kleinen Helle mit Landesschulrat Bohm

Wenn wir auch heute nicht mehr genau wissen, wo sie sich einsetzte und was sie im einzelnen tat, so steht zu vermuten, daß sie sich hilfsbedürftiger Mütter mit ihren Kindern annahm, deren Väter an der Front standen, und sich an den zahlreichen Sammlungen von Büchern, Wollsachen und Lebensmitteln für die Soldaten und für die Notleidenden daheim beteiligte. Wenn es auch gar nicht so leicht fällt, sich Mathilde Plate über Handarbeiten gebeugt vorzustellen, so sprachen doch Schülerinnen davon, daß sie Scharpie zupfte, den Rohstoff, aus dem Verbandszeug für die Verwundeten des Krieges gemacht wurde, und für die Soldaten an der Front warme Strümpfe strickte, wie es damals viele Frauen im Dienste des Vaterlandes taten. Gewiß ermunterte sie auch ihre Schülerinnen zum Sammeln von Ölfrüchten, Brennesseln und Wildgemüse oder streifte mit ihnen gemeinsam über Wald und Flur, um Früchte und Heilkräuter zu ernten.

Der „Dichterleutnant" Walter Flex

Im Krieg suchte Mathilde Plate Kontakt zu dem am 6. Juli 1887 geborenen, als „Dichterleutnant" von vielen Deutschen verehrten Walter Flex. Sie schrieb ihm an die Front, der preußische Offizier freute sich über ihre Briefe und antwortete ihr dankbar (StAB 7,201-21).

Walter Flex wurde als der Theodor Körner (1791–1813) des Ersten Weltkriegs gerühmt, denn der Historiker, Gelehrte und Dichter hatte sich, wie einst der Dichter der Freiheitskriege im Kampf gegen Napoleon und für die nationale Einheit, als Freiwilliger in die Dienste des Vaterlandes begeben und war wie jener jung, wie es so schön heißt, im Kampf „gefallen" oder – noch schöner und salbungsvoller – den „Heldentod" für Volk und Vaterland gestorben.

Die heute doch recht martialisch anmutenden Kriegsgedichte von Walter Flex hatten Mathilde Plate zutiefst bewegt. Insbesondere das Gedicht vom preußischen Leutnant, der noch im Todeskampf pflichtbewußt und mannhaft, seiner schmerzhaften Verletzungen nicht achtend, seine Kompanie befehligt, hatte es ihr angetan. Auch hatte sich Flex für die große Bewunderin Bismarcks dadurch ausgezeichnet, daß er nicht nur Hauslehrer im Hause der Bismarcks in Varzin und Friedrichsruh war, sondern auch die Kanzlertragödie „Klaus von Bismarck" (1913) und den Novellenzyklus „Zwölf Bismarcks" (1913) verfaßt hatte.

Daß Mathilde Plate sich Walter Flex zum Idol erkor und als Briefpartner aussuchte, kommt nicht von ungefähr. Die Wahl zeugt von inniger Geistesverwandtschaft. Sie wirft ein helles Licht auf die Ideenwelt und auf die kämpferisch wehrhafte Einstellung der begeisterten Historikerin und Germanistin, auf ihr Menschenbild und auf die Gedanken in ihrem Kopf. Mathilde Plate huldigte der Idee von einem gerechten Krieg, die seit dem „Heiligen Augustinus" (354–430), der sie in seinem „Gottesstaat" vertrat, im christlichen Abendland zutiefst verwurzelt ist. Gerechte Kriege waren für den großen Kirchenvater einst jene Kriege, in denen Unrecht geahndet wurde und deren Ziel es war, zurückzugeben, was genommen wurde. „Jeder erstrebt durch Kriegführung Frieden, keiner durch Friedensschluß Krieg", war sich Mathilde Plate mit Augustinus einig.

In diesem Sinne verband sie die Idee eines Friedens, der auch „mit Waffengewalt zu schirmen" war, mit den Vorstellungen von einer „sittlichen Kriegsführung", die im Dienste der Expansion oder der Verteidigung nationaler und kultureller Werte eine moralische Dimension gewann.

Auch Walter Flex kommentierte seine freiwillige Kriegsteilnahme ausdrücklich als eine „sittliche" und nicht als eine „nationale Pflicht". Er betonte gern, daß sein Handeln nicht von „nationalem Eifer", sondern von „sittlichem Fanatismus" getragen und von einem „unbeugsamen Idealismus" beseelt wäre. Walter Flex fühlte sich weit entfernt von jener Ideologie, in der der Idealismus mit chauvinistischem Nationalismus, in einer Allianz der Destruktion, unheilvoll vernetzt wurde. Er kämpfte für ein Reich der Dichter und Denker und für ein geistiges Deutschland, wie er es gesehen, wie er es empfunden hatte und wie er es wieder gewinnen wollte. Für ihn hatte bei Kriegsbeginn der „deutsche Geist im August 1914 und darüber hinaus eine Höhe erreicht", wie sie kein anderes Volk vordem je erklommen hatte. „Glücklich jeder", befand er, „der auf diesem Gipfel gestanden hat."

Mathilde Plate konnte Flex in dem Gedanken zutiefst folgen. Sie war von der „Überlegenheit der deutschen Kraft und Kultur", die fast 100 Jahre früher Betty Gleim so sehr empfunden hatte, die auch Ricarda Huch (1864–1947) und mit ihr viele andere Deutsche fühlten, überzeugt und hatte das deutsche Volk, wie Walter Flex, auf diesem Gipfel gesehen. Anders als der von ihr bewunderte Offizier besaß sie jedoch jenen kräftigen Schuß neuen Nationalbewußtseins, das sich in vielen deutschen Köpfen eingenistet hatte.

Mathilde Plate blickte mit Stolz auf die Leistung eines Volkes und seiner Herrschenden, die 1871 in einem deutschen Nationalstaat mit einer von der Anlage her konstitutionellen Monarchie ihren Ausdruck fand. Nach der als so großartig apostrophierten Zeit des Heiligen Römischen Reiches Deutscher Nation und der langen Phase territorialer Zerrissenheit war dieser deutsche Staat unter preußischer Führung, für den einst auch Betty Gleim gekämpft hatte, das Ergebnis einer Entwicklung, unter deren Zucht, wie viele Deutsche empfanden, Deutschland zu einer neuen geistigen und nationalen Blüte geführt worden war.

Mathilde Plate identifizierte sich mit diesem deutschen Reich, mit seinem geschichtlichen und mit seinem literarischen Erbe aus den verschiedenen Epochen der für sie so lebendigen Vergangenheit. Die Sänger der Minne, der sprachgewaltige Luther, die Dichter der deutschen Klassik, vor allen Dingen Goethe, aber auch die Poeten im Freicorps des Adolf von Lützow (1782–1824), die für Preußen gegen Napoleon für die Freiheit und für die territoriale Einheit aller Deutschen kämpften, wie unter anderen Theodor Körner (1791–1813) und Ernst Moritz Arndt (1769–1860), standen für sie für großen deutschen Geist und für die Mehrung seines Ruhms.

Mochte sie auch besondere Bewunderung für Bismarck, den „Architekten der Reichseinheit", empfinden, so akzeptierte sie auch die derzeitigen Repräsentanten des Kaiserreichs, die nicht ohne Großartigkeit und Großspurigkeit auftraten und es auf das Beste verstanden hatten, das Gefühl von deutscher Größe und deutscher Einzigartigkeit auch in die Herzen ihrer Untertaninnen und Untertanen zu pflanzen.

Mathilde Plate und Walter Flex waren sich, auch bei gewisser Unterschiedlichkeit der politischen Einstellungen, einig in dem Gedanken, daß es in diesem Ersten Weltkrieg Großes zu schützen und zu verteidigen galt. Für beide ging es nicht um selbstüberschätzenden Angriff, sondern um die Verteidigung „höherer Ziele", in der die „sittliche Forderung" nach Erhalt oder nach Restauration dieses bewunderten Deutschlands auf einzigartigem Gipfel eingebettet war.

In den in der Kritik als „waffenklirrende Vaterlandsbekenntnisse" eingestuften Versen wie „Volk in Eisen" (1914), in denen das Verhältnis des einzelnen zur Gemeinschaft thematisiert wurde, oder in der späteren Dichtung „Wanderer zwischen beiden Welten" (1916) bekundete Walter Flex einen Heroismus, Abbild eines Zeitgeistes, in dem der Tod auf dem Schlachtfeld zum sinnvollen Opfertod hochstilisiert wurde. Der Offizier und Dichter ging sogar so weit zu sagen, daß sich der „sittliche Glaube" im „Heldentod" gar im „Heldentod eines Volkes" verwirklichen könnte.

Mathilde Plate haben solche Gedanken innerlich aufgewühlt, zutiefst berührt und stark beschäftigt, mochten auch zuweilen leise Zweifel genagt haben, wenn sie an die vielen jungen Menschenleben dachte, die der Krieg gefordert hatte. Doch Mathilde Plate fand in den pathetischen, emphatisch überhöhten Versen des Walter Flex Gefühle ausgedrückt, die ihr vertraut waren. Walter Flex hatte in Verse und in Prosa gebracht, was sie tief in ihrem Herzen dachte, was sie bewegte, was sie selbst nicht schöner hätte sagen können und wofür sie keine eigenen Worte gefunden hatte.

Mit besonderer Aufmerksamkeit las Mathilde Plate in dem Buch „Wanderer zwischen beiden Welten“, in dem Flex nach drei harten Kampfjahren und dem Verlust von Bruder und Freund, nun doch etwas nachdenklicher geworden, zwischen haderndem Daseinszweifel und verklärender Todeserkenntnis hin und her gerissen wurde. Mit dem Buch hatte Flex seinem gefallenen Freund, dem Wandervogel und Theologiestudenten Ernst Wurche, ein Denkmal gesetzt und den Idealtypus eines Mannes geschaffen, in dem sich Lauterkeit, männliche Anmut und Würde vereinigten.

Walter Flex hatte aber nicht nur einen deutschen männlichen Idealtypus geformt, sondern er selbst galt Mathilde Plate, wie vielen anderen Menschen im deutschen Reich, als Verkörperung dieses Typus'. Walter Flex wurde als die „Neugeburt des deutschen Jünglings“ gefeiert, der „mit Schwert und Leier in innigem Verein mit der gottinnigen Gläubigkeit eines Schenkendorf“ begabt war. Der Lyriker Max von Schenkendorf (1783–1817) hatte einst wie Arndt und Körner, Johann Gottlieb Fichte (1762–1814), Ludwig Uhland (1787–1862) und „Turnvater“ Friedrich Ludwig Jahn (1778–1852) am Freiheitskampf gegen Napoleon teilgenommen sowie patriotische Lieder und Gedichte wie „Freiheit, die ich meine“ verfaßt.

Es waren insbesondere die drei Walter Flex zugeschriebenen menschlichen Eigenschaften: Tapferkeit, Schöpferkraft und Gläubigkeit, die Mathilde Plate ebenso sehr schätzte, wie sie seine Lebensmaxime „Willfährigkeit gegen das Göttliche und Wehrfähigkeit gegen das Menschliche“ teilte. Walter Flex wurde dadurch für sie zu einem edlen Menschen, indem sich Tatkraft und Geist auf einzigartige Weise verbanden, und zu einem in jeder Hinsicht eindrucksvollen Vorbild, literarisch und menschlich, das insbesondere auch der Jugend Werte und Ideale zu vermitteln hatte.

Diesen Männertypus in seiner lebendigen Existenz und in seiner literarischen Überhöhung hat Mathilde Plate wohl ihr Leben lang bewundert. Denn viel später, es war das Jahr 1940, und es war wieder Krieg, der Zweite Weltkrieg, verlieh sie diesem Ideal eines männlichen Menschen in der Einheit von Geist und Tat in einer Rezension über die Arbeiten des bremischen Bildhauers Ernst Gorsemann (1886–1960) eine eigene Gestalt und ein eigenes Gesicht.

Nach dem Soldatentod von Walter Flex auf dem „Felde der Ehre“, wie es damals so salbungsvoll hieß, am 16. Oktober 1917 auf Ösel schrieb Mathilde Plate mitfühlende Briefe an den Vater, den Gymnasialprofessor Dr. Rudolf Flex (1859–1918) in Eisenach, ebenfalls ein Bewunderer wehrhaften Mannestums, die Mutter Margarete Flex (1862–1919), die nun einen zweiten Sohn im Kampf verloren hatten, und an die Brüder Dr. Konrad Flex und Martin Flex. Einen an sie gerichteten Brief von Walter Flex stellte Mathilde Plate den Eltern zur Verfügung.

Mathilde Plate bewegte der Tod von Walter Flex so sehr, daß es ihr eine große Herzensangelegenheit war, in Bremen eine würdige Gedächtnisfeier für den jungen Gefallenen zu arrangieren. Obgleich sie selbst bereits vielfältiges Material über Walter Flex zusammengetragen hatte, erbat sie sich noch weitere Hinweise für die Hauptrede, die sie selber halten wollte. Ergebnis ihres Engagements sind zahlreiche Briefe von Mitgliedern der Familie Flex an sie.

Nach der Gedächtnisfeier informierte Mathilde Plate Eltern und Brüder ausführlich über die große Anteilnahme in Bremen und freute sich über die dankbaren Antworten, die ihr zuteil wurden.

Mathilde Plates heute recht pathetisch erscheinende Erinnerungsrede war von Begeisterung für den Dichter und „Helden“ getragen. Einem interessierten Auditorium brachte sie das Leben und das Werk des jungen Toten in seiner Einheit nahe. Aus einem Nachruf vom 27. Oktober 1917 auf Walter Flex im Unterhaltungsblatt der Täglichen Rundschau zitierte sie emphatisch: „Sein Wesen war reinster Ausdruck bester Kräfte, war schönste Verkörperung höchster Sittlichkeit und Vollkommenheit.“ Sein Werk verlebendigte sie durch zahlreiche Zitationen aus „Volk in Eisen“, aus „Im Felde zwischen Nacht und Tag“ und aus dem Romanfragment „Wolf Eschenlohr“.

1918 starb der Vater Rudolf Flex, am 26. Oktober 1919 die Mutter Margarete Flex. Sie mußten nicht mehr erleben, daß wenig später auch noch ein dritter Sohn, Martin Flex, seinen im Ersten Weltkrieg erlittenen Verwundungen erlag. Mathilde Plate schmerzten die Todesnachrichten sehr. Die Familientragödie ging ihr nahe. Hat sie sie nachdenklicher gemacht? Wir wissen es nicht. Ihr tiefes Mitgefühl drückte sie dem letzten Überlebenden der Familie, Dr. Konrad Flex, aus.

II. Die Zeit der Weimarer Republik von 1919–1933

Politik im Rahmen der DNVP

Mit der Berufung zur Oberlehrerin im Jahre 1916 an das staatliche Lyzeum Kleine Helle hatte sich Mathilde Plates steiler Aufstieg angebahnt. 1919 wurde Mathilde Plate Nachfolgerin des Landesschulrats Bohm. Sie wurde vom Kollegium der Kleinen Helle, dessen Mitglieder unter drei vom Schulsenator vorgeschlagenen Kandidatinnen und Kandidaten wählen durften, zur Leiterin der Anstalt auserkoren. Der Senat folgte dem Vorschlag, und Mathilde Plate wurde Bremens ranghöchste Staatsbeamtin. Sie war die erste Frau in Bremen, der die Leitung einer staatlichen höheren Lehranstalt übertragen wurde. Das spricht für ihre Persönlichkeit und für die Bedeutung, die ihr als Pädagogin beigemessen wurde. Denn die allgemeine Tendenz ging dahin, nachdem 1918 der Krieg verlustreich zu Ende gegangen war, die männlichen Kriegsteilnehmer wieder in die alten beruflichen Positionen zu hieven, sie gegenüber Frauen zu bevorzugen, mehr noch die Frauen wieder aus dem Berufsleben zu vergraulen.

Im Schuldienst erhielten die Frauen freilich nicht dieselbe Vergütung wie Männer in gleichen Positionen, sondern das Grundgehalt mit zehnprozentiger Kürzung, weil sie mit geringerer Stundenzahl eingesetzt wurden. Auch Mathilde Plates Bezüge enthielten eine solche Kürzung. Am 10. November 1922 schrieb Emmy Grave (*1885) als Erste Vorsitzende des Verbandes akademisch gebildeter Lehrerinnen an den Senat und reklamierte als „Grundprinzip der neuen Besoldungsordnung" „für gleiche Leistung gleiches Gehalt". Sie forderte für die Schulleiterin Mathilde Plate ein ungekürztes Gehalt. Am 20. März 1923 gab es dazu einen positiven Bescheid durch die Senatskommission für das Personalwesen, eine Entscheidung, die später durch die „Unterrichtskanzlei" am 27. Juli 1925 bestätigt wurde. Mathilde Plate erhielt endlich dasselbe Gehalt wie ein männlicher Schulleiter.

Mit dem Jahr 1919 begann für Mathilde Plate eine Zeit intensivster Arbeit. Sie war nicht nur mit der Leitung der Kleinen Helle betraut worden, sondern sie wurde, nachdem auch den Frauen das aktive und passive Wahlrecht zugestanden worden war, als Abgeordnete der Deutschnationalen Volkspartei (DNVP) in die Bremische Nationalversammlung gewählt, die 1920 in Bremische Bürgerschaft umbenannt wurde.

Es ist gewiß, daß die Partei, die sich gern als Partei der deutschen Frau gerierte, an Mathilde Plate, die erfolgreiche Pädagogin, herangetreten war, um sie für eine Kandidatur für das bremische Landesparlament zu gewinnen. Mathilde Plate betonte viele Jahre später in einem Lebensrückblick, daß nicht sie zur Politik, sondern die Politik zu ihr gekommen wäre: „Ich suchte sie nicht, sie kam zu mir", erzählte sie der Redakteurin Lilo Weinsheimer für die Leserinnen und Leser der Bremer Nachrichten am 4. Juli 1953, als diese sie zu ihrem 75. Geburtstag würdigten.

Mathilde Plate hatte sich wohl nicht lange bitten lassen, als die DNVP um ihre Mitarbeit bat. Vielleicht hätte sie, wenn die Deutsche Volkspartei (DVP), der Dr. Elisabeth Lürssen (1880–1972), oder die Deutsche Demokratische Partei (DDP), der Minna Bahnson (1866–1947), Agnes Sara Heineken (1872–1954) und Meta Sattler (1867–1958) angehörten, auf sie zugekommen wäre, auch diesen konservativen Parteien zugesagt.

Im Jahre 1919 bedurfte auch die DNVP, die nie für das Frauenstimmrecht eingetreten war, der Frauen, um ihre Politik erfolgreicher zu gestalten. Die Partei brauchte die Frauen, um durch sie die weibliche Hälfte der Nation anzusprechen und als Wählerinnen für sich einzunehmen. Es ist nicht zu leugnen, daß Frauen wie Mathilde Plate oder Frauen des konservativ-christlichen Deutsch-Evangelischen Frauenbundes der reaktionären Partei zu einer größeren Anhängerschaft verhalfen. Dennoch blieb der politische Einfluß in Bremen gering,

denn die Mitgliederzahl der Partei war ebenso klein wie der Stimmenanteil bei den Wahlen (4 %), so daß sie 1919 einen Wahlverband mit der Deutschen Volkspartei (DVP) einging.
1920 wurde Mathilde Plate nach ihrem Austritt aus der Waller Gemeinde und Eintritt in die St.-Petri-Domgemeinde mit einem weiteren wichtigen Amt betraut. Sie wurde von ihrer neuen Gemeinde vorgeschlagen und zum Mitglied des Bremischen Evangelischen Kirchentages gewählt.
In allen diesen Ämtern war Mathilde Plate die erste Frau. Sie gewann damit Vorbildcharakter für andere Frauen und wurde zur Vorreiterin und zur Wegbereiterin für andere Bremerinnen in öffentlichen Funktionen. Sie gehörte zu den Politikerinnen der ersten Stunde; sie war die erste und über längere Zeit einzige Frau, die mit der Leitung einer höheren staatlichen Bildungseinrichtung betraut war, und sie war bis weit in die Zeit nach dem Zweiten Weltkrieg die erste und einzige Frau, die im Bremischen Evangelischen Kirchentag Sitz und Stimme erhalten hatte.
Was nun machte der Pädagogin und Historikerin Mathilde Plate die Tagespolitik so interessant? Warum wollte sie Politikerin werden? Das sind die zwei Fragen. Eine weitere, noch ein wenig zugespitztere, lautet, was erhoffte sich Mathilde Plate durch ihr politisches Engagement in einer so extrem rechten Partei, in der viele Mitglieder auch antisemitisch waren? Die Fragen sind nicht einfach zu beantworten, und es scheint, als gäbe es eine Anzahl von Motiven für den Eintritt und für das Engagement in dieser Partei.
Gewiß sah Mathilde Plate in dem Angebot auf politische Betätigung die Chance, die neuen, den Frauen eingeräumten Rechte zu erproben und sie insbesondere auch für die Gleichberechtigung von Frauen zu nutzen sowie konservative Wählerinnen anzusprechen, die sonst keinen Gebrauch von ihrem Wahlrecht machen würden, sie für die Politik und für die Übernahme gesellschaftlicher Verantwortung zu gewinnen.
Die Staatsbeamtin mag sich aber auch als ledige Frau oder als „Unverheiratete", von Ehe- und Mutterpflichten frei, wie sie im Hinblick auf ihr vielfältiges kulturelles Engagement später betonte, in der „Ehrenpflicht" gesehen haben, dem geliebten Vaterland zu dienen und ihm, wie es einst auch Betty Gleim tat, in patriotischer Treue, in Not und Elend beizustehen und sich am Wiederaufbau zu beteiligen.
Mag auch die Politik zu ihr gekommen sein, und mögen Pflichtbewußtsein und Patriotismus das politische Engagement mitbestimmt haben, so geschah die Entscheidung für die DNVP doch nicht unbedacht. Mathilde Plate war politisch weder unbedarft noch naiv, und es ist doch recht offensichtlich, daß Mathilde Plate diese Partei im rechten Spektrum wählte oder dem Ruf der Partei bereitwillig folgte, gar als ihre politische Heimat begriff, weil sie eine Vielzahl von Forderungen der Partei lebhaft unterstützte und die meisten politischen Ziele befürwortete.
Mathilde Plate war traditionsbewußt und konservativ, doch ohne jegliche dogmatische Verengung und Versteifung. Es war eine Haltung, wie sie auch dem Vorsitzenden des bremischen Landesverbandes ihrer Partei, dem ehemaligen Senator und Bürgermeister Dr. Clemens Buff, eigen war. Buff hatte sich nicht nur im kirchlich-karitativen Rahmen Verdienste erworben, sondern hatte sich auch für den Ausschluß des Mitgliedes Henning aus der Partei eingesetzt, als dieser eine antisemitische Hetzkampagne inszenierte. Doch dem Antisemitismus war eine Reihe von Mitgliedern verfallen, so auch jener Dr. Rüthnick, der die Gründung einer Ortsgruppe der NSDAP in Bremen „wohlwollend förderte" (Schwarzwälder III, 208).
Mathilde Plates geistige Unabhängigkeit und Integrität erlaubten ihr, einen eigenen Weg im Rahmen der Partei zu gehen. Den rüden Antisemitismus von Parteimitgliedern ignorierte sie einfach. Es gibt keine Äußerung und keinen Redebeitrag von ihr, der sie als Antisemitin ausweist, aber leider auch keinen, in dem sie sich gegen den Antisemitismus innerhalb ihrer Par-

tei wendet. Auch sah sie, anders als zahlreiche Mitglieder ihrer Partei, keinen rechten Sinn darin, die neue parlamentarische Demokratie zu boykottieren, auch wenn ihr diese einigermaßen suspekt erschien und reichlich contre cœur war.
Mathilde Plates Haltung hatte, trotz Kaisertreue und Militarismus, liberale Züge, und sie war Demokratin. Sie setzte auf die begründete politische Argumentation. Das politische Mandat begriff sie als eine Chance, für ihre politischen Überzeugungen und für ihre schulpolitischen sowie sozialpolitischen Vorstellungen zu kämpfen und sie auf demokratischem Wege zu erringen.
Über manche Vorstellungen und Vorkommnisse innerhalb der Partei mochte sie ähnlich gedacht haben wie ihre Parteigenossin Käthe Stricker (1878–1979), die 1920 in einem Wahlaufruf an die bremischen Frauen schrieb: „Stoßen wir uns nicht an mißliebigen Elementen, wohl gar Handlungen der Partei. Kein Menschenwerk ist fehlerlos, ideale Theorie muß aber zuweilen nachlernen, auch unliebsamer Praxis nachstehen. Sagen wir uns immer wieder: Je mehr in unsere Reihen treten, je mehr kann weiblicher Einfluß sich geltend machen, je mehr kann die Frau mitschaffen am Wohle des Vaterlandes. Zunächst im Rahmen der Partei, damit auch zugleich indirekt bei der Volksvertretung im engeren und weiteren Vaterland. Oder wollen wir etwa nicht mitsprechen bei der Schul-, der Jugendwohlfahrts-, der neuen Arbeiterrechts-, der Hausangestelltenrechts- und endlich Versicherungsgesetzgebung, die der neue Reichstag in Angriff nehmen wird?“ (16.5.1920).
Mathilde Plate war, wie die meisten deutschen Männer und Frauen, durch den verlorenen Krieg äußerst bedrückt. Mit Sorge betrachtete sie die Aktivitäten der „Linke“, mit Abscheu die Novemberrevolution im Jahre 1918, nach der Arbeiter- und Soldatenräte die Macht ergriffen hatten. Wenn sie sie auch rasch wieder an demokratische linke Kräfte abgeben mußten, so waren ihr auch diese nicht geheuer. Denn die „Linke“ war für sie für den Sturz der Monarchie und für die Verbannung des Kaisers verantwortlich, ein Frevel, den Mathilde Plate nie so recht verwandt.
Mathilde Plate betrachtete die Bedeutung und den politischen Erfolg der Sozialdemokratie, die Bismarck einst so schön und so erfolgreich durch seine berüchtigten „Sozialistengesetze“ in Schach gehalten hatte, mit wachsendem Verdruß und nahm Anstoß an dem immer größer werdenden Einfluß auf die politischen Entscheidungen. Die neue Zeit war für sie eine „Zeit der unbegrenzten Unmöglichkeiten“.
Mathilde Plate konnte sich mit der neuen Weimarer Republik und mit ihrer Verfassung einfach nicht anfreunden, mehr noch, sie hielt sie schlicht für ein nationales Unglück und den Verfassungstext für eine gesetzlich geregelte Katastrophe. Sie hegte tiefes Mißtrauen gegen die „Geburtshelfer“ der neuen Republik und fand, daß deren Repräsentanten größte Schuld auf sich luden, weil sie nicht nur die Monarchie abgeschafft, sondern auch den höchst ungerechten Vertrag von Versailles am 28. Juni 1919 unterzeichnet hatten.
Der Vertrag oder der Oktroi von Versailles, Ausdruck der Arroganz der Siegermächte mit Reparationsforderungen ohne Augenmaß, wurde aber nicht nur von Konservativen und Reaktionären als Schmach und Schande, als ungerecht und als demütigend empfunden, sondern auch von vielen anderen deutschen Menschen, denen, wie zum Beispiel der Pazifistin und linksliberalen Frauenrechtlerin Auguste Kirchhoff (1867–1940), keine chauvinistische nationale Haltung zu attestieren ist. Die Unterschrift unter den diskriminierenden Vertrag erschütterte das Vertrauen großer Teile der Bevölkerung in Deutschland in die neue Demokratie und in ihre Verfassung. Sie schränkte die Lebens- und Entfaltungsmöglichkeiten der Weimarer Republik und die Handlungsspielräume ihrer politischen Vertreter und Vertreterinnen erheblich ein.
Ab Mai 1919 ging auch über Bremen „eine Welle von Demonstrationen gegen den ‚Gewalt-

frieden' von Versailles hinweg“ (Schwarzwälder III, 238). Wenn Mathilde Plate sich auch nicht auf die Straße begab, sie verstand die Empörung und teilte sie uneingeschränkt. Für die Historikerin und Bewunderin germanischer Tugenden, der Leistungen großer Kaiser des Heiligen Römischen Reiches Deutscher Nation, überzeugte Monarchistin und glühende Anhängerin Bismarcks, der 1871 mit der Kaiserkrönung des preußischen Königs in Versailles seine Bemühungen um die Reichseinheit abgeschlossen hatte, war die Welt, die 1914 für Deutschland, wie Flex sang, auf dem Gipfel stand, im Jahre 1919 nicht mehr in Ordnung.
Mathilde Plate empfand, daß ihr, wie sie später ihrem Neffen Helmut Plate schrieb, durch die Niederlage Deutschlands und den Sturz der Monarchie „1919 die Flügelsehnen durchschnitten“ worden waren. Doch Mathilde Plate ließ die Flügel nicht hängen. Sie trotzte den Zeiten, gab sich kämpferisch, machte sich Mut und schrieb: „Aber je dunkler die Zukunft scheint, desto stärker ist mein Dennoch“ (26.12.1946).
Mit dem eigenen starken „Dennoch“ und mit der Deutschnationalen Volkspartei hoffte Mathilde Plate, die Räder der Zeit aufzuhalten, wieder an Traditionen anzuknüpfen, in denen der Begriff nationale Ehre und der Gedanke an einen starken deutschen Staat und einen Kaiser als Oberhaupt noch einen guten Klang besaßen. Mit der Partei trat sie emphatisch für die Restauration, für die Monarchie und die Rückkehr des Kaisers aus dem niederländischen Exil ein. Sie stritt engagiert für die Freiheit des deutschen Volkes von fremder Zwangsherrschaft und gegen die Entmilitarisierung als Voraussetzung für die nationale Wiedergeburt, für die Wiedervereinigung mit den abgetrennten deutschen Territorien und für die Wiedervereinigung aller Deutschen, für die Änderung des restriktiven Friedensvertrages von Versailles, für die Streichung der enormen Reparationsforderungen und für den Rückerwerb der durch den verlorenen Krieg verlustig gegangenen Kolonien, deren wirtschaftliche Entwicklung zugunsten von Kaiser und Reich vorangetrieben werden sollte.
Ihre Verbundenheit mit dem Gedankengut der Partei und ihr geschichtliches Selbstverständnis machte Mathilde Plate in der Bürgerschaftssitzung am 23. Januar 1920 deutlich und öffentlich, als es um die Entfernung nationaler Denkmäler aus dem bremischen Stadtbild ging. Das Denkmal des 1871 zum bremischen Ehrenbürger erhobenen Bismarck und das 1893 enthüllte Reiterstandbild von Kaiser Wilhelm I. auf hohem Sockel, an dessen Fuß sich die Brema, Neptun und ein Reichsadler befanden, sollten entfernt werden.
Dieser „Denkmalssturm“ erregte Mathilde Plates Entrüstung. Sie empfand insbesondere den gewählten Zeitpunkt als äußerst unpassend, weil das Diktat von Versailles doch allen Menschen soeben gezeigt hatte, wo die europäischen Angelegenheiten geordnet, für Deutschland unendlich schlecht geordnet wurden. Sie machte sich lustig und spottete, daß man angesichts der eifernden „Denkmalsstürzer“ auf die Idee kommen könnte, daß es in Bremen eine „ganze Siegesallee“ mit Dutzenden von Denkmälern gäbe, und dabei könnte doch nur von vier großen Standbildern die Rede sein: die von Wilhelm I., Kaiser Friedrich, Bismarck und Moltke.
Im Parlament quittierte man ihre Bewunderung für Bismarck je nach Parteizugehörigkeit und Stimmungslage mit Gelächter, Hohn, Zorn oder Empörung. Bismarck hätte, so erläuterte Mathilde Plate dem Auditorium, den „jahrhundertelangen Traum des deutschen Volkes“ auf Einheit erfüllt und es aus „der Zerrissenheit und Uneinigkeit auf eine solche Höhe gebracht,“ daß die europäische Politik endlich einmal nicht in anderen europäischen Metropolen, sondern in Berlin gemacht wurde.
Auch Wilhelm I. galt ihre Verteidigung. Sie befand, daß er „in uneigennütziger, selbstloser Weise ...“, ein Zwischenrufer vollendete den Satz, „auf sein Volk schießen ließ“. Sie antwortete: „– jawohl, der zu rechter Zeit von den Waffen Gebrauch machte“, und fuhr unbeirrt fort, „der unter Zurückstellung seiner eigenen persönlichen Lieblingswünsche, unter Zurückstel-

lung berechtigter altpreußischer Traditionen, sich bestimmen ließ, die Wünsche des Volkes zu erfüllen und *ein* Deutschland, ein einiges, mächtiges Deutschland zu schaffen, der so in uneigennütziger, selbstloser Weise dem Willen der Nation entgegengekommen ist". Bei allen „Schwächen als Mensch", seinen „Fehlern als Herrscher" mit dem „Unrecht" gegenüber Bismarck, die Mathilde Plate in bezug auf Wilhelm II. einräumte, stand der exilierte Kaiser für sie dennoch „turmhoch" über allen Personen, „die augenblicklich Deutschlands Geschicke leiten".
Mathilde Plate würdigte Wilhelm II. nicht, wie sie im Parlament erklärte, als „Herrscherpersönlichkeit", sondern als „Symbol für eine Zeit", auch wenn diese, wie sie einschränkte, „den großen Traditionen der Bismarckzeit nicht gerecht wurde", die dessen großes Erbe jedoch „nach bestem, wenn auch nicht immer ausreichendem Können und Wissen" verwaltete. Er stand für sie für die schöne „Wilhelminische Zeit", in der „in Deutschland noch Ruhe und Ordnung und Gerechtigkeit herrschte, einer Zeit, wo die Raubmorde auf dem Lande und die Plünderungen ganzer Wohnungen in den Städten noch nicht zu den alltäglichen Vorkommnissen gehörten, einer Zeit, wo wir eine unbestechliche Beamtenschaft hatten, um die die ganze Welt Deutschland beneidete, einer Zeit, wo wir von Berlin aus regiert wurden und nicht von London und Paris und New York aus".
Abschließend meinte Mathilde Plate: „Ich bin weit entfernt davon zu sagen: ‚Lassen Sie die Bilder stehen!' Reißen Sie sie ruhig nieder, Sie haben ja soviel Wertvolleres in Deutschland niedergerissen. – Aber (...) es kommt einmal die Zeit, wo das Einreißen aufhört und das Aufbauen anfängt. Und dann wird man noch ganz anderen Männern Denkmäler setzen." „Dann soll Fräulein Plate auch eins bekommen!" meinte ein Zwischenrufer. Doch Mathilde Plate ließ sich nicht stören und fuhr unbeirrt fort: „Bis dahin lassen Sie die Denkmäler ruhig entfernen. Bis dahin wird das Gedächtnis unserer Großen bewahrt bleiben an einem Ort, wo es kein Ketzergericht und kein Denunziantentum vertreiben kann, nämlich in der dankbaren Erinnerung aller Deutschgesinnten. Denn darüber täuschen Sie sich nicht", meinte sie emphatisch an die Bürgerschaft gewandt, „alles, was in Deutschland gesund empfindet und nationale Ehre hat, das ist durchaus nicht gesonnen, sich die Erinnerung an unsere Großen rauben zu lassen, die Erinnerung und die Dankbarkeit und die Verehrung für die Männer, die Deutschland groß gemacht und am allerwenigsten von den Männern, die Deutschland klein gemacht haben!" Das Protokoll vermerkt: „Stürmisches Gelächter links. Lebhafter Beifall und Bravorufe rechts."
Wie wenig sich Mathilde Plate mit der neuen Bremischen Verfassung, die am 18. Mai 1920 durch die Verkündigung des Senats rechtskräftig wurde, anfreunden konnte und wie gering sie sie einschätzte, machte die Pädagogin als Politikerin am 29. April 1921 in einer Debatte in der Bürgerschaft deutlich, in der es um die Verteilung des Textes der Bremischen Verfassung mit einigen Erläuterungen in den Schulen ging. Freilich ist zu sagen, daß dieser Text, orientiert an den Vorgaben der Reichsverfassung von 1919, Ergebnis der Diskussion einer dreizehnköpfigen Deputation und eines Kompromisses, weder von den Linken noch von den Rechten, die viel an ihm auszusetzen hatten, wirklich goutiert wurde. So lehnte auch Mathilde Plate die Vergabe rundweg nicht nur wegen der Kosten, sondern auch aus Gründen ab, die, pädagogisch verbrämt, politischer Natur waren.
Mathilde Plate argumentierte, daß es weder wünschenswert noch nötig wäre, den Staat in einer Zeit, „wo die große Schere der Finanzkommission unser Budget so unbarmherzig beschneidet", mit überflüssigen Ausgaben zu belasten und Lehrmittel im Wege der Gesetzgebung auf Staatskosten zu beschaffen. Sie wehrte sich mit Vehemenz gegen das Vorhaben, den Text der Verfassung Schülerinnen und Schülern drei Monate vor der Schulentlassung mit gedruckten Erläuterungen in die Hand zu geben. Sie schalt dieses als mit der Reichsverfas-

sung nicht konform, und sie hatte Recht damit, und als Eingriff in die Autonomie von Lehrenden, und hatte auch damit Recht.
Mathilde Plate sagte: „Die Reichsverfassung schreibt vor, daß den Schülern die Verfassung überreicht wird, aber wann, wie lange und wie sie besprochen wird, das ist glücklicherweise einerseits eine Angelegenheit des Lehrers und seiner geschichtlichen Überzeugung, andererseits Sache des Lehrplans und der Stoffverteilung, aber keine Angelegenheit der Gesetzgebung."
Emphatisch rief sie aus: „Wir lehnen aber jeden Zwang ab, die Verfassung in einem ganz bestimmten Sinne zu erläutern und etwa einen Verfassungstypus zu preisen, der bei jeder Kabinettsbildung seine Unzulänglichkeit so glänzend beweist. Der Antragsteller verlangt, daß die Verfassung in demselben Geist behandelt wird, aus dem sie geboren ist. Ich glaube, der Geist, aus dem die Verfassung geboren ist, ist Deutschlands Verhängnis geworden. Gerade dadurch, daß die Illusion von der Völkerversöhnung so fest in die Köpfe eines großen Teils unserer Volksgenossen eingehämmert wurde, daß ihm im entscheidenden Augenblick der Maßstab für das fehlte, was die Not des Volkes erforderte."
Wie ihre Partei fühlte sich Mathilde eng und untrennbar verbunden mit jenen deutschen Volksgenossen und Genossinnen, die jenseits der durch das Friedensdiktat aufgezwungenen Grenzen lebten. So setzte sie sich für den Schutz des Deutschtums in den verlorenen und besetzten Gebieten ein, für die Selbstbestimmung aller Deutschen im Ausland, insbesondere der Deutschen Österreichs, und für die Unterstützung in Not geratener Menschen.
Für Wolgadeutsche in Rußland forderte sie Spendenhilfen ein. Sie meinte in einem Redebeitrag vom 16. September 1921 in der Bremischen Bürgerschaft, daß gerade die armen Landsleute nach zweifelsfreien Aussagen mehr Hunger zu leiden hätten als die „geborenen Russen", und sie befand, daß jene aus diesem Grunde doch „unserem Herzen näher" stehen, weil „sie mit uns eines Blutes sind". Der Antrag auf Hilfe zur Linderung der Hungersnot der Wolgadeutschen wurde abgelehnt.

Das frauenpolitische Programm der DNVP

Ein nicht ganz unwesentlicher Grund zum Eintritt von Mathilde Plate in die Partei und für ihr Engagement dürfte das frauenpolitische Programm der Partei gewesen sein. Der Reichsfrauenausschuß hatte im Einvernehmen mit der Parteileitung Richtlinien für Frauenfragen entworfen, die doch erstaunlich progressiv für eine reaktionäre Partei erscheinen. Die Richtlinien, von denen einige auf die Person und Position der Oberstudiendirektorin zugeschnitten erscheinen und von ihr gar formuliert sein könnten, gefielen Mathilde Plate offensichtlich so gut, daß sie 1920 den bremischen Zweig des Frauenausschusses in der DNVP gründete und den Vorsitz übernahm. Der politische Zirkel beschäftigte sich mit aktuellen, der Tagespolitik entlehnten Fragestellungen, organisierte Tagungen, Vorträge, Leseabende und Ausflüge.
Es lohnt sich, einen Blick auf diese in 16 Einzelpunkten untergliederten Richtlinien zu werfen. Sie orientieren sich an den Fragen der Zeit, die die Frauen beschäftigten, auf die sie Antworten suchten und für die sie Lösungen zu finden hofften. Mag es der Partei auch primär in ihren Forderungen, in denen die Position der Frau innerhalb der Ehe ausdrücklich gestärkt werden sollte, um den Schutz von Ehe und Familie als „Damm gegen die unser Volksleben bedrohende Strömung der ‚Freien Liebe'" und um die Erziehung von Frauen zu Hausfrauen und Müttern gegangen sein, so nehmen doch den breitesten Raum die Forderungen ein, die den Eintritt von Frauen in das Berufs- und Arbeitsleben befürworten und sie mit gleichen Chancen, wie sie Männer besitzen, ausstatten wollen. Es wurde zu Mathilde Plates größter Befriedigung festgehalten, daß die Mitarbeit der Frau beim Wiederaufbau unentbehrlich ist

und daß ungerechte Entlassungen aus Arbeitsverhältnissen sowie minderwertige Bezahlung der Frau das gesamte Volksleben schädigen.

In der Ehe forderte die Partei die grundsätzliche Gleichberechtigung beider Ehepartner und pochte auf die Änderung aller Paragraphen des Bürgerlichen Gesetzbuches, in denen die Rechte der Frauen als Gattinnen und Mütter gegenüber den Rechten von Ehemännern und Vätern beeinträchtigt waren. Das war in Fragen der elterlichen Gewalt und des ehelichen Güterrechts.

Weitere Punkte im Katalog waren die Verbesserung der Stellung von unehelichen Kindern, wenn auch nicht die rechtliche Gleichstellung mit ehelichen Kindern angestrebt wurde, und die Einrichtung von Pflichtfortbildungsschulen, auch in ländlichen Gegenden, für die weibliche Jugend, in denen in erster Linie die Ausbildung zu Hausfrauen und Müttern geleistet werden sollte.

In den Richtlinien wurde auch die Frage der Prostitution angeschnitten, die zu der damaligen Zeit so lebhaft, insbesondere auch unter den Frauen der Frauenbewegung, diskutiert wurde. Wenn es auch keine eindeutigen Aussagen dazu von ihr gibt, so ist doch davon auszugehen, daß Mathilde Plate die Haltung der Partei zu Prostitutionsfragen teilte und daß sie die Forderung nach grundsätzlich gleicher Behandlung von Männern und Frauen unterstützte. Sie hielt, wie viele Frauen der damaligen Zeit, die Ausnahmegesetze für Frauen und ihre polizeiliche Reglementierung für überflüssig und wollte sie, wie die Partei es einforderte, durch pflegerische Fürsorge und gesundheitliche Schutzmaßnahmen ersetzt wissen.

Wichtig war der kultivierten Germanistin und Historikerin, der Ästhetin und Liebhaberin „guter und ernster Kunst", Verehrerin anspruchsvollen Theaters und klassischer Konzerte aber auch der angesagte *„schärfste Kampf gegen Schmutz und Schund"* im Theater, Kino und Kolportage. Sie verabscheute „minderwertige Vergnügungen" ebenso wie die dazugehörigen „billigen und minderwertigen Vergnügungsstätten".

Und Herzensangelegenheit waren der Karrierefrau Mathilde Plate auch die umfangreichen und spezifizierten Richtlinien, die die Verbesserung der Stellung der Frau im Arbeitsleben anvisierten. Wenn auch Mathilde Plate einige Forderungen, wie die Befürwortung des Eintritts von Frauen auf allen Ebenen bei den Behörden, die Frauen- und Kinderinteressen behandelten, nicht weit genug gingen, so akzeptierte die Pragmatikerin sie doch als ersten Schritt in die richtige Richtung totaler Gleichberechtigung und setzte sich für sie ein.

Rückhaltlos unterstützte Mathilde Plate die Forderung nach gleichartiger beziehungsweise nach gleichwertiger Vorbildung und nach gleichem Lohn für gleichwertige Leistung. Ausdrücklich angesprochen waren kaufmännische Angestellte, Beamtinnen im Sozialbereich, in der Kommune, bei der Post oder bei der Eisenbahn, Lehrerinnen und Arbeiterinnen. Die Richtlinien sahen auch die Aufhebung des Lehrerinnenzölibats vor.

Mathilde Plate hatte sich immer wieder für die freie Entscheidung der Betroffenen starkgemacht und ausdauernd gefordert, den Frauen die Wahl zu überlassen. Sie war der Überzeugung, daß die Frauen selbst am besten wüßten, was für sie das richtige war, und sie sollten frei darüber befinden können, ob sie nach der Heirat beide Berufe, den der Lehrerin und den der Hausfrau, ausüben oder nach der Heirat aus dem Schuldienst scheiden wollten. Lehrerinnen, die sich zu letzterem entschieden, sollten freilich mit einer reichlichen Abfindungssumme entschädigt werden.

Das Plädoyer für gleiche Aufstiegsmöglichkeiten von Mann und Frau im selben Berufszweig und nach gleichmäßiger Verleihung von Titeln insbesondere im Schulwesen, im Post-, Telegraphen- und Eisenbahnwesen gehörte zu jenen Forderungen, die Mathilde Plate bedingungslos unterstützte. Es war für sie selbstverständlich, daß im Hinblick auf die Leitung von Mädchenschulen das gleiche Recht gelten sollte, das Männer in dieser Position an höheren

Knabenschulen oder an koedukativen Einrichtungen besaßen, und daß Entscheidungen im Hinblick auf das Direktorat und die Klassenleitung allein nach den Gesichtspunkten der Eignung gefällt werden sollten und nicht nach dem Unterschied des Geschlechts.
Auch der frauenfeindliche Universitäts- und Akademiebetrieb wurde in den Richtlinien angesprochen. Mathilde Plate engagierte sich für die Forderung, Frauen in den Universitäten zu fördern und den Akademikerinnen nicht nur Lehrmöglichkeiten an allen Universitäten einzuräumen, sondern auch ihre regelrechte Einstellung in den Lehrbetrieb zu gewährleisten. Ebenso bereitwillig setzte sie sich für das Ziel ein, Frauen zum Kunststudium an staatlichen Kunstakademien mit der Möglichkeit zu späterer Lehrtätigkeit zuzulassen sowie Juristinnen die Zulassung zu den Prüfungen und zur Anwaltspraxis zu ermöglichen und sie in die Jugendgerichtsbarkeit einzubeziehen. Sie begrüßte die Vorschläge der Partei, die Bestrebungen des Hebammenstandes auf vertiefte und erweiterte Ausbildung sowie auf wirtschaftliche Sicherstellung zu unterstützen und sich der Interessen anderer Berufsgruppen, wie der der Werkstätten-, Heim- und Landarbeiterinnen, anzunehmen und sie entschieden zu vertreten.
Ausnehmend gut gefiel der praktizierenden Protestantin auch, daß angestrebt wurde, die Frauen verstärkt in die Gemeindeverwaltungen einzubeziehen, daß ihre Mitarbeit in den kirchlichen Gemeinden und beim religiösen Wiederaufbau dringend gefordert wurde und daß das aktive und passive Wahlrecht für alle kirchlichen Vertretungskörper auch auf Frauen ausgedehnt werden sollte.

Der Religionsunterricht in der Schule

Der Religionsunterricht, einst verstanden als das Lesen in der Heiligen Schrift und das stumpfe Auswendiglernen von Versen des Katechismus, der so lange hervorragender Gegenstand schulischer Unterweisung war, hatte zwar längst einer differenzierten religiösen Unterweisung Platz gemacht, war jedoch mit fortschreitender Säkularisierung als Pflichtfach aus dem Fächerkanon herausgenommen worden. Diese Maßnahme war eine der vielen Sünden, die Mathilde Plate der Sozialdemokratie nicht verzeihen mochte.
Mathilde Plate mahnte zur Rückbesinnung und forderte Rückkehr zu alten Traditionen. Sie unterstützte bedingungslos das Anliegen ihrer Partei, die mit dieser Forderung auch überregional erfolgreich war, nach einer nationalen Einheitsschule auf christlicher Basis und nach der Wiedereinführung des Religionsunterrichts als Pflichtfach. Sie stemmte sich mit Vehemenz gegen das Ansinnen, die „weltliche Schule“ als „Normaltypus“ einzuführen, und machte darauf aufmerksam, daß der „überwiegende Teil der Bevölkerung und auch ein großer Teil der Arbeiterschaft nicht mit der Religion gebrochen hat“ (1.7.1921).
Mathilde Plate beschwor in der Bürgerschaft den Wert einer christlich-religiösen Unterweisung und empörte sich über die ihrer Meinung nach „maßlose Hetze gegen Religion und Kirche“. Das Mitglied des Evangelischen Kirchentages machte immer wieder auf die nicht zu leugnende Tatsache aufmerksam, daß die gegenwärtige „sittliche Welt“ ein christliches Fundament besitzt. Sie verwies auf die christlich-ethische Kulturentwicklung, in die für sie unauflösbar, das ganze Gegenwartsleben bestimmend, das Wirken der großen Dichter und Denker hineinverflochten war.
Mathilde Plate erinnerte an die große Zahl von „ethischen und sittlichen Begriffen“, die dem Christentum entstammten und im germanischen Geiste neu geschaffen wurden. Sie gab zu bedenken, daß tagtäglich in der Alltagssprache Redewendungen gebraucht würden, die der biblischen Sprache Luthers entnommen sind, so, wenn beispielsweise von einem Tanz um das goldene Kalb oder von einem Samariterdienst die Rede war. Eine solche „uralte christliche Kultur“ als lebendige Gegenwart wollte Mathilde Plate auch „der zukünftigen Generation erhalten“ wissen.

Zur Untermauerung ihrer Argumentation verwies Mathilde Plate auf das Beispiel der Niederlande, in der um 1803, in der Blüte des Rationalismus, der Religionsunterricht abgeschafft worden war. Sie hatte herausgefunden, daß dieser nach jahrelangen Kämpfen wieder Einlaß in die niederländischen Schulen gefunden hatte, so daß ab 1918 Schulen ohne Religionsunterricht und Schulen mit Religionsunterricht einträchtig und gleichberechtigt nebeneinander existierten.

Im Parlament argumentierte Mathilde Plate: „Entscheidend für den Charakter einer Schule ist, erstens ihre Geschichte, zweitens ihr Lehrkörper und drittens ihre Lehrbücher." Anhand „dieser drei Beweise" war für Mathilde Plate klar, daß „die bremische Schule eine evangelische Schule ohne engherzigen dogmatischen Charakter war" (11.12.1925), hervorgegangen aus einer Verschmelzung der alten Kirchenschulen als „Geldschulen" und der sogenannten „Freischulen", für die kein Schulgeld zu zahlen war.

Herrschte auch in den ersten „Freischulen" ein freierer Geist, so waren doch die alten Kirchspielschulen in der Stadt Bremen, das hatte Mathilde Plate in diesem Streit wohl ein wenig vergessen, nach dem Kampf um die rechte protestantische Religion im 16. Jahrhundert zunächst ausschließlich reformierte Schulen, die, durch eine engherzige und prüde Kirchenzucht gegängelt, einem puritanischen Calvinismus huldigten. Der Unterricht war oft von einer solch unerbittlichen Strenge, daß er wesentlich zu dem als freudlos geschilderten Dasein der Menschen in Bremen beitrug. Diese reformierten Bildungsstätten waren einst durch ihre Lehrer genau von jenem engherzigen Dogmatismus getragen, den Mathilde Plate aus den Schulen herausgehalten wissen wollte.

An diese reformierten Schulen hatte Mathilde Plate freilich weniger gedacht als an die lutherischen Schulen. Vor Augen hatte sie wohl jene Landschulen, wie die in Walle, der sie ihre erste Bildung verdankte und in der ihr Vater Vorsteher war. Sie waren bis 1880 Einrichtungen der Kirchengemeinden und gingen erst mit der Landgemeindeverordnung in den Besitz der weltlichen Gemeinden über.

Alle Schulen in Bremen und im bremischen Landgebiet hatten aber, ob sie nun reformiert oder lutherisch waren, es gab nur eine katholische Schule im Stadtgebiet, traditionell die Lehrkräfte nach ihrer Konfession ausgewählt. So hatte Mathilde Plate Recht mit ihrem Hinweis, daß die Lehrkräfte an Bremer Volksschulen evangelisch waren. Mehr noch, daß sie auch evangelisch sein mußten, ja daß man sogar so weit ging, nur Lehrkräfte von außen zu berufen, die die rechte evangelische Religion besaßen, oder daß selbst während des Krieges eine sich in Not befindende Lehrerin nicht eingestellt wurde, weil sie katholisch war.

Diesem Religionsdiktat oder der einseitigen Bevorzugung einer christlichen Glaubensrichtung war auch das bremische Lehrerseminar unterworfen. Es legte allergrößten Wert auf einen festen evangelischen Glauben und bildete nur evangelische Lehrer aus. So machte Mathilde Plate auch darauf aufmerksam, daß die beiden letzten Direktoren des Lehrerseminars evangelische Theologen waren und der vorhergehende zwar kein Theologe, aber ein Protestant war, der als Pädagoge ein Buch über den Religionsunterricht an den Volksschulen geschrieben hatte – und –, daß kein Kandidat die Lehrerprüfung bestand, wenn er nicht mindestens eine drei in Religion erhielte.

Diesem rein evangelischen Charakter der bremischen Schulen und ihrem Lehrkörper trugen selbstverständlich, wie Mathilde Plate im Parlament vortrug, auch die Lehrbücher Rechnung. Sie waren im 19. Jahrhundert nach den Vorgaben der Scholarchatsverordnung von 1868 entstanden und machten zuweilen, wie die Abgeordnete der DNVP erläuterte, mehr als deutlich, was unter Religion verstanden wurde. Nicht etwa, und da zitierte Mathilde Plate aus einem Lesebuch, „die Irrlehre der katholischen Kirche", sondern der „evangelische Glaube" als „ein

köstliches Gut", der im Dreißigjährigen Krieg „teuer erkauft, aber auch für alle Zeiten gerettet" werden sollte (11.12.1925).
Wenn das engagierte Plädoyer für den evangelischen Religionsunterricht, angesichts der darin enthaltenden scharfen Ablehnung Andersgläubiger, nach heutigem Verständnis auch eher Argumente gegen die Wiedereinführung als Pflichtfach enthält, so war für Mathilde Plate doch klar: „Wir haben in Bremen die evangelische Schule eines evangelischen Staates mit rein evangelischem Lehrkörper, evangelischen Lehrplänen und Lehrbüchern (...) Und das ist auch die Schule, die der größte Teil der bremischen Bevölkerung für die Zukunft erhalten wissen will" (11.12.1925).

Auf dem Hochseil zwischen Politik und Pädagogik
Die Wahl zur Leiterin des Lyzeums hatte Mathilde Plate mit großer Genugtuung und Stolz erfüllt. Die Ernennung und das darin ausgedrückte Vertrauen nicht nur in ihre pädagogischen, sondern auch in ihre organisatorischen Fähigkeiten und das unterstellte Geschick in ihre Menschenführung waren Mathilde Plate Verpflichtung. Mit großem Ernst und nie erlahmendem Eifer nahm sie sich der ihr übertragenen Aufgabe an.
Auch wenn sich Mathilde Plate als Politikerin bewährte, so war sie doch in erster Linie Pädagogin und Praktikerin. Große Worte allein waren ihre Sache nicht. Sie haßte das leere Wortgeklingel und Wortgetöse, wenn ihnen keine Taten folgten. Mathilde Plate nahm ihr politisches Anliegen und ihre eigenen Argumente bitterernst. Sie versuchte, Ideen und Erkenntnisse in die Praxis und in Handeln umzumünzen. Terrain für diese Praxis waren vor allen Dingen „ihre" Schule, das Lyzeum an der Kleinen Helle, und Vereine tätiger Hilfen, wie zum Beispiel der „Deutsche Frauenbund für alkoholfreie Kultur" oder der „Verein für das Deutschtum im Ausland", der V.D.A. Es waren Vereine, mit deren Zielen sie auch Kolleginnen und die Schülerinnen der Kleinen Helle bekanntmachte.
Der Landesschulrat Bohm hatte 1916 zur Eröffnung des ersten staatlichen Mädchenlyzeums in Bremen in seiner Antrittsrede an die Bremerin Betty Gleim erinnert und auf ihre Mädchenbildungsinstitute, die zu den bedeutendsten gehörten, die am Beginn des 19. Jahrhunderts geschaffen wurden, als Vorbild und als richtungweisend für die Arbeit in der Kleinen Helle aufmerksam gemacht. Mathilde Plate bedurfte dieser Erinnerung nicht. Mehr noch, sie verstand sich als Verwalterin des pädagogischen und politischen Erbes. Sie nahm Betty Gleims Werk und Geist sorgsam auf und verstand es durch Tatkraft und Übersicht, das Vermächtnis ihrer großen Vorgängerin im Dienste des Vaterlandes und im Dienste allseitiger weiblicher Bildung und Ausbildung zu bewahren, doch den neuen gesellschaftlichen Anforderungen gemäß eine eigene, der Zeit entsprechende Antwort zu finden. Für ein Leben wie Betty Gleim, jenseits von Ehe und eigener Familie, hatte sie sich ja längst entschieden.
Auf der pädagogischen Ebene gab es für Mathilde Plate zwei Ziele, denen sie einen großen Teil ihrer Lebensarbeit widmete. Das allgemeine Ziel, die Mädchenbildung qualitativ im Hinblick auf die Lerninhalte und quantitativ im Hinblick auf die Zahl der Bildungsinstitute der Knabenbildung ebenbürtig zu machen, und das besondere Ziel, „ihre" Kleine Helle zu einer der angesehensten Mädchenbildungsanstalten der jungen Republik zu entwickeln. Das Lyzeum sollte einen Ruf erlangen, der weit über die Grenzen des Stadtstaates hinausging. Der Bildungsort Kleine Helle sollte an deutschen Universitäten einen guten Klang gewinnen und für Professoren ein Qualitätsmerkmal bedeuten.
Vor dem Hintergrund dieses ehrgeizigen Zieles ließ es sich Mathilde Plate nicht nehmen, bevor sie Fachlehrer und Fachlehrerinnen zur Anstellung in ihrer Schule empfahl, deren Unterricht einer Qualitätsprüfung zu unterziehen: inhaltlich im Hinblick auf einen wertvollen Unterrichtsstoff und didaktisch im Hinblick auf die fachliche Aufbereitung. Sie reiste

höchstpersönlich zu den ins Auge gefaßten Kandidatinnen und Kandidaten, nahm an deren Unterricht teil und traf dann die Entscheidung. So konnte sie um sich herum ein hochqualifiziertes Kollegium versammeln, dessen Mitglieder umfängliches Wissen und hervorragende pädagogische Fähigkeiten besaßen.

Wie diese Auswahl aussah, hielt Elisabeth Forck im III. Teil ihres „Rückblick“ fest. Die gebürtige Bremerin hatte sich von einer Schule in Hannover aus in Bremen bei der Senatskommission für das Bildungswesen um eine Anstellung in den bremischen Schuldienst beworben und die Nachricht erhalten, daß eine Überprüfung ihres Unterrichts stattfinden würde. Es war der 17. Januar 1926. „Früh um 8 kam Fräulein Mathilde Plate“, schrieb Elisabeth Forck. „Sie wirkte sehr elegant mit ihrem mittelgrauen Schneiderkostüm, war groß und schlank, hatte frische Farben und ganz weißes Haar. Wenn sie stand ‚nahm sie sich selbst in die Arme‘, wie das die Kinder bezeichneten, wenn sie zu meiner Rechten ging, legte sie ihren linken Arm auf meine linke Schulter. Eine Pose vergleichbar der des Goethe- und Schillerdenkmals in Weimar“ (51/52).

Mathilde Plates Hospitation war für die Kandidatin „ein Schlauch“. Denn die interessierte Prüferin hörte sich nicht nur Elisabeth Forcks Unterricht in der Unter-, Mittel- und Oberstufe in Latein und Religion aufmerksam an, sondern beanspruchte sie auch noch in den Pausen und ließ sich von ihr „das ganze Schulhaus zeigen und wollte sehr viel wissen“. Es spricht für Mathilde Plate, daß sich eine Schülerin, zum großen Entsetzen der Kandidatin Forck, in der fünften Stunde der Hospitation einen kleinen Witz erlaubte, der stürmisches Gelächter erntete. Mathilde Plate hatte wohl herzlich mitgelacht.

Aber der Tag, eine „Prozedur“ für Elisabeth Forck, war noch lange nicht zu Ende, denn Mathilde Plate ließ es sich nicht nehmen, die junge Lehrerin zum Essen einzuladen. Nach einem wenig genießbaren Fischessen, für das Mathilde Plate freilich nichts konnte, wurde Elisabeth Forck mit in das Hotelzimmer gebeten, wo sich Mathilde Plate, was Elisabeth Forck auch so gern getan hätte, erst einmal die Zähne putzte. Danach packte Mathilde Plate ihre Sachen, und wie selbstverständlich, obgleich ihr von der Strapaze des Tages und vom Essen übel war, wanderte Elisabeth Forck mit zum Bahnhof.

Mathilde Plate plante noch nach Göttingen zu fahren, um dort einen „vorzüglichen Prediger“ zu hören, den sie für die Domgemeinde gewinnen wollte. Es war übrigens der, wie Elisabeth Forck anmerkte, später so berüchtigte, als Schwadroneur bekannte Pastor Weidemann, der die evangelische Kirche in Bremen auf „Nazikurs“ brachte und 1934 Landesbischof von Hitlers Gnaden wurde. „Am Bahnhof“, schrieb Elisabeth Forck, „nahm Mathilde Plate eine Bahnsteigkarte für mich. Ich trug weiterhin ihren Koffer und hatte am Zuge noch ‚schön Zeit zum Klönen‘“ (51/52). Elisabeth Forck war danach zwei Tage krank von der Anstrengung und vom Fischgenuß. Mathilde Plate hingegen war gewiß gut gelaunt und heiter. Sie freute sich, bald eine weitere fähige Kollegin begrüßen zu dürfen.

Mathilde Plate, und das spricht für ihr Gespür und ihre Nähe zu Forderungen der Frauenbewegung, wies in der Bürgerschaft immer wieder auf die Benachteiligung von Frauen im Erwerbsleben hin. Sie wandte sich auch unnachgiebig gegen die Doktrin der Nachkriegszeit, bei der Einstellung von Lehrkräften, auch an Mädchenschulen, Kriegsteilnehmer, also Männer, zu bevorzugen. Wenn Mathilde Plate auch öffentlich und verbal das Recht auf Bevorzugung nicht bestreiten wollte, so berief sie sich dennoch auf den Grundsatz, daß in den Mädchenschulen der „weibliche Einfluß überwiegend sein soll“, und handelte in der Praxis danach.

In der Kleinen Helle lag das Verhältnis unter den akademischen Lehrkräften bei „etwas mehr als ein Drittel“ Herren und „etwas weniger als zwei Drittel Damen“. Bei Berücksichtigung des seminaristischen Teils der Schule war jedoch das Verhältnis der männlichen zu den weiblichen Lehrkräften eins zu neun. Für Mathilde Plate war diese Begünstigung von Lehrerinnen

durch die augenblicklichen „Ausnahmeverhältnisse" begründet, durch den Abbau der unteren Klassen und Übernahme der Lehrerinnen in die Mittelstufe. Ein gleiches Verhältnis, hielt sie den Kritikern vor, würde ohnehin „ganz von selbst" wieder hergestellt, wenn die B- und C-Züge im Lyzeum eingerichtet wären und mit „Herren besetzt werden".
War Mathilde Plate früher eine außerordentlich beliebte Lehrerin, so wurde sie nun rasch zu einer hoch geachteten und respektierten Schulleiterin. Dazu trugen nicht nur ihre organisatorischen und verwalterischen Fähigkeiten, ihre Souveränität, ihr Verhandlungsgeschick und ihre taktische Klugheit bei, sondern auch ihre Loyalität und ihre absolute Solidarität. Mathilde Plate strahlte überlegene Ruhe und Gelassenheit aus und verstand es durch ihre verbindliche und sichere Art, durch Humor und Heiterkeit, Menschen für sich einzunehmen und ihre Überzeugungen, wenn auch nicht zu akzeptieren, so doch zu respektieren und ihre Vorstellungen durchzusetzen.
Mathilde Plate fühlte als Schulleiterin für alle tiefe Verantwortlichkeit. Sie stellte sich bedingungslos vor ihr Kollegium und trat nach außen ohne Wenn und Aber offensiv für dieses ein. Die Kolleginnen und Kollegen in der Kleinen Helle konnten sich auf ihre Vorgesetzte verlassen. So war es für sie auch selbstverständlich, die Übernahme der an ihrem Institut beschäftigten, nicht akademisch ausgebildeten Lehrerinnen in die Mittelstufe zu fordern und sich unnachgiebig mit der ganzen Kraft ihrer Persönlichkeit für deren Verbleib einzusetzen. Mathilde Plate bescheinigte den betroffenen Kolleginnen, sowohl in Hinsicht auf ihre Vorbildung als in Hinsicht auf ihre Persönlichkeit, volle Eignung für die Mittelstufe.
Eine solche Solidarität zeigte Mathilde Plate bei vielen Gelegenheiten, so, wenn sie Versorgungs- und Rentenansprüche für Kolleginnen einforderte, um Rechte und Geld stritt oder jene Geschichtslehrerin verteidigte und schützte, die im Januar 1920 in die parlamentarische Kritik geriet, weil sie beim Ausschmücken der Aula im Städtischen Lyzeum auch die dort befindliche Büste Wilhelm II. mit einem Kranz versehen hatte. Dieses Handeln wurde von „sozialistischen beziehungsweise kommunistischen Kreisen" aus dem Realgymnasium bei einer Inspektion der Kleinen Helle, wie Mathilde Plate in der Bürgerschaft beklagte, bei der Behörde denunziert, als „monarchistische Provokation" und als ein Vorgang gewertet, aus dem „der Geist der nationalen Verhetzung im Geschichtsunterricht der Schule spricht" (23.1.1920). Grundlage dieser Anzeige bildete die Verordnung des „Bildungsausschusses" vom 7. Januar 1919, von der später ausführlicher die Rede sein soll.
Mathilde Plate war empört, als Monarchistin und als Schulleiterin, deren Hoheitsgebiet verletzt worden war. Aber die gewiefte Taktikerin wiegelte ab. Sie sprach von einer „sogenannten Bekränzung", ließ sich nicht auf die politische Bühne locken, argumentierte sachbezogen und ging zum scharfen Angriff über. Mathilde Plate nahm „ihre" Geschichtslehrerin in Schutz, qualifizierte die Bekränzung als von „ästhetischem Empfinden und pädagogischem Takt" geleitet und bescheinigte ihrer Kollegin nicht nur, daß sie „eine durchaus aufrichtig überzeugte republikanisch gesinnte Lehrerin" wäre, „wie nur irgend einer von den Herren in diesem Hause sein kann", sondern beschuldigte die Herren aus der Unterrichtsverwaltung unrechten Tuns.
Diese hatten, wie Mathilde Plate beklagte, den Anstand gröblich verletzt und das Gastrecht der Schule mißbraucht, indem sie sich bei der Besichtigung der Kleinen Helle unrechtmäßig Zugang zu Räumen verschafften, in denen sie nichts zu suchen hatten. Mathilde Plate bestand unnachgiebig auf ihrem Hausrecht und verteidigte die Kleine Helle als ein Territorium, das ihrer Verantwortlichkeit und ihrer Hausgewalt unterlag. In der Bürgerschaft zeigte man sich empört, und Senator Roßmann fragte erbost: „Gehört das Schulgebäude Frau Plate?" Wenn sie es auch bestimmt „unerlaubterweise" als das ihre betrachtet hat, so war sie doch formal im Recht, denn die Kommission hatte die „Besichtigungstour" eigenmächtig erweitert.

Vielen Abgeordneten in der Bremischen Bürgerschaft war der „Fall", der ja so gut zu dem von den Linken ins Auge gefaßten Denkmalsturz der Symbole der Monarchie paßte, wichtig genug, akzeptierend oder tadelnd, je nach politischem Standort, auf die Vorgänge im Lyzeum einzugehen. Der Streit eskalierte. Die Wellen der Empörung schlugen hoch, weil Mathilde Plate sich „skandalös" verhielt, wie die Kritiker ihr vorhielten, die „Tat" und die „Täterin" zäh verteidigte und weder bereit war, den Namen der Lehrerin preiszugeben, noch die Anordnung zu erteilen, den Blumenschmuck von der Büste zu entfernen. Mathilde Plate hätte die Namensnennung als Denunziation verstanden, die Beseitigung des Schmucks als Schuldeingeständnis und wohl auch als Diffamierung des Kaisers im Exil. Zu allem war sie zu keinem Zeitpunkt bereit.

Kampflustig wehrte sie alle Angriffe energisch ab. Mit berechtigtem Stolz und von großer Überzeugung getragen, erklärte sie, daß der Geschichtsunterricht im Städtischen Lyzeum von „Damen erteilt wird, die eine wissenschaftliche Ausbildung genossen haben". „Und", schrieb sie den männlichen und weiblichen Abgeordneten ins Stammbuch, „die nach wissenschaftlichen und nicht nach parteipolitischen Grundsätzen den Unterricht erteilen." Für Mathilde Plate war der Anlaß nicht mehr als eine vom politischen Gegner gesuchte günstige Gelegenheit, einen Angriff auf eine des Standesdünkels bezichtigte mißliebige Schule zu starten und sie als eine politisch rechte Person zu diskreditieren, in der die Unterstellung eingewoben war, „als würde von rechts", also insbesondere von ihr, „parteipolitische Agitation in die Schule hineingetragen".

Mathilde Plates engagierter Redebeitrag, in dem sie auch, wie wir bereits gehört haben, Bismarck, die deutschen Kaiser und die Monarchie verteidigte, erntete bei ihren Gegnern Hohn und Spott und riß sie zu bösen und bösartigen Repliken hin. Mathilde Plate blieb gelassen, scheinbar ungerührt und äußerlich unbeeindruckt – eine Haltung, die ihr offensichtlich Respekt verschaffte und auch der Schulverwaltung Eindruck machte, so daß sie in diesem Fall davon Abstand nahm, eine Rüge zu erteilen.

Mathilde Plates feste, zuweilen von taktischen Gesichtspunkten geleitete Haltung, die oft als eigenwillig, als eigensinnig oder als halsstarrig gerügt und gescholten oder mißverstanden wurde, zeigte sich hier zum ersten Mal in aller Klarheit. Sie gehörte zu Mathilde Plates auffälligsten Wesenszügen und machte deutlich, daß die Schulleiterin und Pädagogin eine Person war, die sich weder vereinnahmen noch korrumpieren, weder beugen noch brechen ließ.

Mathilde Plate hatte, und das mag ihre Souveränität und ihre Selbstgewißheit wesentlich mitbestimmt haben, ein klares Lebenskonzept, ein festes Weltbild und aus dem Christentum gewonnene ethische und moralische Grundsätze, denen sie sich verpflichtet fühlte, die sie lebte und vorlebte, die sie anderen mitteilte, ohne sie aufzudrängen. Sie hielt an einer für richtig befundenen Meinung fest und verfolgte den eingeschlagenen Weg, den sie für den rechten hielt, unbeirrt durch Unterstellungen und Kritik und unbeeindruckt von Drohungen, Schimpf oder Anfeindungen.

Die Denunziantin Rita Bardenheuer

Konnte man der Politikerin und Schulleiterin den Schmuck der Büste Wilhelm II. nicht anlasten, so blieb Mathilde Plate ihren politischen Feinden, die wohl doch lieber eine andere Person als Schulleiterin gesehen hätten, höchst suspekt. Sie suchten nach weiteren Machtproben mit der kämpferischen Deutschnationalen. Den Grund für eine solche soll ihnen Mathilde Plate am 13. März 1920 anläßlich eines Schauturnens im Städtischen Lyzeum geliefert haben. Es war der Tag, an dem der sogenannte Kapp-Putsch gegen die Reichsregierung begann, nachdem das am 10. März gestellte Ultimatum des Generals Walther von Lüttwitz auf sofor-

tige Reichstagswahlen, Wahl des Reichspräsidenten durch das Volk, Beibehaltung der bisherigen Stärke der Reichswehr und Kriegsvorbereitungen für die bolschewistische Bedrohung verstrichen war.
Der Korvettenkapitän Hermann Ehrhardt hatte unter der politischen Führung des ostpreußischen Generallandschaftsdirektors Wolfgang Kapp, der 1917 die rechtsradikale Deutsche Vaterlandspartei gegründet hatte, Berlin besetzt. Während der Reichspräsident Ebert und die Reichsregierung nach Dresden auswichen, bildete Kapp eine „Regierung".
Der „Regierungswechsel" wurde in den frühen Morgenstunden mit der Versicherung in Bremen bekanntgegeben, daß der Putsch nur eine Episode sein würde. Er war in der Tat nicht mehr. Die „Regierung Kapp" trat bereits am 17. März wieder zurück. Das Unternehmen scheiterte endgültig am 18. März 1920 nach einem Generalstreik der Gewerkschaften, der Ablehnung der Beamtenschaft, der Parteien und der Reichswehr unter dem General von Seeckt.
Am 13. März konnte Mathilde Plate natürlich noch nichts von der raschen Zerschlagung des Putsches ahnen, der, wie auch sie wußte, einen flagranten Bruch mit der Reichsverfassung darstellte. So soll die Schulleiterin, wie einem Brief vom 19. März 1920 an die Senatskommission für das Unterrichtswesen zu entnehmen ist, in ihrer Eröffnungsrede sinngemäß „in heiter zuversichtlichem Tone vorgetragen" haben: „Als wir Sie vor einiger Zeit zu dieser Veranstaltung einluden, wußten wir noch nicht, was für ein welterschütterndes Ereignis uns dieser Tag bringen würde. Noch wissen wir nicht, ob wir nun zu besseren Verhältnissen kommen oder ob wir noch erst durch neue Kämpfe und Sorgen hindurch müssen" (StAB 4,111).
Es wurde eine Untersuchungskommission eingesetzt, die den „Fall Plate" prüfen sollte. Die Anschuldigung kam, und man muß wohl von Denunziation sprechen, von einer politischen Gegnerin, Parlamentarierin der ersten Stunde und Mitglied der Bremischen Bürgerschaft. Es war die innerhalb der Sozialdemokratischen Partei den Mehrheitssozialisten angehörende bekannte linke Frauenrechtlerin Rita Bardenheuer (1877–1943), die sich verpflichtet fühlte, wie sie schrieb: „... unsere Kinder vor einer derartigen politischen Beeinflussung zu schützen". Den Brief unterzeichneten außerdem, um den Wahrheitsgehalt der Angaben zu unterstreichen, der Ehemann Gustav Bardenheuer, Marie Stahl und Toni von Harlessem.
Doch der Ehemann und die beiden Mitunterzeichnerinnen wollten Rita Bardenheuer mit ihrem Protest gegen das Hereintragen politischer Äußerungen in die Schule offensichtlich nur einen Gefallen erweisen. Toni von Harlessem war gar nicht auf der Veranstaltung in der Kleinen Helle gewesen, sondern nur ihre Schwester Gertrud Wilkens. Diese bestätigte zwar auf einer Postkarte vom 3. April 1920 die Aussage ihrer Schwester Toni von Harlessem, lehnte jedoch ab, persönlich zu einer Stellungnahme vor dem Landesschulrat Bohm zu erscheinen.
Marie Stahl, die sich zur Aussage bereitfand, erinnerte sich bei ihrer Anhörung weder des Wortlauts noch des genauen Inhalts der Rede, die Mathilde Plate gehalten hatte. Marie Stahl gab sich recht unsicher und meinte zögerlich, wie das Protokoll vom 31. März 1920 festhielt, daß sie „das Gefühl" gehabt hätte, daß es sich bei dem, worüber Mathilde Plate gesprochen hatte, um als „etwas Gutes für unser Vaterland handelt" und daß Mathilde Plate bei ihren Ausführungen „den Eindruck eines freudig bewegten Menschen" gemacht hätte. Auf Nachfrage mußte Marie Stahl einräumen: „Ob diese Art Plate auch in solchen Fällen eigen ist, in denen sie sich freundlich höflich gibt, entzieht sich meiner Beurteilung, da ich Fräulein Plate wenig kenne."
Mathilde Plate war fassungslos über die Beschuldigungen und zutiefst betroffen über die Denunziation, die sie als Infamie empfand. Doch sie sammelte sich rasch, fand ihre Sprache wieder und wehrte sich sachlich gegen die Anschuldigungen in schriftlichen und mündlichen

Stellungnahmen. Mathilde Plate hatte es für selbstverständlich gehalten, wie sie in ihren Ausführungen zur Verteidigung befand, auf der Schulveranstaltung die viele Menschen bewegenden Tagesereignisse, deren mögliche Tragweite und „Schwere der Ereignisse für das Vaterland" ihr bewußt gewesen wären, nicht einfach zu ignorieren, sondern knapp auf sie einzugehen.

Da sie jedoch, wie sie in ihrer Rechtfertigung ausführte, einseitige politische Stellungnahmen bei Veranstaltungen der Schule als unerlaubt erachte, hätte sie sich jeglicher politischen Stellungnahme enthalten und sich zu den Vorgängen in einer Form ausgedrückt, „daß ein vorurteilsloser Hörer nicht die geringsten Parteinahmen daraus entnehmen konnte". Mathilde Plate betonte, daß sie weder Zustimmung noch Ablehnung signalisiert hätte und daß Ausdrücke, die ein Werturteil enthielten, wie „welterschütterndes Ereignis" oder „Übergang zu besseren Zuständen", bestimmt nicht gefallen wären. Mathilde Plate erklärte nachdrücklich, sie hätte auf die Ereignisse als auf ein Geschehen hingewiesen, von denen noch niemand sagen könnte, „was sie für unser Vaterland bedeuten", und anschließend um ungeteilte Aufmerksamkeit für die „kleinen Vergnügen", die die Schülerinnen und Lehrkräfte vorbereitet hätten, gebeten.

Auch wies Mathilde Plate den Vorwurf entschieden zurück, „heiter und zuversichtlich" gesprochen zu haben. Sie hätte sich vielmehr herzlich bemüht, erläuterte sie dem Untersuchungsausschuß, wie es ihre Art wäre und wie es die Höflichkeit geböte, die anwesenden Eltern ihrer Schülerinnen in freundlichem und höflichem Ton zu begrüßen.

Mathilde Plate konnte insbesondere die Mitglieder des Untersuchungsausschusses, die zu ihren unerbittlichsten politischen Gegnern zählten, nicht von ihrer Unschuld überzeugen. Diskutiert wurden die verschiedensten Strafen und Maßregelungen. Die Rede war nicht nur von Verweis, Degradierung oder Strafversetzung, sondern auch von Amtsenthebung, die von einigen Mitgliedern des Ausschusses gefordert wurde. Doch Mathilde Plate hatte Glück. Die Senatskommission für das Unterrichtswesen folgte nicht den Hardlinern. In ihrem Brief vom 30. April 1920 beschränkte sie sich darauf, gemäß „des Beamtengesetzes einen ernsten Verweis zu erteilen".

Die Beschuldigungen Rita Bardenheuers wies sie freilich nicht zurück, sondern nahm sie auf und rügte, daß das Kapp-Unternehmen von Mathilde Plate „als ein glückverheißendes Ereignis begrüßt" worden wäre und befand, daß es keinen sachlich begründeten Anlaß für eine politische Erklärung bei einem Schauturnen gegeben hätte und daß ihr Vorgehen als Leiterin einer Schule einen „ebenso unbegreiflichen wie bedauerlichen Mangel an Überlegung zeige".

Die Senatskommission bemängelte weiterhin, daß sich Mathilde Plate nicht auf eine „objektive Mitteilung beschränkt" und daß sie, entgegen der ausdrücklichen Weisung ihrer vorgesetzten Behörde, Politik in die ihrer Leitung anvertrauten Schule getragen hätte. Die Senatskommission nahm aber zu Mathilde Plates Gunsten an, daß es nicht ihre „direkte Absicht" gewesen wäre, „gegen die im dringendsten Interesse der Schule getroffene Anordnung zu verstoßen", noch daß sie sich der Wirkung ihrer Worte „in vollem Umfange" bewußt gewesen wäre.

Mathilde Plate nahm die Maßregelung kommentarlos hin. Wie immer, hatte sie auch in diesen schweren Stunden den Rückhalt im Elternhaus gefunden. Aber sie war tief betroffen, verletzt und trug schwer an der Rüge, auch wenn sie sich äußerlich nichts anmerken ließ. Sie empfand den Verweis als zutiefst ungerechtfertigt und demütigend. Ein kleiner Trost war es ihr immer wieder, wenn sie an diese Stunden tiefster Verletzungen dachte, daß es sich um keinen fachlichen Tadel gehandelt hatte, daß weder ihre Kompetenz als Pädagogin noch ihre Eignung als Schulleiterin in Frage gestellt worden waren.

Noch einige Jahre später reagierte Mathilde Plate im Parlament auf eine „verdächtigende Äußerung“ im Hinblick auf das Geschehen recht empfindlich und sagte: „Der Verweis, den ich damals bekommen habe, war kein dienstlicher Verweis, sondern eine politische Maßregelung durch die sozialistische Regierung von 1919, und zwar für eine politische Äußerung, die ich nicht getan habe, und, auf eine Denunziation hin, bei der mir die Denunzianten nicht gegenübergestellt worden sind“ (13.11.1925).

Wie immer sich auch der Vorfall zugetragen haben mag, es ist durchaus vorstellbar, daß Mathilde Plate einen Putsch von rechts mit gewissem Interesse verfolgte, aber doch nicht recht denkbar, daß sie sich so unvorsichtig in der Öffentlichkeit um Amt und Brot redete. Da der Ehemann als befangen gelten muß und sich die Mitunterzeichnerinnen der Denunziation als recht unzuverlässige Zeuginnen erwiesen, erscheint das Tun Rita Bardenheuers in argem Zwielicht. Es sieht so aus, als wäre hier eine politische Gegnerschaft benutzt worden, um eine mißliebige Politikerin nicht als politische Gegnerin zu bekämpfen, sondern ihr beruflich zu schaden und dabei auch in Kauf zu nehmen, deren materielle Existenz zu vernichten. Denn Mathilde Plate war in ihrem Amt noch nicht vereidigt worden und hatte auch noch nicht den Eid auf die Verfassung abgelegt. Dieses geschah erst am 30. März 1920 bzw. am 14. April 1920.

Für Mathilde Plate war die schnöde Denunziation einer „Kollegin“ im Parlament und einer Mitstreiterin für Frauenrechte eine herbe Lektion, der Verweis eine Lehre für das Leben. Mathilde Plate machten diese leidvollen Erfahrungen, die fast die Karriere gekostet hätten, politisch vorsichtig. Politische Stellungnahmen im Rahmen der Schule waren für sie nunmehr tabu. So ließ sie auch kein Wort zum „Hitlerputsch“ am 9. November 1923 in München verlauten, an dem auch der preußische General Erich Ludendorff, der mit Hindenburg die Schlacht bei Tannenberg gegen die Russen generalstabsmäßig vorbereitet hatte, beteiligt war und verhaftet wurde.

Die Beteiligung Ludendorffs hatte die DNVP in Gewissenskonflikte gestürzt. Die Fraktion, der ja auch Mathilde Plate angehörte, taktierte vorsichtig und konnte sich in der Bürgerschaftssitzung vom gleichen Tage nicht dazu durchringen, dem Schreiben des bremischen Senats, in dem das Unternehmen als verbrecherisch bezeichnet wurde und das ein Bekenntnis zur Verfassung enthielt, vorbehaltlos zuzustimmen, solange man nichts Genaueres über die Vorgänge in München in Erfahrung bringen konnte. Die DNVP bekannte sich aber zur „Einheit des Reiches“ (Schwarzwälder III, 336).

In der doppelten Funktion als Parlamentarierin und als Schulleiterin wuchs Mathilde Plate zu einer Persönlichkeit, deren Souveränität des Denkens und Handelns Bewunderung erregte und deren Bemühungen im Dienste Bremens und „ihres“ Lyzeums durch taktisches Kalkül und strategisches Vorgehen bestimmt waren. Mathilde Plate gab sich nun keine Blöße mehr. Unangreifbar und unanfechtbar, trotz einschneidender politischer Veränderungen, ging sie ihren schwierigen Weg als eine Person des öffentlichen Lebens.

Die Naturfreundin

Mathilde Plate hielt trotz der vielfältigen aufreibenden Arbeit engen Kontakt zu den Eltern, zu den Geschwistern, deren Ehepartnern oder der Ehepartnerin und der nachfolgenden Generation, den von ihr sehr geliebten Nichten und Neffen. Wechselseitige Besuche waren an der Tagesordnung. Zahlreiche Ausflüge und Wanderungen in die nahe und fernere Umgebung wurden nach gemeinsamem Plan unternommen. Picknicks in der freien Natur bedeuteten für alle ein besonderes Vergnügen.

Gern verweilte Mathilde Plate auch in Strom bei ihrer Schwester Marian, ihrem Schwager Rudolph Osterloh und den Kindern, die im Schulhaus des kleinen Ortes wohnten. Da wur-

den gewiß viele Erinnerungen an die eigene Kindheit im Waller Schulhaus wach. Mathilde Plate liebte den idyllischen Ort und unternahm von dort aus viele Spaziergänge. Gern nahm sie auch die Kinder mit und wanderte mit ihnen über Wiesen und Weiden oder an die Weser hinunter, um im Sommer auch einmal ein erfrischendes Bad zu nehmen.
Immer wieder zog es sie aber auch zu ihren bäuerlichen Verwandten in die Nähe Bremerhavens, in das Gebiet, aus dem die Vorfahren der Plates kamen. Am 17. Juni 1919 schrieb sie an ihre Schwester Frida nach Leipzig: Ich „war dann 3 (Tage) in Schiffdorf und Nesse im gelobten Lande, wo Rührei, Sahnekäse und Topfkuchen fließen, und da habe ich gründlich vorgefuttert."
Mathilde Plate war sehr naturverbunden. Sie ging gern von der Chemnitzer Straße aus in den nahen Bürgerpark, auch des Abends, wenn sie in den Sternenhimmel gucken konnte. Sie genoß den Duft im Garten des Focke-Museums nahe der Weser, wenn der Flieder oder die Apfelbäume blühten. Sie erschloß sich bei ihren Besuchen und durch ihre Wanderungen in der nahen Umgebung die unterschiedlichen norddeutschen Landschaften, die Geest, die Marsch, die Heide, das Moor, das Wattenmeer und die Nordsee. Sie erfreute sich aber nicht nur an einem blauen Himmel, sondern auch an den sich zuweilen gewaltig türmenden Wolkengebirgen, die oft durch den Wind in so lebhafter Bewegung waren, daß sie stets neue Formationen schufen und so einen lebendigen Kontrast zu der kargen norddeutschen Tiefebene bildeten.

In Odeweg vor dem Bienenstand

Mit Rolf Osterloh

Mathilde Plate liebte Blumen und Pflanzen. Ihr Neffe Helmut Plate erinnerte sich, daß seine Tante ihm jedes Mal eine Blume „abschnackte", die sie neu in seinem Garten entdeckte, und Schülerinnen beobachteten, daß sie, bevor sie sich ihren Gästen widmete, erst einmal die mitgebrachten Blumen versorgte und darauf bestand, daß diese zuallererst „zu ihrem Recht" kommen müßten. Viel Freude hatte Mathilde Plate auch an Tieren, an Haustieren, an Hunden und an den Kühen, die ihr „heilig" waren, wie ihr Neffe Vitus B. Dröscher befand, und deren Milch sie so gern genoß, an den Schafen und Schweinen ihrer bäuerlichen Verwandten, und auch an jenen, die sie in der freien Natur beobachten konnte, Vögel, Rehe und vielleicht einmal einen Baummarder.
Bei den Ausflügen genoß Mathilde Plate es sehr, duftig gekleidet, befreit von einengenden Kleidungsstücken am frühen Morgen mit nackten Füßen über die taufrischen Wiesen zu gehen und den lauen Sommerwind auf der Haut zu spüren.
Bei diesen Ausflügen gewann Mathilde Plate ein wenig Abstand von der Hektik des Alltags. Sie konnte sich von den Gedanken an die täglichen Pflichten und Anforderungen durch die Schule und die Politik freimachen. In der frischen Luft und fern allen Getriebes fand sie zu sich selbst, fühlte sich gelöst und frei, war sie Mensch und durfte es sein, wie Goethe einst dichtete, und erlaubte sich, die Seele baumeln zu lassen.
In den Ferien fuhr sie gern, von froher Erwartung beseelt, in die Alpen. Besonders nach Vordergraseck bei Partenkirchen zog es sie immer wieder hin. Oft reiste sie wohl allein und wanderte, gut ausgerüstet mit Wanderstock und mit Provianttasche versehen, über duftende Wiesen und durch einsame Wälder im ständigen Wechsel von bergauf und bergab.
Was dieser Urlaub für sie bedeutete und wie sie die Erholung in der Stille der Alpen empfand und genoß, ist einem Brief zu entnehmen, den sie Karl Brandi am 16. August 1921 schrieb: „Sehen Sie, lieber Herr Professor, Dankbarkeit ist so etwas Quälendes, solange man von Arbeit und Alltag erdrückt ist, und sie ist so etwas unendlich Schönes und Seliges, wenn man sich so froh und frei, so alle Adern voll Kraft fühlt, wie ich hier in *meinen* Bergen. Und wenn

Vordergraseck mit der Alpspitze

Sie beim Lesen finden, ich hätte manches nicht oder anders schreiben sollen, dann denken Sie daran, ich liege hier auf *meiner* Alpenwiese und unter lauter Blumen, rund um mich die schönste und liebste Aussicht der Welt, oben die himmelsteilen Felsen, drunten die Tannenwälder und in der Tiefe, unsichtbar, die rauschenden Wasser.
Überm Abhang der Klamm *mein* Dörfchen mit seinen 3 Häusern, das erste und schönste ist *mein* Haus, da leben *meine* Bauersleute, *urechter* Werdenfelser Schlag mit ihren 8 Kindern, ach so gesund und kräftig schön, wie die Welt am 1. Schöpfungsmorgen. Bei denen wohne ich, seit ich vor 6 Jahren auf einer Zugspitztour zufällig hineinschneite. Am Hause vorbei ziehen die Touristen, aber in *meinen* Hirten- und Jägerkneipen begegnet mir niemand, weil die kein Fremder kennt. –
Und über mir rauscht mein Ahornbaum, und durch die Zweige leuchtet der Sonnenhimmel. Und die Raubvögel kreischen, und der Bergwind weht mir die Briefblätter aus der Hand; und wenn ich spiele, dann kommen die großen goldenen Schmetterlinge und setzen sich auf die Seiten – – –
Ich grüße Sie dankbar froh aus all der Schönheit, die um mich ist."

Mathilde Plate mit einigen Kindern ihrer Wirtsleute in Vordergraseck

Die Schule als Lebens- und Schicksalsgemeinschaft

Waren auch das Elternhaus und die Familie für Mathilde Plate von großer Bedeutung, so galt doch der Kleinen Helle und den ihr Anvertrauten ihr höchstes Augenmerk. Das Mädchenlyzeum war nicht nur Mathilde Plates „ureigenes" Territorium als Schulleiterin und Pädagogin, sondern es wurde immer mehr, auch wenn sie sich in vielfältiger Weise an anderen Orten politisch, sozial, kulturell und frauenbewegt engagierte, zur eigentlichen Lebensmitte und zum Zentrum ihrer Aktivitäten, insbesondere nach ihrem Ausscheiden aus der Bürgerschaft im Jahre 1927.

Mathilde Plate war der Überzeugung, daß der Schule durch das Gründungsdatum 1916, es war das zweite Kriegsjahr, die Verpflichtung in die Wiege gelegt worden war, neben dem „rein Unterrichtlichen" Aufgaben zu erfüllen, die durch den Ersten Weltkrieg entstanden waren. Das waren für sie: die „vaterländische Arbeit" und die „soziale Betätigung".

Dieser Verpflichtung unterworfen, wollte die ehrgeizige Leiterin „ihre" Kleine Helle auch nicht nur zu einer „Unterrichts- und Erziehungsanstalt" von Format entwickeln, sondern zu einer „Lebens- und Schicksalsgemeinschaft" zusammenschweißen (40 Jahre, 13). Grundlage sollte eine allseitige und eine allumfassende Erziehung sein, intellektuell, ästhetisch und sozial. Denn Mathilde Plate wollte nicht nur gebildete Mädchen, sondern Mädchen, die sich ihrer Verantwortlichkeit für die Gesellschaft, für die Probleme und Nöte ihrer Mitmenschen bewußt sind und sie tatkräftig beseitigen helfen. Es ging ihr, wie einst Betty Gleim, um Persönlichkeits- und Charakterentwicklung, um die Erziehung zu einem gebildeten und „sittlichen" Menschen, frei und unabhängig „im Innern und Äußern" und „wahrhaft selbständig", dem „Druck und Despotismus anderer Menschen widerstehend" (Gleim 1810, 20).

Dafür sollte neben einem anspruchsvollen Lehrprogramm für die einzelnen Stufen der Schule die Organisation von materiellen Hilfen und persönlichen Hilfsdiensten sorgen. Diesem Ziel dienten die Gründung von Elternnotgemeinschaften und Sozialfonds für unbürokratische Hilfen an notleidende Schülerinnen und wenig begüterte Eltern sowie die Mitarbeit in außerschulischen Organisationen, die die Aufgabe wahrnahmen, soziale Notlagen zu beseitigen und gesellschaftliche oder nationale Probleme zu lösen. Letzterem Ziel dienend, kam es zu einer innigen Zusammenarbeit mit dem V.D.A, dem „Verein für das Deutschtum im Ausland“, und dem sich daraus entwickelnden Schülerinnenaustausch „Alpenland–Nordseestrand“ in Bremen.

Für diese vielfältigen Anliegen, die doch über die direkten einer Schule zugewiesenen Aufgaben weit hinausgingen, suchte Mathilde Plate Mitstreiterinnen. Das gelang ihr leicht. Angesteckt von ihrer Begeisterung, machten Kolleginnen, Kollegen und viele Schülerinnen mit.

In einem Rückblick verwies Mathilde Plate viele Jahre später auf die „große Gemeinsamkeit zwischen Elternschaft, Schülerschaft und Lehrerschaft“ im Zusammenwirken mit der Schulbehörde. Sie rühmte das Klima in der Schule als eine „Atmosphäre der Verbundenheit“ und des Vertrauens, „wo die Begriffe Befehlen und Gehorchen“, wie sie befand, „keine Rolle mehr spielen, einfach, weil sie in einer solchen Atmosphäre überflüssig sind“ (40 Jahre, 12).

Das ist wohl ein wenig zu beschönigend gesehen, denn alle Menschen, die sie kannten, bestätigen, daß Mathilde Plate eine Autorität besaß, bei der sich jeder Widerspruch verbot oder gar nicht erst anbot. Mathilde Plates langjährige Sekretärin Ingeborg Borchers verwundert sich heute noch darüber, daß auch die intelligentesten Männer im Kollegium nie Widerstand leisteten, jedenfalls hatte sie nie einen solchen erlebt. Und auch ihr Neffe Helmut Plate sprach von ihrer Autorität, der sich jede und jeder „wie von selbst“ unterordnete.

Mathilde Plate war morgens die erste, die das Schulhaus betrat, und abends die letzte, die es wieder verließ. Mittags freilich ging sie nach Hause. Die Wege am Torfkanal, am Bürgerpark und an der Bürgerweide vorbei zur Kleinen Helle entspannten sie. Sie genoß die frische Luft und schaute auf die Pflanzen und Bäume, die sich ihr entsprechend der Jahreszeit schmucklos oder im Glanz von Blättern und Blüten zeigten.

Mathilde Plates guter Verdienst als Schulleiterin und die auskömmliche Rente des Vaters schufen der Familie eine behäbige Existenz. Man konnte sich nun eine Hilfe im Haushalt leisten. Es gehörte zum täglichen Ritual im Hause Plate, daß alle Familienmitglieder, die gerade im Hause Chemnitzer Straße lebten, die schmackhaften Mahlzeiten, die die Haushälterin zubereitet hatte, gemeinsam einnahmen und die neuesten politischen und schulpolitischen Nachrichten diskutierten. Und es war ebenso selbstverständlich, daß man mit dem Essen wartete, bis die beschäftigte Mathilde da war. Das verdroß insbesondere jene Mitglieder der Familie, auf die nicht gewartet worden war, wenn sie ausnahmsweise einmal zu spät kamen.

Am frühen Nachmittag ging Mathilde Plate wieder voller neuer Energie in „ihre“ Schule, um mit ihrer Sekretärin die Arbeit zu besprechen, Konferenzen vorzubereiten und sich nicht nur um Lehrpläne und Unterricht zu kümmern, sondern auch um die Verwaltung einer Anstalt, die zu einem großen „Betrieb“ geworden war.

Waren generell die Lehrkräfte zu der damaligen Zeit ausgesprochene Respektspersonen, so war es Mathilde Plate in besonderer Weise. Wenn sie durch die Gänge „ihrer“ Schule schritt, „war vor ihr und hinter ihr immer Platz, und wenn es noch so voll war“, erzählte Ursula Kellner.

Morgens in der Frühe, vor Beginn des Unterrichts, ließ Mathilde Plate es sich nicht nehmen, die ankommenden Schülerinnen ebenso huldvoll wie freundlich zu begrüßen. Unübersehbar, ihre Arme ineinander verschränkt, stand sie an der Haupttreppe und sah der Schar entgegen – eine Haltung, die die Schülerinnen zu dem Reim inspirierten: „Man sieht, wenn man früh in die Schule kimmt, Mathilde, die sich selbst in die Arme nimmt.“

Mathilde Plate kannte alle ihre Schülerinnen und auch deren Eltern, mit denen sie vor der

Aufnahme der Töchter in die Schule gesprochen hatte. Und sie wußte sie alle, wie übereinstimmend die Ehemaligen, Schülerinnen und Kolleginnen, bewundernd betonten, bei ihren Namen zu nennen. Eine Tatsache die „kleine Sextanerinnen vor Ehrfurcht erstarren" ließ, wie Ursula Hein erzählte (1.8.1998), und einigen Kinder den Glauben vermittelte, „sie wüßte rein alles" über sie, wie Adelheid Goedeking (2.11.1998) sich erinnerte.
Beim Anblick der hohen schlanken, schlicht angezogenen und doch so elegant wirkenden Gestalt an der Treppe, „ein Standbild, das durch Haltung und zugreifendem Blick allen Übermut lähmte", wie Charlotte Ellenberg schrieb, verwandelte sich hastiges Laufen unverzüglich in gemächliches Schreiten, versank laute und lärmende Fröhlichkeit in gesittetes Schweigen. „Bewegung und Fröhlichkeit kehrten erst auf den Fluren zurück" (8.2.1991). Alle machten einen artigen Knicks, und auch noch das winzigste Papierschnitzel wurde sorgfältig und beflissen aufgehoben. Es war der Respekt vor einer Frau, deren Autorität als natürlich, als Teil ihrer Persönlichkeit erkannt wurde. Dieser natürlichen Autorität von Mathilde Plate war es auch zu danken, daß die sichtbare Präsenz an der Treppe genügte, ein „Zuspätkommen" zu vermeiden, denn auch wenn die Frau Direktorin nichts sagte, war es doch außerordentlich unangenehm, an ihr nach dem Klingelzeichen vorbeizugehen.
Mathilde Plate sprach meist eines der Mädchen an, erkundigte sich nach schulischen Leistungen, nach der Gesundheit der Eltern oder nach Nöten und Sorgen in der Familie. Dabei löste sie oft die Arme aus ihrer Verschränkung und legte im Gespräch, wie von ungefähr, ihre Hand auf die Schulter einer Schülerin. Sie wollte damit Wohlwollen ausdrücken, beruhigen und signalisieren, daß sie in der Kleinen Helle ihres Schutzes und der Geborgenheit sicher sein könnte. Aber viele Schülerinnen empfanden die Geste durchaus nicht als beruhigend, sondern eher als ein wenig Furcht einflößend oder als „huldvoll". So war für die meisten Schülerinnen die morgendliche Ankunft immer mit Aufregung verbunden, wußte doch keine, wann sich die „Hohe Frau" ihr zuwenden würde und wie sie sich dann richtig verhalten sollte.
Befanden sich aber Schülerinnen in wirtschaftlicher, persönlicher oder familiärer Not, durften sie auf die Anteilnahme und Fürsorge ihrer Direktorin zählen. Für die sozial engagierte Mathilde Plate war es selbstverständlich, nicht nur Besorgnis zu zeigen, sondern auch praktische Hilfen, die von Schülerinnen als mütterliche Fürsorge charakterisiert wurden, zu gewähren.
Wenn Mathilde Plate von Nöten hörte, half sie ebenso rasch wie unkonventionell und unbürokratisch. „Sie war ausgleichend, hilfsbereit und bemüht", erzählte Dr. Lieselotte Schnatmann. Es war für Mathilde Plate selbstverständlich, mittellosen Schülerinnen der Kleinen Helle die Teilnahme an Wanderungen und Besichtigungen zu ermöglichen. Sie bezahlte diese zuweilen aus ihrer eigenen Tasche oder fand Spenderinnen dafür.
Für die hungrigen Schülerinnen und Schüler aus anderen Schulen postierte sie einen Korb an der großen Treppe, in den ihre Schülerinnen ihre Frühstücksbrote legen konnten. Sie wurden unverzüglich in die Grund- und Volksschulen gebracht, in denen die Not groß war. Außerdem wurde die Betreuung von Kindern von Gefallenen und von Kriegsgefangenen insbesondere in den Hafengebieten von Walle und in Findorff organisiert. In letzterem Ortsteil, in dem auch Mathilde Plate lebte, unterhielten Lehrerinnen der Kleinen Helle eine Nähstube.

Der V.D.A. und der ehemals deutsche Osten

Mathilde Plate trauerte den im Ersten Weltkrieg verlorenen deutschen Kolonien und den Gebieten im Osten nach. Spätestens 1922 wurde sie Mitglied im Reichskolonialbund. Ihr großes Anliegen, für das Deutschtum im Ausland einzutreten und aktiv zu kämpfen, sah Mathilde Plate 1925 durch den Artikel 2 der neuen Reichsverfassung bekräftigt. Schwarz auf weiß stand da, wie sie in ihrer Rede anläßlich der Verfassungsfeier in der Schule betonte: „Das Reichsgebiet besteht aus den Gebieten der deutschen Länder. Andere Gebiete können durch Reichsgesetz in das Reich aufgenommen werden, wenn ihre Bevölkerung es kraft des Selbstbestimmungsrechts begehrt“ (40 Jahre, 10).

Bereits seit 1921/22 gab es in der Kleinen Helle eine sehr intensiv arbeitende Ortsgruppe des Vereins für das Deutschtum im Ausland (V.D.A.), deren Leitung die Oberschullehrerin Agnes von Heymann übernommen hatte. Engagierte Schülerinnen der Oberstufe fuhren regelmäßig zu den Haupttagungen des Vereins nach Gmunden oder Salzburg, nach Trier oder nach Kiel und trugen, wie Mathilde Plate begeistert festhielt, „durch ihre Berichte in der Aula das große Erleben in die ganze Schulgemeinde hinein“ (40 Jahre, 11).

Im Rahmen des V.D.A. wurde auch die Betreuung von Schwarzwaldbauern in Venezuela geleistet, die ein deutscher Offizier und eine Adlige initiiert hatten. Die Schülerinnen verpackten Schulbücher, die nicht gebraucht wurden, schrieben an Verlage und baten um die überschüssigen Bücher. Für den Transport nach Übersee waren Mathilde Plates Organisationstalente und ihre logistischen Fähigkeiten gefragt. Sie war wie immer bei solchen Aufgaben erfolgreich, ließ, wie Gertrud Wassull erzählte, ihre Beziehungen spielen und erreichte es, daß ein Reeder die Kisten kostenlos verschiffte.

Auch der aus dem V.D.A. heraus entstandene Schülerinnenaustausch „Alpenland – Nordseestrand“, der Schülerinnen aus Österreich vielseitigen Anschauungsunterricht über die Nordsee und niederdeutsches Menschentum vermittelte und Schülerinnen aus dem Norden Deutschlands mit der Alpenwelt in Berührung brachte, wurde in der Kleinen Helle ein voller Erfolg. Er begann 1923 von Bremen und Bruck a. d. Mur aus mit je 25 Teilnehmerinnen und erreichte schon im nächsten Jahr die doppelte Zahl. In den Jahren 1923 bis 1925 übernahm Mathilde Plate selbst die Leitung, um sie dann in die Hände von bewährten Kolleginnen zu legen.

Die hauptsächliche Arbeit lastete nun auf Dr. Luise Rhenius und Elise Menze, die den Austausch bis zum Sommer 1932 durchführten. War für diesen Austausch in Deutschland der V.D.A. federführend, so war es in Österreich der „Heim-ins-Reich-Dienst“. „Aber“, wie Mathilde Plate viel später zum 40jährigen Jubiläum der Kleinen Helle schrieb: „der alte, echte H.R.D., der eine wirkliche Volksbewegung war, nicht das Zerrbild, das später Hitler aus ihm machte“ (40 Jahre, 11).

Im Rahmen des Austauschs sorgte Mathilde Plate auch dafür, daß kränkelnde oder ungesund aussehende Schülerinnen sich in Österreich erholen konnte. So durfte Thea Hoffmann, es war wohl das Jahr 1930, für zwei Monate nach Feldkirchen bei Klagenfurt reisen. Wie es seinerzeit üblich war, trat die kleine Thea die Reise mit der Eisenbahn allein an. Mit einem auffallenden Schild um den Hals, auf dem Namen, Anschrift und Reiseziel notiert waren, wurde sie dem Zugpersonal anvertraut, das die Beförderung überwachte. Thea Hoffmann erinnert sich noch heute, daß am Bahnsteig, als sie in Feldkirchen mit Herzklopfen ausstieg, nicht nur ihre „Pflegeeltern“ warteten, sondern auch viele Dorfbewohner gekommen waren, die dem fremden Gast neugierig entgegenguckten und interessiert beim „Ausladen“ zusahen. Thea Hoffmann hatte es so gut gefallen, daß sie später noch oft nach Feldkirchen reiste, um die Menschen zu besuchen, die sie damals so freundlich und liebevoll aufgenommen hatten.

Auch Mathilde Plate zog es immer wieder nach Österreich. Einige Jahre später, im Dritten Reich, bat sie den Landesschulrat in einem Brief vom 17. Juni 1935, den sie mit „Heil Hitler“ unterzeichnete, um eine Bescheinigung, in der ihr Engagement im Rahmen des V.D.A. geschildert werden sollte. Sie brauchte wohl eine solche Bestätigung, um eine Ausreiseerlaubnis nach Österreich zu erhalten. Mathilde Plate erhielt das gewünschte Schreiben unverzüglich.

Wir wissen heute nicht genau, denn Mathilde Plate hat sich nicht selber dazu geäußert, ob sie die vielen Initiativen in der Kleinen Helle im Dienste des Vaterlandes und im Dienste christlicher Nächstenliebe wirklich für völlig unpolitisch hielt, als Indoktrination oder als parteipolitische Agitation hat sie das Engagement gewiß nicht verstanden. Doch wurden den Schülerinnen über das Angebot der Mitarbeit in jenen Vereinen konservative Werte vermittelt, wie sie die Rechte vertrat. Sie wurden damit politisch gelenkt und in eine Richtung geführt, die Mathilde Plate für die richtige hielt. Da jedoch die Teilnahme an all diesen Aktivitäten freiwillig war, weder Zwang noch Gewissensdruck herrschten, war Mathilde Plate gewiß der Überzeugung, daß die Schülerinnen die Freiheit besaßen, selber zu bestimmen, ob sie mitmachen, zugucken oder wegschauen wollten.

Wenn auch ein Teil der politischen und sozialen Arbeit von Kolleginnen und Kollegen der Kleinen Helle getragen wurde, so sind doch die Menge und die Intensität der Aktivitäten, vor allen Dingen auch für das Deutschtum im Ausland, ohne Mathilde Plate als Trägerin der Ideen und ohne ihre leidenschaftliche sowie engagierte Unterstützung nicht zu denken. Ohne sie wäre die Arbeit im Rahmen der Kleinen Helle auf einer so breiten Basis nicht möglich gewesen oder nicht so erfolgreich durchgeführt worden.

Der Schwerpunkt der Arbeit lag im ehemals deutschen Osten. „Sehr lebhaft war auch die Verbindung mit dem baltischen Deutschtum, nachdem 1926 und 1928 zwei Lehrkräfte der Anstalt Estland und Lettland fünf Wochen lang bereist hatten." 1929 erhielt die Patenschule der Kleinen Helle, die Waltersche Schule in Dorpat, jener Stadt in Estland, deren 1632 gegründete Universität bis 1889 als Mittelpunkt des baltischen Deutschtums wirkte, eine „volle Ausrüstung an Turngeräten". Außerdem verkauften die Schülerinnen und Lehrerinnen baltische Kunsthandarbeiten in Bremen. Der Erlös kam bedürftigen Menschen zugute und brachte, wie Mathilde Plate schrieb, „etwas Sonnenschein in manche alte deutsche Familie von Reval bis Habsal" (40 Jahre, 11).

Die deutsche Schule in Weißenstein

Mathilde Plate selbst war eine begeisterte Besucherin der einst deutschen Gebiete im Osten. Sie bereiste mehrfach Westpreußen, Ostpreußen und die baltischen Staaten: Litauen, Estland sowie Lettland. Ihre Erlebnisse und das Gesehene ließ sie nicht nur in ihren Geschichtsunterricht einfließen, sondern sie machte auf zahlreichen Vorträgen viele Bremerinnen und Bremer mit der politischen Situation im Osten ebenso bekannt wie mit seiner Kultur. Dabei zeigte sie die Fotos, die sie auf den vielen Reisen selber gemacht hatte.
Viele Schülerinnen erinnern sich noch an diese Erzählungen, die wohl nicht immer völlig vorurteilsfrei ausfielen. Mathilde Plate idealisierte das Deutsche, die Deutschen und das Deutschtum im Osten und konnte sich auch wohl darüber aufregen, „wie sauber in Litauen die Deutschen waren und wie schmuddelig die anderen". Im Taumel ihrer eigenen Begeisterung vergaß sie wohl zuweilen, daß sie sich wiederholte. Als ein „enfant terrible" sie darauf aufmerksam machte, daß sie das schon zweimal erzählt habe, meinte Mathilde Plate ebenso unbeeindruckt wie freundlich: „Das schadet gar nichts, das kann man ruhig zum dritten Mal hören."
Die Fotos, die Mathilde Plate ihren Zuhörerinnen zeigte, sprechen ihre eigene Sprache. Sie belegen, neben ihrem Sinn für die Schönheit von Architekturen als bedeutende Zeugnisse deutschen kulturellen Erbes, das Interesse an Mahnmalen der Geschichte des Deutschen Reiches und an Gebäuden, in denen lebendiges Deutschtum gepflegt wurde. Sie dokumentieren einmal mehr die nationale Gesinnung von Mathilde Plate, ihre Bewunderung für Heldentum und Wehrhaftigkeit, wie wir es im Zusammenhang mit den Aktivitäten für Walter Flex erfahren haben. Sie zeigen auf, worum es der engagierten Pädagogin ging: um den Erhalt des deutschen kulturellen Erbes im Osten und den Erhalt lebendiger Erinnerung daran im Westen, um die Dokumentation der historischen Verbundenheit mit den von der neuen Weimarer Republik abgetrennten Deutschen, um daraus die Legitimation für den Kampf um die Rückgewinnung dieser für Mathilde Plate so ursprünglich deutschen Gebiete zu erreichen.
Die Historikerin und praktizierende Protestantin Mathilde Plate war fasziniert von der Geschichte dieses Raumes, der Kolonisierung durch den Deutschen Ritterorden, in der sich für sie das Zusammenspiel von Politik und Christentum, von Tat und Idee, von Wehrhaftigkeit und Glauben, wie es die Geschichte des Mittelalters in Europa prägte, so vorzüglich nachweisen ließ. Sie erzählte ihren Schülerinnen von Kaiser Friedrich II., der in einer Urkunde aus dem Jahre 1226 den Deutschen Orden mit dem Land Preußen belehnte und ihm das Recht auf freien Besitz aller künftiger Eroberungen zugestand. Es war der Dank Barbarossas an den Großmeister des Ordens, Hermann von Salza, für militärische Hilfe gegen die heidnischen Pruzzen. Ein Dank, in den noch die Vergabe von Gerichtsbarkeit, Markt- und Münzrecht für neu einzurichtende Märkte sowie Handelsplätze und damit eine Privilegierung hineinverflochten waren, die den jeweiligen Ordensmeister in den Stand eines Reichsfürsten erhob.
Die Geschichte des Ordens im Osten Europas betrachtete Mathilde Plate, entsprechend des historischen Verständnisses von damals, idealisierend und weithin unkritisch. Von Bewunderung für die Ziele dieses Ordens getragen, dem es um den Gewinn von Raum und um die Verbreitung des christlichem Glaubens ging, und sei es mit Feuer und Schwert, faßte sie die Ordensgeschichte als eine Geschichte großer Gedanken und kühner Taten auf.
Den Schülerinnen verlebendigte sie diese „Heldengeschichte" durch zahlreiche Fotos. Gewiß zeigte sie ihnen die Stadt Marienburg in Westpreußen mit seiner Marienburg, deren machtvoller, von einer Ringmauer umgebener Backsteinbau 1309 als Sitz des Hochmeisters ausgebaut wurde. Diese Anlage, so erzählte sie den aufmerksam lauschenden Schülerinnen, war bis Mitte des 15. Jahrhunderts beides: geistliches Zentrum und Zentrale der Staatsführung des Deutschordensstaates. Vielleicht war auch von der Domburg Marienwerder die Rede, in

deren trotziger Anlage sich die politische und die religiöse Idee, ausbuchstabiert als ein wehrhaftes Christentum, widerspiegelte.
Mit Begeisterung sprach Mathilde Plate auch von Danzig, das 1363 der Hanse beigetreten war. Sie fuhr gern in die alte Hansestadt und war wohl zuletzt 1934 dort. Sie lenkte den Blick der Schülerinnen auf die wunderschönen historischen Bauwerke, auf das Krantor, das in niederländischer Renaissance errichtete Zeughaus mit seinen Passagen und auf die hochgotische Marienkirche. Und gewiß hat sie auch die unruhige Geschichte dieser Stadt erzählt, Zankapfel zwischen den Mächten, die als Hauptstadt Westpreußens im deutschen Kaiserreich nach dem verlorenen Ersten Weltkrieg in einen Freistaat umgewandelt wurde.

Die Marienkirche in Danzig, ca. 1921

Wir wissen heute nicht mehr genau, wievielen Schülerinnen der Anblick der historischen Kleinode und der Naturschönheiten im Osten vergönnt war, doch mindestens eine Klasse der Kleinen Helle konnte in einer sogenannten „Ostlandfahrt", die nach Danzig und in das ostpreußische Seengebiet führte, die Attraktionen der Region selbst in Augenschein nehmen. Es war ein Erlebnis, das die Mädchen noch lange beschäftigte und das sie in ihrem Gedächtnis aufbewahrten.

Neben dem historischen Erbe deutscher Baukunst interessierte sich Mathilde Plate für Heldengedenkstätten, für jene Plätze der Erinnerung, an denen einst „große“ Schlachten geschlagen worden waren. Sie suchte sie auf und zeigte später ihren Schülerinnen Postkarten und Fotos, unter anderen vom Heldenfriedhof in Angerburg in Ostpreußen sowie von einer Gedächtnisstätte für deutsche Soldaten in Estland. Sie fotografierte das berühmte Tannenberg-Denkmal bei Hohenstein in Ostpreußen und erzählte den aufmerksamen Schülerinnen, daß der Ort Tannenberg für beides steht: für die vernichtende Niederlage des Deutschen Ordens im Jahre 1410 durch die vereinigten Polen und Litauer und für den Sieg von Hindenburg und seinem Generalstabchef Ludendorff im Jahre 1914 gegen die Russen.

Tannenberg-Denkmal, um 1921

Für die Historikerin Mathilde Plate hatten diese Art des Geschichtsunterrichts und die Lehre der Geschichte, wie sie in der Kleinen Helle in der Verantwortlichkeit der Unterrichtenden, also auch in ihrer eigenen, stand, wie wir bereits an anderer Stelle gelesen haben, nichts mit Ideologie oder mit Politik zu tun. Für sie war es ein durch die historische Wissenschaft gestützter fundierter Geschichtsunterricht, in dem gesicherte Fakten ausgebreitet wurden. Mathilde Plate saß damit zweifellos einem verengten Politikbegriff auf. Sie verkannte ganz offensichtlich den politischen Gehalt jeglicher Geschichte und übersah wohl, daß sie ein Geschichtsbild vermittelte, das traditioneller Geschichtsschreibung verpflichtet war, in dem Herrschaft nicht nur gerechtfertigt, sondern auch gefestigt wurde und mit dem Werte transportiert wurden, wie zum Beispiel der Militarismus, die kritischer Reflexion bedurft hätten.

Mathilde Plate „tauchte“ über die Besichtigung von Architekturen und Denkmälern in die kämpferische Geschichte des Ostens ein und trat mit der Vergangenheit unmittelbar in Kontakt. Schauer durchrieselten sie. Sie konnte sich in die Geschehnisse von damals derart hineinversetzen, daß Personen der Geschichte nahezu leibhaftig vor ihr standen und sie mit lebendigen Augen anblickten, daß sie Ereignisse auf der Haut spürte und tief in ihrem Inneren nachlebte.

Ein ganz besonderes Gefühl von Erhabenheit und Größe, gepaart mit Heroik und nationalem Stolz, ergriff Mathilde Plate jedesmal, wenn sie die großen Heldenfriedhöfe des Ostens aufsuchte. Hier fühlte sie sich, fast mehr noch als anderswo, von dem „großen“ Atem der Geschichte angeweht, der sich für sie in einmaliger Weise in den Grenzsituationen äußerte, wie sie Kriege und Schlachten darstellen. Diese mit Not, Elend, Verwüstung und Sterben verbundenen Ereignisse galten ihr als diejenigen Schnitt- oder Wendepunkte der Historie, an denen sich das als neu, als besser oder als größer Definierte durch Kampf Bahn brechen sollte oder bei denen es darum ging, das Vaterland zu retten, gegen feindliche Angriffe zu verteidigen und die eigenen Traditionen und Ideale wehrhaft gegen die fremde Bedrohung zu schützen.

Der Geist, der aus den mit feierlicher Symbolik versehenen monumental ausgestalteten Plätzen sprach, war von einer Art, die Mathilde Plate verstand. In Mathilde Plate erweckten die Heldengedenkstätten genau jene Gefühle, die ihre Gestalter ansprechen wollten. Und das waren nicht die Gedanken an die verlustreichen, mörderischen, viele Menschenleben kostenden Schlachten, sondern es war die Vorstellung von Soldatentum als Heldentum, von edlen Kriegern im Kampf für menschliche Ideale.

Wenn wir es auch nicht genau wissen, so können wir uns doch gut vorstellen, daß Mathilde Plates Gedanken bei ihren Besuchen auf den Heldenfriedhöfen und Heldengedenkstätten oft zu Walter Flex wanderten, sich sein Bild vor ihr geistiges Auge schob, daß sie sich seiner Gedichte erinnerte und sie vielleicht leise vor sich hin sprach. So spürte sie kaum, wenn sie den Blick auf die Gräber von bekannten und unbekannten Gefallenen richtete, den flachen, kalten Atem junger Menschen in verzweifeltem, jämmerlichem und qualvollem Todeskampf, sondern nahm nur den Tod in seiner Mystifikation wahr. Sie sah im heroischen Kampf gefallene Helden, die nicht die Opfer sinnlos mörderischen Tuns waren, sondern Unterlegene von Kämpfen, nahezu Mann gegen Mann, denen Sinn innewohnte und Ehre anhaftete.

Für Mathilde Plate war der Einsatz junger Menschen im Krieg, wie der Erste Weltkrieg ihn erforderte, eine Ehrenpflicht und ein unvermeidbares Opfer. Dieses Opfer hatten die Söhne des Vaterlandes im Dienste des Vaterlandes, das gegen Angriffe zu schützen, dessen Frieden zu erhalten oder wieder herzustellen, dessen Ehre zu verteidigen oder dessen geistiges und kulturelles Erbe gegen ein als das barbarisch andere eingestufte oder Fremde zu bewahren war, zu leisten und wenn es das Leben kostete. Dafür freilich gebührte ihnen der besondere Dank der Lebenden, ausgedrückt in den ihnen gewidmeten „Weihestätten“.

Mathilde Plates Engagement für das Deutschtum im Osten und für die Gefallenen des Krieges blieb in der Kleinen Helle nicht ohne Resonanz. Durch die Intensität ihrer Vorträge und durch die anschaulichen, durch Fotos unterstützten Erzählungen, in einer Mischung aus Sachlichkeit und Emotion, gelang es Mathilde Plate immer wieder neu, die Schülerinnen, aber auch Kolleginnen und Kollegen für die Eroberungs- und Siedlungsgeschichte des Deut-

Der Heldenfriedhof in Angerburg, um 1921

schen Ordens mit der Gründung von Handelszentren zu interessieren, sie für den Kampf um den Erhalt als deutsches Kulturgut zu gewinnen und ihre Lust zu wecken, alle diese architektonischen Kostbarkeiten selbst einmal in Augenschein zu nehmen. Auch waren es ihre Emphase und ihre echte Begeisterung, die faszinierten und dazu beitrugen, die Schülerinnen mit ihrer Bewunderung und Begeisterung für Kriegshelden und für militärisches Heldentum anzustecken. So empfanden es viele Schülerinnen der Kleinen Helle als selbstverständlich, für die Pflege von Kriegsgräbern Sorge zu tragen.

Mädchenbildung auf höchstem Niveau

Waren auch die vaterländische und die soziale Betätigung Ehrenpflicht, Mathilde Plate hielt sie für die allgemeine Menschenbildung von hoher Bedeutung, so stand, der eigentlichen Aufgabe gemäß, die geistige Unterweisung im Zentrum aller Aktivitäten in der Kleinen Helle, bei der, wie wir bereits gelesen haben, weder die körperliche Ertüchtigung noch die Förderung musischer Talente vergessen wurden.

Nachdem im Jahre 1916 der Unterricht zunächst nur für acht Jahrgänge von sechsjährigen bis zu 14jährigen Mädchen aufgenommen worden war, wurde das Lyzeum rasch auf zehn Klassen erweitert. Den begabtesten Mädchen wurde damit der Weg in die angeschlossene Studienanstalt eröffnet, die zum Abitur führte. Erstmalig wurde damit bremischen Schülerinnen die Möglichkeit geboten, in einer eigenen Anstalt auf ein akademisches Studium vorbereitet zu werden. Es war der erste praktische Ansatz in Bremen, die Mädchenbildung der Knabenbildung inhaltlich gleich zu machen. Neben dem realgymnasialen „Zug" der Studienanstalt wurde 1925 auch ein humanistischer „Zug" oder Zweig eingerichtet, der freilich, wie wir später noch lesen werden, nach der großen „Schulreform" im Jahre 1938 abgeschafft wurde.

Die Lehrenden in der Kleinen Helle, an der Spitze ihre engagierte Direktorin, hatten den Ehrgeiz, eine Mädchenbildung anzubieten, die das höchste erreichbare Niveau garantierte. Doch dafür gab es, insbesondere für die oberen Klassen, noch keine Lehrpläne. Denn die privaten

höheren Mädchenschulen hatten als Vorreiterinnen zwar, wie wir uns bereits im Hinblick auf die Bildung und Ausbildung von Mathilde Plate überzeugen konnten, eine differenzierte hochwertige Mädchenerziehung angeboten, aber ihre Wurzeln lagen doch noch im Bildungsangebot des 19. Jahrhunderts begründet, und sie hatten nie Klassen gehabt, die zum Abitur führten.
Mathilde Plate und ihr Kollegium mußten Pioniertätigkeit im Dienste der Mädchenbildung leisten. Das wurde noch als ein Wagnis und als ein Abenteuer empfunden. Es war eine Herausforderung, die so recht nach dem Herzen von Mathilde Plate war. In unermüdlichem Eifer studierte sie alle ihr vorgelegten Konzeptionen und schaute sich um, was bereits in anderen Ländern Deutschlands und in anderen europäischen Staaten erarbeitet worden war. „Es gab etwas zu wagen", huldigte ihr Elisabeth Forck als Nachfolgerin im Amt Jahrzehnte später in ihrer Gedenkrede zum Tode der Schulleiterin, „und das entsprach ihrem Wesen" (25.1.1963). So wurde mit großer Leidenschaft diskutiert, wurden Unterrichtseinheiten und Lehrpläne für alle Jahrgänge entworfen, inhaltlich miteinander sinnvoll verzahnt und, didaktisch gut aufbereitet, in der Praxis ausprobiert.
Die anspruchsvolle Gesamtkonzeption mit differenziertem Fachunterricht war auf Mädchen zugeschnitten, die nicht nur Intelligenz mitbrachten, sondern auch von Arbeitseifer und Leistungswillen beseelt waren. Mathilde Plate wollte in ihrer Schule keine nur mäßig begabten Mädchen, sondern „körperlich und geistig tüchtige", wie sie sich ausdrückte, und fleißige Schülerinnen. Um diesem Anspruch gerecht zu werden, nahm sie Einfluß auf die Auswahl der Schülerinnen, kontrollierte Prüfungsergebnisse und ließ es sich angelegen sein, mit den Kandidatinnen und ihren Eltern vor der Aufnahme in die Anstalt ein intensives Gespräch zu führen.
Es hatte wohl viel mit Mathilde Plates besonderen Interessen zu tun, daß der allergrößte Wert auf den Unterricht in Deutsch und Geschichte gelegt wurde, auch wenn der Unterricht in den Fremdsprachen, Englisch, Französisch, Spanisch, Latein und in mehreren Jahrgängen auch Griechisch, in der Kleinen Helle einen großen Stellenwert besaß. Es waren die beiden Fächer, und es waren ja ihre eigenen, die Mathilde Plates Meinung nach in allen „Schulgattungen" „mehr betont werden sollten" (24.2.1922).
Für Mathilde Plate war es selbstverständlich, die Mädchen in diesen sogenannten deutschkundlichen Fächern für die deutsche Dichtkunst seit dem Mittelalter und für die „große" deutsche Geschichte zu interessieren, die deutschen Klassiker zu lesen, sie über Aufführungen in das Gedächtnis und die Herzen der Schülerinnen zu legen und last not least sie an Stätten zu führen, wo sie den Pulsschlag der Geschichte und den Atem ihrer Heldinnen und Helden spüren konnten.
Mathilde Plate, die einst im Lyzeum von August und Johanne Kippenberg selber mit so viel Freude und Engagement Theater gespielt hatte, wollte auch den Schülerinnen der Kleinen Helle über die dramatische Inszenierung nicht nur die bedeutenden Werke deutscher Dichter nahebringen, sondern auch ihre Persönlichkeitsgestaltung entscheidend vorantreiben. Sie wollte den Mädchen den Zugang und das Verständnis für die Texte erleichtern, ihnen über das Hineinleben in die Personen zu Ausdrucksstärke verhelfen und sie, über die Darstellung auf öffentlichem Podium, Selbstsicherheit und Zutrauen zu sich selbst gewinnen lassen. So wurden, weil sie Goethe besonders liebte und nicht nur dessen Faust auswendig kannte, insbesondere Goethes Dramen aufgeführt, aber auch Schiller und modernere Stücke gespielt.
Mathilde Plates Begeisterung für die deutsche Klassik, die sie übrigens mit vielen Bremerinnen teilte, denen, wie Zeitgenossen festhielten, seit Beginn des 19. Jahrhunderts Schillers Werke „fast bis zum Auswendigwissen vertraut" waren (Storck, 375), fand ihren besonderen Ausdruck im intensiven Kontakt zwischen dem Schillerbund und der Kleinen Helle sowie der

von Mathilde Plate arrangierten Teilnahme von Schülerinnen der Abiturklassen an den Pfingstfestspielen in Weimar, um ihnen den „ewig lebendigen Goethe- und Schillergeist“ nahezubringen.

Mathilde Plate ließ es sich nicht nehmen, die jungen Damen selbst nach Weimar zu begleiten. Sie freute sich schon immer auf die Reise und bereitete sie sorgfältig vor. Sie arrangierte für ihre Schülerinnen Stadtbesichtigungen, die Teilnahme an Aufführungen, den Einblick in Bibliotheken und Archive und ließ sie die alten Handschriften bestaunen. Eine ehemalige Schülerin erinnerte sich: „Sie liebte Goethe mehr als Schiller. Wir mußten in Goethes Sterbezimmer ganz ruhig sein. Da fiel mir auf, daß sie im Schillerhaus immer redete.“ Meist wurde die Fahrt, ob bei der Hin- oder bei der Rückfahrt, noch erweitert durch Abstecher nach Jena oder durch den Besuch der Wartburg und des Naumburger Domes.

Mathilde Plate verstand es, wenn sie von der Vergangenheit erzählte, die Schülerinnen zu fesseln, sie zu lehren „mit dem *Auge* zu lesen, Gestalt zu verstehen, zu ‚schauen‘“ (Bäumer, 1). Ihre Begeisterung war ansteckend, ob sie von Luther und der Wartburg sprach oder über die Geschichte des Naumburger Domes, der den Übergang von der Romanik zur Gotik spiegelt, und seiner Stifterinnen und Stifter, des Markgrafen Ekkehard und seiner Frau Uta oder von Hermann und Reglindis, berichtete.

Besonders die für den gotischen Dom geschaffenen wunderschönen Frauenfiguren, in denen sich, wie in den männlichen Plastiken, beides abbildet, Individualisierung und gesteigerter seelischer Ausdruck, hatten es ihr angetan. So steht zu vermuten, daß Mathilde Plate ihre Schülerinnen, vielleicht in Anlehnung an Gertrud Bäumers historische Abhandlung „Die Frauengestalt der Frühe“ (1932), auch auf Details aufmerksam machte, auf Mimik und Gestik, auf Haltung oder Gewandung und auf Insignien, die Stellung oder Vorlieben verrieten. Denn sie wußte mit Gertrud Bäumer, daß in noch „ganz anderer Weise als die männliche Jugend“ „die weibliche nach ihrer Form“ suchte (Bäumer, 3).

Die Schülerinnen machten so durch Mathilde Plate einmal mehr mit den sonst so gern vergessenen Frauen der Vergangenheit Bekanntschaft: mit der Markgräfin Uta, der Gräfin Gerburg und Reglindis. Sie lernten damit drei unterschiedliche aristokratische Frauentypen des Mittelalters kennen, bewunderten die in Stein gehauene Lebendigkeit sowie die zeitlose Schönheit der Gestaltung, zeigten sich interessiert an der Geschichte dieser Frauen und von ihrem Schicksal ergriffen und bewegt.

Die Schülerinnen schauten, den Interpretationen Gertrud Bäumers folgend, die Mathilde Plate wohl übernommen hatte, in die Gesichter der Frauen – in das etwas nachdenkliche Gesicht von Gerburg, der reifen, mildtätigen und gottesfürchtigen Frau –, und erfuhren, daß das Buch, das sie in der linken Hand hält, Belesenheit bezeugen soll. In ihr wurde, wie Mathilde Plate weiter erläuterte, die natürliche Würde einer freien Frau verkörpert, die sich, ihres Wertes bewußt, beherrscht in ihrem Ausdruck und zu herrschen gewohnt ist.

Ein ganz anderes Bild bot Reglindis. Sie war die Verkörperung einer Dame der höfischen Gesellschaft, die, neben einem reichlich melancholisch schauenden Gemahl, mit ihrem lustigen, lachenden Gesicht diesseitige lebensbejahende Fröhlichkeit ausstrahlte.

Zuletzt führte Mathilde Plate ihre Schülerinnen vor die wohl bekannteste und berühmteste Figur des Naumburger Domes: vor Uta. Die junge Frau wurde von dem gestaltenden Meister in ihren schweren Mantel, den sie mit der verdeckten rechten Hand hoch bis an das Kinn und die Wange heranzieht, so dicht eingeschlossen, daß nur noch das schmale wunderschöne Gesicht, die Krone auf dem Kopf, und die linke Hand, das lang von den Schultern fallende Gewand haltend, sichtbar sind. Damit wurden auf nahezu unnachahmliche Art Unnahbarkeit oder Reserviertheit und Einsamkeit ausgedrückt.

Mathilde Plate erzählte die Geschichte der Uta, in der sich ein mittelalterliches aristokratisches Frauenleben abbildete, das, trotz aller Unterwerfung unter die Familienräson, einen eigenen Weg zu selbstbewußter Lebensgestaltung suchte. Die Mädchen identifizierten sich mit der jungen Frau, die so zart und mädchenhaft gestaltet neben ihrem kräftigen Ehemann steht, der ihren Bruder ermordete, und verstanden, daß Uta sich dem Ehemann fremd fühlte, sich von ihm abgrenzte und doch wußte, daß sie sich nicht lösen konnte, sondern mit ihm untrennbar verbunden war.

Neben der Teilhabe an den vielen kulturellen Veranstaltungen blieb aber auch immer noch Zeit für Wanderungen im Thüringer Wald oder für Abendspaziergänge. Beides: körperliche und geistige Ertüchtigung, sollten auch während der Bildungsausflüge gepflegt und den Schülerinnen ans Herz gelegt werden. Mathilde Plate liebte die abendlichen Wanderungen im Mondschein. Sie ließ sich dabei gern von einigen Schülerinnen begleiten. Davon waren nicht alle Angesprochenen angetan. Einige hatten eigentlich etwas anderes, etwas Besseres vor. Sie wollten keine Belehrungen und keine Sternkunde. Aber ablehnen mochten sie ihrer Direktorin den Wunsch, oder war es gar ein unausgesprochener Befehl, auf Begleitung nicht.

Die Reisen nach Weimar, aber auch die Klassenfahrten oder „Osterspaziergänge" anstelle der üblichen Klassenabschiedsfeiern, die nach Hildesheim, nach Hamburg oder an andere interessante Orte führten, waren für die Schülerinnen und für Mathilde Plate Höhepunkte im Schulleben. Mathilde Plate dachte oft an die schönen und erlebnisreichen Tage und erinnerte sich auch gerne an die Mittelweserfahrt und den „Abend im Klosterhaus zu Lippoldsberg an der gastlichen Tafel des Dichters von ‚Volk ohne Raum'" (40 Jahre, 12), Hans Grimm (1875–1959).

Hans Grimm, der Kenner der deutschen Kolonien in Afrika, Deutschost- und Deutschsüdwestafrika, der den Leistungsgedanken mit freier Entfaltung verband und vom „Herrenmenschentum" der Engländer und Deutschen überzeugt war, gehörte zu jenen Schriftstellern der „modernen Literatur", die Mathilde Plate, wie sie ihrem „hochverehrten Herrn Professor Brandi" anvertraute, „wirklich gelesen, nicht nur durchflogen!" hatte (4.7.1922). „Glauben Sie", fragte Mathilde Plate ihren einstigen Mentor fast schüchtern, „daß ich von da aus (sie meinte von ihrem damaligen Aufenthaltsort Kloster Corvey an der Weser aus) Ihren Freund Hans Grimm besuchen dürfte?" Offensichtlich war die Antwort positiv ausgefallen.

Mathilde Plate nahm Kontakt zu dem den Nationalsozialisten angehörenden Hans Grimm auf, dessen 1926 erstmalig publizierter zweibändiger Heimat- und Kolonialroman „Volk ohne Raum" der radikalen Rechtspartei Argumente für ihre Sehnsucht nach Raum im Osten lieferte. Sie pflegte und intensivierte das Miteinander und bezog auch, wie wir gelesen haben, ihre Schülerinnen mit ein. Sie konnte später ebensowenig wie ihr Neffe Helmut Plate begreifen, der Ostern 1945 in Lippoldsberg „mit seiner desolaten Kompanie Quartier machte" und bei Grimm wohnte (21.8.1990), daß der „Volk-ohne-Raum-Dichter", der „Wegbereiter, bewußter Förderer und nach dem Zusammenbruch beredter Verteidiger" des Nationalsozialismus nach 1945 „geschnitten" wurde (Deutsche Biographie, Bd. 7, 84).

In Anlehnung an die Lehrpläne in den Gymnasien kam aber auch ein differenzierter und niveauvoller Unterricht in den Naturwissenschaften in Theorie und Praxis nicht zu kurz. Es waren Fächer, für die Mathilde Plate ausgezeichnete Lehrkräfte gewinnen konnte. Die Schulleiterin überzeugte sich von den Fähigkeiten der Bewerberinnen und Bewerber, wie wir bereits von Elisabeth Forck gehört haben, höchstpersönlich und verschaffte sich einen Eindruck von der Qualität des Unterrichts, vom Stil der Lehrenden und von den angewandten Methoden.

Hatte sie die Lehrkräfte engagiert, so ließ sie es sich nicht nehmen, die Lehrerinnen oder Lehrer, „liebenswürdig wie sie war, und großzügig im Zeitaufwand" (Forck, III, 32), durch die gesamte Schule zu führen, einschließlich der Besichtigung von Fahrradständern, Milchaus-

schank im Keller, Schulhof und Turnhallen und alle Fragen zu beantworten. „Und wo ist das Lehrerzimmer für Herren“, hatte Elisabeth Forck bei ihrem Antritt gefragt, und Mathilde Plate hatte lachend geantwortet: „Wozu das? Wir haben zwar keine Koedukation, aber ein ‚Koedukatorium' und sitzen in den Pausen und Konferenzen alle beieinander. Nur wer rauchen will, geht nach oben in die ‚Rauchhölle' unterm Dach.“
Mathilde Plate ließ sich von den Kollegen und Kolleginnen schlicht mit Fräulein Plate anreden. Sie hatte Titel nicht nötig, verstand ihr Amt, wie sie immer wieder betonte, als „kollegiale Schulleitung“ und war doch eindeutig die „führende Frau“.
Zu großer Form lief Mathilde Plate bei den Konferenzen auf, denen sie beredt, aber etwas zu langatmig und in schleppendem Tonfall ihr charakteristisches Gepräge gab. Mathilde Plate liebte diese kollegialen Zusammenkünfte offensichtlich weit mehr als ihre Kolleginnen und Kollegen, die sich in ihren Stühlen zurücklehnten, wenn Mathilde Plate versprach, nur ganz kurz eine Sache zu erläutern. Sie wußten, Geduld war angezeigt. Freilich hatten die Kolleginnen oft Spaß an ihren „bildhaften, metaphorischen oder auch nur etwas gespreizten Wendungen“ (Forck III, 32). „Unsagbar komisch“ fand Elisabeth Forck Mathilde Plates Antwort auf die Frage, „ob zu Ostern eine humanistische Abteilung zustande käme“. „Verhalten“ hatte Mathilde Plate gemeint: „Seit gestern bin ich guter Hoffnung. Aber bitte, sprechen Sie noch nicht darüber“ (ebenda).
Neben dem eigentlichen Sportunterricht, dem sehr viel Bedeutung nach dem Motto beigemessen wurde, daß nur in einem gesunden Körper auch ein gesunder Geist wohnen kann, gehörte zur weiteren körperlichen Ertüchtigung auch das mehrtägige Schulwandern. Mit einem Unterton des Lobes oder des Tadels, je nach Einstellung, wurde der Kleinen Helle nachgesagt, wie Mathilde Plate später festhielt, „daß sie besonders wanderfreudig sei“ (40 Jahre, 11).
Mit dem Rucksack auf dem Rücken wurde die nähere und fernere Umgebung Bremens erkundet. Mathilde Plate wanderte gern mit und wußte viel über das Wandern und über die Wanderbewegung zu erzählen. So versuchte sie auch die Schülerinnen für das Wandern und für die Arbeit im Jugendherbergsverband zu interessieren.
Wandern hatte für Mathilde Plate, wie wir einem Brief an Brandi entnehmen konnten, nicht nur etwas mit Bewegung, sondern auch mit Bewegtheit, mit innerer Anteilnahme für die Schönheiten der Natur und die schlichte Einbindung des Menschen in die Natur zu tun. So konnte sie sich auch recht sehr über den geplanten Bau einer großen Jugendherberge in Syke empören. Das Geld, das für den Bau bereitgestellt werden sollte, bedeutete für sie eine reine Verschwendung, weil die Jugend, wie sie befand, keine Herberge brauche, die den Namen Palasthotel verdient.
Den Plan selbst hielt sie schlicht für Unfug. Denn „nach Syke“, sagte sie in einem Redebeitrag in der Bremischen Bürgerschaft, „macht man Nachmittagsausflüge und keine mehrtägigen Wanderungen. Unsere Hauptwandergebiete für Bremen sind: Lüneburger Heide, Wesergebirge und Harz. Deshalb möchten wir, daß diese 10 000 Mark verwandt werden, um dort zweckmäßige kleine, bequem und sauber eingerichtete Jugendherbergen zu bauen“ und nicht „einen Riesenbau in nächster Nähe von Bremen an einem Ort, wo man fast noch die Schornsteine der Stadt rauchen sieht“ (25.9.1925).
Mathilde Plate hatte, als sie für den Neubau sinnvoll konzeptionierter Jugendherbergen eintrat, den primitiven Zustand damaliger Jugendunterkünfte im Auge gehabt und dachte wohl auch an die vielen Nächte, die sie mit ihren Schülerinnen auf Heuböden von Kuhställen zugebracht hatte. Doch sie verband damit eindrucksvolle Erinnerungen und schrieb später über diese Zeiten: „Ich möchte die Erlebnisse in den primitiven Herbergen der ersten Wanderjahre nie hergeben für die ganze Pracht der modernen Jugendhotels – so schön und zeitgemäß

die auch sind – und die Erlebnisse dieser Fahrten erst recht nicht! Die Pfingstfahrt, wo wir oben auf dem Achtermann im Schnee stecken blieben, die Sommertage, wo wir (d.h. eine Klasse von fünfzehnjährigen Mädchen!) die Kurgäste aus dem Schlaf schmetterten, ausgerechnet mit unserm Leib- und Magenlied: ‚Setzt zusammen die Gewehre!', die nächtliche Bootfahrt auf der Trave, wo wir den Weg verloren hatten, usw." (40 Jahre, 11 f.).
Ein „Soldatensong" als „Mädchenhit" . Das mag man heute kaum glauben. Doch die vermeintliche Absurdität läßt einmal mehr in die Gedankenwelt von Mathilde Plate schauen und sagt uns darüber hinaus etwas über das Denken von damals, erzählt uns, woran man Spaß hatte und wofür man sich begeistern konnte.
Übrigens fehlen in der Jubiläumsschrift „50 Jahre Kleine Helle" der Teilsatz „ausgerechnet mit unserm Leib- und Magenlied: ‚Setzt zusammen die Gewehre'" ebenso wie zahlreiche andere Ausführungen in Mathilde Plates Erinnerungen zum 40jährigen Bestehen der Kleinen Helle. Der Aufsatz von Mathilde Plate wurde redaktionell überarbeitet und erhielt eine Straffung, in der, wie es scheint bewußt, Äußerungen getilgt wurden, die als diskreditierend erschienen. So erfuhren die interessierten Leserinnen und Leser auch nicht mehr, um einige Beispiele zu nennen, daß Lehrerinnen und Schülerinnen an der „gastlichen Tafel des Dichters von ‚Volk ohne Raum', Hans Grimm", gesessen hatten oder daß ein Großteil der außerschulischen Tätigkeit der Arbeit für das Deutschtum im Ausland galt, dem konservativen V.D.A., und dem Schüleraustausch „Alpenland – Nordseestrand".

Mathilde Plate, um 1920, Fotografie von Felicitas von Baczko

Mit besonderem Stolz schaute Mathilde Plate auf eine Einrichtung der Kleinen Helle, die als „bahnbrechend“ bezeichnet wurde: das Mädchenrudern. Die Schule erwarb sogar ein eigenes Boot. Es wurde nach „bewährter Methode ertanzt und ersungen“, das heißt, das Geld wurde durch Schulaufführungen und Konzerte „verdient“. Später brachte die Kippenberg-Schule ein zweites Boot als Mitgift in die Rudergemeinschaft ein. Die leidenschaftliche Wanderin ging oft zum Bootshaus oberhalb des Weserwehrs hinaus und erfreute sich „an dem gepflegten Stilrudern“ „ihrer“ Mädchen.
Für wie wichtig Mathilde Plate den Turnunterricht hielt, machte sie auch deutlich, als sie den engherzigen Standpunkt der Bremer Straßenbahn kritisierte. Das Unternehmen wollte für die dritte Turnstunde, die für Knaben und Mädchen auf einem Spielplatz stattfand, nicht den günstigen Beförderungstarif einräumen, der für den allgemeinen Schulbesuch galt.
Auch die musischen Fächer kamen in der Kleinen Helle nicht zu kurz. Sie wurden mit großer Ernsthaftigkeit betrieben. Neben dem Musikunterricht als Pflichtfach entstanden rasch ein Schulchor und eine Instrumentalgruppe, die sich binnen kurzer Zeit zu einem Orchester mit allen Instrumenten einschließlich des Schlagzeugs entwickelte.
Wie alle anderen Anschaffungen mußten auch die Instrumente „verdient“ werden. Das heißt, sie wurden vorfinanziert durch Spenden von Lehrerinnen und Lehrern oder nachfinanziert, wenn das Geld erst nach dem Konzert zusammenkam. Im Kunstunterricht wurden ein Kasperletheater gebaut und als „Spitzenleistung“ ein Marionettentheater. „Monate waren nötig, um nach alten Stichen die Kostüme für die Puppen herzustellen, Monate, um die schwierige Marionettentechnik sicher zu beherrschen.“
Ein weiteres Produkt künstlerisch-praktischer Tätigkeit war die Weihnachtskrippe. Im Advent wurde sie im Flur gegenüber der Haupttreppe aufgestellt. Mathilde Plate erinnerte sich später: „Ringsum kein Licht als ihre Kerzen. Eine Musikgruppe mit Flöte und Geige sang alte Weihnachtslieder. Schweigend standen die Mädchen im Kreise und gingen wortlos in die Klassen, wenn die Kerzen erloschen waren“ (40 Jahre, 7). Auf die Schülerinnen hat diese Art, der Zeit des Advent Feierlichkeit und festliches Gepräge zu verleihen, sichtlichen Eindruck gemacht, denn viele Ehemalige sprachen davon. Oft mehr als 50 Jahre nach diesem Erlebnis hatten sich die Gedanken an die weihevolle Stimmung noch erhalten.
Die vielseitige Bildung, die die Schülerinnen der Kleinen Helle in der Einheit von geistiger Schulung, Ausformung der musischen Talente und Förderung der körperlichen Leistungsfähigkeit genossen, wurde aber auch gern und voller Stolz einer engagierten Elternschaft und einer interessierten weiteren Öffentlichkeit präsentiert. Schulaufführungen, Schauturnen, Konzerte und Ausstellungen als Gemeinschaftsleistungen von Lehrenden und Lernenden zeigten den beeindruckten Gästen, die dann gern ihren Beifall über Spenden ausdrückten, was die Mädchen alles in der neuen Anstalt gelehrt worden war und was die Schülerinnen gelernt hatten.
Die meisten Aufführungen und Feiern fanden in der Aula des Schulhauses statt, die passend zu der geplanten Veranstaltung geschmückt wurde. Die Schülerinnen mußten auf den recht harten Holzbänken Platz nehmen. Für die Lehrkräfte wurden die gleichen Sessel angeschafft, wie sie im Lehrerzimmer standen, und auf einer Estrade rechts und links postiert. Hinter dem Rednerpult stand ein Orgeltisch, zu dem ein ansehnlicher Orgelprospekt gehörte. Gegenüber, im Hintergrund des Raumes, war eine große Flügeltür, die zum Gesangssaal führte und die bei großen Feiern geöffnet wurde und dann beide Räume zu einem vereinigte.
„Die Aufführungen, Konzerte und interne Schulfeiern gehörten zu den Höhepunkten des Schullebens“, erinnerte sich Ursula Hein und fuhr fort: „Keiner hat es wie Mathilde Plate verstanden, letztere zu gestalten und den richtigen Lehrer für die entsprechende Rede einzusetzen. Daß das nicht selbstverständlich war, spürte ich erst, als ich später so manches Fiasko

diesbezüglich erlebte. Ich bin als Schülerin und Lehrerin durch viele Schulen gegangen. Die Kleine Helle war unter Fräulein Plates Leitung einmalig“ (1.8.1998).
Zu den großen Feiern ließ es sich Mathilde Plate nicht nehmen, die Gäste selber zu begrüßen. Wenn sie auftrat, wurde alles auf der Stelle still, erinnerten sich die ehemaligen Schülerinnen. Mathilde Plate verbreitete um sich herum, wie keine andere und wie kein anderer es verstand, eine Aura von Autorität, Souveränität und gewissem Glamour. „Sie paßte einfach wundervoll auf die Bühne der Aula“, schwärmte noch heute eine Schülerin und drückte damit aus, was viele andere auch dachten.
In den acht Jahren ihrer arbeitsreichen und intensiven doppelten Tätigkeit als Politikerin und als Pädagogin bemühte sich Mathilde Plate, ihre politischen und pädagogischen Interessen miteinander zu verknüpfen. Sie ließ nichts unversucht, um in ihrer parlamentarischen Arbeit die Rahmenbedingungen für ihre pädagogischen, kulturellen und sozialen Anliegen zu verbessern. So befaßte sich Mathilde Plate in der Bremischen Bürgerschaft vor allen Dingen mit Fragen, die ihr besonders am Herzen lagen, mit denen sie in ihrer Praxis konfrontiert wurde und von denen sie etwas verstand. Das waren: die Schulpolitik, die Sozialpolitik und die Kulturpolitik.
Bei der Diskussion um die Neustrukturierung des bremischen Schulwesens in der Bremischen Bürgerschaft setzte sich Mathilde Plate, zunächst einmal knapp zusammengefaßt, insbesondere für die Begabtenförderung und für die Aufhebung der Bildungsbenachteiligungen von Mädchen ein. Bei den kulturpolitischen Fragen ging es ihr um die „gute“ Kunst, um kulturelle Angebote mit Niveau, und in der Sozialpolitik um Hilfen für Kriegsopfer, für „schuldlos“ Verarmte, um die Vermeidung der Verarmung bürgerlicher Schichten und um den Kampf gegen den Alkoholismus.

Freie Bahn der Tüchtigen

Die Bildungspolitik, die Mathilde Plate verfolgte und für die sie im bremischen Parlament kämpfte, erscheint am sinnfälligsten durch das von ihr benutzte Schlagwort „freie Bahn dem Tüchtigen“ charakterisiert, sie meinte damit freilich auch das tüchtige Mädchen, und durch ihre unnachgiebige Haltung in der Frage verbesserter höherer Mädchenbildung.
Wenn sie sich auch grundsätzlich für eine qualitativ hochwertige Schulbildung einsetzte unter besonderer Berücksichtigung der Förderung begabter Kinder, intelligenter und fleißiger Jungen und Mädchen, so lag ihr doch die Mädchenbildung, insbesondere die höhere Mädchenbildung, besonders am Herzen. Sie wollte sie der höheren Knabenbildung in jeder Beziehung gleich machen: qualitativ, indem die Bildung in den Lyzeen, wie es in der Kleinen Helle bereits geschehen war, auf das Niveau der Gymnasien gehoben wurde, und quantitativ, indem die gleiche Anzahl von höheren Bildungsinstituten, wie sie für Knaben bereitgestellt wurden, auch für Mädchen geschaffen werden sollten.
Die Verbesserung der Mädchenbildung war für Mathilde Plate die unabdingbare Voraussetzung für eine qualifizierte Berufsausbildung, die die Wettbewerbsfähigkeit der Mädchen im Berufs- und Erwerbsleben verbessern sollte. Unermüdlich, ebenso engagiert wie eloquent beklagte sie die Benachteiligung von Mädchen im Bildungssystem sowie auf dem Arbeitsmarkt und forderte mit Vehemenz gleiche Chancen in der Bildung, Ausbildung und im Erwerbsleben.
Die Bildungspolitik und die Gestaltung des bremischen Schulwesens wurden wesentlich durch die politischen Ereignisse im November 1918 bestimmt: durch die Niederlage Deutschlands und durch die Novemberrevolution. Am 10. November 1918 waren Senat und Bürgerschaft aufgehoben worden. Der Arbeiter- und Soldatenrat hatte die Macht übernommen und die gesamte Regierungsgewalt an den „Rat der Volksbeauftragten“ übergeben. Die-

ser hob alle Behörden auf und setzte für das bremische Schulwesen den „Ausschuß für Unterrichts- und Bildungswesen“ ein. Dieser Bildungsausschuß, dessen Mitglieder, es waren freilich keine Lehrerinnen und keine Akademiker darunter, sich aus dem „Verein sozialistischer Lehrer und Lehrerinnen“ rekrutierte, erarbeitete eine Verordnung, die Mathilde Plate, wie wir bereits gelesen haben, zutiefst erboste, ja die für sie die Grundlagen einer allumfassenden sittlichen Erziehung in Frage stellte.
Das waren die Forderung nach „weltlichen“ Schulen, der Religionsunterricht und die Morgenandachten sollten fortfallen, und nach einem „neutralen“ sachbezogenen Geschichtsunterricht im Sinne einer kulturhistorischen Belehrung, indem die Verunglimpfung der revolutionären Errungenschaften ebenso unterbleiben sollte wie die Verherrlichung der Hohenzollern und des Krieges in Wort und Bild. Entsprechende Bücher sollten aus den Schülerbibliotheken entfernt und entsprechende Schullesebücher ausgesondert werden.
Es war eine Verordnung, die den Sturz der Arbeiterregierung am 4. Februar 1919 überlebte. In ihr waren Ansätze formuliert, die Grundlagen für eine Reform des bremischen Schulwesens bildeten, die die Parlamentarierinnen und die Parlamentarier der am 9. Februar 1919 nach dem allgemeinen, unmittelbaren, gleichen und geheimen Wahlrecht gewählten Bremischen Nationalversammlung und der nach Ablösung der „Räterepublik“ am 6. Juni 1920 installierten Bremischen Bürgerschaft, als verkleinertem Landesparlament, noch lange Zeit beschäftigen sollten.
Die geplante Schulreform, als das Ergebnis einer Diskussion, die nicht nur pädagogisch, sondern auch politisch geführt wurde, sollte den Grabgesang des tradierten, einer bürgerlichen Elite und der christlichen Kirche verpflichteten Bildungssystems, das seit langem von der politischen Linke kritisiert worden war, einläuten. Die Reform machte den Weg zu einem föderalistischen Bildungssystem frei, selbst wenn es in vielen Punkten dem Vorbild Preußens folgte, für eine „Einheitsschule“, über die es die unterschiedlichsten Vorstellungen gab, für die Erprobung neuer Schultypen, für schulische Breitenarbeit, für allgemeine Schulgeldfreiheit und für die Durchsetzung neuer methodischer Standards.
Mathilde Plate studierte das Reformwerk gründlich. Sie verbrachte viele Abendstunden mit der Lektüre, prüfte die Vorschläge sorgfältig, diskutierte sie mit Kolleginnen und Kollegen und machte sich viele Notizen insbesondere an den Stellen, an denen vergessen wurde, auch an das „schulische Vorankommen“ von Mädchen zu denken.
Wenn Mathilde Plate auch zuweilen dem preußischen Schulsystem ein wenig nachtrauerte, so war sie doch kritisch genug, um zu erkennen, daß die preußische Schulreform nicht gerade „das Ei des Kolumbus entdeckt“ hatte. Mit dem Gedanken eines föderalistischen Bildungssystems konnte sich die Praktikerin gut anfreunden und mit zahlreichen Vorstellungen in den neuen Plänen der bremischen Schulreform auch.
Mathilde Plate begrüßte lebhaft, daß neben neuen Schulformen, von denen sie einige für gut, andere einfach für schlecht hielt, auch an den alten festgehalten werden sollte. Beide Schulformen, die altvertrauten und bewährten sowie die neuen, sollten Bausteine zu einem Bildungssystem aus einem Guß sein. Geplant war ein stufenförmiger Aufbau des Bildungswesens, aus dem Unterschiede des Vermögens und des Standes ausgeschaltet werden sollten. Das gefiel Mathilde Plate vom Prinzip her gut. Wenn sie freilich zahlreiche Einwände erhob, so, weil die Linke ihrer Meinung nach einfach nur die verschiedenen „Schulschichten“ gedankenlos aufeinandergetürmt hatte und damit, wie sie befand, „Bildungsstockwerke“ „ohne innere, in der Eigenart der Bildungswerte begründete Notwendigkeit“ schaffen würde (24.2.1922).
Auch Mathilde Plate, der Bildungsbürgerin, schwebte ein Stufenmodell vor, ein Modell aus einem Guß, das freilich nicht der „Breitenbildung“, sondern der „Elitebildung“ dienen sollte. Es sollte die Grundschulen mit den höheren Bildungsinstituten verbinden und bis zur Uni-

versität reichen. Diese Verzahnung sollte durch einen Bildungsauftrag gestaltet werden, in dem die optimale Förderung von *intelligenten* und *fleißigen* Mädchen und Knaben gleich welchen Standes Vorrang hatte.
Unter diesem Aspekt betrachtet, konnte sich Mathilde Plate insbesondere mit jenen Teilen des Reformwerks anfreunden, in denen es darum ging, das bestehende bremische Schulsystem mit seinen verschiedenen Schultypen nicht nur zu erweitern, sondern zu qualifizieren und zu einer Einheit zusammenzufassen, innerhalb der volle Freizügigkeit herrschte, wobei Freizügigkeit für sie bedeutete, auf den verschiedensten Schulstufen für *begabte* Kinder Übergänge zu den höheren Schulen zu schaffen.
Ihren schulpolitischen Vorstellungen verlieh Mathilde Plate am 1. April 1921 Ausdruck im Parlament. Sie argumentierte, daß „das wesentliche für den Augenblick" nicht „die Schaffung neuer Schultypen" wäre, „sondern die Schaffung von Zugangsmöglichkeiten für begabte Volksschüler" und Volksschülerinnen zu den bestehenden höheren Schulen.
Mit besonderem Eifer trat sie für die Schaffung von „Förderklassen für Volksschüler und -schülerinnen" nach dem dritten Schuljahr ein und freute sich, daß Förderkurse, wie sie anläßlich der Debatte über die Neuordnung des bremischen Schulwesens am 24. Februar 1922 betonte, bereits eingeführt worden waren. Mathilde Plate bejahte mit Nachdruck die den Volksschülerinnen und Volksschülern eingeräumte Chance, nach Beendigung des siebenten Schuljahres in die Realschule, damit auch in die Oberrealschule und in die anderen Formen der höheren Schulen überzugehen, dem realgymnasialen Zug zum Beispiel oder dem humanistischen Zug des neuen Gymnasiums.
Mit Befriedigung stellte Mathilde Plate aber auch fest, daß der Weg für die Schaffung einer deutschen Oberschule freigemacht worden war, deren Anhängerinnen und Anhänger „im deutschen Bildungsgut den wichtigsten Kulturfaktor und den besten Willensbildner für die deutsche Jugend" sahen. Es sollte eine sogenannte „entgeltliche" Schule werden. Das war für Mathilde Plate kein Problem. Für sie war es selbstverständlich, daß es ein Nebeneinander von „entgeltlichen" und „nicht entgeltlichen" Schulen gab, daß noch weiter in „Geldschulen" und in „Freischulen" differenziert wurde.
Mehr noch, Mathilde Plate konnte sich die Begabtenförderung, die ihr so sehr am Herzen lag, ohne materielle Beteiligung der Eltern nicht recht vorstellen. Sie geriet damit immer wieder in Streit mit jenen linken Kräften im Parlament, die für eine „Demokratisierung" im Bildungsbereich eintraten, indem sie für volle Schulgeldfreiheit plädierten. Es waren Vorstellungen, die Mathilde Plate für reichlich suspekt und für von sozialistischem Gedankengut „verseucht" hielt und zutiefst ablehnte.
So verweigerte Mathilde Plate auch ihre Zustimmung zur endgültigen Abschaffung des Schulgeldes. Sie hielt wenig von allgemeiner Staatsalimentation im Schulbereich. „Volle Schulgeldfreiheit", ereiferte sie sich in der Bürgerschaft, kann nicht „generell geboten" werden, sondern kann „nur für würdige und begabte Kinder in Betracht" kommen. Durch die Schulgeldfreiheit befürchtete Mathilde Plate die Gefahr der „Überschwemmung der höheren Schulen mit ungeeigneten Elementen" und war überzeugt, daß die Abschaffung des Schulgeldes nur dazu führen würde, daß Eltern, frei von jeglichem Risiko und jeglicher Opferbereitschaft, manche „unbegabte(n) und ungeeignete(n)" Kinder in die Schulen schickten, die dann für die begabten und würdigen Kinder „nur ein Hemmnis" auf dem Wege zum Weiterkommen bilden würden (8.4.1921).
Von solchen Gedanken beherrscht und überzeugt, trat Mathilde Plate als Sprecherin ihrer Partei für eine gestaffelte Schulgeldzahlung nach der Kinderzahl ein. Sie hielt diese Staffelung nicht nur für eine ausgezeichnete Idee, sondern auch für einen hervorragenden „Ausdruck der sozialen Gerechtigkeit" und einer „richtigen Bevölkerungspolitik" (8.4.1921).

Mathilde Plate stellte den Frauen und Männern in der Bürgerschaft emphatisch die Frage: „Wohin soll das führen, alle wünschenswerte Lehrmittel auf Staatskosten zu beschaffen?“ (29.4.1921) und rechnete den Abgeordneten vor, daß nach der neuen, von ihrer Partei ins Auge gefaßten Regelung nur etwa 2 % des Einkommens für Bildung auszugeben wären. Mathilde Plate fand, daß das nun wirklich nur eine sehr geringe Ausgabe wäre und zeigte sich überzeugt, daß eine solche Regelung nicht mehr „eine Sache des Könnens, sondern eine Sache des Willens“ wäre.

Auch hier nutzte Mathilde Plate wiederum die Gelegenheit, auf die ungleichen Grundlagen der Mädchen- und Knabenbildung aufmerksam zu machen. Sie gab der Schuldeputation ihren Wunsch mit auf den Weg, daß sie bei der nächsten Gelegenheit auch für die privaten Mädchenschulen eine Staffelung des Schulgeldes vorsehen möchte, damit nicht die Mädchen den Knaben gegenüber noch schlechter gestellt würden, als sie es ohnehin schon wären. Sie schrieb den Parlamentarierinnen und Parlamentariern einmal mehr ins Gedächtnis, daß es nur eine einzige staatliche höhere Mädchenschule gäbe, die leider nicht alle Schülerinnen aufnehmen könnte (8.4.1921).

Große Bedenken äußerte Mathilde Plate gegen den Plan einer Aufbauschule, die gegen Entgelt eine allgemeine Bildung vermitteln sollte. Ihr hatte die Vorgängerin, eine Fachschule, viel besser gefallen, weil in deren Kursen bereits im Hinblick auf spätere Berufe qualifiziert wurde, so daß die Absolventinnen unmittelbar nach erfolgreichem Abschluß in Berufe überwechseln konnten, zum Beispiel in den Lehrerberuf.

In allen ihren Redebeiträgen zum bremischen Bildungssystem machte die Bildungsbürgerin Mathilde Plate deutlich, daß sie sich nicht von den Vorgaben einer klassischen Bildung trennen wollte und daß sie an der Breitenarbeit in der Schule, die für sie nur auf Kosten begabter und fleißiger Schülerinnen und Schüler gehen konnte, wenig Gefallen hatte. Sie betonte im Zusammenhang mit den Diskussionen um die neuen Schultypen, daß sie weder mit der Aufbauschule noch mit der deutschen Oberschule einen Schultypus schaffen wollte, der „die Universität mit einem Nachwuchs versorgt, den sie nicht gebrauchen kann“.

Wenn Mathilde Plate einer Elitebildung das Wort redete, so war, das wird aus allen ihren Redebeiträgen deutlich, mit dieser Elitebildung nicht die Erziehung der Kinder einer bürgerlichen Elite gemeint, sondern die Bildung begabter Kinder, von Mädchen und Jungen, auch aus Elternhäusern, die der Bildung fernstanden. Die Argumente für ihre Position entlehnte sie ihrer eigenen Bildungsgeschichte, die für sie so deutlich gemacht hatte, daß jede und jeder den „Marschallstab im Tornister“ trägt oder daß Erfolg und sozialer Aufstieg für alle zu erreichen sind, die Intelligenz und Fleiß besitzen.

Für Mathilde Plate war „die höhere Schule“, das wurde sie nicht müde immer wieder zu betonen, eine Stätte, die nur den begabtesten jungen Menschen offen stehen sollte. Sie sollte „eine Auslese der Tüchtigen“ sein, in der die vorankommen, „die Intelligenz und Arbeitseifer haben“, intelligente und fleißige Knaben und Mädchen aus allen Schichten. Mangelnde Begabung oder Dummheit, aus denen für Mathilde Plate Halbwissen und Halbbildung erwuchsen, waren der gebildeten und kultivierten Frau ein Greuel. Sie wollte einfach nicht, daß „jeder dumme Junge und jedes mittelmäßig begabte Mädchen“ nach dreijährigem Grundschulbesuch auf die höhere Schule kommen konnten.

Mathilde Plates Wortwahl verrät die unterschiedliche Behandlung, die Mädchen gegenüber Knaben im Schulsystem zuteil wurde, und macht deutlich, daß hoffnungsfrohe Eltern oder gutwillige Lehrer und Lehrerinnen „dummen Jungen“ noch einräumen, was sie „dummen Mädchen“ verweigern, die Chance zum Besuch einer höheren Schule, für den Mädchen mindestens eine mittelmäßige Begabung mitbringen mußten. Doch Mathilde Plate wollte weder

dumme noch mittelmäßig begabte Knaben und Mädchen in den höheren Schulen und hielt Regelungen, die dieses vorsahen, für „falsch und übertrieben".
Es ist insofern nicht ganz richtig, Mathilde Plate, wie es zuweilen geschah, „Standesdünkel" vorzuwerfen. Mathilde Plate hatte wohl eher einen „Bildungsdünkel", waren ihr doch Schichtunterschiede weniger wichtig als Unterschiede der Begabung und des schulischen Strebens. Zutreffender scheint die Charakterisierung der Kleinen Helle als „Standesschule", auch wenn Mathilde Plate dieses keineswegs wollte. Auch zahlreiche ehemalige Schülerinnen betrachteten ihre alte Schule nicht als „Standesschule", sondern befanden, daß die Kleine Helle, anders als das Kippenberg-Lyzeum, standesübergreifend war, daß der Leistung das Hauptaugenmerk galt, daß in der Kleinen Helle eher „Blaustrümpfe" , wie Eta Täte-Eggert meinte, und im Kippenberg-Lyzeum eher „gepflegte Hausfrauen" erzogen werden sollten.
Wenn in den Klassen die Zahl der Töchter von Akademikern und Töchter von Vätern mittlerer oder gehobener Berufe überwogen, so waren doch auch Mädchen aus einfacheren Verhältnissen in der Schule willkommen. Väter von Schülerinnen waren auch Bäcker, Schaffner, Fuhrmann oder Schuhmacher. Auch zeigte Mathilde Plate in der Praxis ihrer Schule immer wieder, daß ihre Worte im Parlament und ihre flammenden Reden ernst gemeint waren, so, wenn sie begabten Schülerinnen, deren Eltern die Kosten für den Schulbesuch und für die Anschaffung von Schulbüchern nicht aufbringen konnten, den Besuch der Kleinen Helle ermöglichte.
Gering verdienende Eltern begabter Schülerinnen hatten nur ein geringes Schulgeld zu zahlen. Gisela Schwab erinnerte sich, daß ihre 1920 geborene Schwester auf Empfehlung ihrer Klassenlehrerin Henny Becker, vielleicht gar eine Freundin von Mathilde Plate, in die Kleine Helle aufgenommen wurde. Sie schrieb: „Unsere Eltern bekamen einen freundlichen Bescheid über die Aufnahme der Tochter – sie brauchten keinen Pfennig zu bezahlen, waren nur angehalten, auf die schulischen Leistungen der Tochter zu sehen. Es wurde nie ein Wort darüber verloren, daß meine Schwester eine ‚Freigängerin' war, und keine Mitschülerin hat es jemals erfahren." Gisela Schwab war sich sicher, daß auch andere Schülerinnen eine solche Wohltat erfuhren, aber nicht weiter darüber gesprochen wurde (24.9.1998).
Auch Ursula Kellners Eltern konnten das Schulgeld nicht aufbringen. Der Lehrer sprach mit Mathilde Plate, und Ursula Kellner wurde zur Prüfung ihrer Leistung in eine Klasse geschickt, in der Biologieunterricht erteilt wurde. Sie sollte einfach mitmachen, als ob sie dazugehöre, hatte Mathilde Plate sie aufgefordert. Ursula Kellner bestand danach die vorgeschriebene Prüfung und wurde, da sie zum ersten Drittel der Klasse gehörte, vom Schulgeld befreit. Wenn neue Bücher anzuschaffen waren, bekam sie Freiexemplare. Bitten brauchte sie darum nicht, sie erhielt sie einfach.
Auch Ingeborg Borchers, die langjährige Sekretärin von Mathilde Plate, zeigte sich überzeugt, daß Mathilde Plate ohne Vorurteil gegenüber Schülerinnen aus einfachen Verhältnissen war und zartfühlend gegenüber Diskriminierten. So wahrte sie Neutralität und Diskretion gegenüber unehelich geborenen Mädchen. Sie schrieb in die Zeugnisse einfach nur den Namen des Kindes ohne jeglichen Zusatz, auch wenn es noch immer allgemeine Praxis war, Tochter von ... zu notieren.
Wenn Mathilde Plate davon sprach, nur den Begabten und körperlich Tüchtigen den Weg in die höheren Schulen zu ebnen, so meinte sie freilich, und das zeigt auch das Beispiel von Gisela Schwabs Schwester, auch nur jene Jungen und Mädchen, denen bereits vorher „ein gewisses Maß von geistiger Förderung" zuteil geworden war (1.2.1924). Mathilde Plate befand: So „wie die Vollanstalten", wie die höheren Bildungsinstitute, die zum Abitur führten, genannt wurden, „sich nach den Forderungen der Universität richten müssen", so sollte die Förderung im Sinne optimaler Vorbildung der Begabten für die höheren Schulen bereits in den Grund-

schulen, als die alleinigen Stätten im Schulsystem, die der Vorbereitung auf den Besuch der höheren Schulen dienen, geleistet werden.

Doch viele Grundschulen kamen diesem Auftrag nach optimaler Vorbereitung für die höheren Schulen nach Mathilde Plates Meinung nicht nach. Einerseits weil es an geeigneten Lehrerinnen und Lehrern mangelte, wie sie kritisierte, andererseits, weil zahlreiche Lehrkräfte den Unterricht nur nachlässig und unzureichend erfüllten oder falsche Erziehungsmaßnahmen anwandten.

Mathilde Plate war eine moderne Pädagogin. Sie lehnte jeglichen pädagogischen Zwang und erzieherische Dressur ab. Sie bestand auf behutsamer Förderung und auf Führung zu „geistiger Reife", entsprechend der individuellen Anlagen und der unterschiedlichen individuellen Vorbildung der Kinder. Doch sie mußte „leider", wie sie bedauernd betonte, einräumen, „daß ungesunder Drill früher vorkam und heute noch vorkommt", daß ein solcher Drill durch Schulen ausgeübt wurde aber auch durch besorgte Eltern, die ihre Kinder selbst drillten oder in Privatstunden drillen ließen. Die engagierte Schulleiterin zeigte sich überzeugt, daß gute Pädagoginnen und gute Pädagogen in der Lage und fähig waren in den Prüfungen festzustellen, ob die Kinder nur „gedrillt" worden waren oder ob sie zu „geistiger Reife" geführt wurden, um danach die Auslese für die Weiterbildung in den höheren Schulen zu treffen.

Die Empirikerin

Mathilde Plate gehörte zweifellos zu jenen Parlamentarierinnen und Parlamentariern, die die Bürgerschaftssitzungen ernst nahmen. Redlich, fleißig und gewissenhaft wie sie war, stieg sie nie ohne sorgfältige Vorbereitung in die Debatten ein. Sie zeigte sich in ihren Redebeiträgen immer bestens informiert, vorzüglich präpariert und durch profunde Kenntnisse glänzend. Halbwissen und Unwissen waren ihr auch in der parlamentarischen Arbeit ein Greuel. Mathilde Plate studierte Akten und Fachliteratur, las Statistiken und Zeitungen. Sie schaute aber auch in andere Regionen und in andere Länder, ließ sich Bücher, Papiere und Informationen schicken. Aus sorgfältiger Sichtung des Materials gewann sie ihre Erkenntnisse und leitete daraus ihre fundierten Interpretationen ab. Diese erhob sie freilich nie zum Dogma, weil auch, wie sie einräumte, Zufälligkeiten bei der Auswahl des Materials eine Rolle gespielt haben könnten, die die Sichtweisen lenkten oder verfälschten.

Grundlage der Kritik an Mängeln im bremischen Schulwesen bildeten, neben dem Seitenblick in andere Regionen und andere Länder, vor allen Dingen ihre vielfältigen praktischen Erfahrungen, genauen Beobachtungen und aufmerksamen Hospitationen sowie ihre eigenen, mit großem Fleiß und wissenschaftlicher Akribie zusammengetragenen Erhebungen und Statistiken. Diese trug Mathilde Plate mit der ihr eigentümlichen langsamen Sprache mit großer Sachlichkeit in der Bürgerschaft vor und hielt sie auf Wunsch den Mitgliedern zur Einsicht parat. Es waren Ergebnisse empirischer Untersuchungen, die oft von den im Parlament diskutierten Daten abwichen, wie sie unter anderem an einem Beispiel in der Sitzung vom 13. November 1925 im Parlament hervorhob. Sie nutzte sie immer wieder dazu, um einseitige und parteiliche Stellungnahmen in Frage zu stellen oder dem Parlament eine neue Richtung für eine fruchtbare Diskussion aufzuzeigen.

So bezog Mathilde Plate, auch bei der Debatte um „Förderklassen", ihre Kenntnisse über die von ihr kritisierte vorbereitende Bildungsarbeit zur Aufnahme in den höheren Schulen aus eigenem Material. Mathilde Plate hatte 1. die Protokolle der Kleinen Helle analysiert, die über die Berichte und Klagen der Eltern angefertigt worden waren, von denen jedes Jahr in der Anmeldewoche etwa 150 zu ihr in die Beratung kamen, 2. die Akten der von ihr seit sechs Jahren geleiteten Aufnahmeprüfungen von Schülerinnen studiert, die nach dem vierten oder nach dem sechsten Volksschuljahr in die Kleine Helle überwechselten, und 3. Informationen

über die Leistungsfähigkeit und Leistungsbereitschaft der Schülerinnen nach deren Aufnahme bei den entsprechenden Kolleginnen und Kollegen gesammelt.
Eigene Recherchen bildeten auch die Grundlage für die uneingeschränkte Zustimmung von Mathilde Plate zu den sogenannten „gehobenen Zügen“ im Schulsystem. Es handelte sich bei ihnen um die Vorgängerin der späteren Mittelschule, aus der eine erhebliche Zahl von Schülerinnen in die Kleine Helle aufgenommen werden konnte. Mathilde Plate hatte nicht nur die Schülerinnen in der Kleinen Helle beobachtet oder beobachten lassen, sondern hatte sich auch die Arbeit gemacht, in den „gehobenen Zügen“ höchstpersönlich, sowohl in einem für Mädchen als in einem für Knaben, zu hospitieren. So konnte niemand Mathilde Plate etwas vormachen. Keine und keiner konnten wie sie die dort geleistete Arbeit von Lehrenden und Lernenden aus eigener Anschauung beurteilen.
Mathilde Plate zeigte sich dem Parlament gegenüber höchst angetan von dem, was sie in den „gehobenen Zügen“ gesehen und gehört hatte, sowohl „was die positiven Kenntnisse anbelangt, als auch was die ganze Denkschulung und die Persönlichkeit der Schülerinnen anbetrifft“. Sie konstatierte, daß man ohne Einschränkung sagen könnte, „daß an diesen Schulen mit großer Freudigkeit, Hingabe und Geschicklichkeit gearbeitet wird“ (13.11.1925). „Das, was dort geleistet wird“, rief sie den Parlamentarierinnen und den Parlamentariern zu, „ist in Wahrheit – und das muß auch in der Bürgerschaft ausgesprochen werden – ausgezeichnet.“ „Und“, fuhr sie fort, ich „habe meine helle Freude an dem gehabt, was unter Leitung tüchtiger Lehrer dort diese Jungen und Mädchen leisten“ (8.4.1927).
Mathilde Plate wandte sich nachdrücklich gegen die Auffassung und wies diese als pure Unterstellung zurück, daß in den „gehobenen Zügen“ eine „besondere Bildungskaste herangezüchtet“ würde. Sie unterstrich vielmehr, daß diese neue Einrichtung, in der ein unentgeltlicher Unterricht erteilt würde und Lernmittelfreiheit herrschte, von hohem sozialem Wert wäre. Dort könnten auch, so argumentierte sie, „die begabten Kinder auch aus unbemittelten Kreisen eine höhere Ausbildung bekommen, die sie befähigt, in die gehobenen Berufe überzugehen, ohne daß sie Schulgeld zu bezahlen brauchten“ (8.4.1927). Mathilde Plate verwies zugleich auf die ausgezeichnete Vermittlungsmöglichkeit der Absolventinnen und Absolventen der gehobenen Züge in den Arbeitsmarkt und das Interesse von Wirtschaft, Handel und Industrie an ihnen. Für sie war dieser Schultyp ein Mittel, das Schlagwort „Freie Bahn dem Tüchtigen!“ „wenigstens an einer Stelle (...) in die Wirklichkeit zu übersetzen“ (8.4.1927).
Auch über die Leistungen in den Volksschulen wußte Mathilde Plate aus eigenen Untersuchungen einiges zu sagen. Sie machte deutlich, daß man von „der“ Volksschule überhaupt nicht sprechen könnte, weil einfach zu unterschiedlich qualitativ unterrichtet würde. Sie fand heraus, daß es Bezirksschulen gab, in denen alle angemeldeten Kinder die Prüfungen bestanden, aber auch solche, in denen alle Kinder durchfielen. Für sie am besten – bei aller konstatierten Einschränkung angesichts möglicher Zufälligkeiten in der Auswahl – schnitt eine „alte entgeltliche Volksschule mit einem alten ernannten Schulvorsteher ab“, die ihre Kinder aus ganz einfachen Kreisen rekrutierte (13.11.1925) (vgl. Die bremischen Versuchsschulen, Wulff II, 332).
Eine der Möglichkeiten, um die beobachtete sehr unterschiedliche Leistungsfähigkeit der Grundschulen zu beseitigen und das Niveau zu heben, sah Mathilde Plate, wie könnte es anders sein, in der „Begabtenauslese“, in einer frühen Differenzierung zwischen begabten und unbegabten Kindern. Mathilde Plate bezeichnete es als ein „abgrundtiefes Unrecht“, „die begabten mit den unbegabten Kindern“ nicht wie vorgesehen drei Jahre, sondern „zwangsweise vier Jahre in der Grundschule festzuhalten“, wenn sie noch keine Aufnahme im Gymnasium finden könnten. Dieses geschah oft, wie Mathilde Plate anmerkte, im Alten Gymna-

sium, für das überaus hohe Anmeldeziffern vorlägen. Um diese gescheiten Kinder in der „Warteschleife“ sorgte sich die ambitionierte Pädagogin sehr und befürchtete, sie würden sich in der Grundschule nur langweilen und „verbummeln“ (1.2.1924).

Mathilde Plate kritisierte „die einseitige Zulassung beim Alten Gymnasium als etwas Ungesundes“ und meldete erhebliche Zweifel an, „daß alle diese 60 Jungen, die die Eltern für begabt halten, sich wirklich gerade für das humanistische Gymnasium eignen“. An anderer Stelle machte Mathilde Plate geltend, daß durch die desolate Schulsituation und die unhaltsamen Zustände im Bildungssystem vor allen Dingen Mädchen in „ihrem Fortkommen geschädigt würden“ (19.10.1923).

Aus jedem Redebeitrag, den Mathilde Plate im Parlament hielt, war aber nicht nur ihr theoretisches Wissen abzulesen, sondern auch ihre jahrelange praktische Erfahrung. Sie wußte wovon sie sprach, und sie sprach nie zu Dingen, von denen sie nichts verstand. So konnte die erfahrene Lehrerin anläßlich einer Debatte, in der es um die Erhöhung der Klassenfrequenzen in der Oberstufe und im Bereich von Deutsch und Fremdsprachen in den Lyzeen ging, dem Parlament leicht entgegenhalten, daß Deutsch und Fremdsprachen eine „ganze Menge Gedächtnisstoff“ enthielten, der nicht leichter, wie vermutet wurde, sondern schwerer in den Oberklassen als in den Unterklassen zu bewältigen war. Sie lehnte die Erhöhung der Klassenzahlen insbesondere für Lyzeen kategorisch ab und wies darauf hin, daß in ihrer Schule die Mittel- und Oberklassen für 30 Schülerinnen ausgerichtet waren, daß aber bereits der Unterricht in der französischen Sprache für 45 Schülerinnen erteilt würde. Für sie ein ebenso unhaltbarer wie unersprießlicher Zustand.

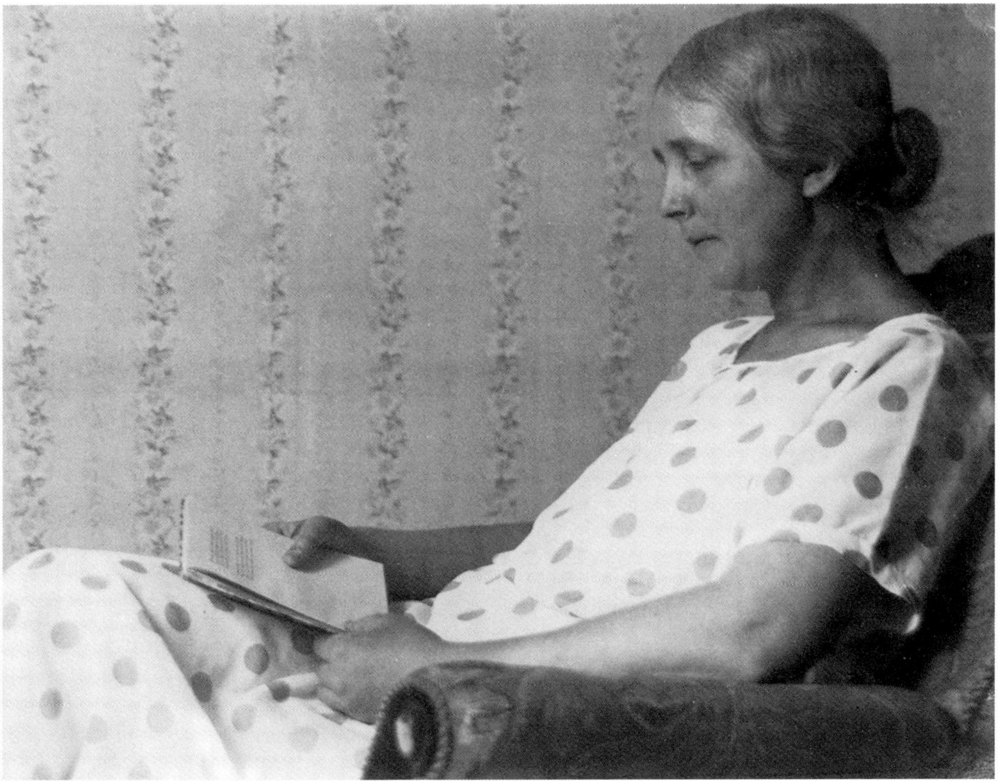

Mathilde Plate, um 1924

Mathilde Plate prüfte aber nicht nur den Unterricht, recherchierte mit Akribie und erhob eigene Daten, wie wir gelesen haben, sondern unterzog auch Akten und Unterlagen der Schulaufsichtsbehörde einer genauen und sorgsamen Prüfung (22.10.1926). So gewann sie Informationen über die Klassenfrequenzen in den verschiedenen Schulen, über die personelle Besetzung und über die Qualifikationen von Lehrerinnen und Lehrern, unter anderen auch in den sogenannten Versuchsschulen, denen sie ihre besondere Aufmerksamkeit zuwandte. Sie interessierte sich für den Lehrkörper und die Arbeit dort.
„Versuche müssen unbedingt gemacht werden", erklärte Mathilde Plate am 13. November 1925, „ohne die gibt es keinen Fortschritt im Schulleben." Und auch in der Debatte am 22. Oktober 1926 wiederholte sie noch einmal: „Versuche müssen gemacht werden, ohne sie ist das Schulleben nicht denkbar." Wenn man sie aber mache, so Mathilde Plates Argumentation, dann müßte auch besondere Sorgfalt aufgewendet werden, und dann sollte man sie auch nur durch „gereifte Lehrerpersönlichkeiten" ausüben lassen.
Mathilde Plate hatte schnell herausgefunden, daß insbesondere die Versuchsschulen personell schlecht besetzt waren. „Da ist es mir sehr aufgefallen", berichtete sie im Parlament, „daß unter den fünfzig Lehrkräften etwa die Hälfte im Alter unter dreißig Jahren steht und daß zwanzig von ihnen überhaupt keine Lehrer sind, sondern nur Vertreter und Vertreterinnen, ja sogar nur Helfer und Helferinnen; also die allerjüngsten und unausgebildetsten Kräfte, die gerade eben vom Seminar kommen." Eine Tatsache, die für Mathilde Plate die mangelnde Leistungsfähigkeit dieses Schultyps gegenüber den „Normalschulen" erklärte und Mathilde Plate zu der Überzeugung gelangen ließ, daß die Versuchsschulen nicht in der Lage wären, den Kindern nach achtjähriger Schulzeit das notwendige Rüstzeug für den Lebensweg zu vermitteln.
Diese Einschätzung fand Mathilde Plate durch ihre Überprüfung der Leistungsberichte, der Aufsätze sowie der Gründe für den vorzeitigen Abgang der Schülerinnen und Schüler aus den Versuchsschulen bestätigt. Bei vielen Mädchen und Knaben konnte Mathilde Plate überhaupt keinen Grund für das Verlassen der Schule herausfinden. Diese Tatsache gab Mathilde Plate ebenso zu denken wie die Feststellung, daß viele Schülerinnen und Schüler nach kurzer Zeit wieder abgemeldet und in die Normalschulen zurückgeführt wurden. Für sie waren das mehr als deutliche Indizien auf unzufriedene Eltern und auf eine Schule, die den Erwartungen in keiner Weise entsprach.
Mathilde Plate hatte also im Prinzip nichts gegen die Versuchsschulen einzuwenden, die selbst Befürworter als ein „pädagogisches Laboratorium" bezeichneten (Wulff II, 332), und gegen Schulversuche. Aber sie war doch sehr skeptisch im Hinblick auf die bisher in den verschiedenen Schulen, ob im Osten oder im Westen Bremens, erzielten Leistungen. Mathilde Plate argumentierte, daß „die sogenannte freie Persönlichkeitsbildung", die im Zentrum der reformpädagogischen Bemühungen stand und deren Entfaltung sie grundsätzlich befürwortete, „nicht auf Kosten der positiven Leistungen gehen" dürfte.
Die erfahrene Pädagogin war der Überzeugung, daß die „freie Persönlichkeitsbildung und positive Leistungen" keine Gegensätze zu sein brauchten, sondern daß beide Ziele zu erreichen wären, wenn der Lehrer, und sie meinte damit natürlich auch die Lehrerin, „mit ganzer Lust und Liebe und Gewissenhaftigkeit arbeitet". So nahm Mathilde Plate die Behörde in die strenge Pflicht, besonderes Augenmerk auf die Versuchsschulen zu richten und durch Verbesserungen der Rahmenbedingungen „dafür zu sorgen, daß diese Versuche nicht zum Schaden der dabei beteiligten Schüler ausschlagen, die doch nun einmal als Versuchsobjekte dienen müssen" (22.10.1926).
Es ist schon erstaunlich, daß Mathilde Plate bei aller Skepsis, die sie gegenüber den bremischen Versuchsschulen hegte, in denen Pädagogik und Politik mit der Bejahung der Demo-

kratie und der Weimarer Republik verknüpft wurden, diesen Schultyp nicht stärker polemisierte.
Der engagierten Praktikerin gefiel jedoch vom Prinzip her eine pädagogische Reform, die den Idealen der Jugendbewegung verpflichtet war, auf Koedukation bestand und danach trachtete, die Kinder zu selbständiger und selbstverantwortlicher Haltung innerhalb der Gemeinschaft zu erziehen. Sie hatte auch nichts gegen jene methodischen Ansätze, in denen die theoretischen Erkenntnisse der Erziehungswissenschaft in der Praxis geprobt und mit den Erfahrungen aus der Praxis verbunden werden sollten, um pädagogischen Fortschritt zu erzielen und um eine allumfassende Bildung der Kinder, Mädchen und Jungen, für eine bessere Gesellschaft zu gewährleisten.
Freilich verstand Mathilde Plate unter „besserer Gesellschaft“ etwas ganz anderes als die Initiatorinnen und Initiatoren der Versuchsschulen, die von einer klassenlosen menschlichen Gesellschaft träumten.
Mathilde Plates allgemeine schulpolitische Position, in der sich noch einiges vom Humboldtschen Bildungsideal widerspiegelt, ist bei aller ausgewiesenen Neigung für die Förderung einer geistigen künftigen Elite für eine Konservative erstaunlich progressiv. So ließ sie auch in der Kleinen Helle, wie Dr. Diether Koch, der Sohn des Studienrates und späteren Oberstudiendirektors Hans Koch (1898–1989), hervorhob, „denjenigen Lehrkräften Raum, die der Reformpädagogik anhingen“ (25.7.1998).
Zornig wandte sich Mathilde Plate allerdings gegen die Idealisierung des neuen Schultyps, mit der die Abwertung tradierter Schultypen verbunden war. Sie ärgerte sich über die Glorifizierung der Kameradschaftlichkeit, in der Lehrerinnen und Lehrer zu Freundinnen und Helferinnen, zu Freunden und Helfern hochstilisiert wurden, in der jeder äußere Zwang nicht nur verpönt war, sondern angeblich auch gänzlich fehlte.
Mathilde Plate bestritt mit Vehemenz die Anschuldigungen, daß in den Schulen des alten Systems „einfach die Gewalt geherrscht habe und daß Kameradschaft ausgeschlossen gewesen sei“ (22.10.1926). „Man möge sich doch nur einmal solche sogenannte Schule der alten Richtung ansehen“, rief sie aus, „dann wird man erkennen, wie irrig und ungeheuerlich diese Behauptung ist.“
Mathilde Plate hatte ein feines Gespür für die Unterschiede in den Erziehungsstilen. Sie verwahrte sich gegen die Gleichsetzung von Autorität und Gewalt und bezeichnete die Autorität als etwas absolut „Notwendiges“. Die Autorität, die sie meinte, war von einer hohen „moralischen und innerlichen“ Qualität, eine „natürliche Autorität“, gegründet auf Wissensvorsprung, menschlicher Erfahrung und persönlicher Reife. Es waren Qualitäten, die für sie Lehrerinnen und Lehrer besitzen sollten und ohne die, wie sie hervorhob, auch in der Versuchsschule nicht fachgerecht unterrichtet und Gutes geleistet werden könnten.
Die Datenbasis, deren Mathilde Plate in ihren Redebeiträgen in der Bürgerschaft ihre Argumente entlehnte, hatte sie stets bei sich. Oft wollten die Damen und Herren im Parlament aber alles gar nicht so genau von Frau Plate wissen. So beruhigte sie am 17. April 1925 die Parlamentarierinnen und Parlamentarier nicht ohne Ironie, daß sie sich diesmal „nicht mit einem großen Packen von Zeitungsausschnitten bewaffnet“ hätte, „sondern nur mit einigen Worten die Stellungnahme“ ihrer Fraktion erläutern wollte.
Es war zwar in erster Linie die politische Einstellung Mathilde Plates, die linke Parlamentarierinnen und Parlamentarier so sehr verdroß, aber es waren auch ihr breites Wissen, ihre fundierte, empirisch abgesicherte Argumentation, der so schwer etwas entgegenzusetzen war, ihre vornehme Erscheinung und der langsame, getragene Tonfall, in dem sie argumentierte, und ihre unbeirrte Haltung. Kommunistische und sozialistische Mitglieder in der Bürgerschaft hätten ihr zuweilen am liebsten das Wort entzogen oder es ihr gar nicht

erst eingeräumt. Zuweilen gab es schon Tumult, bevor sie den Mund öffnen konnte (1.4.1921).
Auf Mathilde Plates Redebeiträge wurde oft heftig und emotional reagiert, unsachlich, mit Gelächter, mit Zwischenrufen aber auch mit abfälligen Bemerkungen. So wiesen einige linke Parlamentarier auch einen Beitrag als überflüssigen „Geschichtsvortrag" ab oder rügten ärgerlich, daß sie offensichtlich das Parlament mit ihrem Lyzeum verwechsle und das Auditorium mit ihren „höheren Töchtern" (23.1.1920).
Mathilde Plate focht das alles äußerlich wenig an. Scheinbar unbeeindruckt redete sie, wenn sie es als richtig erachtete, sprach über das, was sie für nötig hielt, und argumentierte ohne Zugeständnisse zu machen so, wie es ihrem Wesen und ihrer konservativen Grundhaltung entsprach.
Einigen Abgeordneten mag auch als Nachhilfeunterricht erschienen sein, was sie zu sagen hatte, als sie sich für den Spanischunterricht in bremischen Schulen einsetzte. Mathilde Plate hatte sich wieder einmal umfassend informiert und herausgefunden, daß dieser in Frankreich, England und Amerika außerordentlich ausgebaut worden war. Sie erklärte, daß in England 13 Lehrstühle für Spanisch bestünden und an mehr als 50 höheren Schulen z.B. in Harrow und Eton das Spanische gelehrt würde. Dabei hätte doch Deutschland, wie Mathilde Plate betonte, einen besonderen Grund, den Spanischunterricht einzuführen. Denn nach dem verlorenen Krieg war den Deutschen nur der Handel mit Lateinamerika geblieben, während die Ententestaaten, wie sie verdrießlich befand, mit aller Welt Handel treiben konnten.
Selten war Mathilde Plate in der Sprache salopp. Doch als sie sich anhören mußte, daß die Schule eine Vorbereitung für die Prostitution wäre, meinte sie, daß eine solche Aussage „überhaupt nicht verdient, widerlegt zu werden, weil es das allerblödeste ist, was man sich denken kann" (24.2.1922).

Ein „Abgesang" auf das private höhere Mädchenschulwesen und die Solidarität

In der parlamentarischen Arbeit war Mathilde Plate die Schulbildung und die Schulpolitik eine bevorzugte Domäne. Doch innerhalb dieses bildungspolitischen Engagements war ihr die Mädchenbildung, genauer noch die höhere Mädchenbildung und die daraus resultierenden Möglichkeiten einer Erwerbstätigkeit für Frauen, eine besondere Herzensangelegenheit. So setzte sie sich immer wieder, und da war sie sich mit allen weiblichen Mitgliedern der Schuldeputation einig, für die Mädchenbildung und für den Ausbau des gesamten höheren Mädchenschulwesens ein und machte auf die unzulängliche Situation von Frauen auf dem Arbeitsmarkt aufmerksam. Die identischen Interessen führten die Parlamentarierinnen zuweilen zusammen, so daß sie gemeinsame Anträge über alle Parteigrenzen hinweg für die Bürgerschaft erarbeiteten, vorlegten und für die Durchsetzung kämpften.
Mathilde Plate hatte Recht, wenn sie das höhere Mädchenschulwesen in Bremen, dessen Stützen noch immer die privaten Institute waren, als das „Stiefkind der Bildungspolitik" apostrophierte. 1921 bestanden in Bremen, neben einigen weiteren privaten höheren Bildungsstätten, nur zwei sogenannte „Vollanstalten" für Mädchen, die zum Abitur führten: das private Kippenberg-Lyzeum und die Kleine Helle mit einem „Zug", einem sprachlichen nämlich. Für Knaben hingegen gab es, wie Mathilde Plate den Mitgliedern im Parlament vorrechnete, vier staatliche „Vollanstalten" mit je zwei „Zügen", einem sprachlichen und einem naturwissenschaftlichen Zweig (1.4.1921).
Doch das Kippenberg-Institut sollte aus Kostengründen seine Pforten schließen und das übrige verbliebene private höhere Mädchenschulwesen, das immer stärker auf Staatszuschüsse angewiesen war, verstaatlicht werden. 1925 existierten nur noch die höhere

Mädchenschule Roselius, die Lyzeen Janson, Vietor und Schomburg und das Oberlyzeum Kippenberg als höhere Mädchenschule mit Lehrerinnen-Bildungsseminar.
Die Schließung des Kippenberg-Lyzeums zu dem damaligen Zeitpunkt machte Mathilde Plate großen Kummer, weil sie die Befürchtung hegte, daß die Versprechen, auch staatliche Schulen für Mädchen in steigender Anzahl zu bauen, angesichts des Haushaltsdefizits nicht eingehalten werden könnten. Sie sagte: „Wir würden es für ein großes Unrecht an der weiblichen Jugend halten, wenn irgend ein Weg für die Ausbildung der Mädchen zur Universitätsreife verschüttet würde" (1.4.1921). Die Furcht war mehr als berechtigt. Denn auf eine weitere „Vollanstalt" mußten Mathilde Plate und viele bildungshungrige Mädchen noch Jahre warten, denn erst 1925 öffnete das staatliche Lyzeum in der Neustadt seine Pforten.
Einige Jahre später, am 8. Juli 1927, griff Mathilde Plate erneut in die Debatte um das bremische Mädchenschulwesen ein und befand, „daß der bremische Staat gegenüber seinen Mädchenschulen ganz erhebliche Unterlassungssünden gutzumachen hat". Sie forderte den Neubau eines Mädchenlyzeums im Westen ein und hielt den Verantwortlichen unerbittlich vor, daß „prachtvolle neue Volksschulen" in allen Stadtteilen und dazu noch schöne und große Gebäude für höhere Knabenschulen – zwei neue Gymnasien und zwei Realschulen – errichtet worden wären und daß man an die Bildung der Mädchen wiederum nicht gedacht hätte.
Am 7. Juli 1922 würdigte Mathilde Plate unter dem Beifall des ganzen Hauses nicht nur das bremische private höhere Mädchenschulwesen in seinem Rang und in seiner Bedeutung, dankte jenen, die dazu mit „Hingabe und Erfolg" beigetragen hatten, sondern hielt auch eine Art „Abgesang" auf ein tradiertes Mädchenbildungssystem, das einst mit dem Mädchenbildungsinstitut der Betty Gleim von 1806 seinen Anfang nahm. Mathilde Plate verwies voller Stolz auf ein bremisches Mädchenschulwesen, das nicht nur Bildung vermittelt, sondern auch Lebensperspektiven und Karrieren ermöglicht hatte.
Mathilde Plate machte das Auditorium darauf aufmerksam, daß „das private höhere Mädchenschulwesen in Bremen nicht das Aschenbrödel dargestellt hat wie in vielen andern Städten". Die bremischen Mädchenschulen hätten, so lobte sie, „immer in jeder Beziehung, was die erzieherische und wissenschaftliche Seite betrifft, auf der Höhe der Zeit gestanden. (...) Ich glaube, wir Bremer dürfen stolz darauf sein, daß gerade unter den Leitern der bremischen privaten höheren Mädchenschulen sich wiederholt Männer und Frauen befunden haben, deren pädagogischer Ruf weit über die Grenzen unserer Vaterstadt hinausgedrungen ist."
Mathilde Plate ärgerte sich über den Vorwurf, daß die Vorsteher der privaten höheren Mädchenschulen, die Rede war von den Anstalten Kippenberg und Bredenkamp, „ein gutes Geschäft gemacht hätten", und wies ihn mit Entschiedenheit zurück. Mathilde Plate wußte, wie schwierig das „Geschäft" mit der Schule oder der „Broterwerb" durch die Schulhaltung angesichts der staatlichen Konkurrenz und der Übernahmewünsche durch den Staat geworden war. Auch sah sie immer deutlicher, daß durch die inflationäre Geldpolitik viele Eltern nicht mehr in der Lage waren, das Schulgeld für die Mädchen aufzubringen, und eher bereit waren, ihr weniges Geld in die Bildung ihrer Söhne als in die Bildung ihrer Töchter zu investieren.
Mathilde Plates größte Sorge aber galt, und das spricht für ihre Solidarität, für ihr soziales Verantwortungsbewußtsein und ihr Pflichtbewußtsein als Schulleiterin, den von der Verstaatlichung unmittelbar betroffenen Menschen. Engagiert verwies sie auf die vielen Probleme und bestand auf Lösung der berechtigten Interessen aller Beteiligten: der Schülerinnen, der Lehrerinnen, der Lehrer, der Hausmeisterinnen und der Elternschaft.
Mathilde Plate sorgte sich ebenso um den Erhalt von Klassenverbänden, die nicht auseinandergerissen werden sollten, um Freundschaften und soziales Miteinander nicht zu verstören,

wie um das Personal, dem sie seine Existenzgrundlage erhalten wollte. So wie sie sich für ihr eigenes Kollegium einsetzte, so trat sie auch für die Interessen ihrer Kolleginnen in den privaten Schulen ein. Mathilde Plate forderte die Übernahme aller in den Staatsdienst und ihre Verbeamtung. Der Staat wird „dabei nicht schlecht fahren", meinte sie, „denn unsere privaten Mädchenschulen sind immer ganz außerordentlich vorsichtig bei der Auswahl der Lehrkräfte gewesen, ich kann sogar sagen, recht wählerisch" (7.7.1922).
Mathilde Plate verwies auf die „unter vorzüglicher Führung ausgebildeten Lehrkräfte", „die schon lange mit gutem Erfolge und voller Hingabe in ihrem Beruf tätig gewesen sind". Außerdem machte sie darauf aufmerksam, „daß ein großer Teil dieser Lehrkräfte", es waren insbesondere „die eingeborenen Bremerinnen" oder die gebürtigen Bremerinnen, „zu einer Zeit an diese Schulen gekommen sind, als es finanziell ganz bedeutend lohnender war, an die staatlichen Schulen zu gehen". „Sie wurden also von reinem Idealismus dorthin getrieben", meinte Mathilde Plate, „und deswegen haben sie auch ein besonderes Anrecht darauf, daß sie jetzt nicht schlechter gestellt werden als ihre Kolleginnen in den staatlichen Schulen."
Aber auch den Hausmeisterinnen der privaten Lyzeen galt Mathilde Plates Augenmerk (7.7.1922, 2.2.1923). Die fürsorgliche Schulleiterin wollte auch sie von der existentiellen Absicherung durch Erwerb und Alterspension nicht ausschließen. So machte sie sich für deren Übernahme in den Staatsdienst stark. Auch einem anderen treuen Diener des Staates, der auf einer nicht pensionsberechtigten Stelle fleißig wirkte und dadurch dem Staat nach ihrer genauen Berechnung mehr als eine Million an Kosten erspart hatte, wollte sie den Staatsdienst und die Pension sichern (20.10.1922).
Mathilde Plate war die Verbeamtung fleißiger und tüchtiger Menschen sehr wichtig. Es empörte sie zutiefst, daß insbesondere Frauen, die sich in den Staatsdienst bewarben, mit Angestelltenverträgen „abgespeist" wurden, ohne denselben Kündigungsschutz und ohne die Pensionsberechtigung, die einen sorglosen Lebensabend sicherte. Sie ärgerte sich sehr über die geschlechtsspezifische Benachteiligung und wollte das Prinzip der Gleichbehandlung von Männern und Frauen in Staatsdiensten durchgesetzt wissen; und sie wollte Frauen mit den gleichen vorteilhaften Verträgen versorgen, denen sie selbst ihre unabhängige und als zutiefst befriedigend empfundene Existenz verdankte.
Empört und zornig schaltete sich Mathilde Plate auch in die Diskussion in der Bürgerschaft ein, als sie davon hörte, daß die Verbeamtung von Lehrerinnen hinausgezögert wurde. Die Besetzung von 18 Beamtenstellen für Lehrerinnen war zwar beschlossen, aber die Anstellungsurkunden waren noch nicht ausgehändigt worden.
Mathilde Plate informierte sich gründlich und mußte feststellen, daß der Haushaltsausschuß die Angelegenheit hinausschob, weil er „ein übermäßig langes Fehlen dieser Lehrerinnen" unterstellte. Dieser Annahme, die ungeprüft akzeptiert wurde, lag der immer wieder gehegte, zuweilen ausgesprochene, meist aber unausgesprochene Verdacht zugrunde, daß Lehrerinnen viel öfter aus Krankheitsgründen den Unterricht versäumten als Lehrer. Ein Verdacht, das wußte Mathilde Plate aus eigener Erfahrung, der mehr als ungerecht, einfach unhaltbar war.
Wieder einmal ließ es sich Mathilde Plate angelegen sein, die Unterlagen selbst sorgfältig zu studieren und mit einer eigenen Statistik aufzuwarten. Sie rechnete dem Parlament vor, daß die „Damen" im Durchschnitt im vorigen Jahr sieben Tage und im abgelaufenen Vierteljahr drei Tage gefehlt hätten, also nicht mehr als insgesamt zwölf Tage in einem Jahr. Sie entlarvte damit die Einschätzung als bloße Unterstellung und als ein grobes Vorurteil. Mathilde Plate bezeichnete es als eine „Unbilligkeit", die Besetzung hinauszuzögern, um so mehr als den Lehrerinnen, die von auswärts nach Bremen geholt worden waren, zum Teil aus festen Stellungen heraus, die Zusage gemacht worden war, daß „ihre Anstellung nur eine

Frage der Form und ganz kurzer Zeit sei". Sie forderte energisch die unverzügliche Berufung (6.7.1923).
Kopfschüttelnd hörte sich Mathilde Plate auch jene Behauptung im Parlament an, in der die angebliche Bevorzugung von höheren Schulen gegenüber Volksschulen mit dem Argument gestützt wurde, daß die höheren Schulen gegenüber den Volksschulen im Hinblick auf Fahrradständer besser gestellt würden.
Mathilde Plate ärgerte sich über soviel Ignoranz und machte deutlich, „wie ungeheuer agitatorisch und falsch" doch Argumentationen sein können. Sie zerpflückte sie unverzüglich. Natürlich, erklärte sie, wären in den höheren Schulen Fahrradständer nötiger als in den Volksschulen, deren Schülerinnen und Schüler im Bezirk, das heißt in unmittelbarer Nähe der Schule, wohnten und höchstens einen Schulweg von 20 Minuten hätten. In den höheren Lehranstalten hingegen kämen viele Schülerinnen und Schüler von der Peripherie der Stadt oder aus den Landgebieten, wie zum Beispiel in der Kleinen Helle aus Burg, Habenhausen und Hemelingen. Selbstverständlich würden ihnen „Fahrraderlaubnisse" erteilt, vor allen Dingen auch, wenn sie die „Elektrische und die Eisenbahn aus Sparsamkeits- oder aus andern Gründen nicht benutzten", denn ein Fußmarsch von einer Stunde und mehr sei einfach unzumutbar (8.7.1927).

Mädchenfortbildung und Frauenerwerbstätigkeit
Wenn es Mathilde Plate in der höheren Bildung auch primär um eine breitgefächerte Qualifikation von Mädchen für eine Erwerbstätigkeit in den unterschiedlichsten Berufen und auf den unterschiedlichsten Bildungs- und Berufsniveaus ging, so verlor sie doch nicht ganz, auch wenn sie diesen Akzent meistens nicht sonderlich betonte, eine Qualifizierung der Mädchen aus den Augen, die auf ein späteres Dasein als Hausfrau und Mutter vorbereitete.
Als richtungweisend verwies sie dabei auf die Arbeit des Frauenerwerbs- und Ausbildungsvereins mit seinem breitgefächerten Angebot zwischen Bildung und Ausbildung und seinen unterschiedlichen Qualifikationsprofilen: von Kochkursen und Nähkursen für die Ausbildung zur Hausfrau und Mutter über die Ausbildung zur Köchin oder Näherin bis zur Hauswirtschafterin oder Gewerbelehrerin und Vorbereitung zum Studium an einer sozialpädagogischen Akademie. Mathilde Plate begrüßte begeistert, daß diese Einrichtungen „auf breiter staatlicher Unterlage weiter ausgebaut werden" sollten (2.5.1919, Uhlenhaut 1992, Cyrus 1992).
Mathilde Plate formulierte zwar die Überzeugung, daß die beste Fortbildungsschule die praktische Ausbildung zur Hausfrau und Mutter in einem wirklichen Haushalt nicht ersetzen könnte (18.7.1919), wollte es jedoch dabei nicht belassen und plädierte für zusätzlich zu erwerbende Qualifikationen. Sie verwies darauf, daß die Berufe der Hausfrau und der Mutter in der schweren Nachkriegszeit mehr „Umsicht und Durchbildung erfordern als je vorher" und setzte sich dafür ein, Kenntnisse in der Gesundheitslehre, in der häuslichen Kranken- und Säuglingspflege sowie in der Nahrungsmittellehre und im häuslichen Rechnen (2.5.1919, 18.7.1919) zu vermitteln.
Der Qualifizierung von Hausfrauen trug sie außerdem Rechnung, indem sie sich für eine mögliche Gabelung im Lyzeum „nach der praktischen Seite" einsetzte, auch wenn das nicht gerade in ihrer Kleinen Helle sein sollte. Der Praxis Preußens abgeschaut, schlug sie auch für das bremische Lyzeum vor, die Mädchen der Oberstufe von einer Fremdsprache zu befreien, zugunsten der Teilnahme an „technisch-künstlerischen Fächern", um jenen Mädchen gerecht zu werden, „die sich dem Hausfrauenberuf widmen wollen" (28.3.1924).
Ein anderes Anliegen von Mathilde Plate war die Umschulung oder die Fortbildung von

Frauen. Ihrer Meinung nach sollten insbesondere jene Frauen eine „gründliche Fachausbildung" erhalten, die ihre Arbeit in den Munitionsfabriken verloren hatten und die durch den Krieg sowie die Lücken, die dadurch in die männliche Arbeiterschaft gerissen wurden, in Berufe gelangten, für die sie nicht geeignet waren oder die der „weiblichen Eigenart" nicht entsprachen. Diese Frauen sollten, wie Mathilde Plate ausdrücklich geltend machte, nunmehr der „weiblichen Eigenart" gemäß ausgebildet werden. Darunter wurden seinerzeit vor allen Dingen Tätigkeiten im Büro, im Handel und Gewerbe, in der Post sowie im Telegraphenamt verstanden.

Für diese Qualifizierung sollten freilich nur gut ausgebildete oder ausreichend vorgebildete Frauen zugelassen werden. Frauen, die entweder bereits längere Zeit vor dem Krieg in dem Beruf tätig waren, eine dreijährige Lehrzeit absolviert oder „sonst eine gründliche Fachbildung" genossen hatten und nicht jene vielen, wie Mathilde Plate räsonierte, „die heute mit einer Ausbildung von wenigen Wochen in einen Beruf hineingezwungen worden sind" (2.5.1919).

Mathilde Plate hatte also auch im Ausbildungsbereich und im Erwerbsleben einmal mehr, wie in der Schule, die gut Vorbereiteten, die umfänglich Vorgebildeten, die Begabten, die Tüchtigen und die Fleißigen im Blick.

Mathilde Plate wollte, und sie berief sich dabei auf die Bedenken, die auch Sara Agnes Heineken (1872–1954) als Direktorin der Schulen des Frauenerwerbs- und Ausbildungsvereins und Mitglied der Deutschen Demokratischen Partei geltend gemacht hatte, einen „massenhaften Zustrom von Halbgebildeten zu dem so beliebten kaufmännischen Berufe" verhindern und die „Produktion eines kaufmännischen Proletariats" vermeiden (2.5.1919). Lebhaft unterstützte sie von daher die Idee, neben Kursen praktischer Arbeit auch Angebote zu machen, in denen „für die geistige Vertiefung" gesorgt wird: durch Vorträge und Vortragsreihen zu bestimmten Wissensgebieten oder durch Führungen durch Museen und ähnliche kulturelle Angebote.

Die ins Auge gefaßten Umschulungsmaßnahmen für die Erwerbstätigkeit und die Qualifizierung zur Hausfrau sollten „die Erstarkung des Willens zur Arbeit", die „dem Volk so not tut", wie Mathilde Plate hervorhob, fördern und dadurch zu einem „Volkserziehungsmittel ersten Ranges" avancieren.

Die Weiterbildungs- und Umschulungsangebote sollten freilich nicht ohne Gegenleistung der Geförderten erfolgen. Mathilde Plate hatte offensichtlich wenig Zutrauen in den Arbeits- und Bildungseifer. Sie sprach sich, damit die Interessentinnen die Ernsthaftigkeit ihrer Absicht unter Beweis stellen konnten, für eine „verpflichtende Teilnahme" an den Weiterbildungskursen aus und forderte, daß jenen jungen Frauen, die die Arbeit verweigerten oder den Unterricht abwiesen, kein Anrecht auf Unterstützung gewährt werden sollte (2.5.1919).

Zwischen Sozialpolitik und „Armenpflege"

Einen weiteren gewichtigen Akzent der parlamentarischen Arbeit von Mathilde Plate bildete die Sozialpolitik oder die „Armenpflege", die sie vorrangig als eine private christlich begründete soziale Fürsorge verstand. Mathilde Plate, die selber unermüdlich seit ihrer Kindheit in der privaten Caritas tätig war und helfend eingegriffen hatte, wo sie Hilfe vonnöten sah, machte auch im Parlament deutlich, wie viel sie von freiwilliger mitfühlender Hilfe, von ehrenamtlicher Tätigkeit und von privaten Spenden hielt. Sie stellte heraus, daß gerade in Bremen die christliche Fürsorge eine lange Tradition hatte und wies auf die „private Armenpflege" in Bremen als „Keimzelle und Rückgrat der Wohlfahrtspflege" (9.10.1925) hin.

Aber Mathilde Plate sah auch, daß die Armut, Wohnungs- und Lebensmittelnot immer mehr zu einem Massenphänomen wurden, mit der die privaten Initiativen und die privaten Hilfen

überfordert waren und nicht allein gelassen werden konnten. So forderte sie vehement die Hilfe des Staates ein, auch wenn sie die große „finanzielle Bedrängnis“ von Staat und Gemeinden anerkannte.
Stand die Schulpolitik für Mathilde Plate unter der Prämisse der geistigen Auslese und der Begabtenförderung, so richtete sich ihre Sozialpolitik primär an Menschen, die ihrer Meinung nach unverschuldet in Not geraten waren: an Menschen „in unverschuldeter Armut“ oder an sogenannte „verschämte Arme“. Es waren insbesondere jene Personengruppen, die sie durch den Krieg und durch die neue ungeliebte Republik sowie der von ihr als verfehlt eingestuften Politik an den Rand des Existenzminimums gedrängt sah. Damit unterschied sich Mathilde Plate in ihrer Argumentation und in ihrer Gesellschaftsanalyse erheblich von den linken Sozialpolitikerinnen, für die die Verelendung breiter proletarischer Schichten dem kapitalistischen System geschuldet war und denen es nicht um individuelle Schuldzuweisungen, sondern um System- und Strukturkritik ging.
Zur Lage der deutschen Wirtschaft hieß es im Handelskammerbericht von 1919: „Unser deutsches Volk ist durch die feindliche Absperrung im Verlauf des Krieges mehr und mehr in die Lage eines Mannes geraten, der alle seine Vorräte und Materialien verbraucht hat und dem die Mittel fehlen, sich wieder neue anzuschaffen“ (Schwarzwälder III, 102). Mathilde Plate machte sich diese Ansicht ebenso zu eigen wie die Meinung, daß vor allen Dingen „die staatliche Steuerung mit ihrem umfangreichen bürokratischen Apparat Schuld an aller Not sei“ (ebenda, 108).
Das mochte zwar nicht ganz falsch sein, denn die Bürokratie war aufgeblasen worden. Doch es waren in erster Linie die Folgen des verlorenen Krieges, die hohen Reparationskosten, Wirtschafts- und Finanzkrisen, die Arbeitslosigkeit und Inflation produzierten und zur Verelendung breiter bürgerlicher Schichten führten und eine Atmosphäre der Verzweiflung schufen. Die Radikalität in Deutschland nahm zu, und sowohl linke als auch rechte radikale politische Gruppierungen gewannen an Zulauf. Sie bestimmten eine politische Instabilität, die zum Charakteristikum der Weimarer Republik wurde. Die zunehmende Radikalisierung verstörte auch die DNVP in Bremen, so daß sie für die bremische Wahl im Jahre 1923 um eine Einheitsliste der bürgerlichen Parteien bemüht war. Vergeblich, denn die DDP lehnte die Gemeinschaft mit den extrem Konservativen ab.
Von der allgemeinen Verarmung waren viele Menschen betroffen, die sonst nie der Unterstützung bedurft hätten. Zu ihnen gehörten auch die Familien von Kriegsgefangenen, Kriegshinterbliebenen und Kriegsteilnehmern. Für sie forderte Mathilde Plate kompromißlos angesichts der Geldentwertung Teuerungszulagen ein und plädierte im Sinne der Gerechtigkeit für „eine Gesamtregelung nach einheitlichen Grundsätzen“, in denen die Interessen abgewogen und Härten ausgeglichen werden sollten. Mathilde Plate machte die Unterstützung, obgleich sie wußte, daß sie „Reichssache“ war, zu einer „bremischen Sache“, das heißt, sie forderte eine Sonderregelung staatlicher Fürsorge für die Betroffenen im Lande Bremen (26.9.1919).
Zuweilen machte sich Mathilde Plate aber auch die Forderungen der linken Parteien zu eigen, so wenn es galt, wie Anna Stiegler (1881–1963) von der SPD im Parlament vortrug, „Minderbemittelte“ von zusätzlichen Abgaben und Steuern zu befreien oder staatliche Hilfen zu gewähren. Auch waren sich alle, von der „äußersten Rechten“ bis zur „äußersten Linken“, in der Einschätzung einig, daß „bei der ungeheuren Geldentwertung“ das Existenzminimum, das für soziale Hilfen ausschlaggebend war, viel zu niedrig angesetzt und eine Anhebung vonnöten waren.
Doch die Inflation schritt ebenso unaufhaltsam voran wie die Arbeitslosigkeit. Die Wirtschaftskrise strebte ihrem Höhepunkt zu. Die Zahl der Menschen, die unter die Armutsgren-

ze gedrückt wurden, nahm ebenso zu wie die schwindende Kaufkraft weiter mittlerer Schichten.
In dieser Zeit rasch zunehmender Inflation machte sich Mathilde Plate zur Fürsprecherin für eine Gruppe von wenig bemittelten oder mittellosen Menschen, wie Rentnerinnen und Rentnern, die von ihr als unverschuldete Arme und als „allerbedrängteste Schicht" klassifiziert wurden. Sie empörte sich, daß die „moderne Gesetzgebungsmaschine reibungslos die schwierigsten Gegenstände bewältigt, wenn es sich um Interessentengruppen handelt, die die Macht in Händen halten oder die auf die Straße gehen können und Lärm machen", daß sie aber bei den Menschen, die dieses nicht könnten und die doch des besonderen Schutzes bedürften, auf das Kläglichste versagt.
Mathilde Plate warb für die Ermäßigung oder den Erlaß von Mietsteuern, um kleinen Hausbesitzern und -besitzerinnen ihr Haus oder die Miete als Existenzgrundlage zu erhalten (9.7.1926), für die Verrentung von Kleinrentnerhypotheken (9.7.1926), für Kostenerlasse bei der Anschaffung von Müllgefäßen (20.3.1925), für gleitende Preise bei Krankenhausaufenthalten und bei der Stromversorgung sowie für Rentenanpassungen (2.2.1923) und wandte sich gegen Steuer- und Tariferhöhungen.
Auch in ihrem Plädoyer am 24. Juni 1927 für die Errichtung eines Rentnerheimes machte Mathilde Plate deutlich, wem sie helfen wollte, und sprach sich für die Schaffung von Wohnraum für Frauen und Männer aus, die „nicht durch eigene Unfähigkeit und nicht durch eigene Schuld in Not geraten sind, sondern die durch die Inflation ihr sauer Verdientes und Erspartes verloren haben". „Durch Staatsmaßnahmen", beschwor Mathilde Plate die Bürgerschaft emphatisch, „ist ihnen die sauer verdiente Altersversorgung in den Händen zerronnen, darum sollen sie auch durch Staatsmaßnahmen wenigstens vor der äußersten Not, wenigstens vor der äußersten Wohnungsnot geschützt werden" (24.6.1927).
Mathilde Plate hatte sich wieder einmal kundig gemacht. So konnte sie darauf verweisen, daß die Einrichtung von Rentnerheimen in anderen Städten, in Berlin und Kassel zum Beispiel, Fortschritte gemacht hatte, und befand, daß solches auch in Bremen möglich sein müßte, um einen kleinen Bruchteil der Rentnernot zu lindern.
Mathilde Plate zeigte sich aber auch in der Sozialpolitik, wie in der Schul- und Bildungspolitik, nicht nur als eine sozial engagierte Frau, sondern auch als eine frauenbewegte Frau, die nie vergaß, ihr besonderes Augenmerk auf den weiblichen Teil der Bevölkerung zu richten und darauf zu verweisen, daß er gegenüber dem männlichen noch schlechter gestellt war.
Mathilde Plate war von der materiellen Not, unter der insbesondere viele Frauen litten, zutiefst betroffen. Das Elend von Rentnerinnen, von älteren Frauen oder erwerbslosen Frauen und von ledigen Müttern ging ihr zu Herzen. Immer wieder machte sie auf die besondere Notlage dieser Gruppen von Frauen aufmerksam und erklärte, daß es nicht nur wenige, sondern sehr viele Frauen waren, die sich in existentieller Not befanden. Im Parlament gab Mathilde Plate zu bedenken, daß viele tüchtige junge Frauen keine Gelegenheit erhielten, „ihre Arbeitskraft anzubringen". Außerdem hatte Mathilde Plate genau beobachtet, daß „die jetzige Art der Arbeitslosenfürsorge unter den weiblichen Arbeitslosen Zustände geschaffen hat, die", wie sie befand, „ein Hohn auf Eberts Worte sind, daß Arbeit die Religion des Sozialismus ist" (2.5.1919).
Mathilde Plate sorgte sich um die erwerbslosen Frauen, aber auch um Witwen und Waisen, forderte für sie „Gnadenpensionen" und kümmerte sich um die Familien von Kriegsgefangenen, Kriegshinterbliebenen und Erwerbslosen. Auch den ledigen Müttern und ihren Kindern galt ihre Fürsorge. Sie forderte staatliche Hilfe für die Versorgung von Säuglingen, bestand auf der Erweiterung und auf den Ausbau der bestehenden Einrichtungen der Säug-

lingspflege (17.2.1922) und plädierte eindringlich dafür, „daß sowohl in der Kinderfürsorge wie in der Wochenhilfe alles getan wird, was geschehen kann".
Mathilde Plates Ziel war und sie befand, daß es auch das Ziel der öffentlichen Fürsorge sein müßte, den ihr anvertrauten Personen und den angesprochenen Personenkreisen die Inanspruchnahme öffentlicher Fürsorge zu ersparen, die materielle Selbständigkeit und Unabhängigkeit auf einem Niveau zu erhalten oder schnellstmöglich wieder zu sichern, indem das „Lebensnotwendige" erfüllbar wurde.

Kulturpolitik und Heimatschutz

Zu den Lebensnotwendigkeiten gehörten für Mathilde Plate auch „gute Theateraufführungen und Konzerte, überhaupt die gute Kunst" (28.3.1924). Für sie war das Theater ein „Kulturinstitut", das eine „Kulturmission" zu erfüllen hatte (8.10.1926). So legte sie in ihrem Redebeitrag am 28. März 1924 „allen anwesenden Herren der Finanzdeputation warm ans Herz", sich in Zukunft daran zu gewöhnen, „die Ausgaben für Kulturzwecke ebenso als werbende Ausgaben anzusehen wie die Ausgaben für Hafenbauten".
„Gute Kunst" bedeutete für Mathilde Plate „ernsthafte Kunst", die, wie sie bedauerte, freilich nicht in gleichem Maß die Theaterkassen füllen könnte wie die Aufführung von „Gräfin Mariza". Ihre Zufriedenheit bekundete sie darüber, daß die Intendanz des Theaters den Auftritt einer „Negertruppe" abgelehnt hatte. Dadurch wurde vermieden, wie die in Kulturfragen sehr strenge und wohl auch rassistisch denkende Pädagogin befand, gute Tageseinnahmen durch eine „Kulturschande" zu erkaufen (8.10.1926).
Mathilde Plate sorgte sich recht sehr um den guten Geschmack der Menschen und meinte angesichts der Zunahme an „leichter" und „seichter" Unterhaltung: „Das einzige, was uns helfen kann, ist eine Gesundung des Geschmacks. An der Gesundung des Geschmacks sollten alle Fraktionen mitarbeiten. Das wäre viel wertvoller als hier lange Reden zu halten" (11.12.1925).
Die Teilnahme an kulturellen Veranstaltungen war für viele Menschen jedoch zu einem Luxus geworden, der kaum noch erschwinglich schien. Die allgemeine Teuerung und die Erhöhung der Lebensmittelpreise belasteten weite Schichten der Bevölkerung, vor allem, wie Mathilde Plate hervorhob, den ganzen gebildeten Mittelstand, so daß er von dem Besuch der guten Theater und Konzerte fast gänzlich Abstand nehmen mußte. Trotzdem sollte eine Vergnügungssteuer erhoben werden, um das leere Staatssäckel aufzufüllen. Mathilde Plate zeigte sich nicht grundsätzlich abgeneigt, die Erhebung der Vergnügungssteuer zu befürworten. Sie wollte jedoch eine breite Diskussion darüber einleiten, um die Grenze zu bestimmen, wo die gute Kunst, die frei von Steuer sein sollte, aufhört „und das anfängt, was nicht mehr zur guten Kunst gehört" und damit vergnügungssteuerpflichtig wird.
Mathilde Plate hielt es für falsch, wie es in anderen Städten teilweise gehandhabt wurde, die Abonnementspreise zu senken, um die Theater zu füllen, und meinte, daß dann nur die Wohlhabenden in den Genuß von Kunst und Theater kämen, während diejenigen, die sich nur hin und wieder ein Karte kaufen könnten, leer ausgingen (8.10.1926). Mathilde Plate befürchtete, daß gerade jene „gebildeten Schichten", die „noch innerlich gesund geblieben" waren und die „noch Freude an guter und ernster Kunst" hatten, „in die minderwertigen und billigen Vergnügungsstätten" hineingetrieben würden oder, wie sie befand, „was ebenso bedenklich ist, in das andere Extrem, in das des vollständig abwechslungslosen Philisterdaseins". Mathilde Plate sorgte sich, daß Theater und Konzerte nur noch „zu einem Privilegium der Schieber und Wucherer" würden (4.6.1920).
Angesichts des Heeres von Erwerbslosen und ihrer Not fiel es Mathilde Plate zunehmend schwerer, Geld für Kulturinstitute wie für das Stadttheater auszugeben, wenn für die sozialen

Aufgaben des Staates keine gleichen Summen zur Verfügung gestellt wurden. Doch siegte allemal ihr Pragmatismus bei der Bewilligung von Geldern, um so mehr, wenn Bau- und Umbauarbeiten bereits begonnen worden oder schon weit fortgeschritten waren. So setzte sie sich auch aus Gründen der Kostenersparnis dafür ein, die Bewilligung aller Gelder für das Focke-Museum unverzüglich vorzunehmen und nicht erst auf das nächste Jahr zu verschieben. Mathilde Plate hatte sich an Ort und Stelle vom Fortgang der Bautätigkeit überzeugt und sich überdies informiert, was in anderen Städten in Museen investiert wurde. So fand sie heraus, daß das kleine Ulm für sein historisches Museum mehr als das vierfache dessen ausgab, was im bremischen Haushalt ausgewiesen war.
Größte Bedeutung maß Mathilde Plate dem Gedanken des „Heimatschutzes" zu. Er sollte durch ein neu zu schaffendes Gesetz gesichert werden. Es ging um den Schutz von Pflanzen und Tieren, insbesondere der einheimischen Vogelwelt, der Landwirtschaft und des niedersächsischen Volks- oder Brauchtums. Es war ein Schutzversuch für Dinge, denen Mathilde Plate zeit ihres Lebens ihr liebevolles Augenmerk zuwandte, für Blumen, die sie, wie wir ja bereits gelesen haben, hegte und pflegte, für eine norddeutsche Vogel- und Tierwelt, die sie so gern beobachtete, für die Landwirtschaft und für ein bäuerliches Brauchtum, dem sie sich über ihre Ahnen zutiefst verpflichtet fühlte und das sie schätzte und bewunderte.
Dem geplanten Schutzgesetz maß Mathilde Plate eine derartige Bedeutung bei, daß sie dafür plädierte, für die Erarbeitung des Entwurfs auf die Mitarbeit von Vertretern aller politischen Verbände und Parteien zu verzichten, seien sie von rechts oder von links. Mathilde Plate wollte eine der Sache dienende und angemessene Lösung und keine durch parteipolitische Interessen verzerrte.

Der Kampf gegen den Alkohol und gegen den Alkoholismus

Einen besonderen Stellenwert innerhalb des pädagogischen und sozialpolitischen Engagements nahm der Kampf von Mathilde Plate gegen den Alkoholismus ein. Bereits in ihrer Kindheit war sie, wie wir bereits gelesen haben, durch die ehrenamtliche Tätigkeit ihres Vaters im Zusammenhang mit der Bekämpfung des Alkoholmißbrauchs bei Hafenarbeitern in Walle, mit dem alkoholbedingten Elend, das in besonderer Weise Frauen und Kinder traf, konfrontiert worden.
Mathilde Plate hatte bereits seit langem mit Interesse die Arbeit der bürgerlichen Abstinenzbewegung verfolgt, die in Bremen insbesondere mit dem Namen Ottilie Hoffmann verbunden war. Früh engagierte sie sich im 1900 gegründeten Deutschen Bund abstinenter Frauen, der 1924 in Deutscher Frauenbund für alkoholfreie Kultur umbenannt wurde. Der Verein wollte nicht nur theoretisch, sondern auch praktisch arbeiten. Er initiierte öffentliche Informationsveranstaltungen, in denen über die sittlichen, sozialen und wirtschaftlichen Gefahren des Alkoholismus gesprochen wurde, und richtete Gaststätten ein, die später so berühmten Ottilie-Hoffmann-Häuser in verschiedenen Ortsteilen Bremens, in Walle, am Osterdeich oder in der Stadtmitte, in denen alkoholfreie Speisen und Getränke zu erschwinglichen Preisen für Arbeitslose, Arme und Hafenarbeiter angeboten wurden. Mathilde Plate war von der Arbeit des Vereins begeistert und engagierte sich bis zu ihrem Lebensende, wie in keinem der anderen Vereine, denen sie angehörte. Jahrelang versah sie das Amt der 2. Vorsitzenden der bremischen Sektion.
Mathilde Plate meinte, was sie sagte. Sie „predigte" nicht nur für eine Sache, sondern hielt sich auch selbst an die eigenen Vorgaben und lebte die Überzeugungen, für die sie eintrat. Gedanken und Lebensweise waren kongruent. Sie kämpfte nicht nur für Abstinenz, sie lebte auch abstinent. Eine Tatsache, die ihre Schülerinnen oft belustigte und zu Reimen inspirierten, wie jenem Spruch: „Die weiße Schleife zeigt es jedem, daß sie dem Apfelmost ergeben."

Mathilde Plate forderte nicht nur Bescheidenheit, sie war auch selber anspruchslos. Sie, deren Salär doch ein wenig mehr Luxus erlaubt hätte, vielleicht ein Auto, wie es die Lürssen-Schwestern Johanna und Elisabeth besaßen, teure Kleidung oder Schmuck, verzichtete ohne jegliches Bedauern darauf. Trotzdem oder gerade deshalb wirkte sie in ihrer Einfachheit sehr elegant. Sie ging fast alle Wege zu Fuß, verzichtete auf teure Restaurants und nahm meist zu Hause oder in einem der Ottilie-Hoffmann-Häuser ein preiswertes Mahl ein.
War es ein recht eiserner protestantischer Puritanismus oder war es ein ausgeprägtes Selbstwertgefühl, das besagte, daß eine wirkliche Persönlichkeit nicht des Schmucks und des äußeren Glanzes bedurfte? Mathilde Plate, das ist gewiß, konnte Verschwendung, Bequemlichkeit und Genußsucht nicht ausstehen, weder bei sich noch bei anderen. Sie widerstrebten ihr zutiefst. Im Angesicht der Not, in der sich weite Bevölkerungskreise und vor allen Dingen viele Frauen befanden, betrachtete Mathilde Plate ein solches Verhalten als Hohn auf Armut und Elend.
Ihren Abscheu vor solchen Menschen machte Mathilde Plate deutlich, als sie im Parlament eine sogenannte Hockersteuer forderte, die von jenen gezahlt werden sollte, die in Lokalen Feste feiern wollten und für solche einen Antrag auf die Verlängerung der Polizeistunde stellten. Mathilde Plate befand, daß hier „die Interessen der Gesamtheit des Volkes“ mit jenen „Interessen eines kleinen Kreises von Geschäftsleuten der Schieber- und Schlemmerkreise“ kollidierten, die „durch die späte Polizeistunde künstlich nach Bremen gezogen worden sind, weil fast sämtliche umliegenden kleinen und größeren Städte diese späte Polizeistunde nicht haben“ (17.4.1925). Mathilde Plate argumentierte: „In einem Zeitalter, wo man alles besteuert bis zum Schwefelholz hinunter, da soll man auch das besteuern, und zwar sehr scharf, was diese Steuer am besten vertragen kann, nämlich die übermäßige Schlemmerei und Schwelgerei, die um so schlimmer wirkt, je weiter die Not der Zeit fortschreitet“ (7.7.1922).
Gleichzeitig wies sie jedoch den Vorwurf zurück, der ihr immer wieder als Abstinente und als Mitglied des Frauenbundes für alkoholfreie Kultur persönlich entgegengehalten wurde, sie wollte, daß alle Lokale geschlossen werden. Mathilde Plate wollte das keineswegs, denn sie wußte, daß Verbote umgangen werden und daß dann möglicherweise der ganze Alkoholkonsum „in die versteckten Winkel häßlicher und häßlichster Art hineingeschleppt“ würden (17.4.1924). Sie wandte sich jedoch gegen die Verlängerung der Polizeistunde auf vier Uhr. Mathilde Plate war der Überzeugung, daß diese Ausweitung von Jugendlichen als eine Einladung verstanden werden könnte, diese auch auszunutzen, und der Glaube der Menschen verstärkt würde, daß man „ohne Schlemmen bis spät in die Nacht- und Morgenstunden hinein nicht auskommen“ könnte.
Mathilde Plate zeigte sich überzeugt, daß bei früherer Polizeistunde die Leute zwar zunächst auch „verborgene Winkel“ aufsuchen würden, um „ihrem Laster zu frönen“, daß „dieser auf Umwegen zu erreichende Genuß“ aber letztlich abschrecken und die damit verbundenen Unbequemlichkeiten dazu führen würden, daß die versteckten Schlemmerwinkel allmählich abnähmen.
Energisch wandte sie sich auch gegen die Konzessionierung von Wirtschaften in der Nähe von Sportvereinen und in öffentlichen Freizeitgebieten, wie eine „Likörstube“ im Lokal „Zum Kuhhirten“ oder eine Schenke im „Westpark“, dem geplanten Waller Park. Mathilde Plate wünschte, daß der Waller Park, der nahe der kleinen Waller Kirche und des geliebten alten Schulhauses entstehen sollte, eine „Stätte der Erholung und des Friedens“ und „nicht eine Stätte von lärmenden Zechereien“ werden sollte (8.7.1927).
Die einstige Bürgerin von Walle machte sich die Wünsche der Arbeitsgemeinschaft der Bürgervereine des Westens zu eigen und wollte mit ihnen verhindern, daß die Anzahl der Wirtschaften, an denen der Bremer Westen in der Tat überreich gesegnet war, noch einmal erhöht

wurde. Der geplante Park, den der Westen so sehr nötig hatte, sollte „eine Lunge", ein „Gesundbrunnen" werden. Er war mit den dazugehörigen Sport- und Badeanlagen für eine Jugend gedacht, die dort ihren Körper kräftigen und nicht etwa durch Alkoholgenuß oder gar Alkoholmißbrauch ihre Gesundheit untergraben sollte.
Mathilde Plate appellierte eindringlich an alle Mitglieder des Parlaments und berief sich dabei auf die „Ärzte als die berufenen Hüter der Volksgesundheit", ihre Verpflichtung gegenüber der Jugend zu erfüllen und wenigstens „ein einziges Erholungs- und Vergnügungslokal zu schaffen, wo sie nicht den Versuchungen des Alkoholgenusses preisgegeben ist" (8.7.1927).
Größte Bedenken äußerte Mathilde Plate auch, wenn es im Parlament um die Vergabe von neuen Konzessionen ging, vor allen Dingen an jenen Straßen, an denen Fürsorgeeinrichtungen geplant waren. So erboste sie sich, daß sich in der Umgebung des geplanten Pflegeheims in der Wolfskuhle nicht nur eine größere Zahl von Wirtschaften, davon vier mit einem Ausschank, befände, sondern daß auch noch eine weitere Konzession für eine Wirtschaft „Wolfskuhle" erteilt worden wäre.
Mathilde Plate sah die Arbeit in dem geplanten Heim für Mädchen und Frauen im Gebiet der Wolfskuhle gefährdet. In dem Heim sollten insbesondere jene jungen Frauen betreut werden, die vom Land in die fremde Stadt gekommen waren, mit ihrer Freizeit nicht so recht etwas anzufangen wußten und, wie sie sich ausdrückte, „in den ungesunden Verhältnissen der Großstadt auf einen schlechten Weg" geraten könnten. Mathilde Plate beantragte, den Schutz der Jugendlichen von 18 auf 20 Jahre anzuheben und wollte gewährleistet wissen, daß in den Heimen nicht nur die „körperliche Sauberkeit", sondern auch die „sittliche Sauberkeit" überprüft wurden (9.10.1925). In den Heimen sollten die Mädchen und Frauen durch die „Berührung mit der Natur und vor allem durch gesunde, kräftige und energische Arbeit" „auf den rechten Weg gebracht werden" (10.7.1925).
Vielleicht den bemerkenswertesten Redebeitrag zu dem Thema Alkohol lieferte Mathilde Plate am 9. Dezember 1927, als sie auf den Alkoholismus von Autofahrern und die dadurch bedingten Gefahren im Straßenverkehr aufmerksam machte. Sie sagte, daß die Polizeidirektion „erst vor kurzer Zeit eine ganze Lawine von Verordnungen über die harmlosen – wenigstens verhältnismäßig harmlosen – Radfahrer herabgehen" ließ und befand es als gut, „wenn eine ähnliche Lawine auch einmal auf die Kraftfahrer herabginge" und forderte insgesamt verschärfte Verkehrsregelungen.
Mathilde Plate rügte die zunehmende Rücksichtslosigkeit am Steuer und die Gleichgültigkeit gegenüber behördlichen Bestimmungen. Sie hatte zum Beispiel oft beobachtet, daß Autofahrer unbekümmert weiterfuhren, wenn eine Straßenbahn an einer Haltestelle hielt, und damit die aussteigenden oder einsteigenden Passagiere gefährdeten. Mathilde Plate schlug vor, Polizei dort zu postieren. Freilich sollte diese dort nicht mit „Pickelhaube" auftreten, sondern „verdeckt in Zivil", da sie ja sonst nur alles in „herrlichster Ordnung" vorfinden würde.
Im Zentrum ihrer Argumentation stand freilich die Frage des Alkohols am Steuer. Mathilde Plate forderte, daß Trunkenheit „bei einem Verkehrsunfall niemals als strafmildernd" angesehen werden sollte, sondern im Gegenteil sich „ganz unbedingt immer als strafverschärfend" auswirken müßte, mehr noch, daß nicht nur „grobe Trunkenheit" Strafverschärfung nach sich ziehen sollte, „sondern jeder Alkoholgenuß, der die geistigen Fähigkeiten beeinträchtigt".
Mathilde Plate hatte sich intensiv mit der neuesten Forschung in Naturwissenschaft und Medizin auf dem Gebiet des Alkoholismus auseinandergesetzt. Sie fand es merkwürdig, mit welchem Eifer die Behörden immer wieder bestrebt waren, Folgerungen aus den Forschungen der Naturwissenschaft zu ziehen, aber auf dem Gebiet des Alkoholkonsums mit geschlos-

senen Augen an den Arbeiten vorbeischauten, die sich mit den Gefahren des Alkoholkonsums befaßten.
Mathilde Plate berichtete von den Untersuchungen „namhafter Wissenschaftler", hielt dem Parlament in aller Eindringlichkeit einige der Ergebnisse vor und zitierte, „daß auch geringe Mengen von Alkohol, die sich noch nicht in Betrunkenheit auswirken, die nicht einmal den sog. Zustand des Angeheitertseins hervorrufen, doch schon genügen, um bei den Kraftwagenführern diejenige Exaktheit der Sinneswahrnehmungen und diejenige Genauigkeit des Urteils" – das Protokoll vermerkt Unruhe und das Läuten der Glocke des Präsidenten – „und vor allen Dingen diejenige Schnelle der Entschlußkraft beeinträchtigen, über die nun einmal ein Kraftfahrer verfügen muß, wenn er nicht zu einer Gefahr für die Insassen des Wagens und für den Straßenverkehr werden soll".
Den Untersuchungsberichten entnahm Mathilde Plate auch Handlungsanleitungen und Verbesserungsvorschläge für die Gestaltung künftiger Gesetze. Sie sagte: „Betrunkenheit darf bei einem Verkehrsunfall niemals als strafmildernd, sondern muß ganz unbedingt immer als strafverschärfend wirken, und diese Tatsache muß nicht nur von der Rechtspflege und der Polizei anerkannt und die Folgerungen daraus gezogen werden, sondern sie muß vor allen Dingen in das Volksbewußtsein übergehen. (...) Und zwar soll nicht nur wirkliche grobe Trunkenheit strafverschärfend wirken, sondern jeder Alkoholgenuß, der die geistigen Fähigkeiten beeinträchtigt."
Mathilde Plate hatte den Statistiken über die Unfälle entnommen, daß nicht nur Trunkenheit gefährlich war, sondern auch leichterer Alkoholgenuß, da auf ihm 82 % aller Unglücksfälle im Autoverkehr beruhten.
Mit dem Alkoholismus am Steuer hatte Mathilde Plate offensichtlich ein Tabuthema berührt. Die Abgeordneten der Bürgerschaft, ob sie von links oder von rechts kamen, wurden von spürbarer Unruhe erfaßt. Diese nahm zu, mit ihr immer lauter werdendes Gemurmel, als Mathilde Plate darauf pochte, daß Autofahrer auch auf drei Gläser Bier verzichten müßten, wenn sie es nicht vertragen könnten. Offensiv forderte sie, daß neben rein technischer Unterweisung im Fahrunterricht auch die Bedeutung der Alkoholfrage „gründlich" zu behandeln wäre, und zwar „durch einen jungen, modernen Arzt, der", wie sie gegen immer stärkeres Rumoren und gegen die zur Ruhe mahnende Glocke des Präsidenten anrief, „mit den Ergebnissen der neueren Wissenschaft vertraut ist, und nicht von alten Geheimräten, die die Alkoholfrage vom Standpunkt ihrer eigenen feuchtfröhlichen Studentenzeit ansehen".
Es war Mathilde Plates letzter Tag in der Bremischen Bürgerschaft. Für die Bürgerschaftswahl im Oktober 1927, zu der die Deutschvölkischen, die sich durch rigiden Antisemitismus auszeichneten, die DNVP, DVP und die Wirtschaftliche Vereinigung auf einer „Einheitsliste" kandidierten, stellte sie sich nicht mehr zur Verfügung. Wir wissen nicht warum. War es Verdrossenheit an der Politik, war es Arbeitsüberlastung durch die Doppelrolle als Politikerin und als Schulleiterin, war es der Rechtsruck oder die zunehmende Bedeutungslosigkeit der Partei, die ab 1927 auch kein Senatsmitglied mehr stellte und in die Opposition ging, oder war es die politische Radikalisierung von rechts und von links, die sie abstieß? Oder hatten doch die Attacken der Gegner im Parlament, der Hohn und der Spott, dem sie sich zuweilen ausgesetzt sah, ihre Wirkung getan?

Die Sorgen mit der Inflation und politische Unruhen

Nach der Beendigung der politischen Tätigkeit im Parlament konzentrierte sich Mathilde Plate vor allen Dingen auf ihre Arbeit in der Schule. Die war immer umfangreicher und vielfältiger geworden. Die Schülerinnenzahl war in den Jahren 1926–1928 auf über 700 angewachsen und lag damit „an der Grenze dessen", wie Mathilde Plate befand, „was eine Schu-

le fassen kann". Am 16. Oktober 1929 wurde ihr die Amtsbezeichnung „Direktorin" zuerkannt.
Darüber hinaus arbeitete sie weiterhin als Mitglied des Bremischen Evangelischen Kirchentages und engagierte sich in zahlreichen Vereinen und Verbänden, vor allen Dingen im Deutschen Frauenbund für alkoholfreie Kultur.
Es war eine Zeit wachsender materieller Sorgen und politischer Unruhen. Die wirtschaftliche, mit ihr die politische Situation im Reich und in Bremen spitzte sich zu. Die zunehmenden wirtschaftlichen Schwierigkeiten, die Bremer Handelskammer sprach 1930 „nicht mehr von einer Krise", „sondern von einem reißenden Wirbelstrom, der immer weitere Teile der deutschen Wirtschaft in seinen Schlund hinabzuziehen drohte" (Schwarzwälder III, 511), und die hohen Arbeitslosenzahlen führten zu immer größerer Unzufriedenheit. Die ohnehin schon seit Gründung der Weimarer Republik prekäre innenpolitische Lage verschärfte sich weiter und bedrohte die staatliche Ordnung derart, daß diese nur noch über Notverordnungen und massiven Polizeieinsatz aufrechterhalten werden konnte.
Auch in Bremen wurden im Juni 1931 „alle politischen Versammlungen unter freiem Himmel, Aufzüge und Propagandafahrten verboten", um den Zusammenbruch der öffentlichen Ordnung zu verhindern (Schwarzwälder III, 565). Der Druck der NSDAP nahm ebenso zu wie der der Kommunisten, die sich in Bremen, wie auch anderwärts, blutige Schlachten lieferten. Beiden radikalen Parteien ging es um die alleinige Macht im Reich. Die junge Republik war bedroht, die parlamentarische Demokratie gefährdet. Sie wurde auf den Prüfstand gestellt und versagte wenige Jahre später.
In Bremen wurden am 30. November 1930 21 354 Arbeitslose gezählt, im März des nächsten Jahres waren es 30 000. „Doch damit war der Gipfel noch längst nicht erreicht" (Schwarzwälder III, 526), denn Konkurse trieben die Zahlen weiter in die Höhe. 1932 gab es 42 000 Arbeitslose bei etwa 80 000 Beschäftigten.
Das allergrößte Aufsehen erregte der Zusammenbruch der Nordwolle in Bremen, in der Mitglieder der Familie Lahusen nicht nur die Aktienmehrheit unterhielten, sondern auch Hauptfunktionen im Konzern ausübten. Seit 1925 war es in der Firma zu erheblichen Verlusten gekommen, die jedoch in öffentlichen Bilanzen verdeckt und in einen Gewinn umgewandelt wurden. Die Aushebelung gewerkschaftlicher Tarife und die Durchsetzung eines differenzierten „Leistungslohns", das heißt die Zahlung geringerer Löhne, provozierten einen Streik, der, wenn er auch zugunsten der Firma ausging, weitere Verluste einbrachte. Eine zusätzliche Verschuldung wurde durch das pompöse zentrale Verwaltungsgebäude ausgelöst, das 1929 fertiggestellt wurde. Sie konnte durch keinen Handelsgewinn mehr wettgemacht werden, denn die Wollpreise waren inzwischen in den Abgrund gepurzelt.
Das Unternehmen, das nicht nur für Bremen, sondern auch für die Republik von erheblicher volkswirtschaftlicher Bedeutung war, schlitterte, trotz aller Stützungsversuche durch Banken, vor allen Dingen der Frankfurter Darmstädter und Nationalbank (Danat) und der bremischen staatlich und privatwirtschaftlich organisierten Hansa-Bank, die der „Förderung bremischer Wirtschaftsinteressen" dienen sollte, in den Konkurs und riß die Danat- sowie die Hansa-Bank mit. Der Bremer Senat, der große Einlagen bei den Banken hatte, verlor insgesamt 87 Millionen Reichsmark (Marßolek/Ott, 29).
Vier Tage nach der Schließung der Danat am 17. Juli 1931 wurden die Brüder G. Carl und Heinz Lahusen wegen des Verdachts eines Konkursverbrechens, Verschleierung des Vermögensstandes und falscher Buchungen in Haft genommen.
Die Bürgerinnen und Bürger in Bremen standen Kopf und spalteten sich auf. Sie standen in feindseliger Gegnerschaft zu den Lahusens oder in unverbrüchlicher Freundschaft zu der einst so angesehenen großbürgerlichen Familie. Die Menschen in Bremen verfolgten mit

außerordentlichem Interesse die öffentlichen Vorgänge um die Nordwolle, zu denen linke und rechte Politiker sowie linke und rechte Zeitungen in Verteidigung oder Beschimpfung viel zu sagen wußten. Auch Mathilde Plate nahm lebhaften Anteil. Wie sie über den „Fall" dachte, können wir einem Brief, besser einem Brieffragment aus dem Jahre 1932 mit einem Nachsatz vom 19. Juni 1932 entnehmen, den sie an ihren einstigen Lehrer in Göttingen richtete, den Germanisten Professor Edward Schröder.
Es war ein langer Brief, den sie „mit deutschem Gruß wie stets Ihre Mathilde Plate" unterzeichnete. Sie schrieb ihn nach langer Tagesarbeit „in später Nachtstunde mit fliegender Feder bzw. Schreibmaschine". So war es ihr nicht gelungen, wie sie sich entschuldigte, die Geschehnisse „kürzer und übersichtlicher" zusammenzufassen,
Mathilde Plate machte, doch reichlich vereinfachend, aus einem wirtschaftspolitischen Skandal, in dem der Staat, wie die Linke kritisierte, als „Reparaturbetrieb des Kapitalismus" fungierte, eine Art Familientragödie. Sie stand auf seiten der Lahusens. Sie ärgerte sich, „wie lau" die Rechtspresse im Fall Lahusen argumentiert hatte. Ihr war aufgefallen, daß es einen Unterschied zwischen dem Verhalten der „Rechts- und der Linkspresse" gegenüber Fällen aus dem „eigenen Lager" gab. Sie lobte, mit welcher „Wärme und Geschicklichkeit", meisterhaft den „Schein der Objektivität" wahrend, „jede nur irgend haltbare Position bis zum äußersten" verteidigend, sich einst die linke Frankfurter Zeitung für Jakob Goldschmidt als dem leitenden Gesellschafter der Danat und Gegner der Lahusens eingesetzt hatte und vermißte ein gleiches engagiertes Eintreten der rechten Presse für die Lahusens. Da die Nordwolle nach Krupp, wie Mathilde Plate schrieb, „das einzige Unternehmen ganz großen Stils" war, das sich noch in „rein deutschem Familienbesitz" befand, wurde es, wie sie kritisierte, für die „Linkspresse" zu einem dankbaren Objekt abwertender Berichterstattung.
Mathilde Plate wollte nicht, wie sie eifrig betonte, „über einen Wirtschaftsskandal noch den Mantel der christlichen Nächstenliebe decken". Den Fall Nordwolle sah sie freilich völlig anders gelagert. Die leitenden Personen der Nordwolle hatten ihrer Meinung nämlich nicht, wie es zuweilen in anderen Firmen geschehen war, „in ganz gemeiner Weise in ihre Tasche gearbeitet". „Bei der Nordwolle ist alles, was geschehen ist", schrieb Mathilde Plate ihrem einstigen Mentor, „auch das, was vielleicht nicht mit dem Buchstaben des Gesetzes übereinstimmt, geschehen zugunsten des Werkes, das nicht nur Familienbesitz seit drei Generationen, sondern geradezu Familienheiligtum war."
Sie erzählte, um das noble Verhalten zu unterstreichen: „Bezeichnend für die Einstellung zum Werk war, daß die Brüder Lahusen, wenn ein alter Meister abging, der noch unter ihrem Vater gedient hatte, diesem Nordwolle-Aktien schenkten, oft 15 bis 18 Stück, und zwar nicht auf Kosten des Werkes, sondern immer aus ihrem eigenen Besitz."
Was blieb, war für Mathilde Plate ein mehr als entschuldbares Konkursvergehen, angesichts der „zerstörenden Wirkung unserer neudeutschen Sozialpolitik" „im Grunde nichts als Notwehr gegen die wahnsinnige kapitalfeindliche Gesetzgebung unserer roten Helden in Berlin". Sie schrieb und machte damit einmal mehr ihr situationsorientiertes, vielleicht aber auch situationsgerechtes praktisches Denken deutlich: „Übrigens soll man doch in der Presse und in der Justiz nicht vergessen, daß Gesetze und Vorschriften, die für normale Zeiten gemacht sind, zum Widersinn werden in Zeiten, wo alles zusammenbricht." Sie befand, „wenn sich in einem Augenblick, wo das Haus über uns zusammenstürzt, ein Wirtschaftsführer diesem Zusammenbrechen mit allen Mitteln entgegenstemmt, so ist das ein größeres Verdienst, als wenn er, das Auge auf sämtliche Paragraphen des Handelsgesetzbuches gerichtet, das Werk und damit Tausende von Deutschen seinem Schicksal überläßt". In diesem Sinne rechtfertigte Mathilde Plate auch den seinerzeit durchgesetzten „Leistungslohn" der Lahusens als Maßnahme, die Menschen in Arbeit und Brot zu halten.

Mathilde Plate empörte die Stillegung von Werken oder deren Verkauf an ausländische Firmen, die sich damit, wie sie befand, „ein Stück deutscher Konkurrenz vom Halse schaffen", „zu einem Spottpreis" zutiefst. Sie ärgerte sich: „Also wieder soviel Arbeitsplätze für deutsche Arbeiter weniger!!" Sie schrieb: „Es ist für mich nicht Bremer Lokalpatriotismus, daß ich mich so lebhaft für die Nordwolle einsetze, sondern Gerechtigkeitsgefühl und nationale Sorge. Wenn wir noch viele Werte so sinnlos zerstören wie die Nordwolle, haben wir bald nichts mehr zu zerstören."
Die „Zerstörung von Werten und Arbeitsplätzen" nahmen auch „führende Kreise" der Nationalsozialisten zum Anlaß, wie Mathilde Plate ausführte, um „zum großen Schlage gegen die Banken und die Linkspresse" auszuholen. Mathilde Plate berichtete das eher emotionslos und sachlich. Doch ein gewisses Unbehagen und eine vorsichtige Kritik schimmern durch. Der rüde Ton und die Sprache der Nationalsozialisten gefielen ihr wohl nicht. Auch wußte sie, daß sich die Nationalsozialisten auf jedes dankbare Material stürzten, wie sie an anderer Stelle betonte, um „gegen das ‚System'" „Kapital daraus zu schlagen", und daß es ihnen nicht um die Sache der Nordwolle, sondern nur um die eigene Propaganda ging.
Der Prozeß zog sich hin bis zum Jahre 1933. Doch die Nationalsozialisten hielten sich in bemerkenswerter Weise zurück. Es scheint, als hätten sie sich aus dem Fall herausgehalten, weil sie wußten, daß sie mit einseitiger Parteinahme keine Sympathien beim konservativen bremischen Bürgertum erringen konnten, auf dessen Stimmen sie bei den Wahlen hofften.
Adolf Hitler ließ auch nach seiner Machtübernahme den Gerichten freie Hand. Er wollte mit der Nordwolle und dem Skandal um das Werk nichts zu tun haben. Das Urteil vom 29. Dezember 1933 lautete für G. Carl Lahusen auf fünf Jahre Gefängnis und 50 000 RM Geldstrafe, für Heinz Lahusen auf zwei Jahre und neun Monate Gefängnis sowie 20 000 RM Geldstrafe. Der Hauptvorwurf bezog sich auf Manipulationen in den Bilanzen seit 1926 und auf Kapitalentnahme aus dem Gesellschaftsvermögen.
Mathilde Plate dürfte mit dem nach dem Verwerfen der Revision am 28. Juni 1934 rechtskräftig gewordenen Urteil wenig einverstanden gewesen sein. Mehr aber noch empörten sie die öffentlichen Entgleisungen des nationalsozialistischen Gauleiters Röwer, der nach der erneuten Verhaftung von G. Carl Lahusen getönt hatte, er würde die Lahusens aufhängen, wenn er könnte. Mathilde Plate war vor den neuen Repräsentanten der Partei gewarnt.

III. Das Dritte Reich von 1933–1945

Die „Gleichschaltung" der Länder und der Seelen

Am 30. Januar 1933 wurde Adolf Hitler zum Reichskanzler gewählt. Mag für viele Menschen in Deutschland die Wahl auch eine Überraschung gewesen sein, wirklich überraschend war sie nicht, insbesondere nicht seit dem Aufstieg der Partei in den Reichstagswahlen am 14. September 1930. Auch wenn die NSDAP, die Nationalsozialistische Arbeiterpartei, in der neuen Reichsregierung in der Minderheit war, nicht gerade als „hoffähig" galt und den meisten Parteien im Reichstag nicht recht geheuer erschien, so hofften doch viele Mitglieder der Deutschnationalen Volkspartei, die ihre Position nach den Wahlen halten konnte, und Wirtschaftskreise durch die Einbindung der Nationalsozialisten in die Regierungsverantwortung die Partei und ihre Apologeten zu zähmen. Ein Trugschluß, denn der Wille der NSDAP zur Macht war grenzenlos und von einer Besessenheit, deren zerstörerische Kraft sich zunächst im „normal" erscheinenden Vorgang der Auflösung des Reichstages, die Weimarer Republik hatte sie so oft erlebt, am 1. Februar 1933 äußerte und, von den meisten Deutschen nicht erkannt, im Reichstagsbrand am 27. Februar den Anlaß gab, Kommunisten unnachgiebig zu verfolgen.

Diese Verfolgung wurde von weiten konservativen und bürgerlich liberalen Kreisen bis hin zu Frauen und Männern der Sozialdemokratie still geduldet, akzeptiert oder sogar begrüßt. Es war eine folgenschwere Unterstützung, die der „nationalen Regierung" bei den Wahlen vom 5. März 1933 eine Mehrheit von 52 % bescherte und schließlich zur Zerstörung des Föderalismus, der Autonomie der Länder, bekannt unter dem Namen „Gleichschaltung" der Länder, und zum berühmten Händedruck zwischen Hitler und dem greisen, hochgeachteten Reichspräsidenten Paul von Hindenburg führte. Dieses Zeichen der Versöhnung erhöhte die Akzeptanz des neuen Kanzlers, steigerte sein Ansehen und erleichterte es der NSDAP, das „Ermächtigungsgesetz" vom 23. März 1933, das für vier Jahre eine auch von der Verfassung abweichende Gesetzgebung durch die Regierung ermöglichen sollte, gegen den Widerstand der Sozialdemokratie, die Kommunisten waren bereits ausgeschaltet worden, durchzusetzen.

Der Weg zur Diktatur mit der Vereinnahmung von Gewerkschaften, der Einrichtung von Konzentrationslagern, der Auflösung von Parteien und des Verbotes von Neugründungen, der gnadenlosen Verfolgung bis hin zur Vernichtung von Juden, Kommunisten und Sozialdemokraten, von geistig Behinderten und Homosexuellen, von anders denkenden, anders handelnden und anders aussehenden Menschen war geebnet.

Doch noch gehörten konservative Männer wie Kurt von Schleicher (1882–1934), der von Mathilde Plate sehr geschätzte Industrielle und Konzernchef Dr. Alfred Hugenberg (1865–1951) und Franz von Papen (1879–1968) als Vizekanzler dem Kabinett des Reichskanzlers Adolf Hitler an. Dadurch entstand der Eindruck, nicht nur in weiten bürgerlichen Kreisen, sondern auch in sozialdemokratischen und kommunistischen Gruppierungen, daß die neue Regierung in Deutschland von den Deutschnationalen beherrscht würde und Alfred Hugenberg, zu dessen Konzern der Scherlverlag, die Telegraphen-Union und die UFA gehörten und der dadurch großen Einfluß auf die öffentliche Meinung nehmen konnte, nicht aber Hitler der eigentliche Drahtzieher wäre und die Macht in Händen hielte.

Am 31. Januar 1933 titelte die Bremer Volkszeitung, die wenig später im März 1933 verboten wurde: „Kanzler von Barons Gnaden, Hitler im Schlepptau von Papen und Hugenberg – eine Regierung der Schwerindustrie und der Junker". Aber Hugenberg wurde bereits am 26. Juni 1933, nachdem er sich geweigert hatte, die Nachfolgeorganisation der DNVP, die Deutschna-

tionale Front, aufzulösen, zum Austritt aus der Reichsregierung gezwungen. Er verschwand von der politischen Bühne. Mathilde Plate registrierte es mit Empörung und Fassungslosigkeit.
Das Regime zeigte im Jahre 1934 mit der Ermordung von widerspenstigen Männern in den eigenen Reihen im Zusammenhang mit dem sogenannten „Röhm-Putsch" sein wahres Gesicht. Liquidiert wurden neben dem SA-Führer Ernst Röhm am 30. Juni 1934 auch der General Kurt von Schleicher und der einstige Adlatus Gregor Strasser (1892–1934), der 1932 der NSDAP den Rücken gekehrt hatte. Mathilde Plate war entsetzt. Sie ließ sich durch die offiziellen Verlautbarungen zum „Hochverrat" nicht bluffen, sondern zeigte sich, wie sich ihr Neffe Helmut Plate erinnerte, durch ihre politischen Kontakte über die Hintergründe der Morde bestens informiert.
Nach dem Tod Hindenburgs am 2. August 1934, der Hitler die Rechte des Reichspräsidenten zusätzlich bescherte, wurde die Macht der Nationalsozialisten noch ausgebaut. Die Menschen im neu geschaffenen, von seinen Anhängerinnen und Anhängern pathetisch gefeierten „Dritten Reich" sahen, wie die Menschen im Ausland, die die Geschehnisse in Deutschland als innerdeutsche Angelegenheiten betrachteten, tatenlos, aber doch oft mit großem überwiegend zustimmendem Interesse zu.
Wenn auch alle Maßnahmen der Nationalsozialisten letztlich der Durchsetzung ihres Weltbildes dienten und der „Wehrhaftmachung" des Volkes, mit der Vernichtung von Gegnern und zu Gegnern erklärten Menschen und der Gewinnung von Macht über Körper und Köpfe derjenigen, die als Volksgenossinnen und Volksgenossen willkommen waren, so stießen doch viele Aktionen auf Gegenliebe, weil die dem Regime genehmen Menschen nicht erkannten, worum es wirklich ging. Die neuen Machthaber taten etwas gegen die Not der Zeit, gegen die Arbeitslosigkeit und für das nationale Selbstbewußtsein der Menschen, das nach dem Ersten Weltkrieg verloren gegangen war. So waren die Gefühle durchaus zwiespältig, auch bei jenen, die der neuen politischen Linie abwartend oder ablehnend gegenüberstanden. Für viele waren es ein Neubeginn und ein nationaler Aufbruch mit der Hoffnung auf eine bessere Zukunft.
Die Nationalsozialisten, so kritisch sie auch zu Beginn ihrer Ära von politisch bewußten Menschen beäugt worden waren, hatten es verstanden, Hoffnungen zu wecken. Mathilde Plate hielt, wie viele Deutsche, die Bemühungen um die Verbesserung der wirtschaftlichen Situation für richtig, auch wenn dahinter mehr oder weniger erkennbar die Förderung von Großbetrieben für eine groß angelegte Aufrüstung, die staatliche Lenkung und Kontrolle sowie die „Gleichschaltung" standen, nicht nur der Länder, sondern auch der Herzen und Seelen. Fakt war, und das freute viele, daß die Produktivität zunahm und sich die Arbeitslosenzahlen halbierten. So war die Zahl in Bremen von im Januar 1933 ca. 46 000 registrierten Arbeitslosen auf Ende 1937 nur noch 3400 Arbeitslose gesunken. Auch die Fürsorglichkeit des Staates zum Beispiel für kinderreiche Familien mit der Einrichtung von Mütter- und Kindererholungsheimen stieß auf breite Akzeptanz.
In der bremischen Politik glaubten die Deutschnationalen, eine ähnliche Rolle wie im Reich spielen zu können. Sie begriffen sich als die eigentlichen Träger der Regierungsverantwortung und sahen sich als mäßigende Kraft und als „Dompteure" Hitlers und seiner Partei. Doch sie wurden rasch eines Besseren belehrt. Mitsprache, eigene oder gar oppositionelle Meinungen waren nicht mehr gefragt.
Am 3. Februar 1933, nachdem Hitler Reichskanzler geworden war, brachte die DNVP, in der Mathilde Plate noch Mitglied war, aber keine politische Funktion mehr innehatte, zusammen mit der NSDAP, war es Naivität oder einfach devot, den Antrag auf Selbstauflösung der Bremischen Bürgerschaft ein. Die Bürgerschaft lehnte ab. Linke, liberale aber auch konservative

Kräfte verhinderten damit zunächst die „Gleichschaltung“ des Landes Bremen auf parlamentarischem Wege.
Die Nationalsozialisten waren enttäuscht, aber entschlossen zum Handeln. Sie gingen in Bremen, wie in den anderen Ländern des Deutschen Reiches auch, auf die Straße und in immer stärkere Offensive, um die „Gleichschaltung“ zu erzwingen, und sei es mit Terror und Gewalt. Umzüge mit Fahnen und Marschmusik waren an der Tagesordnung.
Die Versammlungen der NSDAP wurden von vielen Bremerinnen und Bremern besucht. Am 26. Februar 1933 sprach der Vizekanzler Franz von Papen im restlos überfüllten Saal der Centralhallen. Franz von Papen geißelte den Marxismus und kritisierte den Vielparteienstaat, der das Antlitz der Weimarer Republik geprägt hatte. Eine Kapelle des „Stahlhelm“, des Bundes konservativer „Frontsoldaten“, der am 25. Dezember 1918 in Magdeburg gegründet worden war und dem der „Königin-Luise-Bund“ für Frauen, der auch Mathilde Plate als Mitglied zählte, angeschlossen war, spielte Marschmusik. Es war eine Organisation, die rasch selbst in Mißkredit geriet und aufgelöst wurde, weil viele ihrer Mitglieder den Hitlergruß verweigerten und die Hakenkreuzfahne mißachteten.
Der Druck der Nationalsozialisten auf den Bremer Senat wurde stärker. Die destruktiven Aktionen im bremischen Parlament, an denen auch die DNVP beteiligt war, die rüden Agitationen, die Rüpeleien und Beschimpfungen bis hin zu Handgreiflichkeiten nahmen zu. Mathilde Plate dürfte froh gewesen sein, einem Parlament, das zeitweise einem „Tollhaus“ glich und ein Bild der Hilflosigkeit und mangelnder Disziplin bot, nicht mehr anzugehören und mit Mitgliedern, denen es an Stil, Würde und Contenance fehlte, nichts mehr zu tun zu haben.
Am 6. März 1933 probten die Mitglieder der NSDAP den „Staatsstreich". Sie wollten die Macht, drohten mit dem Einsatz von SA und SS und verlangten, die Wahlen hatten ihnen keineswegs die Mehrheit gebracht, die Demission der SPD-Senatoren, die Auflösung der Bürgerschaft, das Hissen der Hakenkreuzfahne auf dem Rathaus und die Einsetzung Dr. Markerts, dem stellvertretenden Direktor des Arbeitsamtes, als Polizeikommissar. Der Senat konnte sich nicht lange widersetzen, peu à peu glitt ihm die Macht nach dem Rücktritt der SPD-Mitglieder und nach dem Einsatz des Polizeikommissars und weiterer „Spezialkommissare“, zum Beispiel für das Schulwesen, aus den Händen. Die „Gleichschaltung“ Bremens war nur noch eine Frage von Tagen, um so mehr, als es im bürgerlichen Lager zwar nicht an kritischer Distanz fehlte, wohl aber an organisiertem Widerstand.
In dem neuen am 18. März 1933 gebildeten Senat waren noch drei Mitglieder der DNVP vertreten. Es waren die „ehrbaren Kaufleute“, „Verkörperung des ‚bürgerlichen Honoratiorentypus’“ (Marßolek/Ott, 118), Hermann Ritter, Inhaber der Tabakfabrik Martin Brinkmann, sowie Bernhard Flohr und Erich Vagts. Doch der Absolutheitsanspruch der NSDAP erschütterte die Deutschnationale Volkspartei. Während sich Flohr und Ritter noch eine Annäherung, aber nicht eine Verschmelzung mit der NSDAP vorstellen konnten, gingen Vagts und der Landesvorsitzende der Partei, der Augenarzt Prof. Dr. Grunert, auf größere Distanz (Schwarzwälder IV, 133).
Ein Bild von Mitgliedern der Bremischen Bürgerschaft nach der Machtübernahme am 28. April 1933 verdeutlicht den „Seelenzustand". Während die Nationalsozialisten, „Männer mit jungen bis mittelalten Gesichtern“, „ihre uniformierten Arme zu einem mehr oder weniger strammen ‚Deutschen Gruß’ erheben“, standen „daneben auf der rechten Seite dunkelgekleidete würdige Herren meist bestens Alters, welche die Arme nicht hochrecken, sondern vielmehr ausgesprochene Begräbnismienen zur Schau stellen“ (Marßolek/Ott, 48).
Doch den Nationalsozialisten war jegliche Eigenständigkeit verhaßt, Subordination war gefragt. Im Mai 1933 löste sich die DNVP als Partei auf. Sie existierte als „Deutschnationale

Front“ auf Reichs- und auf Landesebene noch eine kurze Weile, bevor sie sich nach heftigem Druck Hitlers, zunächst im Reich nach der Entlassung des Reichswirtschaftsministers Alfred Hugenberg am 26. Juni 1933, dann in Bremen, zur Selbstauflösung bereitfand. Flohr blieb bis zu seinem Tode im Jahre 1942 im Amt, Ritter und Vagts wurden mit Positionen in der städtischen Verwaltung bedacht.

Mathilde Plate war über die politische Entwicklung, die sie so doch nicht vorausgesehen hatte, irritiert und verärgert. Der neue politische Stil mit Morden, Entlassungen und die bramarbasierenden neuen Parteigrößen dürfte ihr wenig gefallen haben. Dieses neue Reich, das sogenannte „Dritte Reich“ , das sich da so ordinär ankündigte, war für sie weder die legitime Nachfolgerin des großen Heiligen Römischen Reiches Deutscher Nation noch die des 1871 gegründeten deutschen Kaiserreichs. Seinen Apologeten fehlte ihrer Meinung nach die Größe der mittelalterlichen Herrscher und eines Bismarck, durch dessen Geist einst das Deutsche Reich und die junge Nation geprägt worden waren.

Angesichts dieser Distanz zu den neuen Machthabern hat Mathilde Plate wohl nie recht eingesehen oder nicht wahrhaben wollen, daß die DNVP nicht nur „Steigbügelhalterin“ Hitlers im Reich und in Bremen war, sondern auch mit ihrem Gedankengut den Boden bereitete, auf dem die Machtübernahme leicht vorgenommen und die Diktatur errichtet werden konnten. Und sie hat nie eingeräumt, daß sie als Glied dieser politischen Bewegung Mitverantwortlichkeit für die Etablierung reaktionärer Werte trug, die im Faschismus ihre volle destruktive Kraft entfalteten.

Bereits am 1. April 1933 erfolgte in Bremen der erste Boykottaufruf gegen jüdische Geschäfte. Die Geheime Staatspolizei (Gestapo) wurde gegründet. Verhaftungen und Inhaftierungen von Kommunisten und von Sozialdemokraten waren nun an der Tagesordnung: Unter vielen anderen waren die ersten Opfer Alfred Faust als Chefredakteur der verbotenen Bremer Volkszeitung, Oskar Drees als Vorsitzender des Arbeitersports, Wilhelm Kaisen und Emil Theil.

Im Rechenschaftsbericht Markerts nach einem Jahr NS-Herrschaft hieß es stolz: „450 Personen wurden wegen Hochverrats festgenommen, 1400 kamen in Schutzhaft; es gab 950 Haussuchungen“ (Schwarzwälder IV, 101). Im Mai 1933 waren im KZ Mißler an der Walsroder Straße in Findorff 139 sogenannte „Schutzhäftlinge“ untergebracht. Sie wurden oft so brutalen Mißhandlungen unterzogen, daß ihre Schmerzensschreie von den Anwohnerinnen und Anwohnern gehört wurden. Das Lager wurde am 11. September 1933 bereits wieder aufgelöst. Man brauchte keine Zeuginnen und Zeugen. Andererseits hatte sich aber auch gezeigt, daß der Zwangsarbeitseinsatz von Bremen aus nur mit Schwierigkeiten zu bewerkstelligen war.

Auch die Kirchen unterlagen dem Druck der neuen Machthaber. Die bremischen Repräsentanten der evangelischen Kirche, viele von ihnen, wie Mathilde Plate, neigten noch immer zu einem christlichen Staat wie zu Kaisers Zeiten, hatten mit dem Glockengeläute und dem Hissen der Hakenkreuzfahnen vielleicht nur geringe Schwierigkeiten, doch zeigten sie wenig Neigung zur Gründung einer Bremer Ortsgruppe der dem Regime verpflichteten „Deutschen Christen“, denen es um Arisierung des Christentums, um Einführung des Führerprinzips und um enge Anlehnung an die NSDAP ging. Im Jahre 1933 unterzeichneten 36 von 51 Pastoren einen Aufruf, in dem zwar die „Neue Zeit“ und eine Reichskirche begrüßt, aber das Führerprinzip und die Vermischung von Religion und Politik, in die eine rassisch-völkische Ideologie einverwoben war, abgelehnt wurden. Doch die Proteste, die insbesondere von der Stephanigemeinde und elf weiteren Gemeinden ausgingen, waren wenig erfolgreich.

Am 27. September 1933 erfolgte, insbesondere von Domprediger Weidemann vorangetrieben, dessen Berufung Mathilde Plate einst befürwortet hatte, die Eingliederung der Bremischen Evangelischen Kirche in die Reichskirche. Am 30. Juni 1933 wurde der Bremische Evangelische Kirchentag, dem Mathilde Plate als einzige Frau angehörte, vorläufig und am 24. Januar 1934 endgültig aufgelöst. Mathilde Plate dürfte kaum länger Anhängerin Weidemanns gewesen sein.

Wenn es auch keine öffentliche Stellungnahme von ihr dazu gibt, so gehörten doch die Auflösung der DNVP, die groben und rüpelhaften Angriffe des Gauleiters Röwer auf Kirchenvertreter und die Eliminierung einer Institution von großer Tradition, der sie angehört hatte und der sie sich zutiefst verbunden fühlte, zu den Taten, die Mathilde Plate den neuen Machthabern nicht verzieh. Mathilde Plate wurde zwar nicht Mitglied der Bekennenden Kirche, die ihr Zentrum in der St.-Stephani-Gemeinde hatte, sie kannte jedoch die Diskussionen, insbesondere durch Elisabeth Forck, die ihre spätere Nachfolgerin im Amt als Schulleiterin wurde.

Mochte Mathilde Plate je von der rechtsradikalen Bewegung Besserung der sozialen Situation und neue nationale Reputation erhofft haben, so hatten ihr doch die Entlassung Hugenbergs, die Ausschaltung der Konservativen und auch die Verhaftung von Kritikern des Regimes, wie Wilhelm Kaisen, sowie die gewaltsamen staatlichen Eingriffe und Übergriffe in die Organisation der christlichen Kirchen mit der Verdrängung der Inneren Mission aus dem Wohlfahrtswesen gezeigt, daß die von ihr so wenig geliebte demokratische Republik einer Diktatur Platz gemachte hatte, mit der nicht zu spaßen war, die rücksichtslos und brutal von ihrer Macht Gebrauch machte, die versuchte, in alle Lebensbereiche einzudringen und sich die Menschen botmäßig und gefügig zu machen.

Mathilde Plate sah wohl immer deutlicher, daß mit dem Dritten Reich viel Ungeist eingezogen war. Von geistiger Erneuerung und einem Deutschland, für das einst Walter Flex sein Leben gab, konnte nicht mehr die Rede sein. Mathilde Plate verabscheute die mißtönenden nationalistischen Platitüden, registrierte mit nüchterner Aufmerksamkeit die politischen Geschehnisse und machte sich angesichts der neuen politischen Situation und der neuen Herren im Lande ihre eigenen Gedanken.

Im Gleichschritt der Zeit und gegen den Strom?

Mathilde Plate zog sich immer mehr aus der Öffentlichkeit hinter die Mauern ihrer Schule und in die Privatheit ihres Hauses an der Chemnitzer Straße zurück. Sie überlegte sich Taktiken und Strategien, um gegenüber den neuen Herausforderungen an die Schule gewappnet zu sein, ihre Schule, die sie als eine Art Arche Noah begriff, ihr Kollegium und ihre Schülerinnen durch die Brandung der Gefahren und der Anfechtungen der Zeit zu steuern. Denn nicht nur die Inhalte des Unterrichts waren durch die neue Ideologie bedroht, sondern auch das Modell der Schule als Unterrichts- und Lebensgemeinschaft, wie sie es immer verstanden hatte, war in Gefahr.

Mathilde Plate bereiteten das propagierte Frauenbild und die darauf basierende Bildungspolitik für Mädchen, in der weiblicher Intellekt nicht gefragt war und die deutschen Frauen auf ihre einzige wahre Aufgabe der Mutterschaft hin erzogen werden sollten, nicht nur arges Kopfzerbrechen, sondern sie berührten sie auch existentiell.

Allerdings stand das Frauenbild der NS-Ideologie oft in offenem Widerspruch zur Realität: zum Lebensalltag der Mathilde Plate, die sich als Schulleiterin innerhalb eines später fast nur noch aus Frauen bestehenden Kollegiums behauptete, und zur allgemeinen, in der Nazifrauen und die Frauen der Nazis keinesfalls das „Heimchen am Herd“ spielten oder sich an Spinnrad und Webstuhl vergnügten. Eine Wirklichkeit im faschistischen Deutschland, in der Hanna Reitsch (1912–1979) als Testpilotin mühelos in eine Männerdomäne eindrang, Leni Riefenstahl die offiziellen Parteitagsfilme und die Olympiafilme drehte und die Architektin Gerdy Troost die Ausgestaltung der Bauten auf dem Obersalzberg übernahm. Eine Wirklich-

Das Kollegium bei einer Abiturientenfeier 1931 in Verden (Aller)

keit, in der nach Kriegsbeginn Frauen massenhaft in der Produktion und auch im Heer zur „Verteidigung" des Vaterlandes eingesetzt wurden und in der eine Frau wie Beate Köstlin, verheiratete Uhse, die 1943 in den Rang eines Hauptmanns der Luftwaffe befördert wurde, die ersten Düsenjäger der Welt an die Front überstellte (Sigmund, 14).
Doch wenn die Wirklichkeit auch anders aussah, die Verherrlichung des „Mutterberufes" und die Bestimmung der Frau als Hausfrau wurden im Dritten Reich theoretisch nie außer Kurs gesetzt. Sie sollten sich in neuen Mädchenbildungsprogrammen niederschlagen.
Die Fehler, die das Regime in Mathilde Plates Augen bereits zu Anfang begangen hatte und denen immer weitere Fehler, außenpolitische und innenpolitische, wie massive Eingriffe in die bürgerlichen Rechte und in das Schulwesen, insbesondere in „ihr" Mädchenschulwesen, folgten, vertieften ihre Skepsis gegenüber den neuen Machthabern. Mathilde Plate errichtete sich „ein eigenes geistiges Gebäude", meinte ihr Neffe Vitus B. Dröscher. Ich denke, sie hatte es sich längst gezimmert und machte es zur Richtschnur eines Denkens und Handelns, in dem Diplomatie gefordert war und sich Anbiederung verbot.
Mathilde Plate schwor sich, im Rahmen des Möglichen und Machbaren das anspruchsvolle Bildungsprogramm für Mädchen aufrechtzuerhalten, weiterhin ihrem Gewissen zu folgen und, wenn dieses es befahl, nicht botmäßig und nicht gefügig gegenüber den neuen Herrschern zu sein, Befehle zwar nicht offen, aber doch stillschweigend und subversiv zu unterlaufen. Sie ging, bei äußerer Loyalität zum neuen politischen System, auf umsichtige Distanz und wahrte diese Distanz durch die gesamte Zeit der Naziherrschaft, ohne sich eine wirkliche Blöße zu geben. Diplomatie und Taktik waren ihre Waffen. An einen offenen Widerstand dachte Mathilde Plate wohl nie. Sie glaubte mit Geschick und Beharrungsvermögen Bastionen halten zu können, die ohne sie nicht zu halten gewesen wären und andere nicht hätten halten können
„Sie fragte sich nie, was ihr etwas bringt," meinte ihr Neffe Vitus B. Dröscher, „sondern sie fragte sich, was ist richtig, was ist recht, so unterscheidet sich der Herr vom Knecht"

(18.2.1991). Übersetzt hieße das, sie blieb Herrin und wurde nie zur Magd eines Systems, das ihr nicht recht geheuer war, dessen Unrechtcharakter sie aber, und das ist ihr kaum vorzuwerfen, zu Beginn der Ära noch nicht in allen Teilen erkannt hatte. Für Vitus B. Dröscher war sie durch ihre liebenswürdige Bestimmtheit und durch die Festigkeit ihres Charakters irgendwie „eine eiserne Lady, wie Thatcher, konziliant im Wesen und unnachgiebig in der Sache".

Mathilde Plate fand als ranghohe Staatsbeamtin einen schmalen Pfad, auf dem sie in sorgsamer Balance, zwischen Anpassung, selbstbewußter Eigenwilligkeit und vorsichtiger Widerspenstigkeit, mit der Zeit und gegen den Strom wanderte. Sie wurde nicht Mitglied der NSDAP, glaubte aber wohl dem neuen Regime Tribut zollen zu müssen, wenn sie im Amt bleiben wollte, und schloß sich am 1. November 1934 der NSV, der Nationalsozialistischen Volkswohlfahrt, mit der Mitgliedsnummer 3379686 an. Am 1. April 1936 wurde sie Mitglied im NSLB, dem Nationalsozialistischen Lehrerbund, mit der Mitgliedsnummer 335612.

Der Lehrerbund, der sich nicht als eine selbständige Organisation verstand, sondern als Glied der NSDAP ohne eigene politische Macht, hatte den Kampf gegen den Bolschewismus und den Marxismus auf seine Fahnen geschrieben. Grundlage seiner Arbeit bildete, wie immer wieder betont wurde, die nationalsozialistische Weltanschauung. Dazu gehörten die Bejahung des „Führerprinzips" und des „Wehrgedankens", das „Rassebewußtsein" und die „christliche religiöse Erziehung" mit der Weckung der schöpferischen Kräfte der Schüler und Schülerinnen.

Der NSLB bot auch den Frauen ein Forum, ihre Vorstellungen von Bildung, speziell auch von weiblicher Bildung, vorzutragen. Auf dem Reichstag des NSLB im April 1932 referierte zum Beispiel die Studienrätin Förster aus Hamburg. Quintessenz ihrer Ausführungen war die Aussage, die Frau nicht als Objekt zu betrachten, sondern als „sittliches Subjekt", als Trägerin und Hüterin einer „neuen deutschen Sittlichkeit". Wenn Mathilde Plate auch wohl nicht an der großen Versammlung teilgenommen hatte, so ist doch gewiß, daß die Studienrätin Förster ihre Thesen auch in Bremen darlegen konnte.

Das Schulwesen wurde auf Kurs gebracht. Mit der Verordnung vom 18. Juli 1933 wurden alle Beamten auf den Hitlergruß verpflichtet. Am 1. April 1934 wurden die Flaggenehrung und nationale Feiertage, wie der Geburtstag des Führers, in den Schulen eingeführt. „Seit den Sommerferien 1938 hatten die Klassen und eintretende Lehrer einander mit ‚Heil Hitler' zu grüßen und dabei den Arm zu heben, und das vor und nach jeder Stunde" (Forck, 70 Jahre Kleine Helle, 11).

Auch auf die Lerninhalte wurde massiv Einfluß genommen. Am 1. April 1934 wurde das „Reichslesebuch" in den Volksschulen eingeführt, dazu gab es als das neue Geschichtsbuch „Volk und Führer", auch für die höheren Schulen. Am 8. November 1933 wurden als Unterrichtsgegenstand die „Vererbungslehre" und „Rassenhygiene" festgelegt. An die Lehrerschaft bestand die Forderung, sich auf das bloße Erteilen von Unterricht, im Sinne der nationalsozialistischen Vorgaben, zu beschränken und den Jugendorganisationen der NSDAP, neben der Hitlerjugend (HJ) und dem Deutschen Jungvolk (DJ) der Bund Deutscher Mädel (BDM) und der Jungmädelbund (JM), die Aufgabe zu überlassen, die Jugend zu führen und auf den rechten, politisch gewünschten Weg zu leiten.

Am 30. August 1934 legte Mathilde Plate jenen Eid ab, den alle Beamtinnen und Beamten zu leisten hatten: „Ich schwöre: Ich werde dem Führer des Deutschen Reiches und Volkes Adolf Hitler treu und gehorsam sein, die Gesetze beachten und meine Amtspflichten gewissenhaft erfüllen, so wahr mir Gott helfe."

Vor 1933 gab es innerhalb der Lehrerschaft nur 52 Mitglieder der NSDAP, das waren 3 %, bereits wenige Jahre später waren es 633 Mitglieder. Im April 1933 trat der „Bremische

Lehrerbund" dem NS-Lehrerbund bei, dem im Mai desselben Jahres auch der „Bremische Lehrerverein" folgte. „Juden, Freimaurer oder Mitglieder irgendwelcher Geheimorden und solche Berufsgenossen, die für die neue Staatsgewalt untragbar sind", konnten nicht Mitglieder sein. Der Verein Bremischer Lehrerinnen hingegen widersetzte sich den Forderungen auf Anschluß und wurde 1938 aufgelöst.
Für das Schulwesen war als neuer Kommissar Dr. von Hoff eingesetzt worden. Von ihm erwarteten die neuen Machthaber eine rücksichtslose Säuberung der Lehrerschaft, das heißt die Vorbereitung zur Entlassung mißliebiger, politisch „unzuverlässiger" Lehrerinnen und Lehrer aus den Staatsdiensten (Schwarzwälder IV, 54 f.). Am 16. März 1933 wurden die ersten sechs Lehrer trotz Bedenken, die auch der Restsenat hatte, beurlaubt, zwei Tage später der Oberschulrat Dr. Roßmann. Er wurde später in den Ruhestand versetzt.
Auch einige Lehrerinnen traf der Bannstrahl der Partei. Mitglieder des Vereins Bremischer Lehrerinnen und der bremischen Sektion des Philologinnenverbandes wurden gemaßregelt. Die von Mathilde Plate sehr geschätzte Sara Agnes Heineken (1872–1954) wurde ebenso wegen politischer Unzuverlässigkeit entlassen wie die Lehrerinnen Dora Behrmann (1877–1942) und ihre Schwester Clara. Die Schulrätin Johanna Lürssen (1881–1966) wurde zur Studienrätin degradiert, weil man eine Frau in diesem hohen Amt nicht mehr haben wollte. Es waren Maßnahmen, zu denen Mathilde Plate öffentlich schwieg, die sie aber beunruhigten, verstörten und hellwach werden ließen. Mit Dr. von Hoff, einem Rassenfanatiker, hieß es, „hatte sie nichts im Sinn", zum Landesschulrat Dr. Karl Kurz, der zunächst kein Parteimitglied war, hatte sie aber ein „gutes Verhältnis".
Wie wenig viele bremische Lehrerinnen von den neuen Machthabern in Uniform und Stiefeln und ihren martialischen Umgangsformen und von den neuen Rassegesetzen hielten, wurde in den Aufführungen der Spielschar des Vereins Bremischer Lehrerinnen aus den Jahren 1933 und 1934 deutlich, zu der auch Mathilde Plates Kollegin, die von ihr sehr geschätzte Biologie- und Mathematiklehrerin Martha Hörmann (1888–1971), gehörte. „Führerin" der Spielschar, kritische Texterin und männliche Hauptdarstellerin der aufgeführten Stücke war die Reformpädagogin Meta E. Schmidt, Mathilde Plates alte Studienkollegin aus dem Kippenberg-Lyzeum und Schauspielerinkollegin aus früheren Jahren, mit der sie so oft gemeinsam auf der Bühne gestanden hatte.
Wenn wir es heute auch nicht mehr so genau wissen, so steht doch zu vermuten, daß Mathilde Plate sich auch das Kabarett „Blauer Dunst" nicht entgehen ließ, das am 25. Februar 1933 vor mehr als tausend Frauen in den Centralhallen über die Bühne ging. Zu dieser aufregenden Veranstaltung hatten die Frauen ostentativ und erstmalig in der Geschichte der „Spielschar" auch Männer eingeladen, nämlich die von den neuen Machthabern entlassenen Kollegen. Auch SA-Leute begehrten Einlaß zu der Veranstaltung von Frauen für Frauen. Sie konnten in diesem ersten Jahr nach der „Machtübernahme" noch abgewiesen werden. So hörten sie auch nicht die kritischen Verse:

> „Was ist des wahren Mannes Glück? – Die Uniform.
> Was steift den Mut und das Genick? – Die Uniform.
> So buntes Tuch mit Litzen
> macht seine Augen blitzen,
> da spürt er seinen Manneswert
> und fühlt sich von sich selbst geehrt."

1934 wurde das von Meta E. Schmidt erdachte, recht harmlos erscheinende Stück „Schloß und Hütte" aufgeführt. Doch so harmlos war es nicht, denn in ihm wurden die Sorge um gesunden und moralischen Nachwuchs und der neue Kult um Ahnenforschung und die neuen Erbgesetze persifliert.

Anläßlich einer Geselligkeit im Hause Hörmann, zu der sich die Schauspielerinnen und Gäste, vielleicht war auch Mathilde Plate dabei, zusammenfanden, wurde über die Aufführung noch intensiv diskutiert, und Martha Hörmann reimte in der Nachbereitung der Aufführung:

„In unsrer aufgeklärten Zeit
gilt fortan das Erbgesetz der Unerbittlichkeit.
Was uns im Blute steckt,
das wird jetzt aufgedeckt,
ist's auch nicht angenehm,
wir werden's dennoch sehn."

Mathilde Plate haben die Ironisierungen vermutlich nicht nur amüsiert, sondern auch betroffen gemacht. Betroffen, weil die kleine, am 14. Juni 1932 geborene Tochter Dietlind ihres Bruders Ludwig an Mongolismus litt und damit unter die Kategorie „unwerten Lebens" fiel.

Vielleicht hatte es auch mit dem neuen Feldzug gegen Behinderungen und Behinderte zu tun, daß Mathilde Plate heimlich, während der Abwesenheit ihrer Schwägerin, die kleine Dietlind nahm, um sie einem Arzt ihres Vertrauens vorzuführen, in der vagen Hoffnung, daß er heilen und helfen könnte. In der Familie war dieses Tun auf wenig Verständnis gestoßen. Mit der Schwägerin, die sich oft von Mathilde Plate düpiert fühlte und sich schon einmal gefallen lassen mußte, daß Mathilde Plate ihre Wäsche kontrollierte, führte der Übergriff zu einem Zerwürfnis, denn die verzweifelte Mutter war selber von Facharzt zu Facharzt gepilgert, das die Beziehung so nachhaltig zerstörte, daß sie wohl nie mehr so recht repariert werden konnte.

Daß Mathilde Plate das Schicksal Dietlinds zu Herzen ging und am Herzen lag, machen ihre testamentarischen Verfügungen deutlich. Am 20. Mai 1936 bevorzugte sie Dietlind sowie einige Neffen und Nichten gegenüber anderen; und in ihrem Testament vom 15. März 1941, das sie nach dem schweren Angriff in der Nacht vom 12./13. März aufsetzte, sprach sie von der „armen kleinen Dietlind Plate", die einen zusätzlichen Anteil an ihrem Erbe erhalten sollte.

Mathilde Plate zeigte sich an der Arbeit mit Behinderten interessiert. Als eine Schülerin, die einen behinderten Bruder hatte, für eine Abschlußarbeit über die fürsorgliche Arbeit der Anstalten in Bethel schreiben wollte, unterstützte sie das Vorhaben nachhaltig und benotete die Arbeit mit sehr gut. In Hitlers „Mein Kampf" unterstrich sie keinen Satz und kein Wort in den Abschnitten, in denen Hitler auf Themen wie „Natürlicher Regenerationsprozeß der Rassen", auf „Gefahren der Rassenmischung" und auf „Völkischer Staat und Rassenhygiene" einging.

Wie wenig Mathilde Plate von dem neuen Fach „Vererbungslehre" hielt, das in allen Schulstufen unterrichtet werden sollte, machte sie auf einer Konferenz deutlich, in der sie sagte, und Martha Hörmann notierte dies als Stilblüte: „In Preußen hing schließlich den Lehrern und Schülern die Kulturkunde zum Halse heraus."

„Mein Kampf gegen Mein Kampf"

Wenn es auch einen Senatsbeschluß vom 15. August 1933 gab, der vorsah, daß den bremischen Beamten und Beamtinnen das NS-Schrifttum und Hitlers „Mein Kampf" zugänglich gemacht werden sollten, damit sie diese gründlich studierten, so vertiefte sich Mathilde Plate gewiß freiwillig und mit Interesse in die Lektüre, um die Gedanken desjenigen zu erfahren, der die neuen politischen Leitlinien vorgab.

Mathilde Plate wollte genau wissen, wes Geistes Kind der neue Kanzler war und mit wem sie

und die Nation es tun haben würden. Sie wollte seine Botschaft kennenlernen und erfahren, welche Ziele er hatte und auf welchem Wege er diese Ziele erreichen wollte. So beschaffte sie sich rasch die Volksausgabe aus dem Jahre 1933 (XVII. Auflage), in der die beiden erstmalig 1925 „Eine Abrechnung" und 1927 „Die nationalsozialistische Bewegung" veröffentlichten Bände zusammengefaßt worden waren. Sie enthält Hitlers Analysen zum deutschen Kaiserreich, zum Verlust des Ersten Weltkrieges, schärfste Attacken gegen die Weimarer Republik und seine eigenen politischen Wünsche und Ziele im Rahmen der „braunen" Bewegung.
In Mathilde Plates „Mein Kampf" aus dem Jahre 1933 stehen die Worte „Mein Kampf gegen Mein Kampf". Das spricht für Ablehnung und für Widerstand von Anbeginn. Doch es ist weder möglich, diesen Widerstand eindeutig herauszuarbeiten noch ihn genauestens zu datieren. Es gibt zwar zahlreiche Unterstreichungen, aber keine Kommentare und sehr selten nur ein zusätzliches Wort, das zur Klärung heranzuziehen wäre. Auch ist nicht genau ersichtlich, in welchem Jahr die Stellen unterschiedlich kräftig rot, schwarz, blau, violett oder mit Bleistift markiert wurden. Einige Unterstreichungen oder Anmerkungen sind offensichtlich erst später 1939–1945 (198) oder 1944 (199) oder gar erst 1945 (44) entstanden.
Wie Mathilde Plate derzeit über die unterschiedlichen Gegenstände und Fragestellungen, die Hitler anschnitt, gedacht hat, ist nur auf dem Hintergrund von Meinungen und Vorstellungen zu interpretieren, die sie in anderen Zusammenhängen äußerte: mit ihren Redebeiträgen im Parlament, ihren eigenen Erinnerungen und mit den Aussagen derer, die sie gekannt haben. Ob sie über jene Passagen aber auch wirklich so gedacht hat oder ob sie irgendwann zu neuen und zu veränderten Ansichten gekommen ist, ist nicht mit letzter Sicherheit zu sagen.
Auf jeden Fall belegen die markierten Stellen, daß Mathilde Plate das Buch öfter und über Jahre hinweg immer wieder mit allergrößter Aufmerksamkeit gelesen hat und daß ihr zahlreiche Sätze und Absätze von einiger Bedeutung und andere von großer Wichtigkeit waren.
Mathilde Plate lernte aus „Mein Kampf", und sie lernte viele Ansichten und Meinungen Hitlers genauer kennen. Wie penibel sie bei der Lektüre und wie genau sie war, lassen feine Korrekturen erkennen, die offensichtlich auch in einer XVII. Auflage noch niemand anderem aufgefallen waren. So verbesserte sie, „Chaos und Ergebnis", in „Chaos *das* Ergebnis (69), „Nachweis" in „Nach*wuchs*" (272), „aber" in ein „über" (737).
Ihr Neffe Vitus B. Dröscher ist sich sicher, daß Mathilde Plate „Mein Kampf" als „Kampfinstrument" benutzte. Sie wollte wissen, meinte er, was der „Führer" wirklich gesagt hat, um Befehlen der Nazis, die ihr gründlich mißfielen, zu trotzen oder sie zurückzuweisen. Er schrieb: „Die Diskussion mit den Nazi-Bonzen ging etwa so vor sich: Der Betreffende stellte eine Forderung. Daraufhin Tante Tilli: ‚Das kann ich nicht durchführen, weil es gegen Hitlers Willen ist. Wie Sie sicherlich wissen schreibt Hitler in seinem Buch ‚Mein Kampf' auf Seite xxx folgendes Zitat: ‚xxx'. Oder wollen Sie, daß ich höheren Ortes melde, daß Sie entgegen Hitlers Wort handeln?" (29.9.1998).
Mit dieser Interpretation machte Vitus B. Dröscher deutlich, daß Mathilde Plate an vielen Aussagen und Passagen in „Mein Kampf" Gefallen gefunden hatte, daß sie mit Ansichten, Analysen und Einschätzungen Hitlers sympathisierte oder gar mit ihnen übereinstimmte. Das gilt insbesondere, legt man die Redebeiträge zugrunde, die sie einst im bremischen Parlament hielt, für historische Einschätzungen und für die bösen Abrechnungen mit der ersten deutschen demokratischen Republik. Denn eines ist gewiß, die Weimarer Republik hatte nicht nur Hitler, sondern auch Mathilde Plate gründlich mißfallen. Auch sah sie die Ursachen des Zusammenbruchs im Jahre 1918 ähnlich und machte die gleichen Leute als die Schuldigen des Zusammenbruchs wie Hitler aus.

Wenn Mathilde Plate jedoch auf das geschriebene Wort pochte, so scheint sie rasch gelernt oder erkannt zu haben, daß der „Führer" einiges von dem, was er einst sagte, vielleicht nie ernst gemeint hatte oder nicht länger ernst nahm, daß er seine eigenen Worte täglich Lügen strafte, daß Theorie und Praxis, Wort und Tat weit auseinanderklafften, daß er seine weltanschaulichen Ansichten modifiziert oder geändert hatte.

Das gilt insbesondere für jene Passagen, die sich mit der Religion und mit der freien Religionsausübung beschäftigen. So unterstrich Mathilde Plate Hitlers Aussage: „Politische Parteien haben mit religiösen Problemen, solange sie nicht als volksfremd die Sitte und Moral der eigenen Rasse untergraben, nichts zu schaffen; genau so wie Religion nicht mit politischem Parteiunfug zu verquicken ist." Und deutlich von Hitler herausgehoben: „Dem politischen Führer haben religiöse Lehren und Einrichtungen seines Volkes immer unantastbar zu sein, sonst darf er nicht Politiker sein, sondern soll Reformator werden, wenn er das Zeug hierzu besitzt" (127).

Mathilde Plate wollte, das ist mit Sicherheit zu sagen, die Unantastbarkeit der Religion gewahrt wissen. Doch sie konnte nicht verhindern, daß die christliche Lehre von der neuen Politik instrumentalisiert und Einrichtungen wie der Evangelische Kirchentag verboten wurden. So markierte sie besonders auffällig die Aussagen Hitlers zu „Religiöse Verhältnisse" und zu „Politischer Mißbrauch der Religion", in denen die dogmatischen Grundlagen der Kirchen ebenso unabdingbar zum praktischen Bestand des religiösen Glaubens gezählt wurden wie die „Staatsgrundgesetze für den Staat", und schrieb an das Ende der dick markierten Stelle: „Mythos! u. Praxis nach 34!" (293). Sie hatte nur zu genau erfahren, daß Hitler die gerügten „Verwüstungen" durch „den Mißbrauch der religiösen Überzeugung" selber betrieb und die Religion zu politischen Zwecken nutzte.

Die Passagen zur Religion und zur freien Religionsausübung lernte Mathilde Plate wie viele andere Stellen aus „Mein Kampf", wie Vitus B. Dröscher hervorhob, auswendig. Bei passender Gelegenheit konnte sie sie dann spontan und aus dem Stegreif zitieren. Nie versagte ihr dabei ihr phänomenales Gedächtnis. Darüber durften jene Parteileute staunen, die sich in die Behandlung religiöser Fragen innerhalb der Schule einmischten. So dürfte sie auch, folgt man der Interpretation Dröschers, engagiert und mit der ihr eigenen hoheitsvollen und imponierenden Art Hitlers Worte zitiert und auf „Religionsfreiheit" gepocht haben, wenn Gebete in der Schule, christliche Feiern und das „Gesinge" von Weihnachtsliedern neben der großen Krippe in der Schule als unzeitgemäß gerügt wurden. Das war Widerstand im „kleinen", ihr privater und ihr öffentlicher, von vielen miterlebt, mitgesehen und mitgehört im Bereich der Schule.

Auch andere Markierungen scheinen zu belegen, daß Mathilde Plate rasch einen Begriff und eine ungute Vorstellung von den neuen Machthabern und ihren Chargen gehabt hatte. Einmal mehr war ihr spätestens nach dem Hitler-Stalin-Pakt klar geworden, daß Hitlers Worten nicht zu trauen war, daß er gegen seine vehement vorgetragenen Bedenken gegen ein „Deutsches Bündnis mit Rußland?" einen Vertrag mit jenen schloß, die er als „blutbefleckte gemeine Verbrecher" und als „Abschaum der Menschheit" bezeichnet hatte und denen er nun bereitwillig die von ihr so geliebten Gebiete im Osten opferte.

Auch erkannte sie wohl die neue Propagandamaschine als Lügenmaschine und wußte durch Hitlers eigenen kernigen Spruch, „daß durch kluge und dauernde Anwendung von Propaganda einem Volke selbst der Himmel als Hölle vorgemacht werden kann und umgekehrt das elendste Leben als Paradies" (302).

Ihre Anmerkung: „Presse nach 33" zur Aussage Hitlers, daß die Monarchie im deutschen Kaiserreich dem breiten Volk entfremdet war, weil sie nicht von den „hellsten und besonders nicht von den aufrichtigsten Köpfen umgeben waren" und „die Schmeichler mehr als die geraden Naturen“ liebten und so auch nur „von diesen ‚unterrichtet‘ wurden“, dürfte als Kritik am neuen Regime zu werten sein, seinen mittelmäßigen und lügnerischen Männern und einer gleichgeschalteten Presse, die sich in Lobeshymnen auf die neuen Machthaber geradezu überschlug.

Auch scheint es, als habe Mathilde Plate nach den Provokationen und Annexionen von Gebieten durch Hitler, die zum Ausbruch des Zweiten Weltkrieges führten, erkannt, daß Hitler, seine Genossen und seine Partei die Fehler, die sie politischen Vorgängern anlasteten, nun selber begingen. So unterstrich sie wohl jene Passagen zum verlorenen Ersten Weltkrieg, in denen die Fehler der damaligen Führung gerügt und die Strategie der Engländer sowie Amerikaner und ihre wahre Berichterstattung über den Kriegsverlauf gelobt wurden.

Mathilde Plate, die nach Kriegsbeginn trotz des strikten Verbotes aufmerksam den politischen Nachrichten der Feindsender lauschte, wußte genau, daß wieder gelogen, daß militärische Niederlagen in Erfolge umgewandelt und daß dem deutschen Volk die Wahrheit vorenthalten wurden. Und sie scheint auch erkannt zu haben, daß Hitler entgegen seinen Versicherungen den Krieg gegen Polen und damit den Zweiten Weltkrieg begann. Sie unterstrich jene Passage in „Mein Kampf“, in der Hitler es ausdrücklich für richtig befand, daß die Schuld am Ersten Weltkrieg „restlos dem Gegner“ aufgebürdet werden sollte, „selbst wenn dies wirklich nicht so dem wahren Hergange entsprochen hätte“, und schrieb an den Rand „1939“ (200).

Auch eine andere Aussage steht für Mathilde Plates politische Erkenntnis und für ihr Wissen. „Eine Diplomatie“, schwadronierte Hitler in dicken Buchstaben, „hat dafür zu sorgen, daß ein Volk nicht heroisch zugrunde geht, sondern praktisch erhalten wird. Jeder Weg, der hierzu führt, ist dann zweckmäßig, und sein Nichtbegehen muß als pflichtvergessenes Verbrechen bezeichnet werden“ (693).

Mathilde Plate hatte diese Aussagen nicht nur mit rotem Stift unterstrichen, sondern die Passage auch noch durch drei senkrechte dicke rote Striche und durch ein Ausrufezeichen markiert. Wenn wir es auch nicht genau wissen, so steht doch zu vermuten, daß sie es gegen Ende des Krieges tat, spätestens nach dem Fall von Stalingrad, als immer offensichtlicher wurde, daß deutsche Soldaten sinnlos und verbrecherisch geopfert wurden.

Mathilde Plate kennzeichnete auch zwei Aussagen, in denen Hitler nicht ohne Emphase bekannt hatte: „Ein kraftvolles nationales Reich, das die Interessen seiner Bürger nach außen im höchsten Umfang wahrnimmt und beschirmt, vermag nach innen Freiheit zu bieten, ohne für die Festigkeit des Staates bangen zu müssen“ (641); oder: „Das Ziel einer deutschen Außenpolitik von heute hat die Vorbereitung zur Wiedererringung der Freiheit von morgen zu sein“ (687). Das dürfte wohl wirklich als Kritik an einem Regime gemeint sein, das ungeniert die Diktatur errichtete und die bürgerlichen Freiheiten abgeschafft hatte! Mathilde Plate wünschte sich gewiß Freiheit, die innere Freiheit, die Gedankenfreiheit und Freiheit im Inneren Deutschlands. Doch laut und öffentlich eingefordert hat sie sie nicht, wohl aber privatim die innere Freiheit gelebt und freiheitliche Gedanken in ihrem „Hoheitsbereich“ zugelassen, wie von vielen Ehemaligen und Kolleginnen immer wieder betont wurde.

Wie angedeutet, gibt es aber auch zahlreiche Unterstreichungen, die nur als Zustimmung einzuschätzen sind. Mathilde Plate teilte sicherlich Hitlers Aussagen zur Raum- und Bodenpolitik. Auch ihre Bewunderung für Hans Grimm, dem „Volk-ohne-Raum-Dichter“, spricht dafür. Und sie war als Mitglied des Deutschen Frauenkolonialbundes für den Wiedererwerb von Kolonien eingetreten. Und gewiß schätzte sie auch Hitlers Lob des „unvergleichlichen deutschen Beamtenkörpers“ und seine Idealisierungen der „Wehrhaftigkeit“, in denen die Großartigkeit des deutschen Heeres, die Tapferkeit deutscher Soldaten und die Verteidigung deutschen Volkstums betont wurden.

Ein Thema von besonderer Brisanz ist zweifellos die Stellung Mathilde Plates zum Judentum und zur sogenannten „Judenfrage". Daß sich Mathilde Plate bei der Lektüre von „Mein Kampf" auch damit intensiv auseinandergesetzt hat, machen zahlreiche Unterstreichungen, dicke Markierungen oder zuweilen auch ein zusätzliches Wort offenkundig, auch wenn sie einige Abschnitte kommentarlos passieren ließ.

Es ist sicherlich nicht ganz einfach, vielleicht sogar ein wenig waghalsig, angesichts der Knappheit der Unterstreichungen und Anmerkungen Mathilde Plates Einstellung zum Judentum herausfiltern zu wollen, um so mehr, als es keine flankierenden Aussagen von ihr dazu zu anderen Zeiten gibt, aber doch legitim oder sogar notwendig zumindest offenzulegen, was sie als bemerkenswert oder als wichtig empfand.

In „Die Judenfrage" korrigierte sie die Zahl jüdischer Einwohner in Wien von Hitlers geschätzten 200 000 auf 109 000. Wollte sie damit ausdrücken, daß Hitler übertrieb, „ein Problem" herbeiredete, oder war sie einfach nur buchhalterisch genau? In „Wandlung zum Antisemiten" unterstrich sie, daß Hitler dies als „meine schwerste Wandlung überhaupt" bezeichnete (59). „Wandelte" sie sich mit, oder konnte sie dieses Ringen gut verstehen, rang sie als überzeugte protestantische Christin selbst noch immer um eine Position in dieser Frage, die ja auch ihre Partei, die Deutschnationale Volkspartei, so sehr beschäftigt und auch gespalten hatte?

In „Der Jude als Führer der Sozialdemokratie" war ihr offensichtlich Hitlers Kritik wichtig, daß Juden „ihr eigenes Volkstum" und die „Größe desselben schmähten" und „große Männer in die Gosse zogen" (55–65). Gut vorstellbar ist, daß Mathilde Plate solche „Selbst- und Nestbeschmutzung" auch bei kritischen Juden beobachtet hatte, diese zutiefst mißbilligte und verurteilte.

Mit großem Interesse scheint Mathilde Plate auch jene Abschnitte, wie die in „Jüdische Dialektik" zum Beispiel, in denen es um die „jüdische Lehre des Marxismus" und „Marxismus als Zerstörer der Kultur" (69) ging, gelesen zu haben.

„Die jüdische Lehre des Marxismus lehnt das aristokratische Prinzip der Natur ab", schrieb Adolf Hitler, „und setzt", hier beginnt Mathilde Plates Unterstreichung, „an Stelle des ewigen Vorrechtes der Kraft und Stärke die Masse der Zahl und ihr totes Gewicht. Sie leugnet so im Menschen den Wert der Person, bestreitet die Bedeutung von Volkstum und Rasse und entzieht der Menschheit damit die Voraussetzung ihres Bestehens und ihrer Kultur." Zu dem das Kapitel abschließenden, gesperrt gedruckten: „Indem ich mich des Juden erwehre, kämpfe ich für das Werk des Herrn" (70), setzte Mathilde Plate den Hinweis, wo diese Worte in der Bibel zu finden sind.

Mathilde Plate war der Marxismus ohne Zweifel ebenso fremd wie suspekt, was freilich noch immer nicht heißen muß, aber doch heißen kann, daß sie, wie Hitler, Judentum, Marxismus und Demokratie unentwirrbar miteinander verwob. Auf jeden Fall war ihr der Satz wichtig: „Während das Judentum durch seine marxistische und demokratische Presse die Lüge vom deutschen ‚Militarismus' in die ganze Welt hinausrief und Deutschland so mit allen Mitteln zu belasten trachtete, verweigerten marxistische und demokratische Parteien jede umfassende Ausbildung der deutschen Volkskraft."

Auch paßt durchaus eine Überzeugung zu Mathilde Plate, daß „in jedem arischen Menschen irgendwie" das „Bedürfnis nach sozialer Gerechtigkeit" schlummere, empfand sie es doch selbst in sich tief verankert. Doch teilte sie wirklich die Auffassung, daß der Jude, „Mitleid heuchelnd" sich an den Arbeiter „heranmacht" und „in unendlich kluger Weise zum Haß gegen die vom Glücke besser Bedachten" schürt? (350) Es ist durchaus denkbar, daß sie, auch wenn man ihre Einschätzung des Falles Lahusen berücksichtigt, dieser Ansicht ebenso einige Plausibilität abgewinnen konnte wie jener, die besagte, daß der Jude als Gewerkschaftsführer verführt sowie Arbeitsniederlegungen und Massen- und Generalstreiks organisiert (354) und damit Menschen nicht „aus dem Sumpfe einer niederen Gesinnung heraus- und auf eine höhere Stufe" emporführt, „sondern ihren niedersten Instinkten" entgegenkommt (355), so auf „die Revolutionierung in doppelter Hinsicht" hinarbeitet: „in wirtschaftlicher und politischer" (357).

Für Hitler bildete der Jude mit seinem starken „Selbsterhaltungstrieb" „als bester Beweis", wie Mathilde Plate unterstrich, des langen „Bestehens dieser Rasse" „den gewaltigsten Gegensatz zum Arier" (329). Es scheint, als wäre Mathilde Plate der Ideologie der rassischen Unterschiede gefolgt. Sie schrieb jeweils das Wort Rasse mit einem Ausrufungszeichen versehen an den Rand, als es um die dem jüdischen Volk zugeeigneten Eigenschaften ging: um seinen Verstand und um seine „tausendjährige händlerische Gewandtheit". Es waren Zuschreibungen, die sie ebenso unterstrich, wie angebliche Eigenschaften jüdischer Staatsbeamter: „Kriechende Unterwürfigkeit nach ‚oben' und arrogante Hochnäsigkeit nach ‚unten'" sowie „himmelschreiende Borniertheit", denen sie noch ein Ausrufezeichen hinzufügte (352).

Daß Mathilde Plate das Judentum unter rassischen Gesichtspunkten betrachtete und nicht etwa als eine „Religionsgemeinschaft", belegen wohl auch die Unterstreichung und das Ausrufungszeichen bei den Worten, daß „die Einschiebung des geborgten Begriffs der Religionsgemeinschaft" „die erste große Lüge" wäre.

Zu vermuten steht auch, da Mathilde Plate zwei Stellen besonders auffällig kennzeichnete, mit Unterstreichungen und dicken Strichen an der Seite, daß die praktizierende Christin die Ansicht teilte, daß „der Talmud kein Buch zur Vorbereitung für das Jenseits, sondern nur für ein praktisches und erträgliches Leben im Diesseits" wäre und diese Auffassung sich im Juden selbst widerspiegele: „Sein Leben ist nur von dieser Welt und sein Geist ist dem wahren Christentum innerlich so fremd, wie sein Wesen es zweitausend Jahre vorher dem großen Gründer der neuen Lehre selber war" (336).

Und es scheint auch, als wäre Mathilde Plate der Ansicht gewesen, daß der Jude „immer nur ein „P a r a s i t im Körper anderer Völker" war (334), daß der jüdischen Rasse die „allerwesentlichste Voraussetzung für ein Kulturvolk", „die idealistische Gesinnung", gefehlt hätte (330) und sie nicht imstande wäre, eine eigene Kultur, eine eigenständige Kunst hervorzubringen. Es sieht so aus, als hätte Mathilde Plate auch geglaubt, daß das, was Juden leisteten, entweder, wie sie unterstrich „geistiger Diebstahl" war, oder nur wie in der Schauspielkunst „Gaukelei", über die freilich hinwegzutäuschen, wie sie die Stelle markierte, „nur die jüdische Presse in liebevollster Weise" nachhülfe (332).

Und sie strich auch jene Stellen an, in denen das „jüdische Volk", der „Hofjude", der zum „Volksjuden" wird, während „sich ein anderer Teil seiner Rasse an das liebe Volk" anbiedert und seine „hellsten Köpfe" die „Weltherrschaft" anstreben, diffamiert wurde (343) und Hitler posaunte, daß sich der Jude „nicht die Erhaltung einer unabhängigen nationalen Wirtschaft, sondern deren Vernichtung" wünschte. Oder wo Hitler von einem Goethe schrieb, der sich über den Gedanken, „daß künftig die Ehe zwischen Christen und Juden nicht mehr gesetzlich verboten sein soll", schier entsetzte (341).

Wenn auch, wie bereits betont, die größte Vorsicht mit Interpretationen geboten ist, so ist doch davon auszugehen, daß Mathilde Plate die Passagen nicht etwa angestrichen hat, weil sie sie für groben Unfug hielt. Es sieht vielmehr aus, als hätte sie nicht erkannt, daß hier ein altes christliches, gegen jüdische Mitbürgerinnen und Mitbürger als „Gottesmörder" gerichtetes Vorurteil neuer und systematischer Begründung unterzogen wurde und jüdische Deutsche, Menschen jüdischen Glaubens, zu einem „rassisch" fremden Volk, zu einem Feind im „arischen Volkskörper" erklärt wurden. Mehr noch, es sieht so aus, als hätte auch Mathilde Plate dem Rassegedanken einige Plausibilität abgewinnen können.

Auch scheint sie einer Ideologie aufgesessen zu sein, in der dem Judentum ein übermächtiger politischer Einfluß in der Weimarer Republik zugeschrieben und eine Dominanz in der nationalen und internationalen Wirtschaft unterstellt wurde, mit der Absicht, diese zu schädigen und letztlich zu zerstören. Und es mag auch sein, daß sie die Ansicht teilte, daß mit schändlichen kulturellen Angeboten in Kunst, Literatur und Theater, auch wenn sie es nicht so platt, sondern differenzierter gesehen hat, daß „natürliche Empfinden" der Menschen von „Schönheit und Erhabenheit, von Edel und Gut" „in den Bannkreis seiner eigenen niedrigen Wesensart" gestürzt werden sollte (358).
Ein Vorurteil zu teilen heißt freilich noch lange nicht, es in allen Facetten zu teilen, und es heißt vor allen Dingen nicht, daraus gnadenlose Konsequenzen zu ziehen, sich an Hetze und Verfolgung zu beteiligen oder sie gutzuheißen. Von Mathilde Plate gibt es kein einziges Wort, das sei an dieser Stelle noch einmal betont, das sie als Antisemitin ausweist, aber eben auch keines, das sie als Verteidigerin der Verfemten ausmacht.
Ich möchte die Frage der Position Mathilde Plates zum Judentum in dem Kapitel, in dem es um „die jüdischen Mitschülerinnen" geht, noch einmal aufnehmen und diskutieren.

Das Kollegium der Kleinen Helle und ihre Direktorin

Mit der Machtübernahme wuchs die Zustimmung breiter Bevölkerungsschichten. Reserviertheit verwandelte sich in Interesse, Interesse in Zustimmung, Zustimmung in helle und jubelnde Begeisterung. Die Sehnsucht der Menschen nach Beendigung der wirtschaftlichen Krise und auf bessere Zeiten durch die neuen Hoffnungsträger ließ einer angesichts des Zulaufs und der Erfolge der Nationalsozialisten irritierten Opposition wenig Chancen und blockierte ihre Handlungsfähigkeit, die durch Verbote der neuen Führung noch weiter unterminiert wurde. Gegen die Verfolgung von Kommunisten und auch Sozialdemokraten regte sich, außer bei den Betroffenen selbst, kein Widerstand. Bald gab es keine laute Opposition mehr, um so mehr, als außenpolitische Erfolge das System stärkten und ihm auch im Inland Reputation verschafften. Die Rückführung des Saarlandes 1935, die ungestörte Besetzung des entmilitarisierten Rheinlandes 1936, die Olympischen Spiele 1936, der Anschluß Österreichs und des Sudetenlandes 1938 und des Memelgebietes 1939 lösten nationale Freude und nationale Genugtuung aus.
Diese Erfolge machten nur jene betroffen, die nur allzu deutlich sahen, wohin die aggressive Politik und die immer übermütigeren Gebietsansprüche führen würden und wie teuer sie innenpolitisch durch die brutale Unterdrückung der bürgerlichen Freiheiten und durch die gnadenlose Verfolgung Andersdenkender und dem Regime nicht gemäßer Menschen erkauft wurden.
Mathilde Plate, die als Mitglied der DNVP jenseits kritischer Betrachtung der Nationalsozialisten stand, versah ihr Amt, wie es hieß, mit Souveränität und, auch in den schwierigen Zeiten der Naziherrschaft, „mit bewundernswerter Diplomatie". Mathilde Plate fühlte sich mehr als je zuvor für die Kleine Helle und für ihr Kollegium verantwortlich. Sie sorgte sich um die mit ihr arbeitenden Menschen, und sie sorgte für sie, wie Elisabeth Forck betonte, „mit einer gleichbleibenden Liebenswürdigkeit, mit der sich eine überlegene Distance verband".
Aus der Fassung geratend, haben sie weder Kolleginnen und Kollegen noch Schülerinnen erlebt. Mathilde Plate „war klug im Planen, zäh in ihrem Vorhaben, verschwiegen in allen Fragen, die noch nicht spruchreif waren. Widersprüchen und Widerständen ging sie geschickt aus dem Wege, indem sie z.B. bei Konferenzen die Besprechung der Frage, über die keine Einigkeit herrschte, vertagte, bis sie sie eines Tages in ihrem Sinne löste" und das Kollegium vor vollendete Tatsachen stellte (Forck III, 33).
Doch Mathilde Plate war trotz ihrer zuweilen einsamen Entscheidungen, ihrer festen religiö-

sen und politischen Überzeugungen und als Gegnerin des Alkohols, Einstellungen, die sie nie verhehlte, tolerant. Sie „bevorzugte oder benachteiligte niemand wegen seiner religiösen Überzeugung, politischen Gesinnung oder seiner Weltanschauung" (ebenda, 33) und betonte immer wieder die Notwendigkeit des Zusammenhalts. So erreichte sie es, daß sich die Mitglieder des Kollegiums trotz unterschiedlicher politischer Positionen, ob als Anhängerinnen der Bekennenden Kirche, wie Elisabeth Forck, oder als überzeugte Nationalsozialistinnen, wie Dr. Laura Greulich, als Kolleginnen und als Fachkräfte respektierten.

Das wurde zur Zeit des Faschismus immer schwieriger. Gegensätze prallten stärker aufeinander. Es bildeten sich Gruppen, nicht Cliquen, wie Forck beteuerte, nationale und liberale, in denen Freundschaft herrschte. Dr. Klara Stoevesandt präzisierte: „1933 gab es im ganzen Kollegium nur fünf Lehrkräfte, die von der braunen Ideologie infiziert waren. Daß das Kollegium untereinander offen sprechen konnte und daß diese fünf Leute niemals einen Kollegen denunzierten, das war das Verdienst von Fräulein Plate" (2.3.1991).

Mathilde Plate hielt sich bewußt abseits. Sie war eine „Einzelgängerin", erzählte Gertrud Lohmann (14.1.1991). Ingeborg Borchers sprach von der Einsamkeit der Schulleiterin: „Sie war wohl eigentlich ein einsamer Mensch, kein richtiger Freundeskreis und nirgendwo richtig integriert." Elisabeth Forck meinte: „Ich weiß nicht, ob sie das Isoliertsein als Tragik ihres Berufes empfunden hat oder ob ihr die allgemeine Wertschätzung und Hochachtung, deren sie gewiß war, genügten" (Forck III, 33).

Sehr gute Beziehungen wurden ihr zu den Kolleginnen Dr. Luise Rhenius (1891–1976), zur Turnlehrerin Bertha Menkens (1869–1967), die so viele begeisternde Schauturnen veranstaltet hatte, und später auch zu Thalea Gerhards nachgesagt. Außerordentlich schätzte sie auch Maria Haack geb. Gebert sowie die ehemalige Kollegin und spätere Direktorin des Lyzeums im Westen Margarete Eggert, deren Tod tiefe Betroffenheit bei ihr auslöste.

Unter dem Eindruck des Todes „unseres lieben Fräulein Eggert", die am 2. Mai 1936 starb, verfaßte Mathilde Plate am 20. Mai 1936 erstmalig ein Testament. In einem späteren Testament vom 15. März 1941 vererbte sie ihrer „lieben Freundin und liebsten Kollegin Fräulein Dr. Rhenius aus den Büchern die fünfbändige Deutsche Geschichte von Treitschke" und ihrer „lieben Maria Haack die Bücher von unserem gemeinsamen Göttinger Kollegen Professor Brandi". Für Maria Haack, die Witwe und Mutter von zwei Kindern, begründete sie am 17. August 1935 einen „Billigkeitsanspruch auf Nebenverdienst". Dem Antrag wurde insoweit stattgegeben, als Maria Haack 1935–1936 und 1941–1942 als Vertretungslehrkraft in der Kleinen Helle unterrichten durfte.

„Frau Mathilde Plates Autorität beherrschte alles und alle. Ohne laut oder kämpferisch zu werden", schrieb die einstige Schülerin Charlotte Ellenberg, die später als Lehrerin das Klima im Kollegium unmittelbar miterlebte (8.2.1991). Sie machte damit einmal mehr deutlich, daß es Mathilde Plates starke Persönlichkeit, ihre Würde, ihr Gleichmut, ihre Integrität, aber auch die bewußte und gewollte Distanz, die Bemühungen um Neutralität und das Heraushalten aus alltäglichem Zwist und Hader waren, daß es ihr gelang, unangefochten ihr schwieriges Amt auszuüben und die Interessen der Schule nach innen und nach außen zu vertreten. Wurde Mathilde Plate zum Schulrat zitiert, verließ sie sich ganz auf ihre Intuition und auf ihre Schlagfertigkeit. Oft wußte sie noch nicht, wenn sie die Treppe hinaufging, wie sie später der Referendarin Erna Haverkamp anvertraute, was sie überhaupt sagen sollte. Offensichtlich fand sie immer die richtigen Worte.

Mathilde Plate arbeitete hart, so empfand es die langjährige Sekretärin Ingeborg Borchers, und sie erwartete das auch von anderen. Sie war hart gegen sich selbst und auch gegen andere, „aber sie führte kein eigentlich hartes Regiment, auch wenn ihr Kontrolle wichtig war".

Da die Schulleiterin Mathilde Plate nicht, wie an anderen Schulen zuweilen üblich, die Kolleginnen und Kollegen zum Eintritt in die NSDAP drängte, gab es an der Kleinen Helle, wie ehemalige Schülerinnen, Lehrkräfte und Dr. Diether Koch heute nicht ohne Stolz betonen, „einen höheren Prozentsatz an Nichtnazis als in anderen Schulen“ (25.7.1998). Einige der Unbelasteten, Clara Wilke (1885–1946), Martha Hörmann, Alfred Buhl (1901–1960), Hans Koch und Hans Kunze (1904–1989), übernahmen nach 1945 die Leitung höherer Bildungsanstalten. Elisabeth Forck wurde Nachfolgerin von Mathilde Plate in der Kleinen Helle.

Aber auch Dr. Luise Rhenius, die Kollegin, die als Mathilde Plate besonders nahestehend geschildert wurde, Margarete Eggert, die als erste „vor den Nazis warnte“ (Forck III, 35), Paula Callsen (1899–1986), Bertha Menkens und die Zeichenlehrerin Bertha Wiegandt (1889–1977), die ihre Direktorin liebevoll porträtierte, traten nicht in die Partei ein. Und es ist wohl bezeichnend, daß sich Johanna Lürssen nach ihrer Degradierung und Entfernung aus dem Amt einer Schulrätin wünschte, an der Kleinen Helle zu unterrichten (ebenda). Mathilde Plate nahm sie in ihrer Anstalt mit offenen Armen auf.

Auch für die Musiklehrerin Ilse Röben wurden Mathilde Plate und die Kleine Helle zum „Rettungsanker“. Mathilde Plate hatte sich nicht nur, als 1933 die Frauen vom Studium abgehalten wurden, dafür eingesetzt, daß „ihre“ Abiturientin Ilse Meyer 1934 ein Studium beginnen konnte, sondern sie nahm sie auch nach ihrer Entlassung aus dem Lyzeum Vietor im Jahre 1939 in das Kollegium als Vertretungslehrkraft auf. Ilse Röben war gerügt worden, weil sie in einem Konzert vor einem „verwöhnten Schwachhauser Publikum“ Lieder von Schubert gespielt hatte, nach Ansicht von Nazis „säuselnde Frühlingslieder, mit denen kein Krieg zu gewinnen war“. Doch schwerer wog wohl der Kontakt, den sie zur jüdischen Familie Bromberger hatte. Ilse Meyer fühlte sich Henny Bromberger, die sie im Klavierspiel unterrichtet hatte, nach wie vor sehr verbunden. Henny Bromberger und ihre Schwester, die Malerin Dora Bromberger, wurden 1942/43 im Konzentrationslager Minsk ermordet.

Mathilde Plate hatte aber nicht nur Ilse Röben geholfen, sondern 1933, als nur zehn Frauen aus Bremen in Hamburg studieren durften, dafür gesorgt, daß alle vier Absolventinnen der Kleinen Helle einen Studienplatz in Hamburg erhielten. Für Elly Grewe zahlte sie aus eigener Tasche 150 Mark und sorgte außerdem dafür, daß die begabte Schülerin aus der Franz-Schütte-Stiftung ein Stipendium erhielt.

Wenn es Mathilde Plate auch gelang, die Zügel in ihrer Schule fest in den Händen zu behalten, so konnte sie sich doch nicht gegen die ideologischen Vorgaben, wie sie auch in „Mein Kampf“ nachzulesen waren, wehren und die vielen Eingriffe in das Bildungssystem, das insbesondere für Mädchen neue Benachteiligungen brachte, verhindern, höchstens ein wenig mildern. Das tat sie, wo es irgend ging. „Sie war sehr unabhängig“, erzählte Erna Haverkamp (14.1.1991), „und setzte sich über Verbote hinweg.“ Und Dr. Hertha Borchers schrieb, daß sie schon als Kind gespürt hätte, „mit welchem Mut, mit wie großer Konsequenz diese Direktorin den Trends der Zeit entgegentrat, das Wesen, die Anliegen der Schule zu wahren wußte“ (20.7.1998).

Doch Mathilde Plates bedingungslose Hingabe an ihre Lebensaufgabe, wohl auch ihr Lebenselixier, ließ sie Verantwortlichkeiten und Arbeiten übernehmen, die ihr im Nationalsozialismus zur Ehre gereichten. Mehr als ein Jahr, zwischen 1935 und 1936, leitete sie, trotz ihrer umfangreichen Arbeit in der Kleinen Helle, vorübergehend die Staatliche Fachschule für Frauenberufe in ehrenamtlicher Tätigkeit. Der Senator für das Bildungswesen, Dr. von Hoff, dankte ihr in einem Schreiben vom 17. Oktober 1936 nicht nur „für die Übernahme dieser Arbeit“, sondern „darüber hinaus“ auch „für die Art und Weise“, wie sie die „Doppelaufgabe zu meistern gewußt“ hatte, für ihre „vorbildliche treue Hingabe und für die überlegene Führung beider Anstalten“.

Aus eher kühler und emotionslos erscheinender Distanz, der für sie so typischen Haltung, berichtete Mathilde Plate später im Rückblick auf „40 Jahre ‚Kleine Helle'" über die Bemühungen der „NS-Regierung, die Frauen aus dem Berufsleben zurückzudrängen“ und sie ihrer gerade gewonnenen Bildungs- und Berufschancen wieder zu berauben. 1934 erhielten, zu Mathilde Plates großer Verbitterung, von sechzehn Schülerinnen der Oberstufe der Kleinen Helle nur drei die Zulassung zum Studium.
Mit der am 20. März 1938 beschlossenen Schulreform wurde das deutsche Schulwesen vereinheitlicht. Für die Mädchenbildung ergaben sich einschneidende Veränderungen. Sie standen, wie Mathilde Plate kritisierte, in schroffem Gegensatz zu Rosenbergs vielzitiertem Wort: „Die Zeiten des Biedermeier und des verträumten Mädchendaseins sind endgültig vorüber. Die Frau gehört hinein in das Gesamtleben des Volkes, und alle Bildungsmöglichkeiten haben ihr offenzustehen“ (40 Jahre, 13).
Auch die Kleine Helle mußte ihren bitteren Tribut leisten und insbesondere jene Lernangebote opfern, die dazu angetan waren, die Mädchenbildung der Knabenbildung ebenbürtig zu machen. Die Studienanstalt wurde abgeschafft, mit ihr die Bezeichnung „Lyzeum mit Studienanstalt". Die Bildungsanstalt hieß fortan „Oberschule für Mädchen an der Kleinen Helle“. Der Unterricht in Griechisch wurde eingestellt, der Lateinunterricht verringert. Es gab nicht mehr das große Latinum, und die Schulzeit für die Oberschule wurde um ein Jahr verkürzt. Die Einrichtung von ausschließlich hauswirtschaftlich orientierten Klassen in der Oberstufe diente der Vorbereitung auf typische Frauenberufe. Die Mittlere Reife wurde nach fünf Jahren zuerkannt, und das Abitur, das sogenannte „Puddingabitur“, konnte bereits nach acht Jahren abgelegt werden.
Mathilde Plate hatte im Prinzip nichts gegen hauswirtschaftliche Klassen. Sie waren eine alte Forderung der Frauenverbände zur Ausbildung von praktischen Frauenberufen wie der Kindergärtnerin, der Hauswirtschaftslehrerin oder der Sozialfürsorgerin. Daß dieses aber jetzt die einzig mögliche Form für Mädchen sein sollte, zum Abitur zu gelangen, brachte Mathilde Plate einmal mehr gegen das neue Regime auf. Sie wollte kein hauswirtschaftliches Abitur als „Normalform“, vor allen Dingen nicht in „ihrer“ Kleinen Helle. Daß sie sich auch mit derartigen Zumutungen niemals beschäftigt hatte, drückt eine ihrer von Martha Hörmann aufgezeichneten Stilblüten im Rahmen einer Konferenz aus. Mathilde Plate meinte zum Entzücken der Anwesenden: „Ich stehe nun in der Sache als ganz neu hineingeschneites Wickelkind.“
Die Neugliederung des Schulwesens, insbesondere des Mädchenschulwesens, die sie nicht verhindern konnte, bedeutete für Mathilde Plate „die Zerschlagung alles dessen, was in Jahrzehnten erkämpft und erreicht“ worden war (40 Jahre, 13).
Wenn Elisabeth Forck, ihre Nachfolgerin im Amt, auch immer nur mit großem Respekt von ihrer Vorgängerin sprach, so machte sie sich doch, wie andere Kolleginnen auch, über Mathilde Plates ebenso „langatmige“ wie „blumige“ Ausführungen bei Schulfeiern oder Konferenzen und über ihre Stilblüten lustig. Martha Hörmann zeichnete anläßlich von Konferenzen über 40 solcher Stilblüten auf. Mathilde Plate wußte darum und war nicht böse. So meinte sie auch einmal: „Alles, was ich zu sagen habe, ist mal wieder lauter trockenes Stroh im Vergleich zu den anmutigen Blüten von Herrn Koch.“
Mathilde Plate hatte viel Sinn für Humor. Sie konnte über sich selber lachen und machte auch gern bei Sketchen mit. So trat sie mit Kolleginnen als Schulmädchen verkleidet auf, ausgerüstet mit Tornister und der damals obligatorischen Tasche, in die die Schulkinder ihre Frühstücksbrote hineingelegt bekamen.
Andere Stilblüten machen aber auch deutlich, welche Sorgen die Menschen damals hatten und um welche Probleme es in den Kriegszeiten ging. Alles wurde ja damals zur möglichen

Die Lehrerinnen als Schulmädchen, in der Mitte Martha Hörmann und Mathilde Plate

Verwertung gesammelt. Alttextilien, Heilkräuter oder auch Knochen. Zur befohlenen „Knochensammlung" hatte die sparsame Mathilde Plate empört gemeint: „Ein Mann bei mir gegenüber hat seine noch sehr brauchbaren Knochen und noch dazu in großer Zahl in den Mülleimer geworfen." Zur geplanten Schulreform, die ins Haus stand und die ihr ebensoviel Verdruß wie Sorgen bereitete, befand sie: „Ich bin dafür, daß wir alle die ungefangenen Vögel der Schulreform für nächsten Ostern noch etwas auf dem Dache sitzen lassen ... oder sind es Fische?"

Viele Kolleginnen erinnern sich noch an diese Stilblüten und an die endlosen Konferenzen in dem großen Raum „mit seinem hufeisenförmigen Tisch, den bequemen Rohrstühlen mit Armlehnen und der ansehnlichen Präsenzbücherei" (Forck III, 31). Freilich waren diese komfortablen Stühle nicht für die Referendarinnen da. „Wir mußten stehen", erzählte Erna Haverkamp. War die Anberaumung von Konferenzen für Mathilde Plate „Bedürfnis und Genugtuung", so erlebten die Kolleginnen und Kollegen sie zuweilen als einen nicht recht enden wollenden Alptraum. Vor allen Dingen, wenn „Frau Plate", deren gesamte Haltung „disziplinierend" wirkte, langsam und ausschweifend sprach, war Geduld angesagt. „Sie hatte eine ganz langsame getragene Sprechweise", erzählte Agnes M. Georgii, „und konnte damit praktisch nur die Hälfte von dem sagen, was andere in derselben Zeit gesagt hätten." Das Kollegium hörte zu, schaltete ab und wartete geduldig, bis ein Beitrag erwünscht war. Viele hätten sich gefreut, wenn ihre Direktorin schneller „zum Kern der Dinge" vorgedrungen wäre, faßte Charlotte Ellenberg die Meinung des Kollegiums zusammen.

In dem Stück „Fürstin Mathilde“ wurde später persifliert, wie diese Konferenzen aussahen. Queen Victoria berichtete den anderen Herrscherinnen:

„Das Parlament der Klein-Hellenen
Braucht man tatsächlich nicht zu erwähnen,
Nicht konstitutiv, nicht legislativ,
Nicht mal ein Veto, das suspensiv!
Das Z u h ö r e n ist seine vornehmste Pflicht,
Viel mehr verlangt man von ihm nicht.
Each Member of Parliament in Seelenruh
Stopft oder strickt oder schreibt dazu,
Bestrebt, der Herrscherin Willen
Widerspruchslos zu erfüllen.
Und wenn wirklich mal einer aufbegehrt,
Well, she is clever enough – dann sie's nicht hört!“

Mathilde Plate, der einst selbst der Vorwurf gemacht worden war, Politik in die Schule getragen zu haben, und die daraufhin Einmischungen in die aktuelle Politik vermied, war gründlich verstimmt über die politischen Ansprüche der neuen Machthaber auf Mitsprache in ihrem Hoheitsgebiet. Sie hielt wenig von den neuen Unterrichtsplänen und gar nichts von einem tendenziösen staatspolitischen Unterricht, von den neuen Kampfliedern und den Lobgesängen auf den Führer anläßlich oktroyierter Veranstaltungen oder von der „Flaggenehrung“ am Beginn und Ende des Schuljahres und der Ferien.

„Wer ein bißchen zu unterscheiden gelernt hatte, merkte ihr an“, schrieb Dr. Klara Stoevesandt, „daß es ihr eine Pflichtübung war und daß ihre Überzeugung in eine andere Richtung ging“ (21.2.1991).

Mathilde Plate überlegte sich immer wieder, wie diese Veranstaltungen so „neutral“ wie möglich zu gestalten waren. Sie respektierte die Wünsche jener Kolleginnen oder Kollegen, die sich nicht für die öffentlichen Reden zur Verfügung stellen mochten. „Ich finde schon jemand anderen“, sagte sie dann wohl und fand auch jemanden. Ein Nachspiel hatte diese Weigerung für die Betroffenen nicht. Sie hat „n i e jemandem Schwierigkeiten gemacht, der mit seiner Anti-Einstellung nicht hinter dem Berge hielt“, schrieb Dr. Klara Stoevesandt.

Doch die Feiern waren nicht zu umgehen und fanden zu jedem politisch bedeutsamen Ereignis seit 1935 mit Radioübertragung statt. Sie wurden, wie sich Elisabeth Forck erinnerte, stehend mit dem Deutschland- und Horst-Wessel-Lied beschlossen, wobei jede und jeder wie beim Hitlergruß den Arm zu heben hatten (70 Jahre Kleine Helle, 11).

Auch Mathilde Plates Verhältnis zum BDM war nicht ungetrübt. Gründlich mißfiel der engagierten Mädchenbildnerin die „steigende Beanspruchung der Schuljugend für Parteizwecke“. Es paßte ihr einfach nicht, daß zugunsten des BDM der Mittwoch- und der Sonnabendnachmittag vom Unterricht und von Schulaufgaben freigehalten werden sollten und daß die mit dem BDM verbundenen Aktivitäten „der freiwilligen Gemeinschaftsarbeit immer mehr die Kräfte streitig“ machten. So setzte sie für Sonnabend von 8–13 Uhr Unterricht für Schülerinnen an, die keinen Dienst im BDM machen wollten.

Mathilde Plate konnte nicht verhindern, daß auch in „ihrer Schule“ die BDM-Führerinnen etwas zu sagen hatten und am ersten Treppenpfeiler ein großes Hitlerbild hing, das den „Führer“ mit Kindern als Werbung für den BDM zeigte. Eine Reihe von Schülerinnen trug auch in der Schule die Uniformen des BDM, und über die Flure schallten nicht länger nur „Wandervogellieder“, Mathilde Plates geliebtes „Geh' aus mein Herz und suche Freud'“, oder die von ihr so geschätzten Lieder, die die Jugend besangen wie „Schön ist die Jugendzeit“, sondern Nazigesänge wie das Horst-Wessel-Lied: „Die Fahne hoch, die Reihen fest geschlossen“

und das martialische „Denn heute da hört (gehört) uns Deutschland und morgen die ganze Welt". Mathilde Plate hat sich da nicht weiter geäußert, wenn diese Gesänge an ihr Ohr drangen, erinnerte sich eine Ehemalige: „Sie setzte nur ihr maliziöses Lächeln auf."
Wenn sich die meisten Schülerinnen der Kleinen Helle als BDM-Führerinnen oder als Mitglieder des BDM vielleicht auch nicht gar so anmaßend verhielten, wie es zuweilen in anderen Schulen vorkam, Lehrerinnen und Lehrer herausforderten oder jüdische Mitschülerinnen provozierten und mit antijüdischen Sprüchen beleidigten, so kam es doch hin und wieder zu Denunziationen.
So rief Mathilde Plate ihren Kollegen Hans Koch zu sich und berichtete ihm von einer Anzeige, nach der er die BDM-Uniform beleidigt haben sollte. Doch Hans Koch hatte nur gesagt, daß er die Uniform in den kalten Zeiten des Winters als für nicht geeignet hielt. Frau Plate informierte die Partei entsprechend und „sorgte dafür, daß keine politischen Folgen entstanden", wie Dr. Diether Koch zu berichten wußte.
Mathilde Plate sah den Bildungsauftrag der Schulen, wie sie ihn noch immer verstand, durch die BDM-Verpflichtungen stark gefährdet. Mißmutig schaute sie auf die vielen Aktivitäten und schrieb ungnädig in die Zeugnisse zahlreicher Schülerinnen hinein, daß sich ihre Leistungen wohl durch die Inanspruchnahme durch den BDM erheblich verschlechtert hätten.
Mit zornigem Unbehagen betrachtete Mathilde Plate auch jenes Szenario, in dem die 14jährigen Pimpfe und Jungmädel in einem feierlichen Gelöbnisakt in die Hitlerjugend beziehungsweise in den Bund Deutscher Mädel überführt wurden. Die Feierlichkeit mit Musik, Gesang und Reden von Parteigrößen war erdacht worden, um die Konfirmationsfeier zu ersetzen.

Der Deutsche Frauenbund für alkoholfreie Kultur

Zu den wenigen Vereinen, die 1933 weder einverleibt noch verboten wurden, gehörte der Deutsche Frauenbund für alkoholfreie Kultur, deren Erste Vorsitzende in Bremen, Anna Clara Fischer (1887–1967), Hitler als den ersten abstinenten Reichskanzler Deutschlands lobte. Zweite Vorsitzende seit 1926 war, wie wir ja bereits gelesen haben, Mathilde Plate.
Mathilde Plate war eine überzeugte Abstinente. Sie nahm jede Gelegenheit wahr, um für eine abstinente Lebensweise zu werben. Almut Eichhorn erinnerte sich, daß ihre Schulleiterin „feurige Reden gegen den Alkohol" hielt und versuchte, Schülerinnen, Kolleginnen und Verwandte von der Gefährlichkeit des Alkoholkonsums zu überzeugen und sie für den Kampf gegen den Feind Alkohol zu rüsten. Das gelang freilich nur begrenzt. Mathilde Plates Engagement amüsierte wohl eher, es wurde mehr oder minder milde belächelt oder einfach nur still abgelehnt. Wenn sie zu den jüngeren Schülerinnen der Kleinen Helle über die Arbeit des „Frauenbund für alkoholfreie Kultur" und über die Aufgabe der Ottilie-Hoffmann-Häuser sprach, schreckte sie zuweilen durch die Darstellung eines düsteren Szenarios, in dem die schrecklichen Folgen des Alkoholkonsums sichtbar wurden. Da mochte sich Furcht, wie Almut Eichhorn in ihren Lebenserinnerungen festhielt, bei jenen Schülerinnen einschleichen, deren Eltern sich gern einmal ein Glas Wein oder mehrere schmecken ließen. Sie ängstigten sich, daß bereits bei gelegentlichem Genuß die geistigen Kräfte ihrer Eltern merklich schwinden, bei häufigerem gar total zu Grunde gehen würden.
Einen Spaß machte sich Vitus B. Dröscher, als er seine Tante anläßlich eines gemeinsamen Urlaubs bat, sich auf eine Kuh zu setzen. Doch sie nahm das ernst, denn die Kuh war für sie, wie Vitus B. Dröscher meinte, „eine Nationalheilige".
Als Abstinente war Mathilde Plate eine große Bewunderin von Ottilie Hoffmann. 1935 würdigte sie mit ihrem Vortrag „Was hat Ottilie Hoffmann uns Heutigen zu sagen?" die Gründe-

rin und langjährige Vorsitzende des Bremer Frauenbund für alkoholfreie Kultur aus Anlaß ihres 100. Geburtstages und hielt noch einmal am „blumenübersäten Grab“, zu dem eine „überraschend große, treue Gemeinde“ gepilgert war, eine „warmherzige Ansprache“, wie es im Jahresbericht 1935/36 des Vereins hieß.
Mathilde Plate nahm ihre Tätigkeit im Rahmen des Frauenbundes mit Engagement und Begeisterung wahr. Am 13. Juni 1934 hielt sie einen Vortrag über die „Arbeit und Zielsetzung der abstinenten Frauen". Am 3. Februar 1935 leitete sie einen Schulungskurs „Alkohol und Erziehung“ des Guttempler-Ordens.
Auf dem Ordenstag der Guttempler am 20. Juli 1934 sprach Mathilde Plate auf der öffentlichen Frauenversammlung in ihrem Hauptreferat über „Unsere volksmütterliche Verantwortung“. Sie machte die Frau als das „Objekt des Alkoholismus“ aus, das heißt als diejenige, die unter dem Alkoholismus insbesondere von Ehemännern zu leiden hatte, und begriff sie zugleich als eine Bekämpferin aus „natürlichem Instinkt“, aus der Verantwortung ihrer volksmütterlichen Aufgabe. Mathilde Plate verglich lobend die Arbeit der Frauen „in der Trinkerrettung“ mit den „größten Heldentaten im Frauenleben überhaupt“. Richtungweisend war für sie die eigene Arbeit im Rahmen der Bremer Sektion des Frauenbundes für alkoholfreie Kultur mit seinen Ottilie-Hoffmann-Häusern, mit denen eine „neuartige Gaststättenkultur“ geschaffen worden war.
Die Häuser, in denen ehrenamtlich tätige Frauen ein preiswertes und gesundes Essen kochten und den Gästen dazu nur Milch und Säfte servierten, galten ihr als „die besten Beispiele für die Bekämpfung des Alkoholismus“. Die Ottilie-Hoffmann-Häuser in Walle, am Osterdeich oder am Bahnhof besaßen in Bremen eine große Popularität und wurden ebenso von Hafenarbeitern besucht, zumindest in Walle, wie von bürgerlichen Frauen. In Walle war auch ein Ruheraum eingerichtet worden, in dem müde Hafenarbeiter sich erholen und für die nächste Schicht regenerieren konnten.
Zu den Freimarkttagen stellte der Frauenbund für alkoholfreie Kultur ein Zelt auf der Bürgerweide auf, um auch in diesen Tagen der trinkfreudigen Lustbarkeit für die Idee der Abstinenz und der Ottilie-Hoffmann-Häuser zu werben. Es gab dort, im Kontrast zu den anderen vielen gastronomischen Angeboten, gesunde Kost und alkoholfreie Getränke. Dann bedienten auch Schülerinnen der Kleinen Helle die Gäste. Sie erhielten allerdings kein Entgelt, auch war es absolut verpönt, gar verboten, Trinkgelder entgegenzunehmen.
Mathilde Plate identifizierte sich derart mit den Ottilie-Hoffmann-Häusern, in denen sie oft selber aß, aber auch Verwandte oder Bekannte zum Mittagessen einlud, daß ihrem Neffen Vitus B. Dröscher später die Häuser nur noch als „Tante-Tilli-Hoffmann-Häuser“ in Erinnerung waren. „Sie war ganze Nachmittage für Ottilie unterwegs“, erinnerte er sich an das Engagement, „um Spenden zu sammeln, und durch ihre Persönlichkeit erzielte sie namhafte Beträge.“
Mathilde Plate erreichte auch, daß im Ratskeller Traubensaft in Weingläsern ausgeschenkt wurde. Sie hatte sich immer geärgert, erzählte Agnes M. Georgii, daß vor sie ein häßliches Saftglas aufgestellt wurde, mit dem man nicht klingend anstoßen konnte.
1936 nahmen Mathilde Plate, zahlreiche Schülerinnen der Kleinen Helle und viele Frauen des Frauenbundes für alkoholfreie Kultur an den Olympischen Spielen 1936 in Berlin teil. An einem Stand warben sie für alkoholfreie Kultur und schenkten Milch sowie Säfte aus. Eine Urkunde und die Deutsche Olympia-Erinnerungsmedaille, die Mathilde Plate am 20. April 1937, zu Führers Geburtstag, erhielt, würdigten diesen Einsatz.
Mathilde Plate war, wie viele andere Menschen auch, von den Olympischen Spielen in Berlin, die sie aus großer Nähe miterleben durfte, fasziniert und begeistert. Besonders die bezaubernden, so diszipliniert auftretenden Turnerinnen des Tschiang Kai-schek, Präsident und

Oberbefehlshaber der chinesischen Armee, hatten es ihr angetan, wie sich Irmgard Rudert erinnert. Begeistert erzählte sie später ihren Schülerinnen davon. Ein strahlendes olympisches Hitlerdeutschland, das international gelobt und hofiert worden war, verdrängte nur kurzfristig die Gedanken an Kritik.

Die jüdischen Mitschülerinnen

Nach den Olympischen Spielen, die Mathilde Plate hautnah miterlebt und die ihr so gut gefallen hatten und weltweit mit so viel Begeisterung aufgenommen worden waren, verstärkte sich der innenpolitische Druck. Die Restriktionen nach innen gegen kritische, oppositionelle und vor allen Dingen jüdische Mitbürgerinnen und Mitbürger nahmen zu. Die Benutzung öffentlicher Einrichtungen, wie Badeanstalten, wurde den Menschen jüdischen Glaubens untersagt. Seit dem Juli 1938 erhielten sie besondere „Kennkarten", und im August des gleichen Jahres mußten sie ihren Vornamen die Namen Sara oder Israel hinzufügen.

Mit dem Diktat vom 2. Juli 1937 wurden die jüdischen Kinder von Gemeinschaftsveranstaltungen, dazu gehörten Schulausflüge, Sportfeste und Aufenthalte in Schullandheimen, in den Schulen ausgeschlossen. Der Besuch öffentlicher Schulen wurde jüdischen Knaben und Mädchen mit dem Gesetz vom 12. November 1938 vom Erziehungsminister verboten.

Elisabeth Forck, die Nachfolgerin im Amt als Schulleiterin der Kleinen Helle, fand freundliche Worte für Mathilde Plates Haltung gegenüber den jüdischen Mitschülerinnen. Elisabeth Forck war Mitglied der Bekennenden Kirche von St. Stephani Süd, jener Gemeinde in Bremen, die am deutlichsten ihre kritische Haltung gegenüber der Politik des Dritten Reiches bekundet hatte.

Die Gemeinde hatte jüdische Familien, die zum Christentum übergetreten waren und deren Abtransport nach Osten bevorstand, mit warmer Kleidung versorgt und sich von ihnen in einem Gottesdienst am 2. November 1941 mit der Austeilung des Abendmahls öffentlich verabschiedet. Elisabeth Forck wurde als „Landesverräterin" beschimpft, mit einer empfindlichen Geldstrafe belegt und aufgefordert, unter Androhung der Entlassung aus dem Schuldienst, aus der Gemeindeleitung auszutreten. Mit ihr wurden vier weitere Lehrerinnen, ihre Schwester Tusnelde Forck (1897–1972), Maria Schröder (1901–1984), Anna Dittrich (1899–1981) und Hedwig Baudert, verhaftet und gemaßregelt.

Konnten auch die vier anderen Beteiligten nach einer Revision des Urteils, das Dienstentlassungen vorgesehen hatte, wieder ihrer Arbeit nachgehen, so mußten sie doch mehrjährige empfindliche Gehaltskürzungen hinnehmen. Mathilde Plate haben diese Maßregelungen zutiefst empört. Sie versicherte Elisabeth Forck ihrer Solidarität und ihres Mitgefühls. Elisabeth Forck fühlte sich im Kollegium der Kleinen Helle aufgehoben und geborgen. Später, nach 1945, setzte sie sich als Mitglied der Gesellschaft für Brüderlichkeit sowie des Koordinierungsrates der Gesellschaft für christlich-jüdische Zusammenarbeit für Toleranz und Verständnis zwischen den Religionen ein.

Aus dem Gefühl der Geborgenheit, die sie einst selbst so sehr erfahren hatte, schrieb Elisabeth Forck vielleicht doch ein wenig zu idealisierend, daß Mathilde Plates Anteilnahme „auch die jüdischen Mädchen in der Zeit ihrer schweren Anfechtung und Bedrohung" umfaßte und daß diese Kinder sich, „solange ihnen überhaupt behördlicherseits der Schulbesuch gestattet war, in der Schulgemeinschaft geborgen fühlen" durften (Kleiner Höllenspiegel, 4).

Doch bereits vor diesem Datum gab es Geschehnisse, die tiefe Spuren in die Seelen jüdischer Schülerinnen kerbten. Lottie Abraham-Levy erinnerte sich an Demütigungen, die sie nie wieder vergessen konnte. Es war 1936 oder ein wenig früher, als sie mit ihrer Klasse bei einer Besichtigung nicht mit in das Bremer Rathaus durfte. Sie mußte draußen warten, bis die Kameradinnen zurückkehrten.

Im Jahre 1936 oder im Frühjahr 1937 sollte es auf eine Klassenfahrt gehen. Sie erzählte viele Jahre später: „Ich hatte meine Sachen für eine Klassenfahrt in eine Jugendherberge gepackt. Meine Mutter brachte mich zum Bahnhof. Und dort erklärte uns die Lehrerin mit Tränen in den Augen: Lottie, Du kannst nicht mitkommen, Juden sind unerwünscht in der Jugendherberge. Meine Mutter und ich weinten schrecklich. Das war das erste Mal, daß ich deutlich empfand, sie machen uns fertig. In diesem Alter ist es besonders bitter, wenn man ausgeschlossen wird. Auf die Reise hatte ich mich sehr gefreut. Ich wollte dazu gehören" (Decke, 18 f.).

Der Rathausbesuch und die Wahl der Jugendherberge, die vermutlich zu jenen gehörte, die die NSDAP nach 1933 errichten ließ und zu denen jüdischen Mitbürgerinnen und Mitbürgern der Zutritt verwehrt wurde, verraten keine vorausschauende Fürsorge für jene, deren brüchige Existenz doch so offensichtlich war. Sie bezeugen mangelndes Einfühlungsvermögen, wenig Bedacht, politische Naivität oder gar politische Übereinstimmung. Doch Lottie Abraham war sich retrospektiv sicher, daß die Lehrkräfte der Kleinen Helle mutig waren, bewußt Signale ignorierten und sie als eine „normale Person" behandelten. Offenen Antisemitismus, Hetze und bewußte Zufügungen von Leid und Verletzungen hatte sie von den Lehrkräften der Kleinen Helle nicht erlebt.

Die jüdischen Mädchen wurden jedoch, auch wenn es nicht zu Übergriffen oder antisemitischen Angriffen von Lehrerinnen oder Lehrern oder von Mitschülerinnen kam, immer stärker separiert und separierten sich, wohl aus Angst vor Verletzungen und Furcht vor Anfeindungen, selber. Das „arische" Mädchen Almut Eichhorn schilderte dieses folgenschwere Wechselspiel in ihren Lebenserinnerungen nach ihrem Übergang zur Kleinen Helle so: „Als ich in die neue Schule kam, in der mir immerhin kein einziges Mädchen bekannt war, fand ich zwei der neuen Mitschülerinnen besonders nett, Lisel Aber und Rosemarie Ansbacher, und ich war in der Schule ganz gut mit ihnen befreundet. Wenn ich aber zu Hause von ihnen erzählte und sie auch gern mal eingeladen hätte, reagierten meine Eltern merkwürdig zurückhaltend und meinten, es wäre besser, andere einzuladen, da die beiden Juden seien. Da auch ich nicht zu ihnen nach Hause gebeten wurde, blieb es bei den freundschaftlichen Schulstunden und Pausen."

Dieses Wechselspiel der Vermeidung von Beziehungen, des langsamen Rückzugs aus Beziehungen oder auch des abrupten Abbruchs von Beziehungen steht beispielhaft für das Verhalten von jüdischen und „arischen" Familien im neuen 1000jährigen Reich. „Arische" Familien gingen meist leise und wortlos auf Distanz, und jüdische Familien taten dasselbe, sie zogen sich in ängstlicher Sorge und aus Angst vor Diffamierungen oder Abweisungen zurück. Den jüdischen Kindern blieb nichts anderes übrig, als sich enger aneinander zu binden und sich zusammenzuschließen. Bald waren die jüdischen Mädchen in der Kleinen Helle, wie auch anderenorts, isoliert und hatten keine arischen Freundinnen mehr. Lottie Abraham bildete mit ihrer besten Freundin Rita Posnansky, mit Sophie Weiß, Esther Rosenak und Anita Meyer während der Pausen auf dem Schulhof eine feste Gruppe.

Auch aus den anderen Klassenverbänden heraus etablierten sich jüdische Mädchengruppen als Gruppen von Außenseiterinnen. Die Lehrerinnen und Lehrer sahen tatenlos zu oder schauten mehr oder minder betroffen, einige vielleicht mit Trauer, andere mit Zorn, weit über die Dinge, die sich da vor ihren Augen abspielten, hinweg. Ein Politikum ersten Ranges geriet so zu einer Privatangelegenheit der Schülerinnen. Auch übersahen die Lehrkräfte geflissentlich, wenn ein Mädchen, vermutlich von den Eltern angestiftet, von ihrer jüdischen Nachbarin oder auch langjährigen Freundin wegrückte und sich einen anderen Platz suchte. Gesprochen wurde über diesen sich lautlos vollziehenden Prozeß der zunehmenden Entfremdung und der Separierung nicht.

Nach dem Ausschluß von der Klassenfahrt wandten sich Lottie Abrahams Eltern an Mathilde Plate, um sich mit ihr über die Zukunft der Tochter, die eine ausgezeichnete Schülerin war, die zweite von 32 Schülerinnen, zu unterhalten. Mathilde Plate *riet* nach dem ausführlichen Gespräch, wie sie am 3. Februar 1960 an das Landesamt für Wiedergutmachung schrieb, wie in allen ähnlich gelagerten Fällen, von einer Abmeldung *nicht ab*, weil sie die Chance, zum Abitur zugelassen zu werden, als gering einschätzte und ein Universitätsstudium der jüdischen Jugend ohnehin seit 1933 versperrt war. Außerdem war Mathilde Plate der Überzeugung, daß „die Lage für die nichtarischen Kinder in unseren höheren Schulen sich nicht bessern, sondern sehr verschärfen würde, eine Ansicht, die mir," wie sie dem Amt schrieb, „durch ein prominentes Mitglied der jüdischen Gemeinde später bestätigt wurde" (Decke, 20). Lottie Abraham verließ das Lyzeum als Vierzehnjährige im April 1937, mehr als ein Jahr vor dem allgemeinen Verbot. Sie begann in einer Uhrengroßhandlung eine Lehre.
Der Klassenlehrer Hans Koch schrieb in das Abschlußzeugnis: „Sie verläßt die Schule, um eine Lehre anzutreten" (ebenda). Das war sachlich richtig, auch irgendwie wahrheitsgemäß und verbarg doch die tiefere Wahrheit hinter emotionsloser Sprache.
Zum Abschied aus der Schule bat Lottie Abraham einige ihrer Lehrerinnen und Lehrer um einen Eintrag in ihr Poesiealbum. Die Abschiedsverse, dem Geschmack der Zeit unterworfen und als Lebensorientierungen gedacht, sollten ihr wohl auf ihrem weiteren schweren Lebensweg Kraft und Stärke verleihen. Mathilde Plate schrieb, wobei ein oder zwei Zeilen nicht mehr entziffert werden konnten: „Schaffen kann man nur aus Glauben, (...) wer trotzdem die Arme nicht schlaff hängen läßt, sondern an die Sonne glaubt, der kommt voran" (Decke, 25). Der Spruch paßt gut zu Mathilde Plate, er könnte ihre eigene Lebensmaxime enthalten. Sehr viel Nachdenklichkeit über die besonders heikle Lage der Mädchen jüdischen Glaubens verrät er freilich nicht.
Auch Rita Posnansky verließ die Kleine Helle noch vor dem offiziellen Schulverbot. Die Familie emigrierte. Mathilde Plate verabschiedete das junge Mädchen mit den Worten: „Du wirst immer Deinen Weg machen." Mathilde Plates liebste Kollegin, die Geschichtslehrerin Dr. Rhenius, bat: „Berichte in England, daß nicht alle Deutschen Nazis sind" (Decke, 36).
So wurde die Kleine Helle, mit Zustimmung der Betroffenen, schon frühzeitig von jüdischen Mädchen „gesäubert". Es war eine elegante Lösung, ohne erkennbaren Antisemitismus und ohne kalte Repression, doch anpäßlerisch und auf politischer Linie. Waren auch die Emigration und die scheinbar so einvernehmlich zum Besten von Lottie Abraham getroffene Entscheidung, retrospektiv betrachtet, ein Heil für die Schülerinnen, so wurde doch hier ein Prozeß beschleunigt, der die Kluft zwischen den jüdischen Bürgerinnen und Bürgern und der Gesellschaft von „Ariern" vergrößerte.
Mathilde Plate und auch die anderen Lehrkräfte ließen nach dem Abschied der jüdischen Mädchen nichts mehr von sich hören. Das scheint wie ein „normaler" Vorgang, denn auch anderen Mädchen, die vorzeitig das Institut verließen, gehörte selten noch länger das Interesse der Lehrenden. Und doch läßt diese „Normalität" des Verhaltens nicht nur jegliche Solidarität mit den Verfemten und Verfolgten vermissen, sondern sie ist wohl auch nicht ganz so „normal", betrachtet man Mathilde Plates sonst übliches Engagement für ihre Schutzbefohlenen und ihre stets wohlwollende Fürsorge für Familien, die unverschuldet in Armut und in Not gerieten, oder für Frauen, deren Ehemänner und Väter im Krieg verwundet, gefangen oder getötet wurden. So reiste sie auch, um nur eines von mehreren Beispielen zu nennen, 1945 mit dem Zug, und das war gar nicht so einfach nach dem Zusammenbruch des Schienennetzes, nach Achim zu Frau Balland, deren drei Töchter Schülerinnen der Kleinen Helle waren und deren Vater als „Salonnationalsozialist" von den Amerikanern interniert worden war. Sie gab Halt, spendete Trost und setzte sich zur gemeinsamen Mahlzeit, dem Patriarchen

der Familie gleich und ihn quasi ersetzend, auf den Platz des Vaters. Mutter und Töchtern war es ein Erlebnis, das sie nie vergaßen.
Warum also diese in Freundlichkeit gekleidete Distanziertheit, Neutralität oder Reserviertheit, wie wollen wir es nennen, gegenüber dem Schicksal einer Personengruppe, die in Gefahr war und die sich nichts anderes hatte zuschulden kommen lassen, als arischen „Herrenmenschen" zu mißfallen? Und warum griff hier nicht zum Schutz und zur Unterstützung von Mitschülerinnen die so oft beschworene soziale Verantwortung der Schulgemeinschaft, warum nicht das vielgerühmte, bravouröse Miteinander von Lehrerschaft, Elternschaft und Schülerschaft?
„Ein Überblick", schrieb Mathilde Plate „über die Jahre von 1916 bis 1938" ergibt „ein Bild zielbewußter Unterrichtsarbeit und einer, wenn auch nicht immer gleichmäßigen und ungestörten so doch dauernden Aufwärtsbewegung. Rückblickend fühle ich, je länger desto stärker, den Pulsschlag dieser Zeit, die große Gemeinsamkeit zwischen Elternschaft, Schülerschaft und Lehrerschaft und daneben die reibungslose, immer auf das Wohl des Ganzen gerichtete Zusammenarbeit mit der Schulbehörde – zu Zeiten, wenn die Verhältnisse es erforderten, auch der gemeinsamen Abwehr des Wesensfremden" (40 Jahre, 12). Gehörte der unter dem Diktat der Verfolgung ausgelöste „freiwillige" und später erzwungene Exodus der jüdischen Schülerinnen nicht zu den Begebenheiten, die „wesensfremd" waren und der gemeinsamen Abwehr bedurft hätten?
Übrigens fehlt auch diese Passage in Mathilde Plates Erinnerungen „Die Kleine Helle von 1916 bis 1949", die zum 50. Jubiläum der Kleinen Helle 1959 in „gestraffter" Fassung noch einmal gedruckt wurden. Offensichtlich wurde auch hier, wie an anderer Stelle bereits dargelegt, in einer Weise redigiert, in der, wie es scheint, bewußt diskreditierende Äußerungen getilgt wurden.
Das Verhalten von Mathilde Plate und ihrem Kollegium zur Zeit des Faschismus lenkt, wie es auch im heutigen historischen Diskurs geschieht, den Blick weg von Institutionen, Strukturen und dem innenpolitischen Terrorapparat auf den konkreten Menschen und auf die Motive für sein Handeln. Was zwang Mathilde Plate, trotz ihrer Reserve gegen das Regime, im vorauseilenden Gehorsam den Wünschen der Nationalsozialisten zuvorzukommen? Mathilde Plate und ihr Kollegium handelten, mochte es auch unter verhaltener Mißbilligung und mit schlechtem Gewissen geschehen, systemkonform. Sie bildeten damit, wie eine Mehrheit der Deutschen im öffentlichen Dienst, von Rechtsanwälten, Ärzten und Professoren als „Elitegruppe", „eine Brücke zwischen dem nationalsozialistischen Extremismus und den größeren Teilen der Gesellschaft" (Goldhagen, 179) und trugen durch ihr Tun und durch ihre Haltung dazu bei – auch wenn sie es nicht so gesehen haben mögen und wenn sie es vielleicht auch nicht einmal so gewollt haben –, den Ausschluß der jüdischen Mitbürgerinnen und Mitbürger aus der Gesellschaft voranzutreiben.
Nach dem Zweiten Weltkrieg schwieg Mathilde Plate eisern, wie es viele Deutsche taten, zu den Vorgängen und zu ihrem eigenen Verhalten im Dritten Reich. Keine Erklärung, keine Entschuldigung, keine Rechtfertigung. Sie hielt sie wohl nicht für nötig, sie hatte sich ihrer Meinung nach nichts zuschulden kommen lassen, wie sie in ihrem erklärenden Schreiben im Hinblick auf die Entlastung im Faschismus darlegte. Jede und jeder, die sie kannten, konnten bezeugen und bezeugen es noch heute, daß Mathilde Plate keine Nationalsozialistin und keine Antisemitin war.
Mögen auch Weitsicht und die Überlegung, perspektivisch nichts mehr für die Verfemten und Bedrohten tun zu können im Angesicht des wachsenden Antisemitismus', mitgeschwungen haben, so dürfte Mathilde Plate doch eine zurückhaltende Reserve gegenüber den Juden und dem Judentum, deren Basis ein im Christentum verwurzelter Antisemitismus ist, eigen

gewesen sein. Unterstützt werden solche Vermutungen durch die Unterstreichungen und die Anmerkungen in Hitlers „Mein Kampf".
Der christliche Antisemitismus besaß auch in Bremen alte historische Wurzeln. Er äußerte sich einst in strengen Gesetzen, die Juden die Ansiedlung in der Stadt verboten und ihnen nur erlaubten, die Stadt nach Sonnenaufgang zu betreten und sie vor Sonnenuntergang wieder zu verlassen. Diese diffamierenden und ausgrenzenden Bestimmungen wurden kurzfristig durch die napoleonische Herrschaft in Bremen am Beginn des 19. Jahrhunderts außer Kraft gesetzt, nach der Befreiung erneut erlassen und 1871 endgültig abgeschafft.
Doch trotz bürgerlicher Gleichstellung im Kaiserreich und des neuen Toleranzgebotes, niemanden wegen seines Glaubens zu benachteiligen, konnten die alten Vorurteile weder in Bremen noch im Deutschen Reich oder in der Weimarer Republik je gänzlich beseitigt werden. Latent aber auch offen, wie sich unter anderem an den Morden an Rosa Luxemburg (1871–1919) und Karl Liebknecht (1871–1919), später an Walther Rathenau (1867–1922) zeigte, schwelten Abneigung und Antipathie gegen etwas als fremd Geschildertes und als fremd Empfundenes weiter.
Die generelle feine und unterschwellige, sich gegen das Judentum als „Rasse" und als „Glaubensgemeinschaft" richtende Abneigung schloß jedoch die freundliche Zuwendung für den einzelnen jüdischen Menschen nicht aus und vor allen Dingen die Vernichtung von Existenz und Leben nicht ein. Denn die Jüdin Lottie Abraham war sich retrospektiv sicher, daß die Lehrerinnen und Lehrer, die sich in ihrem Poesiealbum verewigten, „gute Menschen" waren, „nicht antisemitisch" oder, wie sie einschränkend sagte, „nicht zu mir jedenfalls" (Decke, 26).
Der Druck des Regimes auf den jüdischen Teil der Bevölkerung nahm zu, wie Mathilde Plate richtig vorausgesehen hatte. Aber er konnte auch deshalb zunehmen, weil aus den Schulen, aus den Betrieben und aus den Kirchen, von wenigen Ausnahmen abgesehen, keine Kritik an den ungerechten Maßnahmen und keine Unterstützung kamen. Der allgemeine latente Antisemitismus, die vorhandene Abneigung und die tradierten Vorurteile bildeten den Humus, auf dem der offene Antisemitismus und die judenfeindliche Politik immer zerstörerischer gedeihen konnten. Die bisher versteckt gehaltenen Aggressionen oder uneingestandenen Abneigungen konnten nun rücksichtslos gezeigt und brutal ausgelebt werden.
Die Mehrheit der „arischen" Volksgenossinnen und -genossen sah tatenlos zu oder wendete sich angewidert, aber schweigend ab, als sich der grobe Antisemitismus ungestraft in zügelloser Gewalt in der sogenannten „Reichskristallnacht" vom 9. auf den 10. November 1938 äußern konnte. In Bremen gingen, wie in anderen Städten, Schaufensterscheiben zu Bruch. Aber nicht nur Fensterscheiben! Jüdische Geschäfte wurden geplündert und zerstört, Synagogen in Brand gesteckt und jüdische Mitbürgerinnen und Mitbürger ermordet. Zu den Opfern zählten auch die Inhaberin einer Fahrrad- und Motorradhandlung Selma Zwienicki (1882–1938) sowie der Arzt Adolph Goldberg und seine Frau Martha (1873–1938), deren soziales Engagement in Bremen weithin bekannt war.
Mathilde Plate war sicherlich über die brutalen Morde und die sinnlose Zerstörungswut entsetzt. Doch sie machte ihrer Empörung über den Terror und die abscheuliche Gewalt nicht öffentlich Luft. Sie schwieg einmal mehr, wie sie seit der Denunziation von Rita Bardenheuer immer geschwiegen hatte, in stummer Allianz mit jenen, deren Worte, wie die ihren, Gewicht gehabt hätten und vielleicht gehört worden wären.
Mathilde Plate sah wohl angesichts der gezeigten Macht des Regimes und der übergroßen Akzeptanz in der Bevölkerung keine Möglichkeit zur lauten Opposition, wollte sie nicht ihr Amt riskieren, das zu halten ihr notwendiger denn je erschien. Mathilde Plate schwor sich, ihre Schule als eine „Enklave" zu erhalten, in der das humanistische Bildungsziel und die

alten Ideale noch nicht ausgedient hatten, sowie ihren Schülerinnen, ihren „arischen?“, als Fels in der Brandung stets zur Seite zu stehen und ihnen Werteorientierungen zu vermitteln, die erlaubten, die schwierigen Zeiten mit Anstand und Würde zu bestehen.
Nach dieser Nacht der Gewalt wurde den jüdischen Schülerinnen und Schülern der Besuch öffentlicher Schulen verboten. Die Schulen, auch die Kleine Helle, wurden „judenfrei“, geduldet wurden nur noch jene jüdischen Schülerinnen, die einen „arischen“ Elternteil hatten. Wie es ihnen erging, bedürfte weiterer Nachforschung.
Mathilde Plate versuchte, wie sie es immer gehalten hatte, im Rahmen des Machbaren und des Möglichen einen eigenständigen Weg zu gehen. Sie tat, was sie für richtig, für angemessen und für notwendig hielt. Doch einige dieser Taten paßten zuweilen hervorragend in das politische System. Sie fanden bei den neuen Machthabern viel Anklang und trugen letztlich dazu bei, daß Mathilde Plate als Direktorin nie in die Schußlinie der Nazis geriet, mochte sie auch zuweilen gezwungen werden, sich und ihr Handeln zu rechtfertigen. Besonders erfreuten die Nationalsozialisten jene Handlungen von Mathilde Plate und Unternehmungen der Kleinen Helle, die aus sozialer Verantwortung für bedürftige Menschen resultierten und insbesondere in Zeiten der Not aktiviert wurden.
So brauchten die Handarbeitslehrerinnen der Kleinen Helle auch nur, Mathilde Plate bezeichnete es als ein „Kuriosum“ und bemerkte ironisch „nachdem um die Mitte der dreißiger Jahre das Dritte Reich den Muttertag entdeckt und sehr kurzfristig zu einer Kleideraktion aufgerufen hatte“, „an ihre Vorratskisten zu gehen und konnten herausholen, soviel sie brauchten, zur großen Überraschung der NSV-Beauftragten".
„Die Bezirksfürsorgerinnen“, hielt Mathilde Plate in ihren Erinnerungen fest, „bestätigten wiederholt: Die Familien, die Weihnachten von der Kleinen Helle beschenkt werden, sind wir das ganze Jahr von unseren Kleideranträgen los.“ Dabei ging man in der Kleinen Helle, und auch das mag eine Idee von Mathilde Plate gewesen sein, besonders zartfühlend vor. Die Pakete wurden den Müttern bei Dunkelheit in das Haus gebracht. Es sollte so aussehen, als ob „die Geschenke für die Kinder vom Christkind kamen und nicht von fremden Menschen“ (40 Jahre, 9).

Vor dem Ausbruch des Zweiten Weltkrieges

Im Haus an der Chemnitzer Straße hatten Mathilde Plates Eltern bereits seit mehreren Jahren die Wohnung in der oberen Etage bezogen. Sie hatten ihrer Tochter das Erdgeschoß mit dem gemütlichen Wohnzimmer und dem Wintergarten mit den vielen Blumen, Pflanzen und dem Vogelbauer überlassen. Das Viertel am Bürgerpark, das Weidedammviertel, war zu einem immer beliebteren Wohnquartier geworden. Viele Lehrerinnen und Lehrer suchten und fanden dort ihr neues Heim, wie Irmgard Förtig erzählte, die selber dort aufwuchs. An der Torgauer Straße zum Beispiel lebten der Rektor der Volksschule an der Herbststraße, Rowold, und auch die Familie Renken, in der beide Elternteile Lehrer waren, hatten sich dort niedergelassen. An der Meißener Straße hatten sich nicht nur der Lehrer Piepho, sondern auch Dr. Laura Greulich, Mathilde Plates Kollegin in der Kleinen Helle, gemütlich eingerichtet.
In Mathilde Plates „Reichweite“ wohnten aber auch zahlreiche Schülerinnen, die die verantwortungsbewußte Schulleiterin auf dem gemeinsamen Schulweg gern in ihre Obhut nahm. Wenn einige Schülerinnen es auch „nicht als Opfer“ empfanden mit ihr zu gehen, so wollten andere doch lieber den Schulweg allein machen und sich nicht dem „gemessenen Schritt“ von Mathilde Plate anpassen oder gar ihre Aktentasche tragen. Des Morgens wagten sie, wie Irmgard Förtig berichtete, einen „vorsichtigen Blick um die Ecke der Chemnitzer Straße, um zu sehen, ob“ der „Schulweg ‚gefahrlos'“ fortgesetzt werden konnte.

Mathilde Plate mit ihren Eltern, um 1937

Aber nicht nur auf dem Schulweg bestand die Gefahr, entdeckt zu werden. Auch auf der Straße entgingen sie nicht dem scharfen Auge ihrer Direktorin. Ilse Vietor war nicht recht glücklich darüber, verstand es Mathilde Plate doch auf unnachahmliche Art, wenn man sich zufällig traf, die Mädchen „in die von ihr angestrebte Richtung zu drehen", um dann mit ihnen zusammen weiter „zu schreiten". Denn „normal ging" Mathilde Plate auch auf der Straße nicht, wie Ilse Vietor sich erinnerte (4.9.1998). Daß Mathilde Plate nicht ging, sondern „schritt", in stolzer Haltung und majestätisch, die Grüße freundlich erwidernd, selbstbewußt, sich ihrer Attraktivität und sich ihres Wertes bewußt, bestätigten übereinstimmend alle Ehemaligen.

1936 erlitt Mathilde Plates Mutter Sophie einen Schlaganfall, von dem sie sich nie mehr ganz erholte. Mathilde Plate war sehr besorgt um sie. Immer wieder gab sie der Mutter, die es sich in dem großen Ohrensessel bequem gemacht hatte, ein Strickzeug in die Hand, um sie zu beschäftigen. Nach dem von der Haushälterin bereiteten Mittagessen, das alle Hausbewohnerinnen und Hausbewohner gemeinsam einnahmen, setzte sie sich ein wenig zu der Greisin, hielt deren Hand, streichelte sie sanft, plauderte mit ihr und berichtete von den Neuigkeiten aus der Welt und aus der Schule.

Am 5. Oktober 1937 konnten Friedrich und Sophie Plate ihre Diamantene Hochzeit feiern. Eingeleitet durch einen feierlichen Gottesdienst, wurde der Tag im engen Familienkreis der vier Kinder, zehn Enkelkinder und zwei Urenkel würdig gestaltet. Wenige Monate später, am 19. März 1938, starb Sophie Plate. Der Platz im Ohrensessel war nun leer. Mathilde Plate und ihr Vater vermißten Sophie Plate sehr. Sie war immer die Seele des Hauses gewesen. Für Vater und Tochter war das Haus fast ein wenig zu groß geworden, doch sie bewohnten es bis zum Tode von Friedrich Plate allein.

Den noch immer rüstigen Friedrich Plate mit „seinem schönen weißen Bart" sah man oft in dem kleinen Garten am Haus arbeiten. Für die Kinder, die vorübergingen, hatte er immer ein paar freundliche Wort parat. Auch versah er weiterhin zahlreiche ehrenamtliche Aufgaben und ließ sich die jährlichen Sammlungen zur Linderung der Not Bedürftiger nicht nehmen.

Im Findorffer Wohnquartier am Bürgerpark kannte man den alten Mann und gab gern, wenn er bei ihnen an der Haustür um eine Spende bat.
Am 26. Januar 1939 erklomm Mathilde Plate in der Hierarchie der Beamtenschaft eine weitere Stufe. Sie erhielt die Amtsbezeichnung „Oberstudiendirektorin".
„Schwere Zeiten" für die Kleine Helle und für Mathilde Plate begannen nach eigenem Bekunden erst mit dem Zweiten Weltkrieg, der am 1. September 1939 mit dem deutschen Angriff auf Polen ausgelöst wurde. Vorausgegangen war der Abschluß des Deutsch-Sowjetischen Nichtangriffspaktes am 23. August 1939, Hitlers berühmt-berüchtigter Pakt mit Stalin, in dem sich die beiden Diktatoren über die Verteilung der Gebiete im Osten Europas einig geworden waren.
Mathilde Plate hörte entgeistert im Deutschen Rundfunk, daß Gebiete im Osten Polens und ihr geliebtes Baltikum, die sie so gern wieder in das Deutsche Reich eingegliedert gesehen hätte, an die Russen „abgetreten" oder, wie sie meinte, einfach „verschachert" worden waren.
Mathilde Plate wußte nun mit letzter und unumstößlicher Gewißheit, daß dieses Dritte Reich nicht „ihr" Reich war und nicht das Nachfolgereich des Heiligen Römischen Reiches Deutscher Nation und des Deutschen Reiches, das Bismarck gezimmert hatte.
Hitler hatte mit seinen Gebietsansprüchen zur Erweiterung des „Großdeutschen Reiches" die Geduld Englands und Frankreichs überstrapaziert und mit seinem Überfall auf Polen die Kriegserklärungen Englands und Frankreichs am 3. September provoziert. Doch zunächst griffen englische und französische Truppen noch nicht ein. Der Verteilung Polens wurde nicht Einhalt geboten. Im September marschierten sowjetische Truppen in Polen ein, und im Oktober wurde „Rest-Polen" deutsches „Generalgouvernement".
Die heitere Seite des Schullebens der Kleinen Helle mit „Schulaufführungen, Konzerten, Ausstellungen, Ruderregatten, Wanderungen und Weimarfahrten" fiel nun dem Diktat des Krieges zum Opfer.

Die letzte Weimarfahrt 1939, auf dem Weg zur Wartburg

Der Ausbruch des Krieges konfrontierte Mathilde Plate mit neuen Aufgaben und bürdete neue Verantwortlichkeiten auf. „Mathilde Plate“, schrieb Elisabeth Forck, „wurde täglich, ja manchmal stündlich vor neue Entscheidungen gestellt.“ Und Mathilde Plate zeigte sich den Aufgaben und der Verantwortlichkeit gewachsen. Sie entschied im Interesse ihrer Schule, ihrer Kolleginnen und ihrer Schülerinnen, was sie als das Interesse der Schule, der Kolleginnen und der Schülerinnen betrachtete. Sie faßte oft einsame Entschlüsse, hervorgegangen aus sorgsamem Rat mit sich selber und nachdem sie Für und Wider ernsthaft gewägt hatte. Einblick in ihre Gedankengänge gewährte sie kaum. Sie blieb verschwiegen und schwieg zu vielem.
Die gesamte Zeit der Naziherrschaft war eine Zeit, über die Mathilde Plate später in ihren Erinnerungen, wie ich bereits angedeutet habe, recht wenig zu sagen hatte. So engagiert und freudig Mathilde Plate in den Jubiläumsheften der Schule über ihre Arbeit in der Weimarer Zeit und über den Wiederaufbau ihrer Schule nach 1945 berichtete, so auffallend karg sind ihre Bemerkungen über ihre Arbeit in der Zeit von 1933–1945. Merkwürdig rasch ging sie über sie in dem Aufsatz: „Die Kleine Helle von 1916 bis 1949“, von dem sie große Teile 1949, noch unter dem unmittelbaren Eindruck des Erlebten, für eine amerikanische Zeitschrift verfaßt hatte, hinweg. Wenige Sätze genügten ihr, um die Wirren des Zweiten Weltkrieges zu skizzieren. Außer der Schilderung des letzten Bombenangriffs, bei dem auch die Schule in Mitleidenschaft gezogen wurde, sprach sie nur von dem geplanten Bauvorhaben zur Erweiterung der Schule, das durch den Ausbruch des Krieges verhindert wurde, und hielt fest: „Der Zweite Weltkrieg ging über sie hin (sie meinte die Kleine Helle, d. V.), und an seinem Ende stand ein Zusammenbruch, wie ihn Deutschland – trotz Tilsit und Versailles – noch nicht erlebt hatte in seiner tausendjährigen Geschichte“ (40 Jahre, 13).
Damit nahm auch Mathilde Plate die typische Haltung einer Generation von Deutschen ein, die sich nach dem verlorenen Krieg, dem Bekanntwerden von Völkermord und Kriegsverbrechen und den Schuldzuweisungen der Siegermächte, aus Scheu und Verunsicherung in Arbeit und Wiederaufbau flüchtete und damit bohrende Gedanken und nagende Schuldgefühle energisch vertrieb.
Mathilde Plate schwieg aber auch „eisern“ gegenüber Kolleginnen und Kollegen zum „Fall“ des Kollegen Dr. Heinz Schecker. Schecker, ihr Stellvertreter, war psychisch krank. War es Schizophrenie? Er irritierte durch auffälliges Verhalten und durch merkwürdige Erzählungen, und auch Schülerinnen, denen er verwirrende Briefe schrieb, zeigten sich verunsichert. Nach einem Kuraufenthalt hatte sich der Zustand keineswegs verbessert. Mathilde Plate nahm es gelassen hin, daß er sich überall als Direktor der Kleinen Helle vorstellte. Als er jedoch als Schulsenator auftrat, verschwand er, wie Elisabeth Forck in ihrem „Rückblick“ notierte, ohne jeden Aufhebens „von der Bühne“. Wer hatte das veranlaßt? Elisabeth Forck hatte es nie erfahren, denn Mathilde Plate waren keine Erklärung und kein Kommentar zu entreißen. Dr. Heinz Schecker wurde Opfer der Vernichtung „unwerten Lebens“. Er „starb“ am 28. März 1944 in Meseritz an Herzversagen, wie es offiziell hieß (Forck III, 38), vermutlich wurde er wie viele andere Behinderte und psychisch Kranke ermordet.
Mathilde Plate schwieg. Sie schwieg in der Zeit des Faschismus, und sie schwieg auch danach. So wissen wir heute kaum etwas von ihr selber aus diesen Jahren. Doch sind ihrer Sekretärin Ingeborg Borchers, Kolleginnen und vielen Schülerinnen Erinnerungen an die schweren Zeiten, in denen sie den ihr Anvertrauten Fürsorge und Anteilnahme angedeihen ließ, lebhaft im Gedächtnis haften geblieben. Mathilde Plate fand, das ist allen Aussagen zu entnehmen, einen Weg zwischen Anpassung sowie intelligentem, eher unauffälligem Widerstand und stand ihre Frau, als Schulleiterin und auch als Lehrerin in Vertretungsstunden, in unermüdlichem Einsatz, selbstbewußt und souverän, fest und unerschütterlich.

Die Schülerinnen und ihre Direktorin

1941 reimten Schülerinnen zum „Jubelfest der Kleinen Helle", die Schule war 25 Jahre alt geworden, auf ihre Schulleiterin:

„Hier waltet ja mit fröhlichem Sinn
Unsre liebe F r a u D i r e k t o r i n.
Sie lenkt das Steuer, wie allen bekannt,
Zielbewußt mit sicherer Hand.
Sie kennt uns Kinder fast alle bei Namen,
So viele hier auch zur Schule kamen.
Königlich schreitet sie über den Flur,
Kommt jeder Unordnung auf die Spur,
Schaut, ob wir sittsam die Treppen gehn,
Läßt sich oft auf dem Spielhof sehn,
Hält Schulfeiern hier in diesem Saal,
Setzt zweimal im Jahr an die 600 mal
In die Zeugnisse ihren Namenszug
Und tut viel, viel mehr noch, ja übergenug!
Was auch kommt, sie steht mit viel Humor
Unsrer riesengroßen Schule vor.
Und ist immer gütig, freundlich und lind
und mütterlich herzlich zu jedem Kind.
Wer die kinderreichste Mutter ist? Rate!
Das ist bestimmt Frau Direktorin Plate!
Wir haben's ja eben schon gezeigt:
3000 Kinder!!! Ich denke, das reicht!!!"

In diesem Gedicht wird eine Frau sichtbar gemacht, die beeindruckt hat, deren Fähigkeit als Schulleiterin, deren Gerechtigkeit und mütterliche Herzlichkeit, deren ordnende Kraft, unendlicher Fleiß und Disziplin, deren phänomenales Gedächtnis und deren Verbindlichkeit, überlegene Ruhe, souveräne Gelassenheit und Humor viel Respekt aber auch Bewunderung abforderten. Das sahen freilich nicht alle Ehemalige so, wie könnte es auch anders sein, und äußerten sich zuweilen kritischer, als in diesem Gedicht deutlich wird.

Die Menschen, die sie kannten, haben sie der eigenen persönlichen Beziehung entsprechend geschildert und beurteilt. Jede und jeder, mit der oder mit dem ich sprach, haben sehr eigene und sehr persönliche Erfahrungen mit Mathilde Plate gemacht. Sie haben sie zuweilen so erlebt, wie sie ein anderer oder eine andere nicht erlebt hat und haben damit individuell und subjektiv Erfahrungen gemacht, die andere nicht machen konnten. So sind die Aussagen als persönliche, keineswegs in allen Teilen generalisierbare Erfahrungen zu werten.

Doch neben offensichtlichen Widersprüchen in den Berichten gab es zahlreiche übereinstimmende Aussagen, so, daß trotz zuweilen unterschiedlicher Charakterisierungen ein recht geschlossenes Bild von Mathilde Plate entsteht.

Besonders widersprüchlich waren, und das ist sicher nicht überraschend, die Erinnerungen der Ehemaligen an den Unterricht von Mathilde Plate. Eigene Vorlieben, Erfolge oder Mißerfolge sowie später gewonnene eigene Erfahrungen und Erkenntnisse bestimmten das Urteil über Mathilde Plates Unterricht, wie sie ihn inhaltlich und didaktisch gestaltete, mit.

Charlotte Ellenberg, die spätere Kollegin, hatte durch Mathilde Plates Vertretungsstunden „von der Frauenbewegung um 1900" gehört, von Gertrud Bäumer und Helene Lange, die

Mathilde Plate, um 1935

Mathilde Plate beide kannte. Für Charlotte Ellenberg war das unvergeßlich, und sie schrieb: „Für uns war deren Ziel – Zulassung von Frauen zum Studium an Universitäten und zu akademischen Berufen – keine Frage mehr" (8.2.1991).
Auch Dr. Klara Stoevesandt hatte durch Mathilde Plate von Frauen der Geschichte gehört. Sie meinte allerdings kritisch: „In ihrem Geschichtsunterricht gab es lediglich zwei Schwerpunkte: Erstens: Wo sind die deutschen Herrscher begraben? Zweitens: Die Charakterbilder der Frauen der Herrscher." Die ehemalige Schülerin beklagte die Einseitigkeit und fragte sich, ob die Frauen wirklich die Geschichte gelenkt haben. Sie „hätte gern anderes gelernt".
Dr. Klara Stoevesandt erzählte noch, daß sie als ein Mädchen galt, das „gute Aufsätze schrieb". Sie wurde deswegen oft von Mathilde Plate in den Pausen auf dem Flur angesprochen und gelobt. Doch als Mathilde Plate später selber den Deutschunterricht in der Klasse erteilte, gab es keine guten Noten mehr. „Schlechte Zensuren, viele rote Schlangenlinien am Heftrand und obendrein Schelte. Aber keine Begründung, keine Erklärung, keine Korrektur, keine gezielte Kritik", schrieb Klara Stoevesandt, die später selbst zur Pädagogin und zur erfolgreichen Schulleiterin avancierte, und zog für sich die Lehre daraus, daß sie „*so* niemals unterrichten durfte" (21.2.1991).
Während Irmgard Suhr von „pädagogischer Güte" sprach, befand Ilse Vietor: „Mathilde Plate wollte oft hilfreich sein, war dann betulich, legte die Hand auf die Schulter und machte alles falsch." So sprach sie mit der unglücklichen Schülerin nach einer mißratenen Englischprüfung wohlwollend und ihrer Meinung nach unterstützend englisch in freier Rede. Doch das war in der Klasse nicht geübt worden. Mathilde Plate verunsicherte nur weiter und machte das Mädchen noch „verwirrter und schlechter".

Ganz anders hatte eine ehemalige Referendarin eine Prüfung mit Mathilde Plate erlebt. Die angehende Lehrerin hatte das Gefühl nicht gut zu sein und in leiser Verzweiflung ihre Unfähigkeit beklagt. Da hörte sie plötzlich die unterstützende und ermutigende Stimme Mathilde Plates als eine der Prüferinnen: „Da sind wir ganz anderer Meinung."
Im Hinblick auf den Unterricht meinte die ehemalige Referendarin allerdings einschränkend: „Sie hatte das Wissen, aber nicht das Können und verstand es nicht, den Funken überspringen zu lassen." Die Referendarin Erna Haverkamp hingegen war von Mathilde Plates Unterricht, bei dem sie hospitierte, angetan und meinte: „Sie unterrichtete einfach, lebendig, verständlich, nicht über die Köpfe der Schülerinnen hinweg, und drückte komplizierte Dinge einfach aus."
Dr. Klara Stoevesandt urteilte ihren eigenen Erfahrungen entsprechend zusammenfassend: „Sie war eine hervorragende Schulleiterin" „und als Schulleiterin qualifizierter denn als Lehrerin" (21.2.1991). Das scheint ein sehr sachverständiges Urteil, wenn es auch zu bedenken gilt, daß Mathilde Plate, durch ihre Aufgaben als Direktorin erheblich in Anspruch genommen, wohl kaum Zeit blieb, sich in gleicher Weise wie die Fachlehrerinnen und Fachlehrer auf den Unterricht vorzubereiten. Sie dürfte oft ad hoc und aus dem Stegreif ihren Unterricht gestaltet haben.
Die größte Übereinstimmung bei allen, die sie kannten, herrschte ganz offensichtlich bei der Beschreibung ihrer äußeren Erscheinung, ihrer Haltung und ihrer Bewegung und einiger ihrer Attitüden.
„Denke ich an Mathilde Plate", schrieb Adelheid Goedeking, „so ist es zunächst einmal das äußere Erscheinungsbild. Wobei mir jetzt beim Schreiben auffällt, daß das Wort ‚Erscheinungsbild' genau zutrifft; denn Körperhaltung, intensiver Blick (genau aber nicht ‚scharf'), die schlanke Figur in stets tadelloser Kleidung, sehr geschmackvoll, nicht einengend oder gar 'betonend' irgendwo, Schmuck sehr dezent. Ich erinnere mich an einen oft an ihr gesehenen, gehäkelten breiten Kragen. Zartes Grau, das war Farbe genug (es gibt ja auch 200 verschiedene Grautöne!!), an besonderen Tagen steigerte sich das bis zu cremeweiß" (2.11.1998). „Sie kleidete sich auf unnachahmliche Weise", erzählte Margot Kuske, „nicht modisch, einfach ihr gemäß", fein, elegant, vornehm.
Insbesondere in den späteren Jahren hüllte sich Mathilde Plate wohl immer in dezentes Grau. Sie war eine „mausgraue Dame", befand Ingeborg Borchers. Richtiger ist wohl von einer „mausgrauen Eminenz" oder einer „Eminenz in Mausgrau" zu sprechen, denn Mathilde Plate, das wissen wir ja längst, wirkte auch ohne jede Aufmachung majestätisch und durch ihre Persönlichkeit.
Zu der dezenten, lockeren, nicht einengenden und feinen Kleidung als Sinfonie in Grau paßten nicht nur das „silberweiße Haar", sondern auch der hoheitsvolle Schritt und die besondere Fußstellung. Marianne Eggers erinnerte sich, daß sie als Schülerinnen diese die „zweite Position im Ballett" nannten, und Anke Hohnholz erzählte, daß Mathilde Plates unvergleichliche Art, die Füße zu setzen, ihr den Namen „silberfüßige Thetis" einbrachte. Einige Schülerinnen konnten sie freilich auch einmal im Dirndlkleid bewundern. Anke Hohnholz befand, daß es ihr gut stand, „obwohl sie einen ganz flachen Busen hatte". Und Ilse Vietor sah sie in Breeches-Hosen – ein Anblick, der offenbar nur wenigen vergönnt war.
Als ältere Frau trug Mathilde Plate ihre Haare nach hinten gekämmt. Sie rollte sie nach oben auf und stülpte sich dazu oft einen Velourhut auf, den sie hinten mit einer Nadel befestigte. Margot Kuske schrieb bewundernd: „Sie war auch im Alter eine schöne und eine anmutige Frau, stolz in ihrer Haltung und anmutig in ihren Bewegungen. Sie zog die Blicke auf sich und blieb doch bei aller Attraktivität bescheiden", in sich ruhend, sich ihres Wertes und ihrer Schönheit bewußt.

Mathilde Plate (rechts) mit einer Kollegin

Mathilde Plate trug selten Schmuck. Auf zahlreichen Fotos, die sie als ältere Frau zeigen, ist jedoch eine schlichte runde Brosche aus leichtem Altsilber zu sehen, die sie offensichtlich liebte. Sie hat die Form einer Schnalle, wie sie einst die Germaninnen trugen, um einen Überwurf zusammenzuhalten. Diese Schlichtheit, die ihr so selbstverständlich war, erwartete sie auch von ihren Schülerinnen. So durften die Schülerinnen bis zu einer bestimmten Klasse, wie sich Dr. Elisabeth Klatte erinnerte, keinen Schmuck anlegen, und das Tragen von Uhren erlaubte sie nur den Fahrschülerinnen.

„Sie war eine liebenswerte Dame, mit Betonung auf Dame", meinte Elly Grewe, eine „kultivierte Dame", unterstrich Helga Noltenius, und Marianne Eggers befand: „Sie war eine Dame vom Scheitel bis zur Sohle und für uns Schülerinnen wie ein Wesen aus einer anderen Welt, das himmelhoch über den Wolken schwebte." Sie wirkte „edel, elegant und aristokratisch", unterstrich Eta Täte-Eggert einen solchen Eindruck und meinte: „Sie strahlte keine mütterliche Wärme aus, sie kümmerte sich aber um jeden."

Lisa Spieker, die zu den ersten Schülerinnen gehörte, die 1916 auf den Holzbänken der neuen Schule an der Kleinen Helle Platz nahmen, erinnert sich mit einigem Enthusiasmus an die erste Direktorin und schrieb: „Jedenfalls wurde Frl. Plate sehr von allen Schülerinnen verehrt. Mich hat sie einmal erwischt, als ich trällernd die schönen breiten Treppen der neuen Schule herunter hüpfte. (...) und da stand ‚S i e'. Ich hätte im Erdboden versinken mögen, ‚Sie' die Angebetete." Die „Angebetete" bat Lisa Spieker, die Höllenqualen litt, in ihr Zimmer. Doch außer einem milden Verweis geschah nichts. Lisa Spieker hatte für eine kurze Zeit „die beglückende Nähe dieser unserer geliebten" Direktorin erfahren. „Nein, geliebten ist", korrigierte sich die ehemalige Schülerin, „nicht das richtige Gefühl, es war echte kindliche Anbetung" (22.7.1998).

Mathilde Plate war für ihre Schülerinnen vielerlei. Jede hob dabei einen gewissen Aspekt ihres Wesens hervor. Sie war nicht nur die „Angebetete", „die geistige Mutter", „die Dame", sondern auch „die heilige Mathilde, „die Königin", die „graue" oder die „weißhaarige Eminenz", die „über den Wolken Schwebende", die „Respektsperson", „das Leitbild", die „Dominante", „die Bestimmende", die, die man mochte und vor der man doch „Bammel" hatte. Dr. Hertha Borchers befand: „Von April 1935 – Juli 1937 besuchte ich die Kleine Helle und hatte in ‚Tilla Plate' eine ehrfurchtgebietende, aber auch gefürchtete Dame vor mir, mit der ein kleines, lebhaftes und nicht immer beherrscht reagierendes Mädchen lieber nichts zu tun haben wollte, sich also größtmöglicher Artigkeit befleißigte."

Für Adelheid Goedeking und für zahlreiche andere Schülerinnen war Mathilde Plate aber einfach nur „Tilla Plate" oder noch kürzer „Tilla". „Sie war immer nur Tilla, wenn man von ihr sprach." Eine andere schrieb: „Sie war für uns immer Fräulein Plate, nie Frau Direktor", und fuhr fort: „Ich glaube, sie wollte auch keinen respektvollen Abstand, das lag ihrer warmherzigen Natur nicht" (8.2.1992). Eva Bücking sah das anders. „Sie kehrte ihre Stellung nicht heraus, weil sie es nicht nötig hatte. So konnte sie leicht auf die Anrede ‚Frau Direktor' verzichten, sie war Fräulein Plate" (15.1.1991). „Sie brauchte nicht um ihre Anerkennung zu kämpfen", faßte Margot Kuske die Meinung der Schülerinnen zusammen, „sie besaß sie oder errang sie ohne besondere Anstrengung."

Immer wieder ist in den Erinnerungen von der Distanziertheit der Direktorin und von dem Respekt vor ihr die Rede, mögen sie auch unterschiedlich erfahren und gespürt worden sein. Denn von dieser Unnahbarkeit, von dieser Distanz, die zuweilen als „freundliche Distanz" charakterisiert wurde, und von einer festen Art, die keinen Widerspruch duldete, sprachen nicht nur die Kollegen und die Kolleginnen, sondern auch fast alle Ehemaligen.

Respekt, Respekt mit und ohne Furcht, aber auch Furcht und Ehrfurcht sind oft gebrauchte Zuschreibungen, die sich freilich zuweilen auflösten, wenn Mathilde Plate doch ganz anders handelte, als erwartet wurde. So kam Luise Bick einmal zu spät, sah Mathilde Plate auf dem Weg zur Klasse vor sich und schlich schlechten Gewissens hinter ihr her. Doch Mathilde Plate blieb an der Tur stehen, damit die Schülerin passieren und vor ihr die Klasse betreten konnte.

Sie war von einer „freundlichen, liebenswürdigen Souveränität", erinnerte sich Dr. Lieselotte Schnatmann (26.1.1991). „Sie war eine ‚autoritäre Respektsperson'", meinte Ilse Vietor, eine „absolute Respektsperson", sagte Ursula Kunze und milderte ein wenig ab, „nicht herrisch, aber alles ordnete sich ihr unter, ohne Widerspruch".

„Niemals wäre jemand auf die Idee gekommen, sich ihr zu widersetzen", schrieb Irmgard Förtig und meinte: „Das war auch gut so; denn Kritik hätte sie niemals geduldet. Sie hat uns beigebracht, daß wir niemals ‚ja gut' sagen durften, wenn wir mit etwas beauftragt wurden; denn dies war ihrer Meinung nach schon eine Kritik an dem, der den Auftrag erteilt hatte." Auch Anke Hohnholz wurde gerügt, als sie „beflissen" „ja gut" gesagt hatte. Es gehört sich einfach nicht, wurde sie zurechtgewiesen, „zu mir ‚ja gut' zu sagen" (23.7.1998).

„Ein Widerspruchsrecht gab es nicht", präzisierte Irmgard Förtig ihre Erfahrungen. Sie hatte als „Nachbarskind" die Ehre, nach jeder Festlichkeit Mathilde Plates Blumen in die Chemnitzer Straße zu tragen. Als sie einmal Besorgungen in der Stadt zu machen hatte und dieses entschuldigend ablehnte, erhielt sie, wie sie glaubte, beim nächsten Aufsatz als Strafe eine fünf. Eta Täte-Eggert rundete das Bild ab und befand, sie ließ nur „wenig Freiräume und kleine Handlungsspielräume zu" (7.2.1991).

Wie nützlich konstruktive Kritik ist „und daß jeder Mensch ein Recht auf eigene Meinung hat und natürlich auch den Versuch, diese Meinung durchzusetzen", haben einige Schülerinnen erst später, zuweilen, wie sie bekundeten, auf schmerzvollem Weg durch ihre Kinder gelernt.

So meinte Irmgard Förtig, daß es nicht nur im Elternhaus, sondern auch in der Schule „sehr an der Möglichkeit gefehlt hat, einen eigenen starken Willen zu entwickeln und damit die Persönlichkeit zu stärken".
Trotz allem war Mathilde Plate ein „leuchtendes Vorbild" für Irmgard Förtig, aber sie meinte, „es ist immer unmöglich gegen Heilige zu kämpfen. Nur leider sind im weiteren Leben die Heiligen sehr dünn gesät, und man muß sich im täglichen Lebenskampf behaupten. Wenn ich das Kämpfen schon früher gelernt hätte, wären mir viele Enttäuschungen erspart geblieben."
Das sahen freilich nicht alle Schülerinnen so, und einige von ihnen äußerten sich recht enthusiastisch, so schrieb Irmgard Rudert: „Ich bin heute (bzw. nächste Woche) 78 Jahre alt und kann mich heute bei dem Gedanken an Mathilde Plate noch restlos begeistern. Ich bin glücklich, eine solche Direktorin in der Kleinen Helle gehabt zu haben." Für die Ehemalige war „Fräulein Plate" „ein Vorbild der Gerechtigkeit und der Wahrheitsliebe und Güte". Sie hatte sich einst von ihrer Lehrerin, die ihre Handarbeits- und Turnlehrerin war, ungerecht behandelt gefühlt, weil sie, die schlechte Turnerin, auch für ausgezeichnete Handarbeiten nur eine drei erhalten hatte. Nach Intervention der Mutter bei Mathilde Plate regelte diese „das auf ihre Weise". „Sie wußte natürlich genau", schrieb Irmgard Rudert, „daß da eine Verbindung Handarbeit – Turnen bestand, und nicht nur das Verhältnis der Lehrerin zu meinen Handarbeiten wurde ein besseres, sondern bei der Turnprüfung, die ja während des Dritten Reiches Pflicht war, hielt Mathilde Plate eine Lobrede auf meine Turnübung am Barren. Ich wußte gar nicht wie mir geschah; ich hatte mir wirklich Mühe gegeben, aber wir hatten doch sooo phantastische Turnerinnen in der Klasse! Ich bekam eine drei und keine vier, wie ich befürchtet hatte" (9.9.1998).
Insgesamt gesehen wirkte Mathilde Plate aber auf alle, ob in Bewunderung, Respekt, Furcht oder Ehrfurcht befangen, als eine Autorität und als eine Frau, die ruhig und ausgeglichen, lebendig, zupackend, kompetent und mit großem Verständnis für „menschliche und soziale Probleme" ausgestattet war, und als eine Persönlichkeit, die ein erfülltes Leben führte und in ihrem Amt, in ihrer Schaffenskraft und Schaffensfreude glücklich und zufrieden war.
Auf meine Frage: War sie autoritär?, sagte ihr Neffe Helmut Plate: „Das ist so nicht richtig ausgedrückt. Vielmehr war es wohl so – Verständnislosigkeit –. Sie hatte eine Persönlichkeitsausstrahlung, ein umfassendes Wissen, großen Sachverstand und ein so ausgewogenes Urteil, daß sie eine in sich ruhende Autorität war, die autoritäres Auftreten gar nicht erst nötig machte – alles ordnete sich ihr – meist – von selbst unter. Auch die männlichen Kollegen. Nie habe ich sie über Dinge sprechen oder gar diskutieren hören, von denen sie nichts verstand. Autorität – autoritär, ein großer Unterschied. Niemals in meinem Leben habe ich einen Mann erlebt, der mitfühlende und geistreiche Autorität in dem Maße vorgelebt hätte wie Tante Tilli" (21.8.1990).
Mit dieser so natürlich erscheinenden Autorität ausgestattet, konnte sie gut auf Titel und besondere Anreden verzichten. Ingeborg Borchers erinnerte sich, daß sie einem Gutachter, der die angehenden Lehrerinnen im Lehrerinnenseminar für das 2. Staatsexamen prüfte und sie beflissen mit „Frau Oberstudiendirektorin" angeredet hatte, hoheitsvoll beschied: „In Bremen kennen wir keine Titel, wir wissen wer wir sind."
Ja, Mathilde Plate wußte wer sie war, und alle anderen wußten das auch. Sie prägte das Klima in der langen Zeit ihres Regiments in der Schule wie keine ihrer Nachfolgerinnen. Mathilde Plate war eine Persönlichkeit, an der die Schülerinnen einfach nicht vorbeisehen konnten, deren Geist sichtbar und unsichtbar in den weiten und hohen Räumen der Schule weilte und der alle in ihrem Tun und Lassen begleitete.

„Zum Sehen geboren, zum Schauen bestellt"

Am 18. August 1940 veröffentlichte Mathilde Plate in den Bremer Nachrichten unter dem Titel: „Bremische Kulturarbeit im Kriege" eine Rezension, die sich mit den Arbeiten des bremischen Bildhauers Professor Ernst Gorsemann (1886–1960), der unter anderen die Frauenrechtlerin und Pädagogin Helene Lange (1848–1930) porträtiert hatte, beschäftigte. Er war als einziger Bremer Künstler auf der Großen Deutschen Kunstausstellung in München vertreten. Diese Publikation erlaubt einen weiteren tiefen Einblick in die Gedankenwelt der „wehrhaften", dem Militär und dem Militärischen wohl noch immer zugeneigten Mathilde Plate, der zu folgen wiederum, wie bei der Begeisterung für Walter Flex, heute doch einigermaßen schwer fällt.

Sie machte in diesem Beitrag ihr unbeirrtes Festhalten an tradierten Werten und Orientierungen deutlich und belegte damit die Kontinuität ihres Denkens, das sich offensichtlich über den Wandel der Zeiten und über die unterschiedlichen politischen Systeme hinweg erhalten hatte.

Für ein ausgeprägtes Kunstverständnis steht die Rezension freilich nicht und für politisches Fingerspitzengefühl erst recht nicht. Für Mathilde Plate hatten wohl Kunst und Politik nichts miteinander zu tun, obgleich sie beide zusammendachte und obgleich die Kunst in Literatur und in der Bildenden Kunst zu einem Politikum ersten Ranges geworden war. Zu den öffentlichen Bücherverbrennungen, zu der Verfemung nicht nur jüdischer Kulturschaffender, der „Säuberung" von Museen von Werken moderner Meister als „entartete" Kunst, zu Schreib- und Malverboten hat sie sich nicht geäußert oder sind jedenfalls keine Äußerungen überliefert.

Mathilde Plate huldigte aus heutiger Sicht recht unsensibel einem Künstler, der die Gunst des Regimes genoß und der gewiß nicht zu den „Großen" der Bildhauerei zählt. Enthusiastisch rühmte sie Gorsemanns „Betenden Reiter" in der Bremer St.-Martini-Kirche als ein Bildwerk, „vor das noch viele Geschlechter nach uns in Ehrfurcht treten werden".

Mehr noch aber als von dem Reiter und den Tieren, dem „Wisent" im Rhododendronpark oder dem „Rehbrunnen" in den Wallanlagen, die Gorsemann gestaltet hatte, war Mathilde Plate von den Arbeiten angetan, die der Bildhauer im Auftrag der Wehrmacht des Deutschen Reiches ausgeführt hatte. Sie beschrieb das neu geschaffene „Ehrenmal für die Gefallenen des Weltkrieges" als ein Werk, das „einzig im Reich" „in seiner schlichten Größe" stand, und setzte sich mit den ihrer Vollendung entgegensehenden Bildwerken für die Marine und die Luftwaffe enthusiastisch auseinander.

Mathilde Plate erfüllte es mit großer Befriedigung, daß endlich wieder der alten Kämpfer gedacht wurde und daß Helden sowie kriegerische Tugenden wieder besondere Aufmerksamkeit erfuhren. Sie schrieb: „Öfter als sonst denken wir heute an jene, die ihr Leben gaben für ein Größeres. Wir suchen und finden wieder den Weg zu unseren Weihestätten."

Es scheint, als habe Mathilde Plate eine deutliche Trennung zwischen dem Hitlerregime und der Wehrmacht vorgenommen. Mathilde Plate betonte nämlich ausdrücklich, daß die Bildwerke für die Marine und für die Luftwaffe gestaltet wurden. Da mag sie eine nicht nur derzeit gängige politisch naive Meinung geteilt haben, in der zwischen den Nazis, ihren Organisationen der SS und SA sowie ihrer Politik, den Soldaten und ihren Aufgaben in der Deutschen Wehrmacht eine scharfe Trennungslinie gezogen wurde. Als Auftragsarbeiten der Wehrmacht waren ihr die Bildwerke wohl unverdächtig, um so mehr, als mit ihnen den Kriegsgefallenen, denen zeit ihres Lebens ihre Anteilnahme galt, ein Denkmal gesetzt wurde. Auch sah sie die Wehrmacht oder doch große Teile von ihr, mit ihrer dem Adel angehörenden Offiziers- und Führergarde, den Traditionen des preußischen Heeres verhaftet und betrachtete sie als dessen legitime Nachfolgerin. So mag sie sich auch die Verachtung jener zu

eigen gemacht haben, die in Hitler nur den kleinen größenwahnsinnigen Gefreiten aus dem Ersten Weltkrieg sahen.
In der Rezension nahm Mathilde Plate das alte Thema von ehrenhaftem Krieg und edlem Kampf, das sie einst im Ersten Weltkrieg so sehr beschäftigt und das sie zum Schriftwechsel mit Walter Flex und zu seiner Würdigung als Dichter und als Soldat geführt hatte, wieder auf. Es war wieder Krieg, und wie selbstverständlich wurde wieder das Sterben für Volk und Vaterland mystifiziert. Dem Hitlerregime genehme Literaten und Bildhauer modellierten wieder an einem Bild, in dem, an Traditionen anknüpfend, der grausame Tod im Dienste des Vaterlandes und einer „höheren Idee“, deren neue Matrix der Nationalsozialismus bildete, mit der Aureole des Großartigen und des Ehrenhaften versehen wurde. Der Soldatentod wurde einmal mehr zu einem Ehrentod, der nicht nur den Toten, sondern auch seine opferbereiten Väter und Mütter ehrte.
Mathilde Plate fand die zwei Plastiken von Gorsemann für die Marine, der *Schwertträger,* „Die Bereitschaft“, und der *Wächter* nach dem Goethewort „Zum Sehen geboren, zum Schauen bestellt“, und ein Relief für die Luftwaffe, in dem der „Schauende“ dem Kameraden mit der Waffe die Hand reicht, von hohem künstlerischem Wert, vor allen Dingen aber wohl von der Idee her einfach wunderbar. Der „Schauende“ und der „Waffenträger“, denen der Künstler idealistische Züge verliehen hatte, bildeten für sie eine symbolträchtige Einheit. Sie glaubte den Künstler zutiefst verstanden zu haben mit dem, was er ausdrücken wollte.
Mathilde Plate schrieb nicht ohne Emphase zum „Schauenden“: „Dem Menschen ist kein Sehen möglich, ohne eigenes Dichten, eigenes Gestalten.“ Für sie war in ein solches Sehen das „Schauen“ eingebettet, ein Wort, das Mathilde Plate mit „Besinnung“ verknüpfte und wie sie erläuterte, das im Sanskrit mit dem „Dichten“ nahe verwandt war und im Gotischen für „Gestaltung“ benutzt wurde. „Aus diesem Wort allein“, zeigte sich Mathilde Plate überzeugt, und sie dachte dabei an den mittelalterlichen Menschen, „können wir aus der unbewußten Weisheit unserer Ahnen lernen. (...) Sie glaubten nicht an ‚objektive’ Dinge, die sich im Menschen nur spiegeln; sondern sie wußten, daß der nordische Mensch dem Geschauten selbst die Gestalt gibt. Wir müssen wieder über das Sehen hinaus zum Schauen kommen, denn der Deutsche war zu allen Zeiten ein Mensch, der hinter die Dinge zu blicken wagte.“
Zu diesem Schauen freilich sollte es nicht zur „Selbstversenkung“ führen und zu stark nach innen gehen, gehörte die Fähigkeit zu tätigem Schaffen, gehörte für Mathilde Plate der Mensch der Tat. Als einen solchen Menschen der Tat verherrlichte Mathilde Plate in der Rezension den Waffenträger als einen edlen deutschen Mann, der sein Schwert nicht zu Unrecht führt, sondern, und sie dachte vielleicht einmal mehr an einen deutschen Ordensritter, an einen deutschen Herrscher oder einen deutschen Offizier, wie an den verehrten Walter Flex im Ersten Weltkrieg, der „für etwas Höheres“, für „Ideale“ kämpft. Dieser bewaffnete Mann benutzte das Schwert auch nicht zum Angriff, sondern, wie einst Flex betonte, in „sittlicher Pflicht“, um den Frieden zu „schirmen“, und nicht aus nationalem Chauvinismus.
Mathilde Plate wünschte sich idealiter einen Frieden, „der jedem seine Freiheit geben und seine Eigenart wahren“ sollte. Dieser Begriff von Freiheit, so zeigte sie sich überzeugt, sei nur den Deutschen eigen, und sie schrieb: „Freiheit durch Gesetz, nicht durch Willkür.“ Eine solche Freiheit sah Mathilde Plate „in der Zucht des deutschen Soldaten“ inkarniert, der idealiter für sie beides war: Held und Geistesheld. Krieg war in diesem Sinne für Mathilde Plate „nicht Selbstzweck, sondern nur ein Hohlweg, der wieder ins Freie führt – zum Frieden“.
Man könnte aus den sorgsam gewählten Worten von Mathilde Plate eine verborgene Kritik am Naziregime herauslesen. Auf jeden Fall enthalten sie nicht jene Jubeltöne, zu denen sich viele Zeitgenossinnen und Zeitgenossen hinreißen ließen, wenn sie den Führer sowie die Par-

tei und ihre befruchtende Wirkung auf die Kunst der Zeit heraushoben. Kein Wort dazu von Mathilde Plate. Mathilde Plate trat für einen Frieden ein, der jedem seine Freiheit, durch Gesetz, nicht durch Willkür, gewähren und seine Eigenart wahren sollte. Mathilde Plate hatte Ungesetzlichkeit und Willkür oft genug erlebt und mit großem Mißfallen die Versuche der Nazis registriert, über die verschiedenen Organisationen die Menschen ihrer Eigenart zu berauben, sie nach ihrem Bild zu modellieren, über die Uniform gleichzumachen und sie den Gleichschritt zu lehren. Auch in die Bezeichnung von einem Krieg als „Hohlweg" dürfte sie Kritik hineingelegt haben.
Doch welche Distanz auch immer in der Wortwahl gelegen und in dem Inhalt vorsichtig angedeutet gewesen sein mag, Mathilde Plate argumentierte in der Rezension unter der Kunst des Weglassens, bei aller Eigenwilligkeit der Gedanken, denn die höhere Idee und den schauenden Geist sah sie gewiß nicht gerade im Nationalsozialismus aufgehoben, zweifellos politisch korrekt.
Politisch korrekt war sie auch in der Würdigung eines dritten Werks von Gorsemann, der Gestaltung der Mutter. Idealisierend schrieb Mathilde Plate: „Das Mittelalter hat die Mütter gekannt, wußte noch um das Wesentliche. Die Aufklärung brachte jenen starken Glauben der Vernunft zum Opfer, ‚Die Welt wurde klüger, aber nicht besser.' Vielleicht haben wir heute einen gewaltigen Berg umschritten und kehren nun wieder dahin zurück, wo wir vor 700 Jahren standen, nur eine Stufe höher, der Blick hat sich geweitet!"
Auch wenn die Worte ein wenig mysteriös klingen, zurück ins Mittelalter auf einer höheren Stufe und mit geweitetem Blick? Es ist gut vorstellbar, daß sich Mathilde Plate eine Zeit herbeiwünschte, die wieder, mit dem neuen Wissen und den Erkenntnissen der Gegenwart angereichert, an die Traditionen des ersten Deutschen Reiches unter den Ottonen anknüpfte. Der Mediävistin mag, während sie die Zeilen für die Rezension schrieb, das Hochmittelalter in seiner Blütezeit vor Augen gestanden haben. Sie sah eine Welt des Geistes und der Künste mit ihren gewaltigen Architekturen, fromme Geistlichkeit und den tapferen Kampf der Herrschenden um die territoriale Vereinigung. Abschließend meinte Mathilde Plate in der Rezension: „Der Künstler gibt der Sehnsucht seiner Zeit Gestalt." Gorsemann hatte wohl in seinem Werk ihre Sehnsüchte, ihre tiefen Gedanken und ihre großen Gefühle angesprochen.
Über den Künstler selbst, der in bedrückender Armut in einer Arbeiterfamilie des Bremer Westens aufgewachsen war und vom Regime akzeptiert und hofiert wurde, wußte Mathilde Plate nichts zu sagen oder wollte sie auch nichts sagen. Er trat für sie hinter seinem bildhauerischen Werk vollständig zurück.
Den Leserinnen und Lesern gab sie den Rat auf den Weg, den Versen Schillers nachzusinnen. Wählte sie bewußt Schiller, den Rebell, den mit Schreibverbot belegten Dichter, der die Freiheitsidee so leidenschaftlich verfocht und in vielen Varianten dramatisierte?
Dem gewählten Text ist freilich eine solche Interpretation nicht zu entnehmen:

> „Wenn, das Tote bildend zu beseelen,
> sich dem Stoffe zu vermählen
> tatenvoll der Genius entbrennt – (...)"

Wenn Mathilde Plate auch angesichts des bildhauerischen Werkes, über das sie berichtete, nur von dem Mann der Tat sprach, so wollte die engagierte Pädagogin freilich auch ihre Schülerinnen zu Menschen formen, denen die Verknüpfung von Anschauung und Tat selbstverständlich wäre. Sie wollte die ihr anvertrauten Mädchen, wie einst Betty Gleim, ihre Kollegin in Geist und Tat, zu „wahrem" Menschentum führen, zu vielseitig gebildeten, zu „schauenden" Frauen formen, die ihre Fähigkeiten in Handeln umsetzen, zugunsten einer Gesellschaft, die es zu verbessern und zu humanisieren galt, und im Dienste eines Vaterlandes, dessen geistiges und kulturelles Erbe zu schützen und zu verteidigen war.

Der Krieg und seine ersten Folgen

Der Krieg forderte seine ersten Opfer: Soldaten und Zivilistinnen und Zivilisten. Gestorben wurde überall, an den Fronten und in den Städten, die von Luftangriffen erschüttert wurden. Immer mehr Menschen wurden obdachlos. Die allgemeine Versorgungslage verschlechterte sich von Tag zu Tag. Die Lebensmittel wurden knapp und mit Hilfe von Lebensmittelkarten rationiert; der Kauf von Kleidung, Kohlen und Dingen des täglichen Lebens durch Bezugsscheine geregelt. Das Marken- und Bezugsscheinsystem wurde im Laufe des Krieges immer ausgeklügelter.

Für das Essen in Restaurants, wie auch dem Ottilie-Hoffmann-Haus, mußten Abschnitte der Lebensmittelkarten geopfert werden. Für den Bezug vieler Waren war der Eintrag in eine Kundenliste der Einzelhandelsgeschäfte erforderlich. Die Kunden erhielten Nummern für den Kauf von Fisch oder Geflügel und wurden der Reihe nach aufgerufen. „Schlangen" vor den Lebensmittelgeschäften gehörten bald zum gewohnten Stadtbild. Das Leben wurde immer schwieriger. Versorgungsprobleme traten auf. Die Haushaltung und die Bevorratung kosteten viel Zeit, und die bewilligten Rationen wurden immer kleiner.

Die Folgen des Krieges machten sich auch im Schulalltag der Kleinen Helle bemerkbar. Richtlinien und Befehle „von oben" griffen regulierend in das Schulleben ein. Mathilde Plate studierte alle Anordnungen mit großer Sorgfalt, sortierte sie, aber befolgte sie nicht alle, sondern entschied nach eigenem Gutdünken und nach bestem Wissen und Gewissen, was zu tun und was zu lassen war. Wenn befohlen wurde, bei Alarm einen bestimmten Luftschutzbunker in der Nähe der Schule aufzusuchen, inspizierte sie die Gebäude vorher, um zu prüfen, ob sie auch bei Bombenangriffen eine sichere Unterbringung der ihr Anvertrauten garantierten. Taten sie das ihrer Meinung nach nicht, begründete sie daraus überzeugend eine Weigerung.

Wenig angetan zeigte sich Mathilde Plate auch von den ihr von der Behörde auferlegten zahlreichen Luftschutzübungen in der Schule. Sie fand sie wohl überflüssig, um so mehr, als sie an die Stelle des wertvollen Unterrichts treten sollten. Mathilde Plate konnte gern einmal vergessen, eine solche Schutzübung anzusetzen. So meinte sie auch anläßlich einer Konferenz, Martha Hörmann notierte den Satz als Stilblüte: „Ich stehe im Grunde schon mit einem Fuß im Zuchthaus." Ärger bekam sie auch mit der Tatsache, daß einmal ein Rundfunkapparat verschwunden war, so daß eine der für so wichtig erachteten Rundfunkreden des Führers an sein Volk nicht übertragen werden konnte. Hatte sie das Gerät „entwendet", um nicht wieder kostbaren Unterricht ausfallen zu lassen?

Nach dem Ausbruch des Krieges entschlossen sich sieben Schülerinnen einer Klasse, sie wurden die „sieben Ungetreuen" genannt, der Kleinen Helle den Rücken zu kehren und dem bedrängten Vaterland beizustehen. Zu ihnen gehörte Hildegard Hubatsch, die, 1948 von ihrer ehemaligen Klassenlehrerin aufgefordert, ihre Lebenserinnerungen vom 1. Juli 1948 Mathilde Plate zum 70. Geburtstag widmete (StAB 7,201-18). Sie gehörte damit zu den Ehemaligen, die diesem Wunsche gern und freudig nachkamen und bezeugten, „welche Kräfte und Grundlagen zur Lebensgestaltung" die Schule, die Lehrkräfte und vor allen Dingen ihre Direktorin den Schülerinnen mit auf den Weg gegeben hatten.

Hildegard Hubatsch kam in ein Arbeitsdienstlager und zog das obligatorische „blaue Arbeitskleid" an. Der Dienst war eine so harte Prüfung für die sehr junge Frau, daß sie sich bald zur Schule zurücksehnte. Sie schrieb: „Ich verließ den Arbeitsdienst mit dem erst dort, wohl aus Protest gegen die erfahrene Ungeistigkeit, gefaßten Entschluß, deutsche Philologie zu studieren mit dem Ziel, Studienrätin zu werden."

1940 nahm Hildegard Hubatsch ein Studium in Deutsch und Geschichte an der Georgia Augusta in Göttingen auf und lernte den Geheimrat Brandi kennen. Sie teilte dieses Mathilde Plate, und das spricht für die Verbundenheit zu ihrer alten Direktorin, unverzüglich mit. Mathilde Plate schrieb ihr nach Göttingen einen Brief voll eigener Erinnerungen an den Beginn ihrer Studienzeit im Herbst 1905 und riet, die „wunderschöne und so leicht erreichbare Gegend wandernd zu genießen". Sie legte einen Geldschein mit den Worten bei: „Damit Sie nicht aus Sparsamkeit sich diese schönen reinen Freuden versagen, die man nie im Leben so genießt wie in der goldenen Jugendzeit."

Durch Hildegard Hubatschs begeisterte Schilderungen von Brandi, der seine Kaisergeschichte mit solch innerer Anteilnahme vorgetragen hatte, daß er nach der „Schilderung von Friedrich Barbarossas zu frühem tragischen Tode mit Ergriffenheit und Tränen in den Augen das Katheder verließ", lebte Mathilde Plate ihre Begegnung und ihr Miteinander mit Brandi noch einmal nach. Sie wußte, was Hildegard Hubatsch mit den Worten gemeint hatte, daß hier eine „Begegnung zwischen der Macht der Geschichte und dem Charakter einer Persönlichkeit stattgefunden hatte": die Kongenialität zweier bedeutender Männer, eines „großen" Kaisers sowie seines „großen" Biographen und Interpreten.

Im April 1941 sandte die einstige Schülerin ihrer Direktorin ihre Verlobungsanzeige. Mathilde Plate konnte sich trotz „herzlicher Mitfreude und von gütiger Nachsicht" getragen, wie Hildegard Hubatsch sich ausdrückte, nicht die Worte verkneifen: „So etwas also macht man im ersten Semester!" Die Direktorin der Kleinen Helle hatte gewiß ihr Haupt geschüttelt, aber doch die Entscheidung als eine persönliche Angelegenheit begriffen und, wie es ihre Art war, freundlich akzeptiert.

Seine Verlobungsreise machte das Paar nach Ostpreußen, nach Tilsit mit dem Besuch von Deutschordensschlössern, von Kirchen, Haff und See, in die Gebiete, die Mathilde Plate einst in Friedenszeiten erwandert und von denen sie den Schulmädchen so oft erzählt hatte. Hildegard Hubatsch konnte nun Mathilde Plates Liebe zum Osten verstehen.

Aber die ehemalige Schülerin bewegte sich auch weiterhin auf den Spuren ihrer einstigen Direktorin, als sie im Wintersemester 1941/42 nach Freiburg übersiedelte und dort ihr Studium beendete. Sie war, wie einst Mathilde Plate, auf den Turm des Münsters gestiegen und hatte sogar die Glocken geläutet. Sie bewunderte „tief verschneite Schwarzwaldtannen" und genoß die „Fahrten zum Titisee und die Besteigung des Feldberges". Tief beeindruckt und doch zwiespältig in ihren Gefühlen kehrte Hildegard Hubatsch von ihrem Besuch aus Straßburg nach Freiburg zurück, und Mathilde Plate konnte dieses gut nachfühlen. Trotz der unauslöschbaren Spuren eines Gutenberg, Sebastian Brant, Goethe oder Herder hatte „durch die Stadt der Hauch einer fremden Gegenwart" geweht.

Nach ihrer Heirat fand Hildegard Hubatsch in Bartenstein bei Königsberg nicht nur ein eigenes Heim, sondern auch eine Anstellung als Hilfslehrkraft am Gymnasium. Weil ihr Mann sich habilitiert und eine Anstellung an der Göttinger Universität gefunden hatte, kehrte das Paar rechtzeitig vor Beendigung des Krieges in den Westen Deutschlands zurück.

Mathilde Plate besuchte ihre ehemalige Schülerin, die in ihren Erinnerungen so deutlich gemacht hatte, was sie ihrer einstigen Direktorin verdankte, nach dem Krieg in dem geliebten Göttingen. Sie stieg die Treppen zu dem „kleinen bescheidenen, aber doch eigenen Heim", wie Hildegard Hubatsch schrieb, empor und erfreute sich an dem wunderschönen Blick aus dem Fenster auf Wall und Bismarckturm.

Es war wohl eine der „noch immer 6 offenen Türen", die Mathilde Plate in Göttingen besaß, wie sie ihrer ehemaligen Schülerin Dr. med. Erika Buck am 21. Juli 1955 nach Volpershausen schrieb, die ihre Praxis „vor den Toren unsrer alten Georgia Augusta" hatte. Sie freute sich, daß sie die privaten Kontakte immer wieder auffrischen konnte, wenn sie zu Tagungen oder Vorträgen in ihr altes, geliebtes Göttingen reiste. Zum Besuch zu Dr. Erika Buck kam es freilich nicht mehr, dabei hätte sie ihre einstige Schülerin, die, wie sie wußte, den gewählten

Beruf wie sie selber „wirklich aus innerer Berufung ergriffen" hatte, gern einmal besucht, um mit ihr ausführlich zu diskutieren.
Im Laufe des Krieges wurden Schulen, Wohnräume und Hallen beschlagnahmt. Auch die Kleine Helle sollte einer Marineeinheit Räume zur Verfügung stellen. „Zackige Offiziere der Wehrmacht", erzählte Ingeborg Borchers, überbrachten der Direktorin den Befehl zur Räumung. Mathilde Plate war betroffen. Um ein wenig Zeit zu gewinnen, bat sie kühl, wie ihre Sekretärin schilderte: „Ihre Papiere bitte." Wenn die Offiziere das auch, beeindruckt von ihrer Autorität, artig taten, konnte sie nicht verhindern, daß Räume abgegeben werden mußten und daß zahlreiche Klassen in die Oberschule an der Karlstraße, später nach Walle auszuweichen hatten. Bei solchen Umzügen verschwanden auch „wertvolle Dinge", wie Mathilde Plate beklagte, unter anderen das Mitteilungsbuch der Kleinen Helle.
Mathilde Plate sah nun nicht nur einen Teil „ihres" Territoriums enteignet, sondern auch das gefährdet, was ihr am meisten am Herzen lag, die differenzierte Bildung und Erziehung von Mädchen durch einen anspruchsvollen Unterricht.
Da die männlichen Lehrkräfte am Krieg teilnehmen mußten oder an Knabenschulen versetzt wurden, gab es bald nur noch weibliches Unterrichtspersonal. Für Mathilde Plate war es selbstverständlich, trotz aller Arbeit als Schulleiterin, freiwillig wieder vermehrt Unterrichtsstunden zu übernehmen, vor allen Dingen in ihren Fächern Deutsch und Geschichte, aber auch in Sprachen und Naturwissenschaften. Sie hätte es nicht ertragen, kostbare Unterrichtsstunden ausfallen zu lassen. Mit Begeisterung, so empfanden es jedenfalls zahlreiche Schülerinnen, gab Mathilde Plate ihre Vertretungsstunden. Sie endeten oft, wie sich Adelheid Goedeking erinnerte, mit den Worten: „Also, über dieses Thema sprechen wir in der nächsten Vertretungsstunde mal ausführlicher. Erinnern Sie mich bitte!" „Diese Bereitschaft, Zusätzliches zu tun", fuhr Adelheid Goedeking fort, „teilte sich gewiß auch dem Kollegium mit. Ich kann mich an keine einzige ‚ausgefallene' Stunde erinnern! Und ich bin ganz sicher, daß wir Schülerinnen das mit in unser eigenes Leben genommen haben: nämlich mehr zu tun als das ‚Notwendige', sondern das Mögliche. Darin sehe ich einen wesentlichen Einfluß meiner Schulzeit auf der Kleinen Helle" (2.11.1998).
Auch Eta Täte-Eggert wußte von dem unendlichen Fleiß Mathilde Plates und von ihrem Willen, sich keiner Zumutung und keiner Anstrengung zu entziehen, zu berichten. Nach dem durch den Beruf des Vaters bedingten Aufenthalt in einem anderen Ort kehrten die Familie Eggert nach Bremen und Eta in die Kleine Helle mit einigen Defiziten in Französisch zurück. Spontan erklärte sich Mathilde Plate bereit, ihr mit zwei weiteren Schülerinnen vor dem Schulbeginn, morgens zwischen sieben und acht Uhr, Nachhilfeunterricht zu erteilen. Das dieser nicht recht effektiv war, lag gewiß nicht an Mathilde Plate, wurde der Unterricht doch ständig durch Telefonanrufe unterbrochen.
Nachdem die Marineeinheit die Kleine Helle wieder verlassen hatte, erhielt 1941 die durch Bomben beschädigte Kippenbergschule in der Kleinen Helle Asyl. Wieder war es eng, und wieder wurden die Schulstunden auf Vormittage und auf Nachmittage verteilt. Organisations- und Planungstalente waren gefragt. Es waren die Talente, die Mathilde Plate in hohem Maße besaß. Mit Souveränität und in ruhiger Gelassenheit reagierte sie auf die jeweiligen Anforderungen, mit denen sie täglich konfrontiert wurde und die auch täglich andere sein konnten. Sie sorgte dafür, daß der Unterricht so störungsfrei wie möglich stattfinden konnte.
Im Herbst desselben Jahres wurden Schülerinnen der sechsten Klasse, unter der Organisation des BDM, der „eine Mitwirkung der Schule grundsätzlich nicht wünschte", wie Elisabeth Forck sich erinnerte (70 Jahre, 12), zum Erntedienst weit verteilt zwischen Osnabrück und Uelzen eingesetzt. Mathilde Plate sah es mit Mißmut und Sorge. Sie konnte sich nicht mit

dem Gedanken anfreunden, „ihre“ Schülerinnen aus der Obhut der Schule und der fürsorglichen Aufsicht der Lehrkräfte zu entlassen und der Verantwortung des BDM auszuliefern. Doch ihre Einwilligung war nicht gefragt, und Mathilde Plate wußte auch nicht, wie sie sich diesem Befehl hätte widersetzen können.

Die „Kinderlandverschickung“ nach St. Gilgen und Oberhof

Der Krieg aus der Luft wurde immer heftiger. Die deutsche Luftwaffe konnte die Angriffe nicht mehr abwehren. Sie verlor die Lufthoheit über dem eigenen Territorium. Die Bombenangriffe auf Bremen verschärften sich. Nicht nur Fabriken und Hafenanlagen wurden zerstört, sondern auch viele Wohnhäuser durch Brand- und Sprengbomben in Schutt und Asche gelegt. Mütter mit Kindern versuchten in privater Initiative Bremen zu verlassen. Die bremische Obrigkeit machte Pläne für die zunächst freiwillige Evakuierung von Schulklassen. Diese sollte in engem Zusammenwirken von Schule, Nationalsozialistischer Volkswohlfahrt (NSV) und HJ/BDM erfolgen, denn auch im Rahmen der „Kinderlandverschickung“ war den BDM-Führerinnen eine bedeutende Rolle bei der „Erziehung“ der Mitschülerinnen zugedacht.
1941/42 begann auch die Kleine Helle mit der berühmten „Kinderlandverschickung“. 130 Mädchen mit fünf Lehrerinnen unter der Leitung von Dr. Luise Rhenius und der „Nebenleitung“ der BDM-Führerin Mechthild von Seydlitz fuhren nach St. Gilgen am Wolfgangsee. Offensichtlich funktionierte die Betreuung der „Kleinen“ so gut, daß die Eltern aus Dank 1000 RM zur Anschaffung eines weiteren Ruderbootes spendeten. Doch zu diesem Kauf sollte es nicht mehr kommen.
In der Erinnerung von Lehrenden und Lernenden erstrahlt, trotz zunächst erheblicher Ernährungsprobleme, die jedoch mit Hilfe von Eltern-Paketen und der HJ gelöst wurden, die Zeit in St. Gilgen am Wolfgangsee, fern aller Kriegshandlungen und im Angesicht einer schönen „heilen Bergwelt“, im hellen Licht: Alles war „heiter und beschwingt wie die Salzburger Landschaft, wie der kleine Mozart auf dem Brunnen vor unserem Haus“, dem Hotel zur Post, in dem die Schülerinnen anstelle des feineren Grand Hotel Strobl untergebracht worden waren, erinnerte sich Helga van Norden (40 Jahre, 35 f.).
Die Leiterin Dr. Luise Rhenius schwärmte ähnlich: „St. Gilgen! Welch eigenartiger Zauber geht von dem Namen aus! Welch glückliche Erinnerung verbindet sich für die meisten der damals Evakuierten mit ihm! (...) Fürwahr, ein lieblicher Ort ist St. Gilgen! Damals schien er uns ganz zu gehören. Lebendig wird bei seinem Namen die fröhliche Gemeinschaft, die gute Kameradschaft, unsere vielen Feste, die herrlichen Wanderungen nach St. Wolfgang, zum Plöckenstein, zum Zwölferhorn, zum Schafberg und die Fahrten nach Salzburg. Ja, wir alle, Lehrerinnen und Kinder, lieben St. Gilgen. Wir haben es im Laufe der 11 Monate unseres Dortseins lieben gelernt“ (40 Jahre, 28). Man wuchs untereinander und mit der Bevölkerung zusammen.
Schon nach wenigen Wochen hieß es, „daß hoher Besuch“ aus Bremen zu erwarten wäre. Mathilde Platte hatte sich angesagt. Irmgard Förtig erinnerte sich, daß die Musiklehrerin mit ihren Schülerinnen wochenlang einen Kanon einübte. Der Text und die Melodie schrieben sich den Mädchen derart in das Gedächtnis, daß sie den Kanon noch bei einem Wiedersehen nach 55 Jahren „spontan komplett mit allen Schnörkeln singen konnten“. Das Lied verrät einiges, war es Ernst oder doch vielleicht ein bißchen Ironie, über die Aureole, die Mathilde Plate umgab, und das Verhältnis von Kolleginnen und Schülerinnen zu ihrer Direktorin zwischen lächelnder Akzeptanz und respektvoller Bewunderung.
„Sie ist da, sie ist da, in ihrer Gloria.
Die Freude will uns ersticken! Wir wissen vor Entzücken uns gar nicht zu lassen;
denn sie ist da in ihrer Gloria“ (30.10.1998).

Doch „der große Empfang ließ auf sich warten", erzählte Irmgard Förtig: „Frau Direktor hatte vor der Visite in St. Gilgen" in Berchtesgaden, wo ebenfalls Schülerinnen der Kleinen Helle im Rahmen der „Kinderlandverschickung" untergebracht waren, einen schweren Unfall, bei dem sie sich mehrere Rippenbrüche zuzog. Sie stürzte, als sie mit ihrer Kollegin Thalea Gerhards die Schönheit der Landschaft bewundern wollte, durch den Holzbalkon eines typischen Bauernhofes fünf Meter in die Tiefe. Während Thalea Gerhards mit dem Schrecken davonkam, weil sie sich am Geländer festklammern konnte, mußte Mathilde Plate ins Krankenhaus. Sie wurde in Bischofswiesen in einer „netten Privatklinik" untergebracht. Mathilde Plate war, wie sie später immer wieder versicherte, von Herzen froh, daß sie auf dem Balkon gestanden hatte und nicht Kinder verletzt worden waren. Erst nach einem längeren Krankenhausaufenthalt konnte sie nach St. Gilgen reisen.
Die wechselseitige Korrespondenz zwischen Dr. Luise Rhenius, die dem Landesschulrat Dr. Kurz von dem Unfall der Schulleiterin berichtete, und Mathilde Plate zeichnet sich durch Wertschätzung und durch eine herzliche Freundlichkeit aus, so daß man auch auf das durchaus übliche „Heil Hitler" als Gruß verzichtete. Überhaupt scheint es, als hätte Mathilde Plate mit dem obligatorischen Heil-Hitler-Gruß ihre Probleme gehabt, denn es gibt offizielle Briefe, die sie mit „Heil Hitler" unterzeichnete, aber ebenso viele, unter die sie einfach neutrale Grüße, wie „mit bestem Gruß" setzte.
Dr. Luise Rhenius hielt in ihren Erinnerungen fest: „Der Höhepunkt des Sommers war der Besuch von Direktorin Plate im Lager. Die Freude, sie nach ihrem schweren Sturz durch den brüchigen Balkon eines Lagers in Berchtesgaden und ihrem zweimonatlichen Krankenlager gesund und frisch in unserer Mitte zu haben, wurde mit einem großen Kostümfest und Scherzen aller Art gefeiert" (40 Jahre, 30).

Fest in St. Gilgen, September 1941

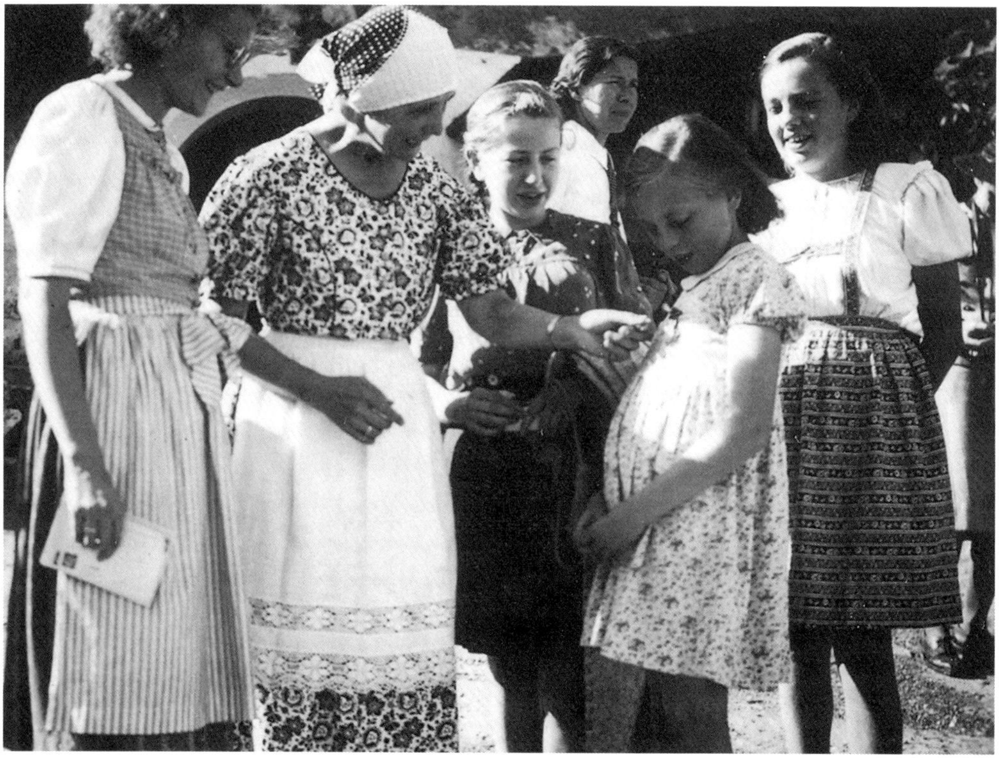

In St. Gilgen, 1941

In der Festschrift „40 Jahre ‚Kleine Helle'" ist überhaupt viel von Spaß, von Feiern, von schönen Festen und von Problemen, die in St. Gilgen gelöst werden konnten, die Rede, und auch die Schülerinnen erinnerten nur Begeisterndes. Irmgard Förtig schrieb: „Ich hatte die St. Gilgener Zeit so genossen, daß ich danach dann eine Klasse wiederholen durfte." Ja, so war es wohl. Trotz fragwürdigem politischem System und wachsender Kriegsnot ließen sich die Menschen, die dem Regime genehmen Menschen, nicht unterkriegen, feierten Feste oder machten sich den Alltag so erfreulich oder so erträglich, wie es irgend ging. Spürt man den schriftlichen Erinnerungen nach, so wurde auch retrospektiv wenig Nachdenkliches geäußert. Das Böse, das Bedrohliche und das Negative der damaligen Zeit wurden nicht als solches empfunden oder aus dem Gedächtnis getilgt.
Die Festschrift erinnerte auch nicht an Luise Weiß, die Halbjüdin. Sie durfte, wie sich Annegret Krause erinnerte, zu einem Familientreffen nach Bremen zurückreisen und kam dabei mit ihrer Familie bei einem Bombenangriff ums Leben. „Wer weiß, wofür das gut ist", soll Mathilde Plate gesagt haben. Gut? Weil es besser ist, im Bombenhagel zu sterben, als im KZ umgebracht zu werden?
Mathilde Plate scheint gewußt zu haben, wohin der Weg für die Menschen jüdischen Glaubens führte, denn die Gesetze gegen die jüdischen Mitbürgerinnen und Mitbürger waren seit Mitte September 1941 verschärft worden. Alle Juden hatten vom siebten Lebensjahr an einen „Judenstern" in der Öffentlichkeit zu tragen. Sie wurden bei der Zuteilung von Lebensmitteln und Kleidung benachteiligt, ihre Lebensmittelkarten erhielten den Sonderstempel J. Im November 1941 wurde auch der größte Teil der noch verbliebenen Jüdinnen und Juden in Bremen deportiert.

Die Distanz zu den Machthabern wurde in der Festschrift nur zart angedeutet und in mehr als zurückhaltenden Schilderungen skizziert. So vermerkten die Lehrerinnen „mit einem leisen Schmunzeln und Augenzwinkern", daß die BDM-Führung, die sich zu Weihnachten als Gast eingefunden hatte, die alten Weihnachtslieder kräftig mitsang. Am Silvester wanderten Schülerinnen und Lehrerinnen auf eine Anhöhe und stimmten dort, als die Kirchenglocken das neue Jahr einläuteten, den Kanon „Dona nobis pacem" an (Rhenius, 40 Jahre, 30 f.).
Doch der Frieden war noch lange nicht in Sicht. Mathilde Plate aber war sich sicher, daß der Weg, den Hitler gewählt hatte, nur in einer Katastrophe enden konnte.
Von Dezember 1942 bis Mai 1943 waren einige Klassen in Oberhof in Thüringen, und nach dem großen Angriff auf Hamburg wurden auch alle Schulen in Bremen bis auf die Oberstufen geschlossen. Von Heiterkeit und von einem Zusammenwachsen der Schülerinnengemeinschaft und den Menschen, die dort lebten, war nun nicht mehr die Rede. Sechs Klassen waren auf vier verschiedene Häuser verteilt worden, und jede Klasse führte, wie es hieß, „ihr Eigenleben". Die Lehrerinnen wanderten zum Unterricht von einem Haus in das andere. Nur das Weihnachtsfest, andere gesellige Abende und eine Gedenkstunde für die Stalingradkämpfer wurden gemeinschaftlich im größten der Häuser gehalten.
An den Winterabenden wurde viel gesungen. 143 Lieder und Kanons bildeten das umfangreiche Repertoire eines gern gehörten Chores, der auch in die Lazarette Oberhofs gebeten wurde, um dort zu singen. Fahrten zur Wartburg nach Eisenach und ein zweitägiger Weimarbesuch der älteren Schülerinnen rundeten die Tage in Thüringen ab (Rhenius, 40 Jahre, 31 f.).
Auch wenn die Schülerinnen in Oberhof noch nicht allzu viel davon merkten, die Lage in Deutschland spitzte sich zu. Selbst am hellichten Tage waren die Menschen vor den Bombenangriffen der Engländer und zunehmend auch der Amerikaner in den Städten nicht mehr sicher.
Das Jahr 1942/43 wurde mit dem Namen einer Stadt verknüpft: Stalingrad. Das Geschehen um sie markierte den Wendepunkt in der Geschichte des Zweiten Weltkrieges. Die 6. Armee und Teile der 4. deutschen Panzerarmee wurden von den russischen Truppen eingeschlossen. Ein aussichtsreicher Ausbruch aus dem „Kessel von Stalingrad" wurde den verantwortlichen Generälen von Hitler untersagt. Zum Ausharren und zum Kampf verdammt, fanden Millionen von deutschen Soldaten den Tod. Am 31. Januar/2. Februar 1943 kapitulierten der Generalfeldmarschall Friedrich Paulus (1890–1957) und der General Walther von Seydlitz-Kurzbach (1888–1976), so der offizielle Name, kurz von Seydlitz, wie sich die Familie selber nannte, gegen den Befehl Hitlers. Beide Offiziere, mit ihnen 90 000 Soldaten, gingen in russische Gefangenschaft.
Mathilde Plate war über die Entscheidung Hitlers, die so viele sinnlose Opfer kostete, empört und sympathisierte mit den unbotmäßigen Generälen. Der Familie von Seydlitz in Verden (Aller) hatte sie sich schon länger verbunden gefühlt, denn Ingeburg von Seydlitz, die Ehefrau des Generals, hatte ihr 1941 die beiden Töchter Mechthild und Dietlind anvertraut. Dankbar hatte sie an die Direktorin geschrieben und versichert, wie glücklich sie sich schätzte, ihre „beiden Mädel" auf einer so „vorbildlich geleiteten Anstalt" zu wissen, wo sie eine „geistige und menschliche Erziehung" erhielten, „wie sie wohl heute nur noch ganz selten zu finden ist" (24.6.1941)!
Am 13. Juli 1943 gründete Walther von Seydlitz in russischer Gefangenschaft das „Nationalkomitee Freies Deutschland", dem sich zwei Monate später auch der „Bund Deutscher Offiziere" anschloß. Mathilde Plate empfand herzliche Sympathie für den Verfemten. Sie verfolgte mit größter Aufmerksamkeit die Nachrichten über den „Verräter", versuchte seiner Artikel und Flugblätter habhaft zu werden und seine Rundfunkansprachen in den „Feindsendern" zu

hören, denn von Seydlitz' Mitteilungen in Schrift und Ton waren auch an die Menschen in der Heimat gerichtet.
Mathilde Plate hoffte mit Walther von Seydlitz und einer wachsenden Zahl von Deutschen auf ein rasches Ende des Blutvergießens. Sie begrüßte seine Aufforderung an die Soldaten, sich nicht sinnlos opfern zu lassen und zu desertieren. Den Aufrufen des Generals mögen vielleicht Zehntausende gefolgt sein. Sie verweigerten ihren Kommandeuren den Gehorsam, beendeten den Krieg für sich und konnten so vielleicht ihr Leben retten. Mathilde Plate und Dr. Luise Rhenius sprachen mit ihren Schülerinnen über die Schlacht von Stalingrad und klärten sie, wie Annegret Krause erzählte, über den „wahren Sachverhalt zum Fall Seydlitz auf".
Doch mochten auch einzelne den Krieg für sich beendet haben, er war noch lange nicht zu Ende. Durchhalten, kämpfen, sterben für Hitler und das Vaterland war die Parole, die über den deutschen Rundfunk verbreitet wurde. Die Kämpfe an den Fronten gingen mit großer Unerbittlichkeit weiter. Die Angriffe aus der Luft nahmen an Zahl und Intensität zu, die nun eingeschüchterte Zivilbevölkerung litt immer heftiger unter den Folgen des Krieges und hoffte immer mehr, daß alles bald ein Ende haben möchte.
Im März 1942 wurde in der Kleinen Helle der Reifeprüfungsaufsatz einer Schülerin akzeptiert, von dem Mathilde Plate am 31. August 1945 meinte, als die Lehrerschaft von den Alliierten auf ihre Parteizugehörigkeit überprüft wurde, „daß es im benachbarten Preußen oder Oldenburg" nicht „viele Schulen gegeben hat, die solche Arbeiten hätten aufweisen können, geschweige denn Schulräte, die sie hätten passieren lassen" (StAB 7, 201).
Die Schülerin hatte sich mit Böcklins Bild „Der Krieg" auseinandergesetzt. Sie hatte geschrieben: „Neben dem Tode reitet die Gestalt, die als Teil des Krieges all die Erscheinungen verkörpert, die das Schreckliche des Krieges nach außen hin ausdrücken, die Not, der Hunger, das Elend, die Krankheit. (...) Die starren, weit aufgerissenen Augen liegen tief in den Höhlen, dunkle Ringe sind darunter, und die gelbliche Farbe und das magere Gesicht verkörpern den Kranken. Der Mund ist weit aufgerissen und schreit, schreit in höchstem Grauen und tiefster Not. Es ist ein Schrei, der alles in sich birgt, Haß und Wut, aber auch das Elend, die Qual von Tausenden, der Verwundeten, die mit dem Tode ringen, ihn sich wünschen, ihn herbeiflehen, und die doch nicht sterben können trotz aller Schmerzen; der Mütter, deren Kinder umkommen durch den Hunger und das Feuer, der Frauen, die ihre Männer und Söhne hingaben, opfern mußten und nicht wissen, wofür! – – ." Ende des Zitats.
Abschließend meinte die Schülerin in ihrem Aufsatz: „Böcklins Gemälde ‚Der Krieg' hat mich tief beeindruckt, ich glaube besonders, weil ich ganz die gleiche Einstellung zum Kriege habe wie die, die der Maler hier in seinem Bilde ausdrückt. Auf dem Gemälde ist kein Zug, keine Gestalt, die den Krieg entschuldigt. Der Maler versuchte es nicht einmal. Er zeigte, um den Gegensatz und das Entsetzliche, Unmenschliche des Krieges voll zur Geltung kommen zu lassen, noch einen Teil einer friedlichen, schönen Landschaft, in der die Menschen glücklich und in Ruhe gelebt hätten ohne den Krieg. Der braust hinweg über die Länder, zerstört alles Leben und Wachstum, tötet alles Schöne und Freie und läßt eine Wüste zurück in dem Gebiet, wo er gehaust hat. Wie furchtbar muß es in Belgien, in Warschau oder auf der Krim aussehen." „Ich kann den Krieg nicht entschuldigen, ganz gleich, aus welchem Grunde er entbrannte", beschloß die Schülerin ihre Ausführungen.
Es scheint, als habe die Bildinterpretation Mathilde Plate sehr beeindruckt. War sie von ihrer alten Überzeugung, daß Kriegen Sinn innewohnt, abgerückt? Wir wissen es nicht, weil Mathilde Plate wieder einmal in ihrer emotionslosen und sachbezogenen Mitteilung die eigene Meinung nicht durchblicken ließ. Zweierlei ist sicher, in der Kleinen Helle wurde nicht

linientreu und regimekonform gedacht, und es wurden Kritik und Abweichungen vom Denkdiktat der Nationalsozialisten, die freie Meinung zugelassen. Ganz ohne Zweifel ein Verdienst der Schulleiterin.

In der Bischofsstadt Fulda

Die große Aktion „Kinderlandverschickung“ fand ihre Fortsetzung. Es wurden jetzt jedoch nicht mehr nur einzelne Kindergruppen evakuiert, sondern ganze Schulen. Für Bremens Schulen waren kleinere Städte im vermeintlich noch sicheren Sachsen vorgesehen. Die Kleine Helle sollte unter der Leitung von Mathilde Plate nach Merane in Sachsen evakuiert werden. Doch Mathilde Plate war von Merane wenig angetan. Sie hatte den Ort in Augenschein genommen. Die vielen Industrieschornsteine schreckten sie. Sie verpesteten die Luft und gaben zu der Befürchtung Anlaß, daß auch Merane das Ziel von Bombenangriffen werden könnte. Im übrigen war ihr der Ort viel zu weit von Bremen entfernt, und außerdem, vertraute sie ihrer Sekretärin Ingeborg Borchers lächelnd an, haben wir „bereits genügend Fremdsprachen in der Schule, eine weitere brauchen die Kinder nicht“.
Mathilde Plate hätte die Schülerinnen gerne im nahen Cloppenburg untergebracht. Aber der Befehl lautete: Fulda. Mathilde Plate war skeptisch, denn Fulda, zwischen Rhön und Vogelsberg gelegen, hatte kriegswichtige Industrien, war andererseits aber eine Stadt von hoher geschichtlicher Bedeutung mit ihrem prachtvollen Stadtkern und mit den mittelalterlichen sowie den barocken Bauten und hatte eine wunderschöne waldige, gebirgige Umgebung, die beste und gesunde Luft versprach. Letztlich hielt Mathilde Plate die Stadt für so sicher, daß sie dort ihre Wertgegenstände auslagerte, die freilich in den Wirren des Krieges verlorengingen.
Am 5. September 1943 trafen sich im Bremer Hauptbahnhof die Lehrkräfte, die Sekretärin und eine aufgeregte Kinderschar. Nach herzlichem, oft tränenreichem Abschied von Eltern und älteren Geschwistern belegten die Mädchen die Abteile des für den Kindertransport beschlagnahmten Zuges, in dem Mathilde Plate ein eigenes Abteil bezog. So war sie nach nächtlicher Fahrt bei der Ankunft munterer als ihre Kolleginnen und die Sekretärin, die zuweilen, mit müden Kindern im Arm, keine Ruhe gefunden hatten. Doch Mathilde Plate ließ keine Müdigkeit zu, weder bei sich noch bei anderen. Sie verteilte die Arbeit und packte selber mit an.
In Fulda waren die Kinder in einem sogenannten „offenen Lager“ untergebracht, das heißt die Mädchen wurden zu Pflegeeltern in Pension gegeben. Das war für Mathilde Plate durchaus ein Problem, weil die jungen Mädchen nicht mehr ihrer Aufsicht, sondern der ihrer Gasteltern unterlagen. Auch erwies es sich als schwierig, passende Gasteltern zu finden, denn viele „Familien zögerten, ein Kind aufzunehmen“ und Verantwortung für es zu tragen.
Wieder einmal waren Mathilde Plates Talente, ihre Erfahrung, ihre Überzeugungs- und ihre Tatkraft gefragt. In Begleitung ihrer Freundin und Kollegin Thalea Gerhards „fuhr sie nach Fulda und gewann in einer Elternversammlung durch ihre Persönlichkeit, durch Darstellung der Lage in Bremen und durch gütiges Zureden noch manchen Platz dazu“. „Sehr schnell“, so Dr. Luise Rhenius in ihren Erinnerungen, „erkannten die Fuldaer Pflegeeltern Fräulein Plates Umsicht, ihre schnelle Entschlußfähigkeit und ihre ruhige Überlegenheit.“ Durch Mathilde Plate faßten die Fuldaer Vertrauen zu den Lehrerinnen, zu den Kindern und deren Eltern in Bremen. Die Kolleginnen erlebten später sogar, daß „Fuldaer Lehrer und Behördenvertreter“ sich an „unsere Domina“ und nicht an ihre eigenen Vorgesetzten wandten, wenn sie Rat suchten. Für Dr. Luise Rhenius kennzeichnete die Zuschreibung „Domina“ für Mathilde Plate „ihre Stellung und ihre Haltung in der alten Bischofsstadt“ auf das treffendste (40 Jahre, 33).

In Fulda hatte Mathilde Plate die Funktion einer „Hauptlagerleiterin" inne. Damit war das Privileg eines zusätzlichen Gehaltes aus der Parteikasse verbunden. Mathilde Plate lehnte die Vergütung dankend ab. „Sie wollte das Geld der Nazis nicht", erzählte Ingeborg Borchers und schätzte die Weigerung, die Vergütung anzunehmen, als mutig ein.
Während Einstimmigkeit über Mathilde Plates Fähigkeiten im Hinblick auf Organisation, Überblick und Tatkraft bestehen, schwanken, ähnlich wie in der Beurteilung ihres Unterrichts, die Meinungen zu Mathilde Plates persönlichem Verhalten in Fulda doch ein wenig auseinander. Lisa Gohrke erinnert sich: Mathilde Plate war eine „nette und fürsorgliche Dame". Die Schulleiterin hatte sie zur Seite genommen, den Arm um sie gelegt und berichtet, daß ihr Elternhaus in Bremen von Bomben zerstört wurde.
Anke Hohnholz hingegen meinte: „Sie war auch in Zeiten der Not Respektsperson. Nähe und Trost war nicht ihre Sache." Aber sie erlebte auch von ‚Tilla' Unterstützung, wo sie sie kaum erwartet hätte. Anke Hohnholz hatte auf ihren Spaziergängen mit dem Hund der Gasteltern einen jungen Mann kennengelernt, die Spaziergänge ausgedehnt und immer neue Geschichten für das längere Ausbleiben erfunden. Als die Gasteltern die Lügen erfuhren, wollten sie ihre „Gasttochter" aus Bremen nicht länger haben. „Tilla" brachte sie bei einer anderen Familie unter: „Ohne Vorwürfe, ohne Moralpredigt" (23.7.1998)!
Irmgard Förtig schrieb: „Ich darf in aller Bescheidenheit sagen, daß ich eine sehr schlechte Schülerin war. (...) Um so beachtenswerter ist es, daß sie sich trotzdem immer um mich gekümmert und mich als vollwertigen Menschen anerkannt hat. Immer war sie in enger Verbindung zu meinen Eltern, sei es brieflich oder im persönlichen Gespräch, und niemals hat sie etwas Abwertendes über mich von sich gegeben, sie sah immer noch irgendeinen Hoffnungsschimmer" (30.10.1998).
Die Erwachsenen, Mathilde Plate, weitere Lehrkräfte und die Sekretärin, wohnten privat oder im Hotel. Ingeborg Borchers teilte zunächst mit Mathilde Plate ein Zimmer. Das war anstrengend für die Sekretärin, denn Mathilde Plate stand zeitig auf und machte in aller Frühe ihre Freiübungen. So wollte Ingeborg Borchers doch lieber allein schlafen, sie fürchtete auch einmal nachts eingespannt zu werden und meinte: „Mathilde Plate ist ein Arbeitstier. Menschen wie sie kennen nur ihre Arbeit, und wenn ihr nachts etwas einfällt, hätte ich sicher schreiben müssen."
Wie auch während des Dienstes in der Kleinen Helle fand Ingeborg Borchers des Morgens, wenn sie an ihren Arbeitsplatz kam, eine Menge zu erledigender Arbeiten vor. Oft lag obenauf eine Weintraube oder Schokolade, um der treuen Helferin die Arbeit ein wenig zu versüßen. Mathilde Plate hatte, wie Ingeborg Borchers erzählte, „immer in ihrem Schrank einige Tafeln Schokolade, die sie auch selbst gern aß". Im Hinblick auf das Miteinander meinte Ingeborg Borchers nachbetrachtend: „Sie führte kein eigentlich hartes Regiment, aber sie war für Kontrolle." Doch trotz langen Miteinanders gewann Ingeborg Borchers zu Mathilde Plate keine wirkliche Nähe. „Sie war in gewisser Weise unnahbar", erzählte sie, „sie ließ keinen in sich hineingucken und hat auch nie etwas von sich oder von ihrer Familie erzählt. Es fehlte so das Zwischenmenschliche."
Den Kolleginnen ließ Mathilde Plate in Fulda weitgehend freie Hand. Sie hatte Verständnis für deren Wünsche, die schöne alte Stadt zu besichtigen, ihre Angebote zu nutzen und vor allen Dingen auch die 1200-Jahr-Feier der Bischofsstadt mitzuerleben.
Für die Protestantinnen aus dem Norden, Mathilde Plate, ihre Kolleginnen und ihre Schülerinnen, war es ein besonderes Erlebnis, dem Festakt im Dom beizuwohnen, zu dem hohe katholische Würdenträger in ihren Prachtgewändern erschienen waren und in dem der katholische Ritus seine faszinierende Kraft offenbarte. So schauten sie beeindruckt auf das farbenprächtige Szenarium und lauschten mit großer Aufmerksamkeit den Worten des

Bischofs von Münster, Graf von Galen, und der Festpredigt des Bischofs von Mainz, der „furchtlos von der Kanzel herab scharfe Kritik an Hitler übte". Es war für die meisten Kinder „die erste ernste Begegnung mit Menschen katholischen Glaubens", erinnerte sich Dr. Luise Rhenius (40 Jahre, 33 f.).

In Fulda erreichte Mathilde Plate am 28. Februar 1944 eine besondere Auszeichnung des Hitlerregimes. Sie erhielt per 30. April 1944 „in Anerkennung" ihrer „vorbildlichen Einsatzbereitschaft" und ihrer „besonderen Bewährung bei der KLV", der Kinderlandverschickung, das Kriegsverdienstkreuz 2. Klasse. Mathilde Plate wollte die Ehrung nicht allein für sich, so gedachte sie in ihrem Dank auch derjenigen, die im Schatten geblieben waren. Sie diktierte ihrer Sekretärin am 18. März 1944:

„Ich glaube, niemand von uns, die wir hier in der Heimat an einer so schönen Arbeit, wie die KLV es ist, arbeiten dürfen, nimmt es ohne Beschämung entgegen. Die Befriedigung, die ich darüber empfinde, beruht nicht zum wenigsten in dem Bewußtsein, daß damit nicht nur die Arbeit all meiner Mitarbeiterinnen anerkannt wird, sondern auch die der Schule als solcher, die in der Öffentlichkeit hinter weniger entscheidenden und weniger bedeutungsvollen Stellen ungebührlich zurücktritt. Mit verbindlichem Dank und Heil Hitler!"

Den 20. Juli 1944 erlebte Mathilde Plate in Fulda. Sie erfuhr über den Rundfunk von dem mißlungenen Attentat des Oberst Claus Graf Schenk von Stauffenberg (1907–1944) an Adolf Hitler im Hauptquartier des Führers. Stauffenberg und eine Reihe seiner Mitkämpfer, zu ihnen zählte unter vielen anderen der ehemalige Oberbürgermeister von Leipzig, Carl-Friedrich Goerdeler (1884–1945), wurden später, zu unterschiedlichen Zeiten, hingerichtet. Das Attentat löste auch in Bremen eine Verhaftungswelle aus und erfaßte Menschen, die mit dem Attentat nicht das geringste zu tun hatten.

Mathilde Plate hörte mit großer Bestürzung, daß in Bremen an die hundert Personen in Sippenhaft genommen wurden, unter ihnen Ingeburg und Mechthild von Seydlitz, die Ehefrau und die älteste Tochter, ihre Schülerin, des Generals Walther von Seydlitz, und später noch einmal an die 50 Personen der „Linksopposition", unter ihnen Wilhelm Kaisen.

Mathilde Plate sorgte sich sehr um Ingeburg und Mechthild von Seydlitz und wußte doch nicht, wie sie helfen könnte. Die beiden blieben ca. drei Monate im Polizeigefängnis und wurden dann entlassen (Schwarzwälder III, 415). Auch der von ihr sehr geschätzte, bei der Erntearbeit festgenommene Wilhelm Kaisen, der sehr zurückgezogen auf seiner Siedlerstelle mit seiner Frau Helene (1889–1973) gelebt hatte, erhielt die Freiheit zurück.

Nach der Verlagerung der Kugellagerwerke von Schweinfurt nach Fulda im Sommer 1944 und nach der allgemeinen Ausweitung der Bombenangriffe auf Städte, die bis dahin verschont geblieben waren, erlebte auch Fulda den ersten Luftangriff am 11. September 1944. Nach dem Angriff und der Entwarnung versammelten sich, wie es ausgemacht war, Lehrerinnen und Schülerinnen in der Schule. Es fehlten einige Kinder, die jedoch nach ängstlicher Suche wieder aufgefunden wurden. „Alle lebten", schrieb Dr. Luise Rhenius im späteren Nacherleben der aufregenden Stunden, „aber einige waren verschüttet gewesen, glücklicherweise ohne ernsten Schaden zu nehmen."

Mathilde Plate machte sich große Sorgen um das Wohl und um die Sicherheit der ihr Anvertrauten. Das Leben in Fulda war ihr viel zu gefährlich geworden. Wie immer, handelte sie auch dieses Mal beherzt und unverzüglich. Sie fand bereits am nächsten Tag „unter Mithilfe des Roten Kreuzes und Frau Landrat Heß", wie erzählt wurde, in dem kleinen Nachbarort Hünfeld neue Quartiere. Doch es konnte nur ein Teil der Kinder dort in Sicherheit gebracht worden. Waren auch einige Schülerinnen mit den Pflegeeltern in die Rhön geflohen, andere von ihren besorgten Eltern abgeholt worden, so blieb doch noch ein Rest von Kindern, der unterzubringen war.

Mathilde Plate fand in der Rhön, in Unterbernhards, ein verlassenes Wehrertüchtigungslager. Es war spartanisch eingerichtet, besaß nur Betten mit zerlegenen dünnen Strohsäcken und keinerlei Vorrichtungen zur Verdunkelung, so daß des Nachts das Licht vollständig aus Angst vor den Tieffliegern, die oft in der Nacht das Lager überflogen, abgeschaltet wurde. Schutzvorrichtungen wie Keller oder Bunker besaß das Lager nicht.
Doch trotz aller Kriegswirren, Gefahren und Einschränkungen war Mathilde Plate stets um die Erziehung und Bildung ihrer Schülerinnen besorgt. Sie fühlte sich auch für jene verantwortlich, die „beurlaubt" waren und zurück nach Bremen oder in die Ferien reisen durften. Als sie zu ihrem größten Mißvergnügen hören mußte, daß einige der „beurlaubten Schülerinnen" sich nicht regelmäßig die Schularbeiten schicken ließen, schrieb sie an die Säumigen.
Anfang Dezember 1944 erhielt unter anderen auch Irmgard Förtig Post aus Fulda von Mathilde Plate: „(…) Nun höre ich durch Zufall, daß verschiedene das nicht getan haben, obgleich sie wußten, daß hier dauernd bei allen Abteilungen voller Unterricht war. Bitte, holt das sofort nach, denn sonst würde Euch das Wiedereinarbeiten schwer, ganz einerlei, wo der Unterricht im neuen Jahr stattfindet. Und in der ersten Februarwoche gibt es Zeugnisse!! Schreibt sofort eine Ferienanschrift. Mit herzlichem Weihnachtsgruß gez. M. Plate" (Oberschule für Mädchen an der Kleinen Helle Bremen, 16 z. Zt. Fulda, Leipziger Str. 2).
Vielleicht hatte es mit diesem Engagement zu tun, daß die Kleine Helle, trotz heillosen Durcheinanders in den letzten Kriegsmonaten, am 29. November 1944 in besonderer Weise durch den Senator für das Schulwesen gewürdigt wurde. Er stufte sie, ausschließlich eine Maßnahme besoldungsrechtlichen Charakters, als eine „bedeutende Höhere Schule" im Sinne der Reichsbesoldungsordnung ein.
Mathilde Plate ließ sich auch in Hünfeld und in Unterbernhards über die Geschehnisse in Bremen ständig auf dem laufenden halten, so erfuhr sie rasch, daß am 18./19. August 1944 gegen Bremen verheerende Luftangriffe geflogen worden waren. Der Bremer Westen lag in Schutt und Asche. Es gab so viele Obdachlose, daß diese nicht mehr in der Stadt untergebracht werden konnten, sondern in ländliche Gebiete evakuiert werden mußten.
Die allgemeine Stimmung sank trotz aller Durchhalteparolen und verbreitetem Zweckoptimismus. Die Menschen in Deutschland wurden des Krieges immer müder. Sie zeigten sich zermürbt durch die vielen Luftangriffe und die immer desolater werdende Ernährungslage. Man hoffte nur noch auf ein baldiges Ende. Mathilde Plate, die lange und ausgiebig den Nachrichten der verbotenen Feindsender lauschte, wußte, daß das Ende des Tausendjährigen Reiches nahe war. Sie stellte Überlegungen an, wie sie die Kinder, die sie in der Obhut ihrer Eltern am besten aufgehoben sah, aller anderslautenden Befehle zum Trotz, zurückführen könnte.
Das Weihnachtsfest bot eine willkommene Gelegenheit, die Schülerinnen nach Bremen zu schicken. Die hessische Gauleitung, der auch das Bremer Lager unterstand, hatte einen Erlaß herausgegeben, der besagte, daß alle evakuierten Kinder Weihnachten Urlaub bei ihren Eltern machen dürften, soweit sich diese nicht in der Gauhauptstadt, das war Kassel, deren Innenstadt völlig zerstört war, aufhielten. Bremen war genau so zerstört wie Kassel. Aber da Bremen ja keine „Gauhauptstadt" war, las Mathilde Plate aus diesem Erlaß einfach die Erlaubnis heraus, den Kindern die Heimreise zu gestatten. „Sie handelte, ohne sich abzusichern", sagte Ingeborg Borchers und schätzte das als sehr couragiert ein.
Nur wenige Kinder blieben auf besonderen Wunsch der Eltern in Fulda. Die meisten wurden in Gruppen und in Begleitung ihrer Lehrerinnen wohlbehalten nach Bremen zurückgebracht. Vielleicht wären auch einige der Lehrerinnen gern in Bremen geblieben, doch sie mußten nach Fulda zurückkehren, um mit Mathilde Plate das Lager aufzulösen und das

Mathilde Plate um 1945 mit ihrem „Lieblingsschmuck", einer Brosche

Privatgepäck sowie das Schuleigentum, das zurückgelassen wurde, um den Anschein zu erwecken, daß es sich wirklich nur um einen Weihnachtsurlaub handelte, sicherzustellen und zurückzuführen. Denn die verantwortungsbewußte Mathilde Plate hatte längst entschieden, daß die Kinder nicht nur das Weihnachtsfest zu Hause feiern, sondern bei ihren Eltern bleiben sollten.

Zuletzt waren nur noch Anke Hohnholz und eine weitere Schülerin da. Und immer noch nahm Mathilde Plate ihren Bildungsauftrag ernst. Die Mädchen wurden im Privatissimum weiter unterrichtet. Mathilde Plate setzte sich zwischen sie und machte sie mit den Gegenständen vertraut, die der Lehrplan vorsah und die sie für wichtig hielt. Wenn die Sirenen heulten, gingen die drei in einen nahegelegenen Luftschutzkeller. Mathilde Plate blieb „immer ruhig und gefaßt", schrieb Anke Hohnholz, und strahlte damit eine Sicherheit aus, die sich auch den Mädchen mitteilte.

Doch die Lage im Reich wurde immer ernster. Die in Fulda verbliebenen Lehrerinnen wußten nicht mehr, wie sie nach Bremen zurückkehren sollten. Schienenstränge waren lahmgelegt und Züge bombardiert worden. Eine neue Verfügung aus den Dezembertagen des Jahres 1944 hielt die Bahn an, nur noch Karten für kriegsnotwendige Fahrten auszugeben. So saßen die Lehrerinnen da, wie Dr. Luise Rhenius schrieb, „in der fremden Stadt – ohne Kinder, ohne Arbeit und sehr bald vermutlich ohne Geld" (40 Jahre, 35).

Und wieder erwies sich Mathilde Plate als „Retterin" in der Not. Ihr gelang es, die notwendigen Bescheinigungen zu beschaffen, so daß eine Lehrerin nach der anderen heimreisen konnte. Die beiden letzten waren Mathilde Plates treueste Freundinnen Thalea Gerhards und Dr. Luise Rhenius. Sie fuhren am 9. Februar 1945 zurück, beobachteten an jedem Bahnhof die flatternden Alarmflaggen, ertrugen bei eisiger Kälte geduldig die stundenlangen Aufenthalte auf der Strecke, erlebten einen Bombenabwurf auf den Zug, der glücklicherweise nicht traf und nur die Scheiben splittern ließ, und freuten sich, endlich wieder in Bremen zu sein und alle ihnen „anvertrauten Kinder in der Obhut ihrer Eltern" zu wissen (ebenda).

Das Ende des Krieges in Bremen

Nach der Rückkehr aus Hünfeld und Unterbernhards trafen sich die verbliebenen Schülerinnen weniger in der Schule als vielmehr im Bunker an der Zwickauer Straße. Alle jene, die dort Schutz suchten, sammelte Mathilde Plate, die die Luftangriffe mit „stoischem Gleichmut" hinnahm, um sich herum und gab ihnen Unterricht in der englischen Sprache. Mathilde Plate wußte nur zu gut, meinte Irmgard Förtig, daß die Schülerinnen nach Kriegsende die Sprache würden brauchen können.

Auch Ilse Röben erinnerte sich an die gefahrvolle Zeit des Lebens und des Überlebens im Bunker und an die Ruhe, die Mathilde Plate bewahrte, selbst als sich einmal die Sauerstoffzufuhr verringerte und Menschen bereits apathisch wurden. Mathilde Plate veranlaßte, daß an dem dafür vorgesehenen Hebel solange hantiert wurde, bis die Sauerstoffzufuhr wieder funktionierte. Beeindruckt war Ilse Röben auch von der Hilfsbereitschaft Mathilde Plates, die sich nicht zu fein dünkte, den Koffer einer Frau, die sich den Arm gebrochen hatte, in den Bunker und auch wieder nach Hause zu tragen.

Die Kleine Helle, Mathilde Plate, die Lehrerinnen und die Schülerinnen erlebten den Zusammenbruch in Bremen. Hunger, Mängel jeglicher Art und ein eiskalter Winter machten das Leben schwer. Die Heizvorräte waren nahezu aufgebraucht, Kohlen gab es nicht mehr, und an Nachschub war nicht zu denken. In den hohen Räumen der Kleinen Helle war es bitterkalt.

Mathilde Plate aber arbeitete trotz Kälte und Frost unbeirrt und pflichtbewußt weiter. Oft saß sie an ihrem Schreibtisch und fror entsetzlich. Mit steifgefrorenen Fingern erledigte sie ihre schriftlichen Aufgaben, ordnete, organisierte und fertigte Notizen für ihre Sekretärin zur Erledigung an. Glücklich war sie, wenn Senta, die Schäferhündin des Hausmeisters Johann (Jan) Tiedemann, zu ihr kam. Mathilde Plate freute sich, wenn das Tier sich unter ihren Schreibtisch legte, so daß sie sich in seinem Fell die Füße wärmen konnte. Lächelnd und nicht ohne Stolz erzählte Mathilde Plate dann ihren Kolleginnen, „daß sich ihr jeden Abend jemand mit gleicher Ergebenheit zu Füßen lege" (Forck, 40 Jahre, 5). Zuweilen ging sie aber auch in die Wohnung des Hausmeisters, um sich ein wenig in der molligen Küche aufzuwärmen oder ihre eiskalten Füße in eine mit heißem Wasser gefüllte Schale zu stecken.

Mathilde Plate hatte sich längst mit dem zunächst von ihr beargwöhnten Hausmeister Jan Tiedemann, den sie 1936 „zudiktiert" bekam, der Parteimitglied seit 1933 und Inhaber des goldenen Parteiabzeichens war, ausgesöhnt. Er hatte nicht, wie sie befürchtete, „Spitzeldienste" geleistet, sondern sich als sehr treuer Helfer „seiner" Direktorin erwiesen und, wie Helmut Plate versicherte, ihr „aus mancher Patsche" geholfen, in die sie zuweilen durch ihre Offenheit geraten war (22.4.1991).

Am 24. Februar 1945 hatten nach einem Alarm die Schülerinnen und die Lehrkräfte die Schule längst verlassen. Mathilde Plate aber saß immer noch, wie sie es sich angewöhnt hatte, vor dem Beobachtungsschirm des Sicherheits- und Hilfsdienstes (SHD), um zu verfolgen, welchen Kurs die feindlichen Bomberstaffeln nahmen. An diesem Tag sah sie drei Verbände aus Holland anfliegen. Während zwei von ihnen zunächst in Richtung Hamburg abdrehten, nahm einer direkten Kurs auf Bremen, dem sich die beiden anderen nach einer Kehrtwendung anschlossen. Mathilde Plate ging in den gut ausgebauten Keller im Ostflügel der Schule, der von den Menschen aus den umliegenden Straßen nicht mehr aufgesucht wurde, seitdem der Großbunker in der Nordstraße fertiggestellt war.

Nach diesem Angriff, der Bremen schwer traf, waren auch Teile der Schule beschädigt worden. Der „Kern des Baues" der Kleinen Helle war aber noch stehengeblieben. Mathilde Plate hielt fest: „Als wir den Keller verließen, floß uns das Heizungswasser auf der Treppe entgegen. Die zertrümmerte Hoftür gab den Blick nach draußen frei: Der ganze Spielplatz und der

Mathilde Plate mit Senta, der Hündin des Hausmeisters Johann (Jan) Tiedemann

ganze große Schulgarten ein einziges Trichterfeld! Krater neben Krater, der letzte drei Meter vor der Haustür. Die sämtlichen Zwischenwände im Nordflügel, die der Richtung des Luftdrucks entgegengesetzt gewesen waren, lagen wie eine Urweltlandschaft am Boden. Aber die beiden steinernen Treppenhäuser standen noch unverletzt da und ebenso die Außenmauern und alle tragenden Innenmauern" (40 Jahre, 14)!

Doch es kamen neue Angriffe, und es gab neue Zerstörungen. Mit tiefem Bedauern stellte Mathilde Plate fest, daß die schönen Obstbäume des Schulgartens verbrannt, die Kronen der Linden und der Birken zerfetzt und die uralte Akazie am Gartenrand zerschmettert waren. Und in der Nacht vom 25. zum 26. April 1945 zertrümmerte, „buchstäblich 5 Minuten vor 12 Uhr, eine schwere Granate den bisher verschonten Dachstuhl".

Ein Blick auf die Umgebung von der Turnhalle aus zeigte Mathilde Plate „auf allen drei Seiten nur Ruinen". Sie schrieb: „Ein ganzes Stadtviertel ist in ein graues Trümmerfeld verwandelt. Und inmitten von Ruinenfeldern wohl schwer kriegsverletzt, aber doch im Kern gesund, unsre liebe Kleine Helle, wie durch ein Wunder dem allgemeinen Zusammenbruch entgangen" (40 Jahre, 16)!

Die Alliierten hatten längst die bedingungslose Kapitulation gefordert und in mehreren Konferenzen bereits unter anderem über die Aufteilung Deutschlands in vier Besatzungszonen, der englischen, amerikanischen, französischen und sowjetischen, Einigung erzielt. Am 5. Mai 1945 wurde der Waffenstillstand im Nordwesten geschlossen. Der 7. Mai 1945 brachte die Gesamtkapitulation der deutschen Wehrmacht und die rechtsgültige Unterzeichnung der Urkunde in Reims. Der Krieg mit seinem unendlichen Blutvergießen und seinen großen Zerstörungen war zu Ende. Die meisten Menschen waren erleichtert und doch in Sorge, wie es weitergehen sollte. Bremen wurde zur englischen, wenig später zur amerikanischen Besatzungszone.

IV. Die Nachkriegsjahre von 1945–1963

Die „Trümmerfrau“

„Das Ende?“ fragte Mathilde Plate in ihren Erinnerungen, die sie 1946 „noch unter dem unmittelbaren Eindruck des Erlebten für eine amerikanische Zeitung geschrieben“ hatte: „Nein und hundertmal nein! Nur ein neuer Anfang! Ein schwerer Anfang, aber doch ein Anfang, über dem nicht mehr vom ersten Tage an das Damoklesschwert einer neuen Zerstörung schwebte.“ Es waren keine Handwerker da und keine Arbeiter. „Aber wozu sind wir denn selber da“, sagte sich Mathilde Plate, „wozu sind wir jung und stark! Trotz Krieg und Hunger stark genug, unsere liebe Schule wieder gebrauchsfähig zu machen“ (40 Jahre, 14).

Mathilde Plate nahm sich in die Pflicht. Sie fühlte sich jung und stark genug für den Wiederaufbau. Wind und Wetter und den Widrigkeiten der Nachkriegsjahre trotzend, nahm Mathilde Plate die Herausforderung an. Unter ihrer Leitung und ihrer aktiven Mithilfe wurden der materielle und der ideelle Wiederaufbau ihrer über alles geliebten Schule geleistet. Sie wollte den nachfolgenden Generationen von Frauen eine hervorragende Bildungsstätte wieder zugänglich machen. Ihrem Vorbild folgend und dem allgemeinen Drang nach tatkräftigem Wiederaufbau, packten Lehrerinnen und Schülerinnen mit ihren Händen an. Sie gehörten damit ebenfalls zu den Frauen, die als die berühmten deutschen „Trümmerfrauen“ in die Geschichte eingingen.

Mathilde Plate war 67 Jahre alt, als sie mit der großen Aufbauarbeit begann. Als durch den Faschismus Unbelastete, war sie in ihrem Amt als Schulleiterin von der amerikanischen Besatzungsmacht bestätigt worden. Sorgfältig füllte sie die Fragebogen aus, in denen ihre Gesinnung und ihr Verhältnis zum Faschismus überprüft werden sollten. Sie legte zwei Anlagen bei, den Abituraufsatz, von dem wir bereits gelesen haben, über Böcklins Bild „Der Krieg“ und eine persönliche Stellungnahme vom 31. August 1945. Mathilde Plate fühlte sich bemüßigt, „die bedeutungsschweren Fragebogen nicht aus der Hand zu geben, ohne eine allgemeine Bemerkung vorauszuschicken“ (StAB 7, 201).

Die Schulleiterin machte in ihrem Schreiben deutlich, daß sie sich mit den neuen tagespolitischen Fragen auseinandergesetzt hatte und daß sie Solidarität für jene Kolleginnen und Kollegen empfand, die sich im Faschismus nicht nur durch Zugehörigkeit zum NSLB oder NSV wie sie selber, sondern auch durch den Eintritt in die NSDAP kompromittiert hatten. Sie schrieb: „Wenn der Sinn der Potsdamer Vereinbarungen der ist, die nationalsozialistischen Ideologien von der Jugend fernzuhalten, so muß man m.E. stärker als die formalen Äußerlichkeiten den Geist einer ganzen Arbeitsgemeinschaft in die Waagschale werfen. Daß der Parteieintritt in sehr vielen Fällen unter Druck erfolgte, ist allbekannt, daß er für Lehrer häufig das einzige Mittel war, um nicht ihre Stelle zu verlieren und damit allen Einfluß – in einem dem Parteigeist entgegengesetzten Sinne – preiszugeben, ist ebenfalls eine unbestreitbare Tatsache, ebenso, daß die Mitgliedschaft im NSLB und in der NSV für die innere Einstellung gar nichts bedeutete.“

Sie fuhr fort: „Gerade in Bremen haben wir ja bekannte Beispiele dafür, daß jemand nur dadurch für die unter seinem Schutze stehenden Menschen eintreten und ihm am Herzen liegende soziale Ziele verfolgen konnte, wenn er selbst durch Mitgliedschaft in den Organisationen den Zugang zu den maßgebenden Instanzen hatte.“

„Würden“, so meinte Mathilde Plate weiter, nur „auf Grund von formalen Zugehörigkeiten Lehrkräfte entfernt, die in Eltern- und Schülerkreisen geradezu als Exponenten einer nicht nationalsozialistischen Einstellung bekannt waren, so würde das (das d. V.) Vertrauen zum guten Willen der Besatzungsmächte bis in die Grundfeste erschüttern. Viel stärker als die for-

Auf Grund der Angaben in Ihrem Meldebogen sind Sie von dem Gesetz zur Befreiung von Nationalsozialismus und Militarismus vom 9. Mai 1947 nicht betroffen.

Öffentlicher Kläger.

Denk

Freie Hansestadt Bremen
7
Spruchkammer Bremen
Der öffentliche Kläger

Ohne Dienstsiegel ungültig

Befreiungsdokument von Nationalsozialismus und Militarismus

male Bindung durch Mitgliedsnummern ist der Geist, der eine Gemeinschaft durchdringt. Und daß der an der Kleinen Helle nicht pro-NS war, ist von jeher in Bremen ein offenes Geheimnis gewesen. Oft haben Eltern es mir bei der Anmeldung bekräftigt."

Folgen wir nun ein wenig den Erinnerungen von Mathilde Plate an die Aufbauzeit nach dem Krieg, wie sie in dem Jubiläumsheft „40 Jahre ‚Kleine Helle'" nachzulesen sind. Mathilde Plate schrieb: „Wenn 20 Mädchen stundenlang geschaufelt hatten, Steine und Erde in einen Trichter geworfen, dann sah am Ende die riesige Erdhöhle noch aus, als sei überhaupt nichts geschehen. Sie wollte und wollte nicht kleiner werden. Und doch haben wir es geschafft. Wo einst der dunkle Schlund der Trichter gähnte, sind jetzt schon Salat, Kartoffeln und Kohl geerntet" (15).

Auch die Trümmer der benachbarten Häuser wurden beseitigt. „Diese zyklopischen Blöcke", zweifelte Mathilde Plate zunächst, „sollten Mädchen- und Frauenhände fortschaffen?" Doch die Lehrerinnen gingen als Vorarbeiterinnen voran, und die Schülerinnen folgten als „Sprengkommando". Sie zerschlugen mit Spitzhacken und Aufschlaghammer die mächtigen Mauerstücke. Rasen, Beete, Wege und Rabatten kamen wieder zum Vorschein. „Und jeder Quadratmeter des neueroberten Bodens wurde unter Anleitung der Gartenbaulehrerin bepflanzt." Auch wenn in dieser Zeit der Not „das Gemüse den Vortritt" hatte, so wollte die große Blumenliebhaberin Mathilde Plate trotz Hunger und der Entbehrungen nicht ganz auf ein „Stückchen Farbe und Schönheit" verzichten. So wogte bereits im Herbst ein bunter Asternteppich, wo gerade noch ein mächtiger Trümmerberg gelegen hatte (ebenda).

Nach den Außenarbeiten wurden die Innenarbeiten in Angriff genommen: Löcher zugestopft, Wände und Türen wieder weiß gestrichen. Es war eine schwierige und langwierige Arbeit, nicht nur weil Materialien schwer zu beschaffen waren, sondern auch weil das Regenwasser durch das zerlöcherte Dach ungehindert geflossen war. Dazu hatten die glaslosen Fenster keinen Schutz mehr vor der eindringenden Kälte und Nässe geboten und ein Werk der Zerstörung in den Räumen geleistet.

Wenn auch die Bedachung Fachleuten überlassen werden mußte, so packten doch auch dabei die Mädchen und Frauen kräftig mit an. Da die Zeit der Handwerker nicht nur kostbar, sondern auch teuer war, wurde eine Kette gebildet, „und über die Hände von 70 Mädchen fliegen die roten Dachpfannen bis auf den obersten Flur".

Als die Außen- und Innenarbeiten fertiggestellt waren, wurde eifrig in den Räumen der Schule geputzt. Schränke, Bücher und Akten, aber auch die Felle und die Gefieder der ausgestopften Tiere für den Biologieunterricht wurden vom Staub gereinigt. Die beiden Turnhallen, in denen Lebensmittelfirmen ihr Lager hatten, wurden geräumt, das Linoleum gesäubert, die geretteten Turngeräte wieder hineingestellt und ihrer Bestimmung zugeführt.
Ein Blick nach all diesen harten Arbeiten auf das gelungene Wiederaufbauwerk ließ Mathilde Plate schwärmen: „Deutsche Jugend nach dem Zweiten Weltkrieg. Ernst und gereift durch sechs Jahre Leid und Gefahr, aber unverzagt und ungebrochen. Trümmer um sie auf allen Wegen, aber im Herzen feste Entschlossenheit zum neuen Anfang unter neuen Vorzeichen. Sie will es schaffen, und sie wird es schaffen. Das Trümmerfeld der größten Katastrophe der Weltgeschichte läßt sich nicht in kurzer Zeit beseitigen. Aber wenn junge Menschen mit heiligem Ernst und frischem Mut eine große Aufgabe anfassen, dann werden sie zu einer Kraft,

die ‚zu dem Bau der Ewigkeiten
zwar Sandkorn nur auf Sandkorn reicht,
doch an der großen Schuld der Zeiten
Minuten, Tage, Jahre streicht'."

Elisabeth Forck bewunderte in ihren Erinnerungen, „was Mathilde Plate damals geleistet und ertragen hat", ihre „Unverdrossenheit" trotz „Hunger, Kälte und Mangel auf allen Gebieten und ihre Gabe, mit Mut und Humor die Aufgaben des Wiederaufbaus zu meistern" (Forck III, 5).
Mathilde Plate selbst bedeutete dieses Aufbauwerk, an dem sie noch mitarbeiten konnte, unendlich viel. Es war, wie sie in Dankbarkeit und in Bescheidenheit festhielt, „das große Glück meines Alters" (40 Jahre, 16). Am 28. August 1946 hatte sie dem Senator für Schulen und Erziehung geschrieben: „Es ist ein großes Glück, in dieser Zeit des Neuaufbaus noch mitarbeiten zu können und zu dürfen, und es ist mein heißer Wunsch, mit meiner lieben Kleinen Helle noch so lange verbunden zu bleiben, bis die schlimmsten Kriegsschäden im Lehrkörper, im Gebäude, Garten und Unterrichtsbetrieb wieder beseitigt sind."
Diesen Wunsch verstanden nicht alle, so ihr Bruder Ludwig, der wiederholt die zuweilen sehr müde und abgespannt aussehende Schwester mahnte, in Pension zu gehen. Auch Dr. Hertha Borchers fand, daß sich die „Aura" Mathilde Plates „total verändert" hatte, „aus der heiteren Gelassenheit, mit der selbst schwierigste Fragen gelöst wurden, war eine überaus angespannte, ja, über die eigentlichen Grenzen der Kraft hinausgehende (Aura, d. V.) geworden", die „zutiefst erschreckte" (20.7.1998).
Während der Aufbauarbeiten hatte Mathilde Plate auch der verhängten Ausgangssperre der Amerikaner getrotzt. Ohne Furcht und mutterseelenallein spazierte sie, wie Ilse Röben erzählte, wenn sie es als notwendig erachtete, zwischen der Chemnitzer Straße und der Kleinen Helle hin und her. Sie ließ sich nicht durch die bewaffneten Besetzer einschüchtern. Sie unterhielt sich, wenn sie aufgehalten wurde, mit den Soldaten in englischer Sprache, erzählte ihnen, in welch wichtiger „Mission" sie unterwegs war und erreichte es immer wieder, daß man sie, wenn auch zuweilen nicht ohne freundliche Ermahnung, ihres Weges ziehen ließ.
1945 erhielt Ingeborg Borchers ihre Entlassung, weil sie Parteimitglied war und sich auch als BDM-Führerin betätigt hatte. Mathilde Plate war die erste, die das an die Schule gerichtete Entlassungsschreiben las. Sie legte es ganz nach oben in den Korb, in dem sich die von ihrer Sekretärin zu erledigende Arbeit befand. Ingeborg Borchers war nicht nur konsterniert über die Entlassung, als sie das Schreiben am frühen Morgen fand, sondern auch zutiefst bestürzt über die geringe Sensibilität ihrer Chefin. Sie hätte erwartet, daß die Schulleiterin sie persönlich informiert hätte. So wies sie den Vorschlag von Mathilde Plate, die Arbeit trotzdem zu erledigen, den sie in ihrer unglücklichen Situation als Zumutung empfand, empört zurück.

Das hatte Mathilde Plate möglicherweise überhaupt nicht verstanden. Vielleicht wollte sie mit ihrer Bitte zur Weiterarbeit lediglich ausdrücken, daß sie diese Entlassung höchst albern und überflüssig fand. So mag es Enttäuschung über die Weigerung gewesen sein, daß sie ihrer langjährigen Sekretärin zum Abschied die in „königlichem Ton" gesprochenen Worte mit auf den Weg gab: „Davon geht die Welt nicht unter."
Obgleich die Entlassung rasch wieder zurückgenommen wurde, Ingeborg Borchers ihre alte Tätigkeit bis 1946 weiter versah und von Mathilde Plate in ihrem Wunsch nach einer eigenen Lehrerinnenausbildung unterstützt wurde, blieb das Verhältnis gebrochen. Ingeborg Borchers hatte später nicht das besondere Bedürfnis, ihre inzwischen pensionierte ehemalige Chefin zu besuchen.
Auch den Hausmeister Tiedemann, als Parteimitglied der ersten Stunde und Träger des goldenen Parteiabzeichens bekannt, traf der Bannstrahl. Elisabeth Forck hätte lieber diesen „überzeugten Nazi" verteidigt, „der in Wort und Tat seine anständige Gesinnung bewiesen hatte", als zahlreiche Mitläufer, denen sie einen sogenannten „Persilschein" ausstellte, einen Schein, der die Betroffenen vom Faschismus reinwusch. Doch Entlastung war in seinem Fall nicht gefragt. Tiedemann wurde von seinem Amt als Hausmeister suspendiert. Seine Frau und seine Schwester übernahmen bis zum Ende des Jahres 1947 den Dienst (Forck V, 15). Mathilde Plate hielt den Kontakt zu Jan Tiedemann aufrecht. Konnte sie dessen Entlassung auch nicht verhindern, so betraute sie ihn, solange er in Bremen war, mit privaten Aufgaben, wie ein Brief an Helmut Plate in die Kriegsgefangenschaft belegt.

Tante Tilli

In ihren vier Testamenten aus den Jahren 1936, 1941, 1956/58 und 1959 (StAB 7,201-23) machte Mathilde Plate immer wieder ihre innige Verbundenheit zur Familie, zu ihren Geschwistern und zu ihren Neffen und Nichten, deutlich, auch wenn die Verfügungen für die nachfolgende Generation offensichtlich von unterschiedlichen Gefühlen für die einzelnen begleitet waren, denn einige von ihnen sollten ein wenig mehr, andere ein bißchen weniger von ihrem Nachlaß erhalten.
Am 15. März 1941, als sie nach schwerer Bombardierung Bremens zum zweiten Mal ihren letzten Willen verfügte, schrieb sie: „Wenn ich nicht mehr bin, sollen alle die, die mir im Leben die Nächsten und Liebsten waren, meinen kleinen Besitz unter sich aufteilen. Mein lieber Vater, dem ich so viel von dem verdanke, was ich jetzt bin und habe, soll, solange er lebt, den Nießbrauch von allem Gelde haben." Außerdem sollte er die Möbel und Gegenstände nehmen, die er gebrauchen konnte.
Das andere sollte zu 22 gleichen Teilen an ihre Neffen, Nichten, Großneffen und -nichten, an ein Patenkind, an ihre liebe Cousine, die so lange für „uns gesorgt" hat, und an die treue Pflegerin der Eltern und ein zusätzlicher Anteil an ihre Patenkinder, an ihr Wahlpatenkind und, wie wir bereits gelesen haben, an die kleine behinderte Dietlind Plate gehen.
Am 8. Januar 1944 starb Friedrich Plate kurz vor seinem 90sten Geburtstag. Mathilde Plate sollte das Haus übernehmen, das, wie sie in ihrem mehr als zehn Jahre später verfaßten Testament vom 20. Oktober 1956 schrieb, „einst von den Ersparnissen der Eltern und den meinen gekauft ist". Die nach dem Tode der Eltern „testamentsmäßig den einzelnen Geschwistern zufallenden Erbteile" wurden von ihr an alle Geschwister beziehungsweise an deren Kinder ausbezahlt.
Nach dem Tode von Friedrich Plate wurde es sehr still im Hause Chemnitzer Straße 15. Mathilde Plate bewohnte nun das Haus ganz allein. Doch nur für kurze Zeit, denn mit Beendigung des Krieges wurden zahlreiche Familienmitglieder obdachlos oder wußten nicht,

wohin sie sich wenden sollten. Mathilde Plate bot allen Verwandten, die zu ihr kamen, gern „Asyl". Die Familie rückte eng zusammen.
Zu den ersten, die in der schweren Nachkriegszeit zur ihr kamen, gehörte ihr Neffe Vitus Bernward Dröscher, der, aus der Wehrmacht entlassen, nicht zu seinen Eltern nach Leipzig in die damalige sogenannte „Ostzone" zurückkehren, sondern im Westen bleiben wollte. „Tante Tilli" nahm sich des Sohnes ihrer Schwester Frida, den sie immer besonders gern gehabt hatte, in besonderer Zuneigung und Liebe an. Sie bestritt durch ihr Gehalt beider Lebensunterhalt und organisierte in den entbehrungsreichen Jahren, es war die berühmte Schwarzmarktzeit, die notwendigen Lebensmittel. So wußte Vitus B. Dröscher auch zu erzählen, daß sie kurz nach Beendigung des Krieges zu Verwandten mit der Eisenbahn auf das Land fuhr, um Gegenstände von einigem Wert gegen Wurst, Eier und Käse einzutauschen. Mathilde Plate war, wie sie es immer tat, mit offener Tasche durch die Bahnhofshalle in Bremen gegangen, als sie plötzlich Pfiffe von allen Seiten und das Wort „Razzia" hörte. Mathilde Plate zeigte sich unbeeindruckt von der ganzen Aufregung, ging unbeirrt auf die Absperrung zu und sagte in dem ihr eigenen Ton nur, „aber bitte meine Herren". Und dieses „bitte", meinte Vitus B. Dröscher, „hatte es in sich, es war nicht nur eine Bitte, es war ein Befehl". Da sie erkannt wurde, erhielt sie die Erlaubnis, die Absperrung zu passieren. Zu Hause bemerkte Mathilde Plate, daß ihr 400 000 Reichsmark in die Tasche praktiziert worden waren. Es wäre ihr nie in den Sinn gekommen, meinte ihr Neffe, das Geld zu behalten. Sie lieferte es, ohne zu zögern, unverzüglich bei der Polizei ab.
Zu den unzähligen deutschen Männern, die während des Krieges in Gefangenschaft gerieten, gehörte auch ihr Neffe Helmut Plate. Mathilde Plate sandte ihm Nützliches und Eßbares sowie aufmunternde Briefe in das Internierungslager. Sie sprach ihm nicht nur Mut zu, sondern nutzte auch ihre Kontakte, um ihm nach seiner Rückkehr eine berufliche Perspektive in Bremen zu eröffnen. Sie freute sich, ihm mitteilen zu können, daß er nach seiner Heimkehr in ein Studienseminar eintreten und sogar durch „Übernahme von planmäßigem Unterricht etwas verdienen" konnte. Drei Monate später schrieb sie ihm einen gefühlvollen Brief, der auch einiges über ihr persönliches Verhältnis zu ihren Nichten und Neffen und über die Lebenssituation am Anfang des Jahres 1947 aussagt:
„Mein lieber Helmut, bei Euch allen, die Ihr unter meinen Augen und Händen aufgewachsen seid, muß ich, seit Ihr erwachsen seid, besonders seit den schweren Jahren der Kriegs- und Nachkriegszeit so oft an die Zeit denken, wo Ihr kleine Kinder wart.
Damals war es so leicht, Euch glücklich zu machen. Ob es eine Tafel Schokolade war, ein Buch oder ein Wollwams zum Schlittschuhlaufen (für mich blieben auf dem Wunschzettel ja meist die praktischen Sachen übrig!), auf alles antworteten strahlende Augen. Und als Ihr dann herangewachsen wart, da kam nun sehr schöner, daß das alte Vertrauensverhältnnis zu T.T. blieb, nur daß es aus dem Verhältnis der Kinder zum Erwachsenen hinüberwuchs in das gute Verstehen auf gleicher Ebene.
Eure lieben Briefe, auch Dein letzter, haben es mir ja sehr gezeigt und mich dadurch beglückt. Aber daneben stand es (...): Das Kind konnte man mit einem Kuchen oder einem Spielzeug glücklich machen, aber den Erwachsenen konnte man seine Last nicht abnehmen, konnte man gerade an den Punkten nicht helfen, wo man es am liebsten getan hätte. Da stand man mit leeren Händen. Und so ist es auch jetzt: Das bittere Leid der Unfreiheit, der Trennung von Frau und Kindern, das Dunkel, das über der Zukunft liegt, keiner von uns kann es wenden. Nur Dir immer wieder versichern, daß wir sehr hinter Dir stehen mit unseren Gedanken und hinter Deinen Lieben mit unserer Hilfe. Ich kann mir ja denken, mit welchen Gedanken Du dort den verregneten Frühling erlebst. – Ostern, der zweite in der Gefangenschaft! Und so leer das Wort klingt, man kann es doch nur

immer wiederholen: Geduld! Einmal muß doch das Ende kommen und der neue Anfang!
Über Dein letztes Bild habe ich mich sehr gefreut. Da ist doch noch die alte Spannkraft darin. Wer so aussieht nach zwei Jahren Gefangenschaft, der ist nicht unterzukriegen. Ich werde es Jan (Johann Tiedemann, der Hausmeister, d.V.) auch zeigen; den Gruß habe ich schon bestellt.
Deine liebe Frau und die beiden Kleinen hoffe ich im Frühjahr wiederzusehen, d.h. so bald es wirklich Frühling wird. Bis jetzt ist es noch bitterer Winter. Seit drei Monaten, d.h. seit dem 15. Dezember Frost und Schnee (mit zwei ganz kurzen Unterbrechungen), und nun kommt noch mein schlimmster Feind dazu, das Glatteis! Aber wenn es der Übergang zu Tauwetter und Wärme ist, werde ich mich auch damit abfinden.
Seit jetzt 4 Wochen, d.h. seit Volker und Waltraut (das sind Helmut Plates Geschwister, d.V.) zum Skilaufen in die Alpen fuhren, bin ich Gast in der Vasmerstraße, schlief zuerst in Volkers Bett, seit er zurück ist, in Ulrichs und freue mich, daß die Wasserstraßendirektorin (ihre Schwägerin, d.V.) immer noch (…) hat. Vitus kommt am Abend, d.h. gegen 5 Uhr von der Arbeit aus hierher und geht erst zwischen 10 und 11 heim in sein eisig kaltes Zimmer in der Chemnitzer Straße.
Ich gehe morgens um 8 Uhr fort und komme gegen 4 zurück und freue mich dann jedesmal, wenn ich mich in Ulrichs kleinem Zimmer an den Schreibtisch setzen kann. Man schaffte das Doppelte, wenn man nicht mit zitternden Fingern den Füllhalter balanciert, der ohnehin meist eingefroren ist.
Jan arbeitet mit großer Energie am Inventar. Sobald wir geeignetes Holz haben, macht er Leisten an Deine Bilder, damit sie gebraucht werden können, wenn – hoffentlich! – nach Ostern die eingefrorene Schule wieder auftaut. Bis jetzt kommen die Kinder nur 2mal wöchentlich zum Appell, d.h. zur Aufgaben (...) und heißer Schulspeisung (bestehend aus sehr schöner dicker Milch und Erbsensuppe), und trotz Schnee und Eis draußen und kalten Zimmern sind sie vergnügt. Nun gute Nacht! Im ganzen Hause ist es schon still, und morgen früh beginnt wieder der Kampf mit dem Glatteis. Bleib so wie auf Deinem Bild! Dann wird noch alles gut.
Deine T.T.“
Später, im Jahre 1957, offerierte Mathilde Plate ihrem Neffen und seiner Familie die Wohnung in der Chemnitzer Straße. Helmut Plate schrieb: „Tante Tilli hatte uns – mir – angeboten, daß wir in ihr Haus ziehen könnten mit unseren 5 Kindern, und daß wir es dann erben würden. (...) Daß meine Frau als Hauptbetroffene da nicht mitziehen wollte, das lag an der beherrschenden Persönlichkeit Tante Tillis, die in unsere Familie nur schwer zu integrieren gewesen wäre, wenn wir uns nicht selbst aufgeben wollten.“ Helmut Plate respektierte den Willen seiner Frau und schlug das Angebot aus.
Doch unter dem Dach der Chemnitzer Straße lebten bis zu Mathilde Plates Tod Schwestern, Schwäger, Nichten und Neffen oder deren Frauen: von 1951 bis 1956, wir wissen es so genau, weil in diesem Jahr erstmalig nach langer Pause wieder ein Bremer Adreßbuch gedruckt wurde, ihre Schwester Marian mit ihrem Ehemann, dem Hauptschulrektor i.R. Rudolph Osterloh, die Frau ihres Neffen, die Lehrerin und Kriegerwitwe Lene-Lotte Osterloh, und Ellen Plate.
Am 20. Oktober 1956 machte Mathilde Plate ein neues Testament, denn das alte hatte sich durch den Tod des Vaters und durch die neuen Besitzverhältnisse längst überholt (StAB 7,201-23). Das Haus an der Chemnitzer Straße sollte nun zu gleichen Teilen an ihre drei Geschwister beziehungsweise, wenn dieses nicht mehr lebten, an deren Erben gehen. Sie schrieb, daß es ihr „sehr lieb wäre“, „wenn jemand von der jüngeren Generation“, z.B. Vitus B. Dröscher, Helmut Plate oder Waltraud Reich, das Haus erwerben würde und nahm „als

selbstverständlich an, daß die anderen (...) durch einen mäßigen Preis und günstige Zahlungsbedingungen den Kauf erleichtern würden".

Die ihr liebsten Gegenstände vermachte sie Vitus B. Dröscher: das „Nußbaumzimmer im Wintergarten", „den Schreibtisch und einen der Bücherschränke nach eigener Wahl". Der Inhalt des Sparkassenbuches und die Silberbestecke sollten unter alle Neffen und Nichten verteilt und alles andere, die weiteren Möbel, Wäsche und Porzellan, „vernünftig eingeschätzt werden" und der Erlös allen Erben der jüngeren Generation gleichmäßig zukommen. Das Bargeld vererbte sie zu gleichen Teilen ihren Geschwistern oder deren Nachfolgerinnen und Nachfolgern. Im Januar 1958 nahm sie die Verteilung des Bargeldes ein wenig anders vor. Es sollte „in drei gleichen Teilen an die Geschwister bzw. deren Erben gehen, d.h. der Anteil von Frida an Vitus, der von Ludwig zu gleichen Teilen an seine Kinder und der von Marian zu $^1/_4$ an Kurt und zu $^3/_4$ an Inge".

1957 wurde wieder ein wenig mehr Platz im Haus, denn Mathilde Plates Schwester Marian Osterloh war gestorben und Ellen Plate offensichtlich ausgezogen.

Mathilde Plate machte ihr letztes Testament am 5. Juli 1959. Die Schrift hatte viel von ihrer Festigkeit und von ihrem prägnanten Strich eingebüßt. Sie wirkt krakelig, ein wenig unsicher, und es scheint, es wäre Mathilde Plate nicht ganz leicht gefallen, die Worte schön aneinandergereiht auf das Papier zu bringen. Sie bestimmte das Geld und den Geldeswert zu gleichen Teilen an ihre Geschwister, und sollten diese nicht mehr leben, schrieb sie, „so geht der Anteil von Ludwig nach dessen Bestimmungen (ob große oder kleine Familie) an seine Kinder, der von Marian zu 20 % an die Kinder von Kurt, zu 80 % an Inge und ihre Kinder, Kurt wird am besten wissen, warum ich diese Unterscheidung mache, und der von Frida an Vitus".

Mathilde Plate dachte in ihrem Letzten Willen auch an ihre treue Hilfe im Haushalt. Sie, von der die Erblasserin annahm, daß sie bei der Auflösung des Haushalts viel Hilfe leisten mußte, sollte außer dem Gehalt während dieser Zeit bei Ausscheiden noch zwei Monatsgehälter erhalten. Außerdem schrieb sie: „Es wäre mir ein lieber Gedanke, wenn jemand aus der Familie mein liebes Haus in der Chemnitzer Straße übernehmen würde. Ich denke dabei besonders an Helmut und seine große Familie und bitte die übrigen, ihm den Kauf durch günstige Preissetzungen zu erleichtern." Dieses sollte jedoch keineswegs zu Lasten von Schwester und Schwager gehen, so verfügte sie: „Frida und Gustav behalten ihr Wohnrecht im Hause, solange sie es nötig haben (oder eine entsprechende Abfindung dafür)." Dieser Letzte Wille von Mathilde Plate wurde ausgeführt, wie die Bestätigung der Geschäftsstelle des Amtsgerichts vom 5. Juni 1963 ausweist.

Die Fürsorge für Schwester und Schwager war nötig geworden, denn 1959, das Bremer Adreßbuch verzeichnet das Ehepaar ab 1960 als dort lebend, gesellten sich zu ihrem Schwager Rudolph Osterloh und der Witwe ihres Neffen Lene-Lotte Osterloh Frida und Dr. Gustav Dröscher, die aus Leipzig gekommen waren, um ihren Lebensabend im Westen Deutschlands zu verbringen.

Doch Lene-Lotte Osterloh hatte sich in der Chemnitzer Straße nie recht wohl gefühlt. Sie empfand sich als eingeengt, denn die Hausherrin Mathilde Plate hatte ihr, wie Helmut Plate sich erinnerte, „keine eigene Klingel" und „keinen eigenen Briefkasten" zugestanden. „Lene-Lotte suchte sich eine eigene Wohnung, wo sie sich freier entfalten konnte" (21.8.1990). Später meinte Helmut Plate einschränkend, daß er diese Geschichte „wohl zu hart dargestellt" hätte, machte auf das hohe Alter seiner Tante aufmerksam und auf die Tatsache, daß Mathilde Plate im Elternhaus selbst nie eine abgeschlossene Wohnung besessen hatte, daß eben das ungetrennte Miteinander üblich und damit für sie absolut selbstverständlich war (22.4.1991).

Doch auch Waltraud Reich wußte zu erzählen, daß das Leben für die Mitglieder der Familie

Plate nicht immer ganz einfach war. Es wurde durch die dominante Persönlichkeit ihrer Tante, die sie auch einen „Diktator“ nannte, stark geprägt. Sie erinnerte sich, daß sich Mathildes Schwester Marian und ihr Schwager Rudolph Osterloh „kaum trauten, den Mund aufzumachen“ und ihr Schlafzimmer aufsuchten, wenn sie sich einmal ungestört unterhalten wollten. Rudolph Osterloh blieb noch bis 1962 in der Chemnitzer Straße wohnen und zog dann zu seiner Tochter Ingeborg nach Graz. 1962 starb Dr. Gustav Dröscher. Die beiden Schwestern Mathilde Plate und Frida Dröscher wohnten noch eine kurze Weile zusammen, bis Mathilde Plates Tod sie trennte.

1964 siedelte Frida Dröscher zu ihrem Sohn Vitus nach Hamburg über. Helmut Plate übernahm das Haus, wie es sich Mathilde Plate gewünscht hatte, und wohnte ab 1965 lange darin, bevor er es verkaufte.

Alle Familienmitglieder sprachen von der Dominanz von Mathilde Plate. Nur Vitus B. Dröscher nicht. Er hatte sie offensichtlich nicht empfunden oder nicht zu spüren bekommen, denn in seinen Erzählungen war von Über- oder Unterordnung nie die Rede, obgleich er doch viele Jahre, und 1955 noch einmal bereits als Filmautor, unter einem Dach mit seiner Tante lebte. Er erfreute sich offensichtlich ihrer besonderen Aufmerksamkeit und erfuhr vielfältige materielle und ideelle Unterstützung durch sie. Mathilde Plate bezahlte sein Studium, begleitete seine wissenschaftlichen Studien und finanzierte seine Exkursionen, unter anderen eine Fahrradreise von Bremen nach Rom. Sie bevorzugte ihn vielleicht gegenüber ihren anderen Nichten und Neffen, vielleicht mit Ausnahme von Helmut Plate, dem sie auch in seinem Studium unter die Arme griff. Sie unterstützte ihn offensichtlich solange, daß es auch seinem Onkel Ludwig, Mathildes Bruder, und auch den anderen Verwandten zu viel wurde. „Sie steckte alles in Vitus rein“, meinte Waltraud Reich kritisch und empfand wohl, daß das allen anderen gegenüber sehr ungerecht war.

„Das Glück meines Alters“

Nach dem Wiederaufbau und dem großen Einsatz der Schülerinnen und der Lehrerinnen wurde der Unterricht in der Kleinen Helle wieder voll aufgenommen. Doch der Schulweg war in den ersten Nachkriegsjahren mit besonderen Gefahren verbunden. Der Weg vieler Schülerinnen führte an Ruinen vorbei und durch beschädigte oder dunkle Straßen, die noch keine Beleuchtung wieder erhalten hatten. Es gab Belästigungen von Schülerinnen. Den Mädchen wurde verboten, sich allein auf den Schulweg zu machen oder Abkürzungen zu benutzen. Sie wurden angewiesen, auf den großen und erleuchteten Straßen zur Schule zu gehen. Mathilde Plate bat nach einem Überfall auf die Schülerin Marianne Flömer, die sich gewehrt und mit ihrer Schultasche erfolgreich um sich geschlagen hatte, die Behörde am 11. Juni 1947 und dann noch einmal, weil sich die Behörde nicht gerührt hatte, am 4. Juli 1947, Lampen vor der Schule aufzustellen.

Am 4. Dezember 1947 geschah eine Tat, die großes Entsetzen, tiefe Erschütterung und Trauer im Kollegium und unter den Schülerinnen auslöste (StAB 7,201-22). Die 14jährige Schülerin Lotte Stabenow, „ein warmherziges, fröhliches Mädchen“ und ein „begeisterter Wandervogel“, wie Mathilde Plate in ihren Erinnerungen schrieb (40 Jahre, 9), wurde im Jugendheim an der Bürgerweide von einem als Tischler angestellten jungen Mann, der kurzfristig die Vertretung des Heimleiters übernommen hatte, ermordet. Später stellte sich heraus, daß er ein „vorbestrafter Fürsorgezögling“ war. Mathilde Plate gehörte der Kommission an, die den Fall untersuchte und auf Fahrlässigkeit bei der Einstellung prüfte. Zum Gedenken an ihre tote Tochter machten die Eltern eine „hochherzige Geldspende von erheblichem Umfang, damit unbemittelte Schülerinnen die Mittel für das erhalten sollten, was ihres toten Kindes größtes Glück gewesen war; das Wandern" (40 Jahre, 9 f.).

Neben dieser Stiftung wurde in diesen Zeiten der Not und des Aufbaus eine weitere soziale Einrichtung geschaffen. Mathilde Plate initiierte, ähnlich wie sie es schon nach dem Ersten Weltkrieg getan hatte, eine „Elternnotgemeinschaft". Und wieder konnte sie sich auf das Engagement von Schülerinnen und Lehrerinnen für eine Reihe sozialer Dienstleistungen verlassen.
Mathilde Plate war unermüdlich tätig als Schulleiterin – und als Lehrerin. Sie half, wo sie Probleme und Schwierigkeiten sah. So brachte sie auch eine Schülerin, wie Anke Hohnholz erzählte, ein „Flüchtlingsmädchen“, das täglich bei unsäglichen Verkehrsverhältnissen mit der Eisenbahn zwischen Schwarme und Bremen pendeln mußte, bei ihrem Bruder Ludwig in der Vasmerstraße 24 unter.
Als Mathilde Plate merkte, daß eine Lehrerin in einer 6. Klasse des hauswirtschaftlichen Zuges große Schwierigkeiten in ihrer Funktion als Klassenlehrerin hatte, kümmerte sie sich um beide „hilfsbedürftigen Parteien“ und „adoptierte einfach“ die Schülerinnen und die Lehrerin.
Irmgard Förtig erinnerte sich: „Wir waren *ihre* Klasse. Sie lud sich und evtl. Besucher zum Essen ein, wenn wir Kochunterricht hatten, und probierte die Ergebnisse gewissenhaft. Sie interessierte sich für unsere Gartenbauarbeiten. Ihr Deutschunterricht war auf hohem Niveau. Es passierte auch, daß sie mich zu einer Radiosendung, die gut zum Unterrichtsstoff paßte, zu sich in ihre Wohnung kommen ließ, damit wir das gemeinsam (handarbeitend) anhören konnten.“ Sie erteilte aber auch, „ganz familiär“, Unterricht in ihrem Büro.
Wie innig sich Mathilde Plate ihren letzten Schülerinnen verbunden fühlte, wie wenig Abstand sie zu der damaligen Zeit wählte, wie wenig sie selber auf Titel und respektvolle Anrede Wert legte, machte sie in einem kurzen Brief an „Meine lieben Mädel aus der H 8“ vom 25. Oktober 1948 deutlich. Das kurze Schreiben, das Irmgard Förtig aufgehoben hat, zeigt auf, daß ihr nicht nur das geistige Wohl ihrer Schülerinnen am Herzen lag, sondern auch das körperliche.
Mathilde Plate schrieb: „Nach Eurer Rückkehr aus dem Praktikum 2 Mitteilungen: 1.) (Persönlich!) Eure Kaltverpflegung aus den Herbstferien erwartet Euch in meinem Schrank. Ich habe das Geld ausgelegt. 2.) Um Euch den Eintritt in die letzte entscheidende Arbeitszeit zu erleichtern: Auf Mittwoch muß der 3. Akt des Egmont gründlich durchgearbeitet werden, auf Donnerstag die Niederschrift ‚Das Bremer Straßenbild im 4. Nachkriegsjahr’ (Stoffsammlung in den großen Ferien!) abgeliefert werden (ein bis zwei Einzelbilder von im ganzen 4-5 Seiten.) Eure M. Plate.“
Mathilde Plate führte ihr „Fähnlein der sieben Aufrechten“, wie sie die Schülerinnen liebevoll nannte, 1949 zum Abitur. Wie immer, gab es nach der Abiturfeier ein Abschiedsessen im Ottilie-Hoffmann-Haus. Ein Erinnerungsfoto hält den Abschied fest. Nachdenklich meinte Irmgard Förtig jetzt, 50 Jahre später: „Man sieht auf dem beigelegten Bild, wie sie (Mathilde Plate) mit einem Blumenstrauß geehrt wurde, während unsere eigentliche Klassenlehrerin mit traurigem Blick und leeren Händen im Hintergrund steht."
Für die Abiturzeitung schrieben die Schülerinnen:

„Unserer Lehrerinnen Krone
ist Frau Direktor zweifelsohne.
Sie lehrte uns mit mildem Zwang
auf der Schule harter Bank.
Viel Lieb und Müh sie stets verwandte,
weil sie uns i h r e Klasse nannte.
Wir werden sie immer vor uns sehen,
wenn wir hinaus ins Leben gehen.“

Mathilde Plates letzte Abiturklasse

Und über die Klassenlehrerin wurde knapp gereimt: „Sodann wär' sie noch zu erwähnen, sie brachte uns sehr oft zum Gähnen." Irmgard Förtig meinte dazu kritisch: „Vielleicht hatten wir auf der Kleinen Helle doch nicht gelernt, daß auch eine Lehrerin ein verletzbares Innenleben hat."

Annegret Krause erinnerte sich auch noch an ein gemeinsames Essen mit Mistress Henderson, der für die Schule zuständigen Kontaktperson der amerikanischen Besatzungsmacht. „Wir hatten das Essen zubereitet" und, wie könnte es auch unter den Augen der Direktorin anders gewesen sein, „so diszipliniert gegessen, trotz des großen Hungers von damals, daß Mistress Henderson beeindruckt war". Die Amerikanerin sorgte dafür, daß die Klasse später Pakete aus New York erhielt. Es war ein Fest für die Schülerinnen, wenn ein solches Paket eintraf, geöffnet und sein Inhalt aufgeteilt wurde.

Mit welchem Engagement und mit welcher Begeisterung Mathilde Plate für ihre Schülerinnen da war und wie ernst sie ihre Aufgabe als Pädagogin auch noch im hohen Alter nahm, zeigte sie, indem sie Schülerinnen, wie sich Ehemalige erinnern, zu sich nach Hause einlud, um ausgewählte Themen in einem interessierten Kreis zu diskutieren. So gab es 1948 oder 1949 auch ein „Privatissimum zum Thema Machiavelli". „Wir hockten", schrieb Adelheid Goedeking, „im engsten Raum um sie herum, sie bot Birkenblättertee (oder waren es Brombeerblätter?!) an. Einfach toll."

Auch Marianne Eggers würdigte ihre Direktorin als eine Persönlichkeit, die auch noch im Alter von nahezu 70 Jahren von großer Spontaneität und Begeisterungsfähigkeit war. Mathilde Plate kam ins Klassenzimmer, als gerade eine Gangsterballade aufgeführt wurde. Sie spielte sofort mit, erfand einen eigenen Text, nahm die Hände hoch und „ließ sich kunstvoll der Länge nach auf die Erde fallen", als die Kinderpistole auf sie gerichtet wurde.

Mathilde Plate arbeitete unermüdlich des Tages und, wenn es sein mußte oder wenn sie glaubte, daß es sein müßte, auch des Nachts. So wachte sie gemeinsam mit ihrem Kollegen

Dr. Wilhelm Deike eine ganz Nacht in ihrem Zimmer, als dort die erste amerikanische Schokoladenspende für die Schulkinder abgeladen worden war, die am anderen Tag verteilt werden sollte. Sie wollte die damals so unschätzbare Gabe vor gierigen Händen und vor Diebstahl schützen.

Der 70ste Geburtstag, den Mathilde Plate noch als Schulleiterin begehen konnte, wurde für sie zu einem unvergeßlichen Erlebnis. Freilich hatte sie sich, wie es ihrem sozialen Engagement entsprach, nichts für sich selber gewünscht, sondern um Sachen für ein Bremer Waisenhaus gebeten.

Die Not der Zeit gebot, aus Stoffresten und aus „Aufgeribbeltem" Neues zu fertigen. Die Schülerinnen „packten es an". „Die ganze Schule, von ‚unten' bis ‚oben', saß in den Pausen (und natürlich zu Hause oder in der Eisenbahn, womit wir nach Bremen fuhren) und häkelte und strickte und prünte und bastelte, und alles für Babys und Kleinkinder zum 70sten Geburtstag von Tilla", erzählte Adelheid Goedeking und war sich ganz sicher, daß Mathilde Plate diese Idee hatte, um wieder einmal „viele Fliegen mit einer Klappe zu schlagen". Die Schülerinnen lernten soziales Verhalten, formten ihre Fähigkeit in der Handarbeit aus und verbrachten ihre Freizeit sinnvoll.

Die Schülerinnen wurden aber auch von ihren Klassenlehrerinnen angehalten, Glückwünsche zu malen und zu dichten. Ehemalige Schülerinnen wurden gebeten, Lebensläufe zu verfassen, und viele von ihnen, wie Hildegard Hubatsch, von deren Bericht wir ja bereits gelesen haben, kamen dieser Aufforderung gern nach. In diesen Lebensläufen spiegelt sich zuweilen auf das Eindrucksvollste wider, was ihnen die Direktorin und die Kleine Helle auf den Lebensweg gegeben hatten. Mathilde Plate nahm so ein riesiges Paket von gemalten und gereimten Glückwünschen sowie von autobiographischen Aufsätzen entgegen.

Auch das Kollegium war aktiv geworden. Es führte an ihrem Ehrentag, wie wir bereits im Vorwort gelesen haben, das von Elisabeth Forck erdachte Stück „Fürstin Mathilde" auf und lud die Jubilarin zwei Tage später zu einer Feier in das Ottilie-Hoffmann-Haus am Osterdeich ein.

Mathilde Plate war an diesem Tag der öffentlichen und privaten Ehrungen stolz und glücklich, aber vor allen Dingen dankbar. Die Würdigungen zeigten ihr, daß sie in ihrem Anliegen und mit ihrer Bildungsauffassung verstanden worden war, daß ihr Lebenswerk Früchte getragen hatte, daß sie um ihr Werk für die Zukunft nicht bangen mußte.

Dr. Lieselotte Schnatmann besuchte Mathilde Plate zu ihrem Geburtstag in der Chemnitzer Straße, um ihr persönlich zu gratulieren. Dafür bekam sie ein gereimtes Dankeschön, in dem die Jubilarin recht gefühlvoll ihrer Freude über die vielen Glückwünsche und Ehrungen Ausdruck verlieh:

„Mir ist, als könnt ich lebenslang
Nichts weiter tun als danken
Für liebe Grüße ohne Zahl,
Für Treue sonder Wanken.
Ich fühle mich so reich, so arm,
Steh da mit leeren Händen.
Möchte euch das Schicksal selbst dereinst
Dank und Vergeltung spenden:
Gesundheit, Kraft und Glück hienieden,
Vertrauen, Sicherheit und Frieden.
Und endlich, über aller Länder Ferne,
Die Liebe, die beweget Sonn und Sterne."

Im Ruhestand

Am 1. April 1949 trat die 71jährige Mathilde Plate, ehrenvoll verabschiedet, in den wohlverdienten Ruhestand. Die von ihr initiierten Notgemeinschaften in der Kleinen Helle wurden zusammengefügt und in Mathilde-Plate-Stiftung umbenannt. Doch Mathilde Plate fiel der Abschied nach 30 Jahren unendlich schwer. Ihr fehlte die Schule, „ihre" Schule, deren Interessen sie definiert und 30 Jahre lang vertreten hatte und die mit ihren eigenen Lebensinteressen identisch waren. Mathilde Plate konnte sich einfach nicht vorstellen, daß es auch ohne sie und ohne ihren Rat weitergehen könnte. So spazierte sie noch lange täglich von der Chemnitzer Straße aus in „ihre liebe alte" Schule, sah nach dem Rechten und schaute, ob alles in ihrem Sinne und in ihrem Geiste weitergeführt wurde.

Elisabeth Forck erinnerte sich nur ungern an diese Zeit, in der zunächst der dienstältesten Kollegin Schulleiterfunktionen übertragen worden waren. Sie notierte in ihrem „Rückblick": „Bildlich gesprochen, verließ Frau Plate nach ihrer Pensionierung zwar das Schulhaus, kam aber durch die Hintertür wieder hinein. Denn sie tat nach wie vor die Arbeit, wenn auch im Hintergrund." Als sie jedoch in Abwesenheit der mit der Schulleiterfunktion Beauftragten, die auf mehrtägiger Wanderfahrt war, zahlreiche Eingaben an die Behörde in Vertretung mit i.V. Mathilde Plate unterzeichnete, „schlug es dreizehn", wie Elisabeth Forck sich ausdrückte. Die Behörde reagierte mit Entzug amtlicher Vollmachten. Elisabeth Forck wurde die Schulleitung zunächst kommissarisch mit sofortiger Wirkung, dann vollständig durch die Schulrätin übertragen.

„Es war fast tragisch", schrieb Elisabeth Forck, „daß Mathilde Plate es nicht über sich gewinnen konnte, sich sofort ganz aus der Schule zurückzuziehen." Bis zu den Sommerferien „kam sie täglich wie eh und je ins Schulleiterzimmer, meldete sich auch in meiner Abwesenheit am Telefon, besuchte die Kollegen im Konferenzzimmer und ging in die Klassen. Ich mußte sie schließlich, was mir sehr fatal war, darum bitten, sich freundlich zurückzuziehen" (Forck VI, 5 f.).

Doch Elisabeth Forck hatte das Glück, daß die Aufmerksamkeit der fleißigen Pensionärin durch neue politische Aktivitäten absorbiert wurde. Noch immer galt die durch den Faschismus unbelastete Mathilde Plate viel in der öffentlichen Meinung. 1949 ließ sie sich durch die CDU überreden, im Bremer Westen für den ersten Deutschen Bundestag zu kandidieren. Sie hatte nicht geglaubt, wie sie am 9. August 1949 auf einer Wahlkundgebung mit Ernst Lemmer bekundete, daß sie noch einmal in das politische Leben zurückkehren würde. Ausschlaggebend für ihre Kandidatur war jedoch, wie sie immer wieder betonte, daß sich die beiden großen christlichen Konfessionen unter dem Dach der Partei die Hände gereicht hatten. Für sie bejahte die CDU „nicht ein Sonntagschristentum, sondern ein Christentum der Tat".

Mathilde Plate sprach auf den zahlreichen Veranstaltungen zu vielen Menschen und mit vielen Menschen. Ihre politische Argumentation war nie ohne eine soziale Komponente. „Oft war die Stimmung gegen sie, ein Hexenkessel, das machte ihr aber nichts aus", meinte Vitus B. Dröscher und fuhr fort, „sie hat sich nie gescheut, auch gegen eine Übermacht zu sprechen." Nein, da scheute sie sich gewiß nicht. Aber Mathilde Plate war im Alter doch ein wenig dünnhäutiger geworden. Weil es immer so eine „furchtbare Opposition gab", bat sie ihre ehemalige Schülerin Luise Bick, die sie zufällig auf der Straße getroffen hatte, zu einer CDU-Veranstaltung in Walle zu kommen, auf der sie mit Ernst Müller-Hermann die Positionen ihrer Partei darlegen wollte. Die rüden und oft unsachlichen Zwischenrufe, die in den Wahlveranstaltungen herrschende so bedrohlich feindselig erscheinende Atmosphäre und die rüpelhaften Unterbrechungen hatten sie irritiert und doch ein wenig verunsichert. Mit tiefem Unwillen registrierte sie, daß nicht jedem das Selbstverständnis eigen war, auch dem politischen Gegner aufmerksam zuzuhören und ihn zu respektieren.

Kurz vor dem Ruhestand

Mathilde Plate hatte das immer getan. So empfand sie auch für den Sozialdemokraten Wilhelm Kaisen, den sie als Vorbild für Gradlinigkeit und Einfachheit begriff, größte Sympathien. Diese Sympathie für Kaisen in Borgfeld übertrug sie auch auf die Blockland-Bauern. Mathilde Plate erzählte Agnes M. Georgii begeistert von ihnen, und die ehemalige Schülerin und Kollegin konnte sich gut vorstellen, wie Mathilde Plate „in ihrer ruhigen langsamen Art" zu den bedächtigen Landwirten redete „und gewiß wunderbar mit ihnen umgehen konnte" (21.1.1991).
Bei einer dieser politischen Veranstaltungen ließ sie einen Mann zu Wort kommen, der recht unbeholfen und langatmig sprach, deshalb ungnädig unterbrochen und lächerlich gemacht wurde. Luise Bick erinnerte sich an dieses Ereignis. Sie erzählte, daß Mathilde Plate gegen die Unruhe in der Versammlung ansprach und meinte: „Nun lassen Sie diesen Mann doch ausreden. Er ist verbittert und möchte etwas sagen, was ihn bedrückt."
Mathilde Plate unterlag in diesem Wahlkampf und zog sich endgültig aus der großen Politik zurück.
Wenn Mathilde Plate auch nach ihrer Pensionierung ihre Mitgliedschaft in verschiedenen Vereinen reduzierte, so ließen sie doch wacher Geist und ungebrochene Tatkraft nicht ruhen. Mathilde Plate kannte, auch wenn sie im Alter ihre Aktivitäten einschränkte, keine Muße. In unverbrüchlicher Treue stand sie zur bremischen Sektion des Deutschen Frauenbundes für alkoholfreie Kultur, besuchte deren Tagungen und hielt zahlreiche Vorträge. 1950 hielt sie im Rahmen dieses Vereins einen Vortrag über den Bildhauer Ernst Gorsemann im Ottilie-Hoffmann-Haus, den sie ja 1942, wie wir bereits gelesen haben, als Schöpfer großer Plastiken für die Wehrmacht gewürdigt hatte. Sie verstand es, wie der Weser-Kurier zu berichten wußte, „in

ihrer klugen fraulichen Art mit überraschender Lebendigkeit" ihren Zuhörerinnen den Künstler und Menschen nahezubringen, „und da sie erzählend zu berichten wußte, daß der Bildhauer ein ausgesprochener Gegner von Alkohol und Nikotin ist, erschien eine Würdigung seiner Persönlichkeit in diesem Kreise doppelt berechtigt" (17.5.1950).
In einem Glückwunsch der Bremer Nachrichten zu ihrem 75. Geburtstag hieß es, daß die ehemalige Oberstudiendirektorin den ganzen Tag immer noch zu irgendeiner Arbeit unterwegs ist: „In einer Versammlung der CDU, auf einer Frauentagung der Arbeitsgemeinschaft demokratischer Kreise in Loope, in der Historischen Gesellschaft." Aber auch den Redakteuren gegenüber hatte sie ihre besondere Verbundenheit zum Deutschen Frauenbund für alkoholfreie Kultur bekundet. Sie war mit ihnen zum Hafen gepilgert, um ihnen das dortige Ottilie-Hoffmann-Haus zu zeigen, für dessen Wiederaufbau und Erhalt sie sich nicht nur ideell, sondern auch materiell engagiert hatte. Beeindruckt hieß es in der Zeitung: „Wohin sie auch kommen mag, man kennt sie. Vor allem dort, wo Frauen sich mit mehr als ihrem eigenen kleinen Wirkungskreis befassen" (4.7.1953).
Mathilde Plate interessierte sich aber auch weiterhin, ihrer Lebensmaxime entsprechend, nicht nur für die großen und für die öffentlichen Arbeiten in der Politik, im Evangelischen Kirchentag und in Vereinen, sondern sie war sich auch nicht zu schade für die „Kleinarbeit". Sie leistete praktische Hilfe im Stillen und Hilfen für ihr liebe und wichtige Menschen, die sie in Not wußte.
Am Beginn des Jahres 1949 wandte sich Mathilde Plate an das Haus Hohenzollern mit der Bitte, dem in „traurigen Verhältnissen" lebenden Dr. Alfred Hugenberg (1865–1951) zu helfen. Sie erhielt von Kira, Prinzessin von Preußen, die Antwort, daß deren Mittel nicht ausreichten angesichts vieler ähnlicher Bitten, daß sie aber versuchen würden, „dem verehrten alten Herrn mit einem Gruß und einigen Lebensmitteln eine kleine Freude zu bereiten" (17.3.1949).
Hatte sie 1941 zwei Töchtern des Generals Walther von Seydlitz im Krieg Ausbildungsbeihilfe begründet, so sorgte sich Mathilde Plate nach dem Krieg um die Familie des in Rußland inhaftierten Generals. Dieser General, der durch seine von Hitler nicht erlaubte Kapitulation im Kessel von Stalingrad unzähligen deutschen Soldaten das Leben gerettet hatte, verkörperte für sie wohl auf das Beste die Idealfigur des deutschen Offiziers, der Tapferkeit mit Verantwortungsbewußtsein verband und, frei von nationalem Chauvinismus, seinem Gewissen gefolgt war.
Zwischen 1950 und 1955 führte Mathilde Plate mit der Ehefrau Ingeburg von Seydlitz, die 1944 vom NS-Regime gezwungen worden war, in eine Scheidung einzuwilligen, einen Schriftwechsel, in dem auch von wechselseitigen Besuchen die Rede ist und von Unterstützung für den Gefangenen. In den Jahren 1953/54 sandte Mathilde Plate Walther von Seydlitz nicht nur Briefe, sondern auch Päckchen mit allerlei „Köstlichkeiten" zu. Diese bedeuteten „nicht nur materielle, sondern ebenso seelische Hilfe", wie Ingeburg von Seydlitz, die ihre Briefe und Postkarten mit Inge von Seydlitz unterzeichnete, in einem Brief vom 22. August 1954 der Spenderin dankbar versicherte.
Der Paketversand war seinerzeit nicht ganz einfach zu bewerkstelligen, so schrieb Ingeburg von Seydlitz am 6. September 1954 an Mathilde Plate: „Die Pakete nach Rußland müssen fest verpackt sein, nichts Schriftliches darf im Paket sein, auch nichts in Zeitung gewickelt. Man muß eine 3fache Zollinhaltserklärung ausfertigen, dazu eine Auslandspaketkarte. Erst zum Zollamt und dann zur Post mit dem Paket gehen. Das ist aber in den einzelnen Städten verschieden, vielleicht können Sie sich telefonisch erkundigen?"
Auch zu ihrer ehemaligen Schülerin Mechthild von Seydlitz nahm Mathilde Plate Kontakt auf, um Anteilnahme am Schicksal des Vaters und Sorge für die Mutter zu bekunden. Mecht-

hild von Dallwitz, die inzwischen geheiratet hatte, antwortete Mathilde Plate ausführlich über die Art der Inhaftierung, über Haftverlegungen und über die wenigen Lebenszeichen, die sie von ihrem Vater bekommen hatten, und über die Lage, in der sich ihre Mutter befand. Von Mechthild von Dallwitz erfuhr Mathilde Plate auch, daß Ingeburg von Seydlitz ab April 1952 eine auskömmliche Pension zugebilligt wurde. Diese Pension enthob die Familie zumindest der materiellen Sorgen. Die Lebensmittelzuwendungen, von Kaffee zum Beispiel, die ihr Mathilde Plate hatte zukommen lassen, wurden nun überflüssig.
Bereits 1950 hatte Mathilde Plate Ingeburg von Seydlitz auf den VVN, den Bund der Antifaschisten, aufmerksam gemacht. Offensichtlich hatte sie nicht nur ihre „Teilnahme" am Schicksal des Generals bekundet, sondern auch ihre „tatkräftige" Unterstützung für eine Rehabilitation angeboten. Doch die Frau des Generals war mit ihren „guten Beratern" zu der Meinung gelangt, wie sie Mathilde Plate schrieb, nichts zu unternehmen, solange ihr Mann noch in Gefangenschaft wäre. Man hatte Angst, daß jedes Wort hier – für oder gegen ihn – ihm drüben nur schaden konnte (9.2.1955).
Im November 1955 hörte Mathilde Plate in ihrem Hotel in Frankfurt beim Frühstück im Rundfunk von der Entlassung des Generals. Sie war hocherfreut und schrieb unverzüglich an Ingeburg von Seydlitz, daß sie noch auf ihrer Hinreise in Verden aus dem Fenster des Zuges „mit Sorge und Hoffnung geschaut" und sich vorgenommen hatte, auf der Rückfahrt „einen Zug zu überschlagen", um „bei Ihnen hereinzuschauen" (7.11.1955). Das erwies sich nun nicht mehr als notwendig. Ingeburg von Seydlitz mußte nicht mehr getröstet werden, und Mathilde Plate wollte gewiß nicht stören. Es scheint, als sei der persönliche und schriftliche Kontakt nach der Rückkehr des Generals jäh abgerissen. Jedenfalls gibt es keine weiteren Zeugnisse mehr.
Mit zahlreichen Schülerinnen hielt Mathilde Plate aber nicht nur schriftliche, sondern auch persönliche Verbindung. Daß sie zum Leben einiger Schülerinnen gehörte, machen Besuche deutlich oder das Selbstverständnis, Mathilde Plate zukünftige Ehemänner vorzustellen. Auch Irmgard Förtig begab sich eines Sonntags zur Besuchszeit in die Chemnitzer Straße. Sie zeigte sich später enttäuscht und meinte, daß es von beiden Seiten nur noch so etwas gab, „was man heute Smalltalk nennen würde". Die meisten der Schülerinnen und ihre einstige Direktorin hatten sich wohl doch auseinandergelebt und sich nicht mehr allzuviel zu sagen.
Als Mathilde Plate von Edith Häseker hörte, daß das Kippenberg-Lyzeum seinen klangvollen Namen verlieren sollte, konnte sie soviel Ignoranz kaum fassen. Sie erklärte sich unverzüglich und ohne Zaudern bereit, für den Erhalt des Namens dieses traditionsreichen Mädcheninstituts zu kämpfen. Die beiden Frauen marschierten zum zuständigen Senator Dehnkamp, der sie nicht nur warten, sondern auch nach unfreundlicher Einladung: „Meinetwegen können Sie sich setzen", unkonziliant „abblitzen" ließ. Für den Senator stand fest, daß der Name Kippenberg längst überholt war und ausgedient hatte.
Doch Mathilde Plate ließ sich nicht schrecken. Sie schlug Edith Häseker vor, den Bürgermeister Kaisen, den sie kannte und mit dem sie sich duzte, im Rathaus zu besuchen, um ihn für die Sache zu gewinnen. Freundlich und interessiert hörte sich Wilhelm Kaisen das Anliegen der beiden Frauen an und meinte auf den Einwand von Mathilde Plate, daß er möglicherweise von Tradition nicht allzuviel hielte: „Guck mal die Tasse an, aus der ich trinke, die ist von Smidt. Der Name Kippenberg bleibt, dafür werde ich sorgen."
Der Name Kippenberg blieb. Die beiden Frauen feierten den Sieg bei Knigge mit Kaffee und Kuchen. Retrospektiv betrachtet ist es eine Tat von historischer Dimension, der leider die Nachfolge versagt blieb. Keine Frau fand sich, als der Kleinen Helle, die nun Altes Gymnasium heißt, der Name geraubt wurde. Wie bitter enttäuscht wäre Mathilde Plate gewesen, und wie zäh hätte sie für den Erhalt gekämpft.

Am 30. März 1956 erschien ein Artikel im Weser-Kurier, den Mathilde Plate, auch wenn sie ihm mit ein wenig Irritation nachsann, nicht ohne Vergnügen las. Es hieß dort: „Wenn wir heute den Spuren der vor einigen Jahren verschiedenen Leiterin der ‚Oberschule an der Kleinen Helle, Zweig D', wie die Anstalt jetzt heißt, nachgehen, so deshalb, weil morgen vier Jahrzehnte vergangen sind, seit zum ersten Male 250 junge Bremerinnen mit klopfenden Herzen die Stufen zu dem Schulneubau im Doventorsviertel hinaufstiegen."
Einen Tag später konnten die amüsierten Bremer und Bremerinnen in Anlehnung an die Verse Wilhelm Buschs lesen:

„Bei eines Strumpfes Bereitung
Schau ich in die Morgenzeitung
Und lese, ich sei in Frieden
‚Vor einigen Jahren verschieden'.
Ich bitte, der Wahrheit die Ehre zu geben,
Ich lebe und möchte noch weiter leben
Trotz überdurchschnittlicher Lebensrate.
Mit freundlichen Grüßen: Mathilde P l a t e."

Totgesagte, heißt es, leben länger. Ob das freilich so ist, wissen wir nicht. Wir wissen aber, daß Mathilde Plate, als sie diese Zeilen schrieb, noch sieben Lebensjahre vor sich hatte.
Mathilde Plates Tage waren ausgefüllt. Sie war weiterhin sozial engagiert, las viel, hörte oft Radiosendungen, machte ausgedehnte Spaziergänge und freute sich, daß immer noch zahlreiche Besucherinnen und Gäste ihren Weg in die Chemnitzer Straße fanden. Gern sprach sie über ihr soziales Engagement, begeistert über ihre Arbeit in der Abstinenzbewegung. So manchem Gast erzählte sie von der Nützlichkeit alkoholfreien Lebens und überredete ihn, mit ihr in den Bremer Hafen zu gehen, um sich im Ottilie-Hoffmann-Haus selbst von den Vorzügen alkoholfreien und gesunden Speisens zu überzeugen. Die Spaziergänge wurden für viele zu einem besonderen Erlebnis, denn immer wieder überraschte und erstaunte sie durch ihre körperliche und geistige Beweglichkeit, durch ihre vielfältigen Interessen, ihr Wissen und durch ihre großen Kenntnisse in deutscher Sprache und Literatur, die sie, wie von ungefähr, vor ihren Besucherinnen und Besuchern ausbreitete.
1958 hatte Heide Ulrich für ihre Abschlußarbeit in der Pädagogischen Hochschule das Thema die Frauenbewegung gegen den Alkoholismus gewählt. Als Gesprächspartnerin wurde ihr Mathilde Plate empfohlen. Von der ersten Begegnung mit der 80jährigen, an der auch Anna Poppe, die spätere Leiterin des Deutschen Frauenbundes für alkoholfreie Kultur, teilnahm, war Heide Ulrich zutiefst beeindruckt. „Wir saßen behaglich in der Wohnzimmernische (Utlucht)", schrieb Heide Ulrich, „und plauderten z.B. über die schwierige Stellung im Dritten Reich." Mathilde Plate, erinnerte sich die angehende Lehrerin wie auch zahlreiche ehemalige Schülerinnen, war wohl recht stolz darauf, daß es ihr immer wieder gelungen war, Krippenspiele aufzuführen beziehungsweise den Weihnachtsfeiern ihren „christlichen Stempel" aufzudrücken und „sie im alten Stil zu feiern".
Mathilde Plate hatte an dem Plausch mit den beiden Frauen großen Gefallen gefunden. Beim Abschied bedankte sie sich für den Besuch und meinte: „Das Gespräch sei sehr anregend gewesen. Sie hätte gar nicht *gestrickt*. Das täte sie sonst immer, wenn die Gäste sie langweilten." Bei dieser Gelegenheit erfuhren die Besucherinnen auch, daß Mathilde Plate einst, zu Zeiten des Ersten Weltkriegs, Socken für die Soldaten in Rußland gestrickt hatte.
Angesichts der Freude, die Mathilde Plate an der fruchtbaren Diskussion hatte, vermittelte sie gern, daß Heide Ulrich an der Pfingsten stattfindenden Jahreshauptversammlung des Deutschen Frauenbundes für alkoholfreie Kultur auf Borkum im Kurhotel Irene, das im Besitz des Bundes war, teilnehmen durfte.

Auf der Rückfahrt von Borkum

Zu dem Treffen nach Borkum fuhren Heide Ulrich und Mathilde Plate gemeinsam. Mathilde Plate, so berichtete Heide Ulrich, genoß die stürmische Überfahrt sehr. Festen Fußes stand sie an der Reling, ließ sich den Wind um die Nase wehen und wunderte sich wohl ein wenig über junge Frau, die sich nur ein dünnes Chiffontuch um den Kopf gewunden hatte. „Wärmt ja nicht“, meinte sie, „sieht aber süß aus.“ In Borkum wanderten Heide Ulrich und Mathilde Plate gern am Strand entlang. Diese Spaziergänge und die anregenden Gespräche blieben der Studentin unvergessen. Noch heute kommen ihr bei Strandwanderungen immer wieder die Verse von Wilhelm Busch in den Sinn, die Mathilde Plate einst bei den gemeinsamen Wanderungen zitiert hatte: „Am Strande aber geht man froh, mal so hin und mal wieder so.“

Als Mathilde Plate hörte, daß Heide Ulrich sich in einer prekären finanziellen Situation befand, bot sie der Studentin sofort an, ihre „erkrankte Putzfrau zu vertreten“, damit sie sich „ein Taschengeld“ hinzuverdienen konnte.

Den Haushalt in der Chemnitzer Straße versorgte Frieda Müller. Sie war mit einem Metallarbeiter verheiratet, der in den Automobilwerken von Borgward arbeitete. Mathilde Plate verstand sich mit den beiden freundlichen Menschen gut. Ganz besonders freute es sie, daß sich der strebsame Mann und Sozialdemokrat für Geschichte interessierte. Gern lieh sie ihm ihre Bücher und tauschte mit ihm Gedanken über den Inhalt aus. War Frieda Müller verreist, krank oder anderweitig verhindert, war es vor allen Dingen ihre Nichte Waltraud Reich, die Tochter ihres Bruders Ludwig, die für sie die banalen Dinge des Alltags regelte, mit ihr die Mühsal täglicher Daseinsbewältigung teilte oder sie ihr abnahm.

Noch bei „körperlicher und geistiger Frische“ feierte Mathilde Plate ihren 80sten Geburtstag. Wieder war es ein aufregender Tag. Obgleich sie ja nun schon zehn Jahre lang Pensionärin war, wurde ihr viel Aufmerksamkeit zuteil. Mathilde Plate freute sich über die vielen privaten Glückwünsche und über die öffentliche Würdigung in den Bremer Tageszeitungen.

Mit der Redakteurin des Weser-Kurier, Lilo Weinsheimer, sprach sie, wie immer gut frisiert und in zartes Grau gewandet, „heiter“ und „mit feinem Humor“ über ihr Leben. Mathilde Plate gestand, wie wichtig ihr noch immer die Arbeit wäre und daß sie „von einem untätigen Lebensabend“ nichts hielte. Sie berichtete von den Einladungen ehemaliger Schülerinnen, die sich auf ihrem Schreibtisch stapelten, denn jede Klasse wünschte sich die Teilnahme ihrer ehemaligen Direktorin an den Klassentreffen. „Ich werde gern hingehen“, sagte sie: „Es ist ein gutes Gefühl, daß herzliche menschliche Verbindungen da sind und Aufgaben auch noch auf eine Achtzigjährige warten."

Eine ihrer letzten Reisen führte Mathilde Plate zu ihrer ehemaligen Schülerin und Kollegin Charlotte Ellenberg in den Kreis Stormarn in Schleswig-Holstein. Charlotte Ellenberg war beeindruckt von der alten Dame, von ihrer Aufgeschlossenheit und ihrer geistigen Regsamkeit. Sie schrieb: „An allem nahm sie lebhaften Anteil, am wissenschaftlichen Tun meines Mannes, an den heranwachsenden, sehr verschieden gearteten vier Kindern, an meinem reichlich ausgefüllten Tageslauf auch in Haus und großem Garten."

Doch es blieb auch noch so manche Zeit für ausgedehnte Spaziergänge. „Und da lernte ich", erzählte Charlotte Ellenberg „unsere ‚Mathilde' von neuer Seite kennen: Kein noch so unbequemer Weg konnte sie schrecken. Und mit Bewunderung, Achtung und Freude sah ich sie mit mir unter Drahtzäunen bäuchlings sich durchzwängen und – lachen! Alles Autoritäre schien verschwunden. Frau Plate war mir nah und blieb dies bis zu ihrem Tode."

Im November desselben Jahres erlitt Mathilde Plate einen Schlaganfall, von dem sie sich nie wieder erholte. Nach einem längeren Krankenhausaufenthalt freute sie sich wieder zu Hause und in ihrer vertrauten Umgebung zu sein. Heide Ulrich schrieb: „Im Februar 1959, als ich Frau Plate telefonisch von meinem bestandenen Examen berichten wollte, erzählte sie mir, sie habe einen Schlaganfall erlitten – in der Straßenbahn." Mathilde Plate war kreuz und quer durch Bremen gefahren, weil sie sich nicht mehr zurecht gefunden hatte, und wurde schließlich von irgend jemandem nach Hause gebracht (18.8.1998).

Mit ihrer Pflegerin spazierte Mathilde Plate nun, viel langsamer als sonst, durch die Straßen des Weidedamm-Viertels. Irmgard Förtig arbeitete im Vorgarten ihres Elternhauses in der Torgauer Straße, als Mathilde Plate mit ihrer Begleitung vorbeikam. Aber Mathilde Plate erkannte sie noch „als Nachbarskind und als Schülerin" und wechselte mit ihr einige freundliche Worte.

Doch die geistigen und auch die körperlichen Kräfte, sie litt noch an Brustkrebs, verfielen mehr und mehr. Mathilde Plate erzählte, wie ihr Hausarzt festhielt, immer wieder dasselbe. Vor allen Dingen vom Matterhorn, das sie bestiegen hatte, war in ihren redundanten Mitteilungen die Rede. Um Mathilde Plate wurde es einsamer, auch wenn ihre Schwester Frida, die, selber schon gebrechlich geworden mit ein wenig Mühe die Treppen zu ihr hinunterstieg, oft nach ihr sah. Sie unterhielt sich mit ihrem kleinen Vogel und war letztlich auf die Hilfe einer Pflegerin und auf die Hilfe ihrer Nichte Waldtraud Reich angewiesen. Das war weder für die Tante noch für die Nichte leicht. Mathilde Plate war oft bestimmend und kommandierte, was zu tun war, und war wohl auch angesichts der eigenen Hilflosigkeit, wenn der Rücken gewaschen und mit Franzbranntwein eingerieben wurde, nicht immer sehr geduldig.

Waltraud Reichs heutiges Fazit aus dem Miteinander mit ihrer Tante in deren letzten Lebensjahren: „Sie war ohne Altersbiestigkeit, sie war halt so, wie sie immer war, und mich betrachtete sie als ihr Dienstmädchen." Für Mathilde Plate waren die Gebrechlichkeit und die damit verbundene Untätigkeit, wie sie am Beginn ihrer Krankheit Elisabeth Forck gegenüber äußerte, „die schwerste Lektion" ihres Lebens und ein Tribut dafür, „daß ich früher nie krank gewesen bin" (höllenspiegel, 5).

Mathilde Plate starb am 24. Januar 1963. Ihre Schwester Frida und ihr Neffe Vitus B. Dröscher waren bei ihr. Der Pastor Klein von der Waller Gemeinde erzählte in seiner Trauerrede, daß Vitus B. Dröscher seiner sterbenden Tante versichert hätte, daß sie ihm „eine *Mutter*" war.

Mathilde Plate wurde am 30. Januar 1963 auf dem Waller Friedhof im Familiengrab beigesetzt. Trotz des unwirtlichen Wetters waren viele Menschen gekommen: Neben den Verwandten vor allen Dingen Kolleginnen, Kollegen und ehemalige Schülerinnen, um von ihr Abschied zu nehmen. Viele zeigten sich sehr bewegt. Auch Ingeborg Borchers war mit einer

Das Haus an der Chemnitzer Straße

Freundin dort. Die hatte allerdings damals ein wenig bissig gemeint: „Das sieht Tilla ähnlich, läßt uns bei diesem Wetter in die äußerste Ecke traben."
Pastor Klein würdigte die Persönlichkeit und die Lebensleistung Mathilde Plates mit warmen Worten. Er hatte sie gekannt und wußte recht genau, über wen er sprach und wovon er sprach. Wenn auch in Trauerpredigten insbesondere die positiven Eigenschaften hervorgehoben und die negativen verschwiegen werden, Verstorbenen zuweilen über die Gebühr geschmeichelt wird, so sind doch in der Rede des Pastor Klein Gedanken verwoben, die als zutreffende Charakterisierungen einzuschätzen sind.
Pastor Klein verlieh Mathilde Plate den „Titel" *Persönlichkeit*, Persönlichkeit nicht qua Amt oder Wissen, sondern verstanden als „das Zusammenströmen von mannigfachen Gaben und Anlagen, Kräften und Neigungen, die von einer dominierenden Kraft zur Einheit verbunden werden". Diese „dominierende Kraft" war bei Mathilde Plate, wie Klein gut nachvollziehbar, wenn man das Leben von Mathilde Plate Revue passieren läßt, hervorhob, die „auf christlicher Überzeugung beruhende i n n e r e F r e i h e i t", „in der sie ü b e r den D i n g e n und Menschen stand, sie beherrschend und zugleich an sie sich ausströmend"!

„Sie hat sich i m m e r ausgeströmt“, fuhr Klein fort, „wo auch immer sie gefordert wurde, wo auch immer sie sich gerufen, wo auch immer sie sich b e rufen fühlte: in der Schule, in der Kirche ... alsdann in der Politik in jeder Art von sozialer Fürsorge und nicht zuletzt in den verschiedenen Sparten der Antialkoholbewegung … und immer war ihr Einsatz ein vollkommener!“

Er führte weiter aus und hatte wohl auch damit Recht: „Opfer an Zeit, Kraft und Geld bedeuteten ihr nichts. Sie ging ihren Weg, folgend dem Weiser in ihrem Innern, unbekümmert um den Beifall ihrer F r e u n d e und um den erbitterten Widerspruch ihrer politischen Gegner, mit denen sie in der Bürgerschaft manch harten Strauß ausfocht. Nie machte sie Konzessionen an den Zeitgeist, und wenn sie sonst alles getan hätte: e i n s tat sie nicht, selbst nicht in Zeiten, in denen ihr ihre Unbeugsamkeit sehr gefährlich werden konnte: S i e v e r l e u g n e t e n i e s i c h s e l b s t!“ (4)

Im Gymnasium an der Kleinen Helle bereiteten Lehrerinnen und Schülerinnen, ehemalige und gegenwärtige, eine posthume Ehrung für Mathilde Plate vor. Für Sonnabend, den 11. Mai 1963, wurde zu einem *Ehrenabend für Mathilde Plate* in der Aula des Gymnasiums an der Kleinen Helle eingeladen. Der Programmzettel verrät ein anspruchsvolles Konzert mit den Schwestern Renate (Flöte) und Birgid von Rohden (Klavier), Annelies (Violine) und Marianne Eggers (Klavier). Vorgetragen wurden Sonaten von Beethoven für Flöte und Klavier sowie von Brahms für Violine und Klavier und Lieder von Schumann und Reger, die Margret Reuter-Edzard sang. Anschließend wurde noch einmal das Stück „Fürstin Mathilde“ von Schülerinnen der Klassen 12 und 13a aufgeführt. Es war ein stilvolles Programm, das begeistert aufgenommen wurde.

Nach dieser letzten Ehrung verschwand Mathilde Plate, mochten auch viele Schülerinnen und ehemalige Kolleginnen und Kollegen freundliche Erinnerungen an sie bewahren, weithin aus dem öffentlichen Gedächtnis.

Nachwort

Mathilde Plates Leben war Arbeit. Sie war Pädagogin aus Berufung, karitativ tätig aus ihrem Glauben und der Verpflichtung zu christlicher Nächstenliebe heraus, Kämpferin gegen den Alkoholismus aus Überzeugung und Politikerin, weil die Politik sie suchte, weil sie zu ihr gekommen war, aber auch weil sie vaterländisch dachte und weil sie die neuen, den Frauen eingeräumte Chancen auf politische Mitverantwortung nutzen wollte. Sie war nicht „wirklich konservativ," meinte Margot Kuske und resümierte: „Sie war vor allen Dingen nicht starr. Sie war flexibel und aufgeschlossen und blockierte keine neuen Ideen."

Als Mathilde Plate nach ihrem aufreibenden und vielfältigen Engagement neben Beruf und Politik in einer Vielzahl von Vereinen und Verbänden befragt wurde, begründete sie dieses mit Verantwortungs- und Pflichtbewußtsein als Staatsbürgerin und mit ihrem Status als ledige Frau. „Es ist die Ehrenpflicht von uns Unverheirateten", meinte sie, „die kulturelle Arbeit auf diese Weise zu unterstützen" (Bremer Nachrichten, 4.7.1953).

Mathilde Plate verzichtete gewiß freiwillig auf Ehe und Familie, auch wenn es die Gängelung durch den „Beamtinnenzölibat" gab, der, auch als er schon längst abgeschafft worden war, immer noch als Gedanke in den Köpfen spukte. Mathilde Plate war wie viele ihrer Berufskolleginnen stolz, ledig und „zölibatär" zu sein. „Zölibatär" zu sein, hieß für die unabhängigen Frauen der damaligen Zeit, in anspruchsvollen Berufen ihren Lebensunterhalt selbst zu verdienen, von einem Mann finanziell unabhängig und frei von allen ehelichen und mütterlichen Pflichten zu sein. Der selbstgewählte „Zölibat" erlaubte die Freiheit, die gesamte vorhandene Tatkraft zu bündeln, sie in den Dienst für Volk und Vaterland zu stellen und damit wichtige gesellschaftliche sowie kulturelle Aufgaben zu erfüllen.

Margot Kuske meinte: „Sie war in ihren Beruf eingetreten wie in einen Orden" und pointierte damit eine Auffassung von Beruf und Lebensweise, der sich Mathilde Plate wohl verpflichtet gefühlt haben dürfte und die sie für sich als passend und angemessen empfand.

Einen Verzicht auf Ehe und Familie verlangte Mathilde Plate von ihren Kolleginnen freilich nicht, mehr noch, sie wehrte sich entschieden gegen den „Beamtinnenzölibat" und lehnte ihn als unzumutbare Einschränkung weiblicher Entscheidungsfähigkeit ab. Auch auf der privaten oder der Ebene Schule akzeptierte sie die Partnerschaften und Ehewünsche ihrer Kolleginnen, unterstützte sie und zeigte sich damit zuweilen großherziger als die Eltern ihrer Schülerinnen oder ihrer Kolleginnen.

Im Kriege durfte Charlotte Ellenberg ihren Verlobten, der seinen Kriegsurlaub zu einem Besuch in Bremen nutzte, nicht mit nach Hause nehmen. Die junge Lehrerin sann, wo sie ihren Verlobten unterbringen könnte und kam auf die Idee, ihre Direktorin um Luftschutzwache in der Kleinen Helle zu bitten. Mathilde Plate erlaubte das bereitwillig, und Charlotte Ellenberg übernahm mit ihrer Kollegin Eva Bücking den nächtlichen Dienst, der immer zu zweit ausgeführt werden mußte. Die glückliche Braut holte ihren Verlobten vom Bahnhof ab und nahm ihn mit in die Schule.

Doch die so pünktliche Mathilde Plate war am nächsten Morgen noch pünktlicher als gewöhnlich. Sie kreuzte bereits kurz nach sieben Uhr in der Schule auf und sah einen jungen Mann, der ihr locker und leger angezogen entgegenkam. Mit hochroten Köpfen und verlegen machten sich die beiden Frauen über irgendetwas zu schaffen. Mathilde Plate begrüßte den erschrockenen jungen Mann ohne erkennbare Irritation mit der allergrößten Selbstverständlichkeit. Sie verwickelte ihn in „ein völlig unnützes Gespräch", wie die beiden Frauen befanden, und meisterte damit eine Situation, bei der die drei Beteiligten am liebsten im Erdboden versunken wären, als sei es die „normalste Sache von der Welt" und als sei „nichts Besonde-

res“ geschehen. „Es gab keine Frage, nichts“, erzählte Eva Bücking, die selbst am 6. Januar 1945 noch während der Naziherrschaft den Kommunisten Bücking heiratete.
An der Hochzeit von Margot Kuske, die als Referendarin heiratete, nahm Mathilde Plate offensichtlich großen innerlichen Anteil. Sie schrieb ihren Glückwunsch vom 30. Juli 1949 auf eine Karte, wie sie es damals wohl immer getan haben dürfte, die nicht ihren Namen, sondern nur das bäuerliche Wappen ihrer Herkunftsfamilie und ihre Anschrift zierte.
Mathilde Plates Zeilen waren, wenn auch nicht ohne gewisse feierliche Pathetik, wohl aus tiefstem Herzen gesprochen. Mögen auch ähnliche Worte noch heute gern bei Hochzeiten benutzt werden, wenn sentimentale Gedanken nicht zu verbannen sind, so gehörten sie doch zu ihrem Wesen und zu ihrem Stil.
„Meine liebe Frau Kuske“, schrieb Mathilde Plate, „als ich aus der Kirche nach Hause ging oder vielmehr wieder in die (… unleserlich, d. V.) hinein, habe ich ein tiefes Glücksgefühl mit mir genommen: Ihr liebes schönes Gesicht mit den glücklichen Augen, die kraftvolle Sicherheit in Gestalt und Haltung ihres Gatten, das Leuchten der weißen Lilien vorm Altar, die schlichten Worte des Predigers, und dann die überwältigende Art, wie er das Vaterunser sprach – so, als käme es wie ein heiliger Urlaut aus weiter Ferne, hoch über allem Irdischen, so, als hörte man es zum ersten Male sprechen - - - möchte das alles Sinnbild und Segen für ihre junge Ehe werden. Ihre alte Mathilde Plate.“
Der Artikel von Erika Thies über Mathilde Plate am 19. Juli 1998 im Weser-Kurier, in dem ich um Informationen über Mathilde Plate bat, weckte viele Erinnerungen an die langjährige Lehrerin und Schulleiterin und zeigte, daß sie noch lebhaft im Gedächtnis jener geblieben ist, die sie gekannt haben, die ihr begegnet sind.
Von den Menschen, es waren vor allen Dingen Frauen, die mich anriefen oder die mir schrieben, wurde Mathilde Plate als eine bedeutende Persönlichkeit geschildert, der man einen unverlierbaren Platz im Gedächtnis eingeräumt hatte. Freilich steht zu vermuten, daß nur jene Ehemaligen und Kolleginnen Kontakt zu mir suchten, in deren Erinnerungen viele freundliche Gedanken und gute Erfahrungen gespeichert waren, und daß jene sich fernhielten, die eher Ungutes und weniger Freundliches zu sagen gehabt hätten, die sich von ihr nicht angenommen, nicht ernstgenommen oder düpiert fühlten, die sie lieber kritisiert als gelobt hätten.
Trotzdem hoffe ich, daß es mir gelungen ist, eine Biographie über Mathilde Plate zu schreiben, die ihr gerecht wird, in der sie sich selbst und in der sie alle wieder erkennen können, die sie gemocht oder nicht gemocht haben, denen sie Gutes tat oder denen sie, bewußt oder unbewußt, Leid oder auch Unrecht zugefügt hat.
Kein Mensch ist fehlerlos, und kein Menschenwerk ist fehlerfrei. Mathilde Plate ist ihren langen Lebensweg über die Zeitläufte und über die unterschiedlichsten politischen Systeme hinweg selbstbewußt und in Selbstgewißheit gegangen und ihren Idealen und Lebensmaximen treu geblieben. Sie empfand heftige Abneigung gegen die Weimarer Republik, die sie auch öffentlich machte und in einer Demokratie auch machen konnte, und gegen das Dritte Reich, zu dem sie, wohl auch im Angesicht einer gnadenlosen Diktatur, sehr viel vorsichtiger auf Distanz ging. Sie war seit 1918, als ihr nach eigenem Bekunden die „Flügelsehnen“ durchtrennt worden waren, in gewisser Weise eine „Unzeitgemäße“: eine Frau, die sich zwar in den Zeiten bestens zurechtfand, sich arrangierte, ihre Frau auf festen Füßen und mit zupackenden Händen stand und doch mit Herz und Gefühl einer Zeit nachtrauerte, in der für sie Deutschland und die Deutschen auf einem nie wieder erreichten Gipfel gestanden hatten.

Literaturliste

Bäumer, Gertrud	Die Frauengestalt der deutschen Frühe, Berlin 1932
Cyrus, Hannelore	Mathilde Plate, in: Meyer-Braun, Renate (Hrsg.), Frauen ins Parlament!, Bremen 1991
Cyrus, Hannelore (Hrsg.)	Bremer Frauen von A bis Z, Bremen 1991
Cyrus, Hannelore	Vorwärts, aber ruhig und sicher, Vortrag Bremen 1992
Cyrus, Hannelore	„Meine Schwestern! Schwingt Euch hoch!“, in: Krüger, Marlis (Hrsg.), „Wage zu wissen“, Bremen 1997
Decke, Bettina	„Du mußt raus hier!“, Bremen 1998
Gersdorff v., Dagmar	„Den vier schönen und edeln Schwestern auf dem Throne“, in: Raabe, Kathrin (Hrsg.), Deutsche Schwestern, Berlin 1997
Gleim, Betty	Erziehung und Unterricht des weiblichen Geschlechts, Leipzig 1810, Faksimile, Paderborn 1987
Goldhagen, Daniel Jonah	Der alltägliche Abgrund, in: Der Spiegel 34/1998
Hitler, Adolf	Mein Kampf, München 1933
Kippenberg, August	Betty Gleim, Ein Lebens- und Charakterbild, Bremen 1882
Kippenberg, August	Lehrplan für die höhere Mädchenschule von A. Kippenberg, bearbeitet von der Vorsteherin Frau A. Kippenberg, Hannover 1893
Kippenberg, August	Deutsches Lesebuch für höhere Mädchenschulen, Vierter Teil, vierte Auflage, Hannover 1901
Leinemann, Susanne	Die zwei Leben der Lottie, in: taz, 8./9.11.1997
Marßolek/Inge, René Ott	Bremen im 3. Reich, Bremen 1986
Meyer-Braun, Renate (Hrsg.)	Frauen ins Parlament!, Bremen 1991
Neue Deutsche Biographie	Band 5 und 7, Berlin 1960
Raabe, Kathrin (Hrsg.)	Deutsche Schwestern, Berlin 1997
Scheub, Ute	Quedlinburg – Stadt der starken Frauen, in: taz, 6./7.12.1997
Schwarzwälder, Herbert	Geschichte der Freien Hansestadt Bremen, Band 2, Bremen 1976; Band 3, Bremen 1979; Band 4, Bremen 1986
Sigmund, Anna Maria	Die Frauen der Nazis, Wien 1998
Städtische Museen Quedlinburg	Das Schlossmuseum, Halberstadt 1989
Storck, Ad.	Ansichten der freien Hansestadt Bremen, Frankfurt (Main) 1822
Stricker, Käthe	Wir Frauen und die Wahl, in: Das Rathaus, 16. Mai 1920
Uhlenhaut, Hilda	125 Jahre Frauenbildung von 1867–1992, Bremen 1992
Wulff, Hinrich	Geschichte und Gesicht der bremischen Lehrerschaft, Bd. II, Bremen 1950

Quellen

Gedruckte Quellen

Die Partei der deutschen Frau, in: Das Rathaus Nr. 20, 26. Mai 1920
40 Jahre Kleine Helle, Bremen 1956
höllenspiegel Jahrg. 3, Nr. 1, 1963
50 Jahre Kleine Helle, Bremen 1966
70 Jahre Kleine Helle, Bremen 1986 (StAB Af 384)
Elisabeth Forck, Rückblick I – VI (StAB 7,500 – 41)

Texte von Mathilde Plate

Wie wird es mit dem Religionsunterricht in unsern Schulen?, in: Bremer Kirchenblatt vom 14.12.1919, aus: Archiv der Bremischen Evangelischen Kirche
Was für eine Schule brauchen wir in Bremen?, in: Bremer Kirchenblatt vom 21.12.1919, aus: Archiv der Bremischen Evangelischen Kirche
Warum müssen wir für Bremen die evangelische Schule fordern?, in: Bremer Kirchenblatt vom 4.1.1920, aus: Archiv der Bremischen Evangelischen Kirche
Bremische Kulturarbeit im Kriege, in: Bremer Nachrichten vom 18.8.1940
Die Kleine Helle von 1916 bis 1949, in: 40 Jahre Kleine Helle, Bremen 1956
Die Kleine Helle von 1916 bis 1949, in: 50 Jahre Kleine Helle, Bremen 1966 (gekürzte Fassung)
Replik im Weser-Kurier vom 2.4.1956

Bürgerschaftsprotokolle mit Redebeiträgen von Mathilde Plate im Staatsarchiv Bremen (StAB)

Über die Einrichtung von Fortbildungskursen für weibliche Arbeitslose vom 2.5.1919
Zur Fortbildungspflicht von Hauspersonal vom 18.7.1919
Unterstützung für die Familien von Kriegsgefangenen vom 26.9.1919
Zum Religionsunterricht in der Schule vom 17.10.1919

Wochenhilfe und Kinderfürsorge vom 7.11.1919
Denkmalsturz und „Bekränzung“ in der Kleinen Helle vom 23.1.1920
Verteilung von Stipendien vom 27.2.1920
Zur Vergnügungssteuer vom 4.6.1920
Zur Einrichtung von Förderklassen vom 1.4.1921
Zur Schulgeldfrage vom 8.4.1921
Lehrmittel auf Staatskosten vom 29.4.1921
Zur religiösen Erziehung in den Schulen vom 1.7.1921
Hilfe für Wolgadeutsche vom 16.9.1921
Zur Trinkerfürsorge vom 25.11.1921
Straßenbahntarife für Turnstunden vom 9.12.1921
Zum Naturschutz vom 9.12.1921
Weibliche Lehrkräfte vom 30.12.1921
Zur staatlichen und privaten Fürsorge vom 17.2.1922
Zur Neuordnung des bremischen Schulwesens vom 24.2.1922
Zum Haushaltsplan vom 1.7.1922
Zur Verstaatlichung des höheren Mädchenschulwesens vom 7.7.1922
„Hockersteuer“ vom 7.7.1922
Witwenfürsorge vom 20.10.1922
„Gnadenpensionen“ vom 2.2.1923
Hausmeisterinnen in privaten Lyzeen vom 2.2.1923
„Likörstube“ beim Kuhhirten vom 11.5.1923
Weibliche Beamte vom 6.7.1923
Klassenfrequenzen in den Schulen vom 19.10.1923
Schulfragen vom 1.2.1924
Schulfragen vom 28.3.1924
Gebührenminderung für Arme vom 20.3.1925
Polizeistunde vom 17.4.1925
Heim für Frauen und Mädchen vom 10.7.1925
Erziehungsbeihilfen vom 25.9.1925
Jugendwandern vom 25.9.1925
Umbau Focke-Museum vom 2.10.1925
Zur privaten Fürsorge vom 9.10.1925
Schulfragen vom 13.11.1925
Kultur und Theater vom 11.12.1925
Religionsunterricht in den Schulen vom 11.12.1925
Realschule in der Neustadt vom 18.12.1925
Zuwendung für Historische Gesellschaft vom 25.6.1926
Zur Schulgelderhöhung vom 25.6.1926
Mietsteuer vom 9.7.1926
Verrentung von Kleinrentnerhypotheken vom 9.7.1926
Eintrittspreise im Theater vom 8.10.1926
Versuchsschulen vom 22.10.1926
Schulfragen vom 8.4.1927
Erholungsstätten vom 22.4.1927
Kinderspielplatz vom 6.5.1927
Rentnerheime vom 24.6.1927
Westpark und Alkohol vom 8.7.1927
Neubau Lyzeum im Westen vom 8.7.1927
Alkohol am Steuer vom 9.12.1927

Texte über Mathilde Plate
Der Ordenstag in Bremen, in: Neuland Nr. 15/16 vom 5.8.1934
Mathilde Plate, in: Weser-Kurier vom 23.7.1949
„Von morgen bis mittag“, in: Weser-Kurier vom 17.5.1950
Mathilde Plate wird 75 Jahre, in: Bremer Nachrichten vom 4.7.1953
Mädchen brauchen musischen Geist, in: Weser-Kurier 31.3.1956
Replik Mathilde Plate, in: Weser-Kurier 2.4.1956
Mathilde Plate 80 Jahre, in: Bremer Nachrichten vom 3.7.1958
Glückwünsche aus aller Welt, in: Weser-Kurier vom 3.7.1958
Dank an Mathilde Plate, in: Weser-Kurier vom 7.7.1958
Mathilde Plate gestorben, in: Bremer Nachrichten vom 25.1.1963

Niedersächsische Staats- und Universitätsbibliothek Göttingen
Nachlaß Brandi
Brief von Mathilde Plate an Karl Brandi vom 4.7.1922
Brief von Mathilde Plate an Karl Brandi vom 16.8.1921 oder 1931
Brief von Mathilde Plate an Karl Brandi aus Vordergraseck

Nachlaß Schröder
Brieffragment Juni 1932, mit Nachsatz vom 19.6.1932

Staatsarchiv Bremen (StAB)
4,111, Personalakte Mathilde Plate
Adreßbücher: 1935–1942, 1951–1965
Af 389 50 Jahre Kleine Helle
Af 384 70 Jahre Kleine Helle
7,500 - 41 Elisabeth Forck: Rückblick, Teil I–VI
3.t.5. Nr. 55 Deutscher Frauenbund für alkoholfreie Kultur
7,201, 1-25, Konvolut Mathilde Plate, drei Kartons, u.a. Fotos von Mathilde Plate, biographische Werdegänge von Schülerinnen, Walter Flex, Testamente, Kommerszeitungen etc.

Archiv Bremische Evangelische Kirche (siehe auch Texte von Mathilde Plate)
Kirchenausschuß-Protokoll zum außerordentlichen Kirchentag vom 13.11.1922
Aufruf an Eltern und Erzieher zum 3. Kirchentag am 9.5.1947
Auszug aus Protokoll zum 4. Kirchentag vom 11.6.1948
Auszug aus Protokoll zum 9. Kirchentag vom 24.2.1950
Außerordentlicher Kirchentag, in: Bremer Nachrichten vom 8.6.1951
Auszug aus Vorbesprechung zum 11. Kirchentag vom 15.6.1951
Brief Bremische Evangelische Kirche vom 17.10.1990

Archiv Hannelore Cyrus
Briefe an Mathilde Plate
von Mechthild von Dallwitz, geb. von Seydlitz, vom 4.5.1954
von Kira Prinzessin von Preußen vom 17.3.1949
von Ingeburg von Seydlitz vom 24.6.1941, 21.2.1950, 22.8.1954, 25.8.1954, 3.9.1954, 6.9.1954, 11.9.1954, 19.11.1954, 9.2.1955, 7.10.1955

Schriftstücke und Briefe von Mathilde Plate
an Margot Kuske, geb. Kaese, vom 30.7.1949
an Irmgard Förtig, geb. Mülberger, vom 26.12.1943, Dezember 1944, 25.10.1948, 10.1.1949
an Helmut Plate vom 9.5.1937, 25.8.1939, 26.12.1946, 13.3.1947
an Dr. Erika Buck vom 20.7.1955
Briefe von Frida Sophie Dröscher an Helmut Plate vom 4.7.1977, 19.9.1977, 6.3.1978
von Vitus B. Dröscher an Hildburg Reuter vom 29.9.1998

In Memoriam
Gedenkrede von Elisabeth Forck im Gymnasium an der Kleinen Helle am 25.1.1963
In Memoriam Mathilde Plate, Trauerrede von Pastor Klein, Walle, vom 30.1.1963
Ehrenabend für Mathilde Plate mit Manuskript „Fürstin Mathilde“, Bremen, 11.5.1963
Todesanzeigen in den Bremer Nachrichten von der Familie und dem Gymnasium an der Kleinen Helle

Allgemeines
Gruß der Schülerinnen zum Jubelfest der Kleinen Helle vom 5.5.1941
Festlied zu Ehren von Frau Direktorin Plate vom 7.7.1948
Stilblüten, aufgeschrieben von Martha Hörmann
Friedrich Plate: Aus meiner Jugendzeit
Lebenserinnerungen von Almut Eichhorn

Briefe an Hannelore Cyrus
von Elisabeth Albers vom 30.7.1998
von Dr. Hertha Borchers vom 20.7.1998
von Dr. Marianne Bulling vom 8.6.1999
von Lieselotte Drom vom 21.7.1999
von Charlotte Ellenberg, geb. Metelmann, vom 8.2.1991
von Irmgard Förtig, geb. Mülberger, vom 30.10.1998
von Hilde Gerhold vom 8.12.1998
von Adelheid Goedeking vom 2.11.1998
von Ursula Hein, geb. Wilkens, vom 1.8.1998
von Anke Hohnholz vom 23.7.1998
von Professor Dr. J. U. Keller vom September 1998
von Dr. Diether Koch vom 25.7.1998
von Annegret Krause vom 19.8.1998
von Helmut Plate vom 21.8.1990, 3.10.1990, 9.10.1990, 17.10.1990, 31.10.1990, Weihnachten 1990, 26.2.1991, 5.4.1991, 22.4.1991, Himmelfahrt 1991, 20.8.1991
von Hildburg Reuter, geb. Plate, vom 30.9.1998
von Irmgard Rudert, geb. Stegemann, vom 9.9.1998

von Dr. med. Lieselotte Schnatmann vom 26.1.1991
von Gisela Schwab vom 28.8.1998
von Dietlind von Seydlitz vom 16.11.1997
von Lisa Spieker vom 22.7.1998
von Dr. Klara Stoevesandt vom 21.2.1991, 2.3.1991
von Heide Ulrich vom 18.8.1998
von Ilse Vietor vom 4.9.1998
von Gretlies Wehrmeyer vom 25.11.1998
von Anna Wöbse vom 10.8.1998

Persönliche Gespräche von Hannelore Cyrus
mit Ingeborg Borchers am 21.7 1998
mit Vitus B. Dröscher am 18.2.1991
diverse mit Helmut Plate 1991 und mit Helmut Plate und Frau Ingrid am 29.12.1997
mit Volker Plate und Frau am 24.7.1998
mit Waltraut Reich, geb. Plate, am 29.7.1998

Telefongespräche von Hannelore Cyrus 1991 (besonders gekennzeichnet) und von Juli bis September 1998 mit
Frau Amonn, geb. Herkt
Dr. Gisella Baumann
Dr. Bertram
Luise Bick
Eva Bücking, geb. Spitta, 1991
Marie Clemens
Marianne Eggers
Agnes M. Georgii, geb. Hardegen, 1991
Lisa Gohrke
Elli Grewe
Edith Häseker, geb. Paul
Erna Haverkamp
Wiebke Henning, geb. Balland
Frau Hoffmann
Frau Hörmeyer
Dörte Jung
Ursula Kellner
Ursula Kunze
Margot Kuske, geb. Kaese, 1991
Gertrud Lohmann
Anne Lösche
Helga Noltenius, 1991
Helga van Norden, 1991
Dr. Elisabeth Platte
Dr. Liselotte von Reinken, 1991
Ilse Röben, 1991
Magda Schütte
Hanna Seese
Dörte Stier
Irmgard Suhr
Eta Täte-Eggert, geb. Eggert, 1991
Gertrud Wassul
Dr. Zimmermann

Bildnachweise

Grab auf dem Waller Friedhof, Foto Cyrus
Das Waller Schulhaus an der Ritter-Raschen-Straße, Foto Cyrus
Der Turm an der Waller Kirche, Lange Reihe, Foto Cyrus
Cord Lüder Steinberg und Meta Gesine, geb. Tiencken, Archiv Cyrus
Mathilde Plate, ca. zwei Jahre alt, Schulgeschichtliche Sammlung, Auf der Hohwisch
Ludwig, Mathilde und Marian Plate, 1885, Archiv Cyrus
Großmutter Meta Steinberg, Archiv Cyrus
Mathilde Plate als Konfirmandin?, Staatsarchiv Bremen
Mathilde Plate und Meta E. Schmidt, Archiv Cyrus
Mathilde Plate als Max Piccolomini, Foto von Hans Rupprecht, Archiv Cyrus
Meta E. Schmidt (links) und Mathilde Plate (Mitte) als Elisabeth in Don Carlos, 1898, Archiv Cyrus
Die Geschwister Plate, Ludwig, Mathilde, Frida und Marian, Schulgeschichtliche Sammlung, Auf der Hohwisch
Mathilde Plate in Göttingen, Schulgeschichtliche Sammlung, Auf der Hohwisch
Mathilde Plate um 1905, Schulgeschichtliche Sammlung, Auf der Hohwisch
Mathilde Plate in Göttingen, Staatsarchiv Bremen
Mathilde Plate im Skikostüm aus Frey Loden, Archiv Cyrus
Mathilde Plate bei der Arbeit, Staatsarchiv Bremen
Mathilde Plate und Else Lange, Archiv Cyrus
Mathilde und Sophie Plate und die Bauerntruhe mit Bücheraufsatz, Archiv Cyrus
Ludwig, Sophie, Friedrich und Marian Plate, Archiv Cyrus
Vorm Waller Schulhaus, Sophie, Friedrich, Mathilde und Frida Plate mit einer Freundin, Archiv Cyrus
Mathilde Plate an ihrem Schreibtisch im Waller Schulhaus, Archiv Cyrus
Kostümfest, Frida, Ludwig und Mathilde Plate, Archiv Cyrus
Mathilde Plate am Margaretentag, Archiv Cyrus
Die Margaretenverkäuferinnen im Garten des Waller Schulhauses, Archiv Cyrus
Foto eines Ölbildes und einer Lithographie von Gustav Dröscher, zur Erinnerung an Vordergraseck, Archiv Cyrus
Der letzte Frühling im Waller Schulhaus, Archiv Cyrus
Terrasse Chemnitzer Straße, von links Frida, Meta E. Schmidt, Sophie und Friedrich Plate, Archiv Cyrus
Mathilde Plate mit ihrer Großmutter Meta Steinberg in Stotel, Archiv Cyrus
Mathilde Plate im Garten des Stadtmissionars Drojewsky, Archiv Cyrus
Mathilde Plate als liebevolle Tante, Staatsarchiv Bremen
Wohnzimmer Chemnitzer Straße, Mathilde, Ludwig, Frida und Sophie Plate mit Käthe Rauner als Verlobte von Ludwig Plate, Archiv Cyrus
Das Wappen auf Mathilde Plates Briefpapier, Foto Cyrus
Vor dem Ersten Weltkrieg, Frida, Friedrich, Sophie und Mathilde Plate im Wohnzimmer Chemnitzer Straße, Schulgeschichtliche Sammlung, Auf der Hohwisch
Mathilde Plate und Ida Krümpel, Archiv Cyrus
Das Kollegium der Kleinen Helle mit Landesschulrat Bohm, Schulgeschichtliche Sammlung, Auf der Hohwisch
Mathilde Plate in Odeweg am Bienenstand, Archiv Cyrus
Mathilde Plate mit vermutlich Rudolf (Rolf) Osterloh, Archiv Cyrus
Vordergraseck, vor der Alpspitze, Archiv Cyrus
Vordergraseck, Mathilde Plate mit einigen Kindern ihrer „Wirtsleute", Archiv Cyrus
Die deutsche Schule in Weissenstein, Foto von Mathilde Plate, Archiv Cyrus
Die Marienkirche in Danzig, Foto von Mathilde Plate, Archiv Cyrus
Das Tannenbergdenkmal, Foto von Mathilde Plate, Archiv Cyrus
Der Heldenfriedhof in Angerburg, Foto von Mathilde Plate, Archiv Cyrus
Mathilde Plate um 1920, Foto von Felicitas von Baczko, Archiv Cyrus
Mathilde Plate um 1924, Archiv Cyrus
Das Kollegium bei der Abiturientenfeier in Verden, 1931, Archiv Cyrus
Rollenwechsel: Die Lehrerinnen Martha Hörmann und Mathilde Plate in der Mitte als Schülerinnen, Archiv Cyrus
Mathilde Plate mit ihren Eltern um 1937, Schulgeschichtliche Sammlung, Auf der Hohwisch
Die letzte Weimarfahrt, 1939, auf dem Weg zur Wartburg, Foto Luise Bick, Archiv Cyrus
Mathilde Plate um 1935, Archiv Cyrus
Mathilde Plate mit einer Kollegin um 1950, Staatsarchiv Bremen
Kostümfest in St. Gilgen, September 1941, neben Mathilde Plate Dr. Luise Rhenius, Foto Irmgard Förtig, Archiv Cyrus
St. Gilgen, 1941, vor dem KLV-Lager Hotel zur Post, Foto Ilse Vietor, Archiv Cyrus
Mathilde Plate um 1945 mit ihrer Brosche, Archiv Cyrus
Mathilde Plate mit der Hündin Senta des Hausmeisters Johann (Jan) Tiedemann, Archiv Cyrus
Befreiungsdokument vom Nationalsozialismus, Staatsarchiv Bremen
Mathilde Plates letzte Abiturklasse, Foto Irmgard Förtig, Archiv Cyrus
Kurz vor dem Ruhestand, Archiv Cyrus
Die Rückfahrt von Borkum, Foto Heide Ulrich, Archiv Cyrus
Das Haus an der Chemnitzer Straße, Foto Helmut Plate, Archiv Cyrus